报关实务

（第三版）

杨鹏强 ◎ 编著

中国海关出版社

图书在版编目（CIP）数据

报关实务/杨鹏强编著.—3 版.—北京：中国海关出版社，2011.9
"实用型"报关与国际货运专业教材
ISBN 978-7-80165-825-8

Ⅰ.①报… Ⅱ.①杨… Ⅲ.①进出口贸易-海关手续-中国-高等学校-教材 Ⅳ.①F752.5

中国版本图书馆 CIP 数据核字（2011）第 155490 号

报 关 实 务（第三版）
BAOGUAN SHIWU（DISANBAN）

作　　者：杨鹏强	
策划编辑：马　超	
责任编辑：胡　菡	
责任监制：王岫岩	
出版发行：中国海关出版社	
社　　址：北京市朝阳区东四环南路甲 1 号	邮政编码：100023
网　　址：www.hgcbs.com.cn；www.hgbookvip.com	
编 辑 部：01065194242-7554（电话）	01065194234（传真）
发 行 部：01065194221/27/38/46（电话）	01065194233（传真）
社办书店：01065195616/5127（电话/传真）	01065194262/63（邮购电话）
北京市建国门内大街 6 号海关总署东配楼一层	
印　　刷：北京京都六环印刷厂	经　销：新华书店
开　　本：710mm×1000mm　1/16	
印　　张：23.5	字　数：420 千字
版　　次：2011 年 9 月第 3 版	
印　　次：2014 年 8 月第 3 次印刷	
书　　号：ISBN 978-7-80165-825-8	
定　　价：45.00 元	

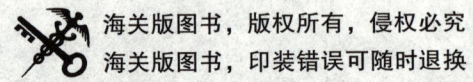

海关版图书，版权所有，侵权必究
海关版图书，印装错误可随时退换

前言

在"实用型"报关与国际货运专业系列教材完整出版后的短短两个月内,我收到了来自全国各地高校和企业在职人员的十几封来信,信中提出了许多宝贵意见,其社会反响之大完全出乎我们全体编著者的意料。感谢之余,全体编委都在酝酿对全部内容进行进一步的修订,以答谢读者的厚爱。《报关实务》仍然还是重点改版对象,本次第三版共进行了大大小小120处修改,重大的修改有第2章进出口货物收发货人注册登记及报关单位的违规行为及处罚、第3章的报关单位分类标准、第5章的保税加工货物、第7章的报关单栏目"贸易(监管)方式"的内容、第9章全部内容。本次修改使第9章真正成为总结前面所有章节的内容,是流程的终结,也是系统的结案。关于加工贸易银行保证金台账分类管理这一知识点,编著者此次也仅做简化,但仍然坚持与2011年考试教材不同的意见,不能接受2011年新考试教材103页表前"大体内容"这一含糊的说法。

南华工商学院现代物流研究中心成立"关务管理"研究团队,本着"专业的人做专业的事"的精神,倾全力关注同一焦点。"关务管理"研究团队积极推进国际物流类专业人才培养模式改革,为培养一大批适应国际贸易、海关监管发展需要的高端技能型人才做出应有的贡献。通过产学研相结合,旨在搞好报关行业人才梯队建设,搭建校企合作平台,建立以行业相关标准为教学标准的评价体系,推动报关职业活动工作流程系统化的课程体系建设，培养更多更好的报关后备人才。编著者认真研读了《报关服务作业规范》、《报关员国家职业标准》、《国家中长期教育改革和发展规划纲要（2010—2020年）》、《国家中长期人才发展规划纲要（2010—2020年）》，紧密结合职业教育改革发展进程，结合国际贸易的实际需求，内容突出了对高等职业院校学生职业技能训练和职业技术综合运用能力的要求，始终致力于推动零距离上岗的教学。同时，本教材作为2011年全国高校物流教改教研课题"基于工作过程的物流类专业交互式教学创新探索与实践"（课题编号：JZW2011011）成果之一，受到教育部高等学校物流类专业教学指导委员会专家的充分肯定。

南华工商学院报关与国际货运专业为进一步体现教材的实用性，派出团队参与2011年7月11日至7月14日在天津由中国报关协会和中国高等职业技术教育研究会涉外类专业协作委员会举办的首届全国高校报关后备人才技能大赛，并在大赛中取得好成绩。

本书修订改版特别要感谢山东商职学院国际交流学院国际商务教研室主任任金秀副教授、南华工商学院报关与国际货运教研室主任王云老师一如既往的指导和批评指正。本书的出版也要感谢广东黄埔报关协会的指导和马超编辑的辛勤校编工作，也再次感谢提供宝贵意见的师生们。诚挚希望广大读者批评指正，并将意见反馈到邮箱 rmstudioph@163.com，谢谢！

杨鹏强
于广州
2011年8月

目　录

前言

第 1 章　报关与对外贸易管制 ● 1
1.1　报关 / 1
1.2　对外贸易管制概述 / 9
1.3　货物、技术进出口许可管理制度（证）/ 14
1.4　其他贸易管制制度 / 35
1.5　报关单相关栏目 / 43
本章小结 / 46

第 2 章　报关活动关系人 ● 47
2.1　海关 / 48
2.2　报关单位 / 59
2.3　报关员 / 77
2.4　报关行业协会 / 88
2.5　报关单相关栏目 / 89
本章小结 / 98

第 3 章　报关和海关监管的对象 ● 99
3.1　报关单位的海关管理 / 99
3.2　报关的范围 / 105
3.3　海关监管货物的定义 / 106

3.4　海关监管货物的分类及范围 / 107
本章小结 / 126

第4章　报关程序概述 — 128
4.1　报关程序 / 128
4.2　货物的转关运输 / 138
4.3　转关程序 / 142
4.4　报关单相关栏目 / 149
本章小结 / 159

第5章　前期报关阶段 — 160
5.1　保税进出口货物 / 160
5.2　减免税货物 / 181
5.3　暂准进出口货物 / 186
5.4　其他进出境货物 / 197
5.5　报关单相关栏目 / 198
本章小结 / 208

第6章　进出口报关阶段 — 210
6.1　一般进出口货物 / 210
6.2　保税进出口货物 / 222
6.3　特定减免税货物 / 238
6.4　暂准进出境货物 / 239
6.5　过境、转运、通运货物 / 243
6.6　其他未办结海关手续的货物 / 244
本章小结 / 253

第7章　监管货物的通关特征 — 254
7.1　一般进出口货物 / 255
7.2　保税进出口货物 / 259
7.3　减免税货物 / 272
7.4　暂准进出口货物 / 274
7.5　过境货物 / 275
7.6　其他进出境货物 / 276

7.7 报关单相关栏目 / 279
本章小结 / 296

第 8 章　纸质申报与电子申报　　　　　　　● 297
8.1　申报形式 / 297
8.2　纸质申报 / 305
8.3　电子申报 / 323
8.4　转关申报单的填报 / 327
本章小结 / 332

第 9 章　后续报关阶段　　　　　　　● 333
9.1　保税进出口货物 / 334
9.2　减免税货物 / 349
9.3　暂准进出口货物 / 353
9.4　其他进出境货物 / 356
本章小结 / 358

参考文献　　　　　　　　　　　　　● 359

第 1 章 报关与对外贸易管制

关键术语

报关 通关 自理报关 代理报关 舱单申报 红绿通道制度 对外贸易管制

学习目标

- 了解进出口贸易经营管制的基本内容；
- 熟悉贸易管制的特点、目标、基本框架与法律体系；
- 熟悉进出口检验、检疫管理的基本内容；
- 熟悉进出口货物付、收汇管理制度的基本内容；
- 熟悉贸易救济措施的基本内容；
- 掌握报关的概念、分类及其基本内容；
- 掌握禁止、限制、自由进出口货物、技术管理的基本内容；
- 掌握对外贸易管制的主要措施及报关规范。

1.1 报关

本节是引导学习报关专业知识的第一节，对报关的定义、报关的种类和报关的内容分别进行了阐述，对于理解报关的概念、加强报关业务的学习、充实报关业务的基础理论、完整掌握报关程序具有实际意义。简图示意如下：

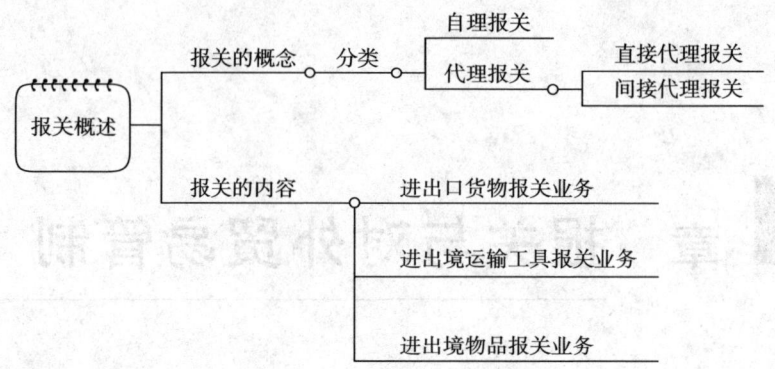

1.1.1 报关的定义

报关是指进出口货物收发货人、进出境运输工具负责人、进出境物品的所有人或者他们的代理人向海关办理货物、物品或运输工具进出境手续及相关海关事务的过程。

2000年版国际贸易术语解释通则（INCOTERM2000）定义"清关"是办理货物通过海关的手续，不仅包括支付关税和其他费用，还包括履行一切与货物通过海关有关的行政事务以及向当局提供相关的信息，并支付与此有关的费用。这个清关（Customs Clearance）是国际上用来替代报关的概念，常常在国内的外贸实务中使用。2010年版国际贸易术语解释通则（INCOTERM2010）使用办理关务手续（Customs Formalities）来表示报关。

相关链接

《中华人民共和国海关法》第八条规定："进出境运输工具、货物、物品，必须通过设立海关的地点进境或者出境。在特殊情况下，需要经过未设立海关的地点临时进境或者出境的，必须经国务院或者国务院授权的机关批准，并依照本法规定办理海关手续。"

因此，通过设立海关的地点进境或者出境并办理海关手续是运输工具、货物、物品进出境的基本规则，也是进出境运输工具负责人、进出境货物收发货人、进出境物品的所有人应履行的一项基本义务。报关是与报关对象——运输工具、货物、物品进出境密切相关的一个概念，是从海关行政管理相对人的角度出发指向海关办理进出境手续及相关海关事务的过程。报关是海关确认报关对象合法进出境的先决条件。《中华人民共和国海关法》（以下简称《海关法》)除了用"报关"外,也用"办理报关纳税手续"、"从事报关业务"、"进行报关活动"来表示。出具相关的许可证件、缴纳相应的进出口税费是报关的主要义务。

而"通关"不同于报关,其涉及监管的双方,不仅包括海关行政管理相对人向海关办理进出境手续及相关海关事务的过程,还包括海关对进出境运输工具、货物、物品依法进行监督管理,核准其进出境的管理过程。通关的法律依据是以《海关法》为主的,与进出境运输工具、货物、物品本身直接相关的各项法律、法规的总和。通关制度实际上就是海关监管制度,即根据有关进出口货物的货物性质、贸易方式、贸易目的的不同,海关给予不同进出口货物在通关环节中不同的政策待遇,需要其履行特定的报关手续的一系列制度的总和。本书以后的章节还会涉及转关、结关等概念。

另外,在货物的进出境过程中,有时还需要办理"报检、报验"手续,目前统称报检手续。报检是指按照国家有关法律、行政法规的规定,向出入境检验检疫部门办理进出口商品检验、国境卫生检疫、动植物检疫和其他检验检疫手续。一般而言,报检、报验先于报关手续办理。

1.1.2 报关的分类

不同的报关行为(报关方式),其报关形式、报关程序及报关要求有所不同,海关的监管要求也有所不同。

1. 按报关的对象分为进出境运输工具报关、进出境货物报关和进出境物品报关

(1)进出境运输工具报关。

进出境运输工具作为货物、人员及其携带物品的进出境载体,其报关主要是向海关直接交验随附的、符合国际商业运输惯例、能反映运输工具进出境合法性的,及其所承运货物、物品情况的合法证件、清单和其他运输单证,其报关手续较为简单。进出境申报是运输工具申报的主要内容。报关内容主要是交验有关单证。

(2)进出境货物报关。

这部分最复杂,本书的大部分内容都是关于进出境货物报关。海关根据对进出境货物的监管要求,制定了一系列报关管理规范,并要求必须由具备一定的专业知识和技能,且经海关核准的专业人员代表报关单位专门办理。

(3)进出境物品报关。

进出境物品以自用合理数量为限,其报关手续简单。

2. 按报关的目的分为进境报关、出境报关，以及转关报关

由于海关对报关对象的进境和出境有不同的管理要求，运输工具、货物、物品根据进境或出境的目的分别形成了一套进境报关手续和出境报关手续。另外，由于其他运输方面的需要，有些海关监管货物需要办理从一个设关地点运至另一个设关地点的海关手续，在实践中产生了"转关"的需要，转关货物也需要办理相关的报关手续，详见本书4.2。

3. 按报关的行为性质分为自理报关、代理报关

《海关法》第九条规定："进出口货物，除另有规定的外，可以由进出口货物收发货人自行办理报关纳税手续，也可以由进出口货物收发货人委托海关准予注册登记的报关企业办理报关纳税手续。进出境物品的所有人可以自行办理报关纳税手续，也可以委托他人办理报关纳税手续。"进出口货物报关是一项专业性很强的工作，进出境运输工具负责人、进出境货物收发货人、进出境物品的所有人，由于经济、时间、地点等方面的原因，不能或者不愿意自行办理报关手续，在实践中产生了委托报关的需要，委托代理人代为报关，从而形成了自理报关和代理报关两种报关类型。《海关法》对接受进出境物品所有人的委托，代为办理进出境物品报关手续的代理人没有特殊要求；但对于接受进出境货物收发货人的委托，代为办理进出境货物报关手续的代理人则有明确的规定。因此，我们通常所称的自理报关和代理报关主要是针对进出境货物的报关而言的。

（1）自理报关。

进出口货物收发货人自行办理报关业务称为自理报关。自理报关单位同时具有进出口经营权、报关权。

（2）代理报关。

接受进出口货物收发货人的委托，代其办理报关业务的行为称为代理报关。我国海关法律把有权接受他人委托办理报关业务的企业，称为报关企业。报关企业必须依法取得注册登记许可，并且进行注册登记后方能从事代理报关业务。以委托人的名义办理报关手续的，属于委托代理行为，报关企业与委托人之间是代理人与被代理人的关系，代理人的代理权限的取得、行使和效力是基于委托人的委托授权。因此，报关企业必须得到委托人的明确授权才能行使报关代理权，这个明确授权的表现形式是向海关递交的代理报关委托书，它载明双方的法律责任、代理事项、代理权限等。根据代理报关法律行为责任承担者的不同，代理报关又可分为直接代理报关和间接代理报关。在报关实践中，大多数报关企业都是以直接代理的形式办理报关手续的。

1）直接代理报关：以委托人的名义报关纳税。直接代理中，法律后果直接作用于被代理人即委托人。

2）间接代理报关：是报关企业在进行报关时，以自己的名义进行报关。间接代理中，报关企业承担与委托人自己报关时所应承担的相同的法律责任。目前，我国间接代理只适用于经营快件业务的国际货物运输代理业务。

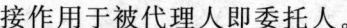典型案例

例1：A 公司是一家报关企业，B 公司是一家外贸公司，B 公司进口的货物委托 A 公司来报关，A 公司进行报关的行为就叫做代理报关。

在报关时，A 公司是以 B 公司的名义进行报关的，则此报关行为属于直接代理报关。在实际的业务中，普遍采用直接代理。

例2：A 公司是一家快递公司，如果有公司委托快递公司进行报关，那么在报关的时候，以快递公司的名义进行报关的，就属于间接代理报关。

1.1.3 报关的基本内容

按照报关范围（报关对象）的分类来叙述，报关的基本内容包括进出境运输工具、货物、物品三个方面的基本内容。后面的章节里有详细阐述，这里仅作全面概括性的介绍。

1. 进出境运输工具报关的基本内容（《海关法》第二章）

国际贸易的交货、国际人员往来及其携带物品的进出境，除经其他特殊运输方式外，都要通过各种运输工具的国际运输来实现。根据我国海关法律规定，所有进出我国关境的运输工具必须经由设立海关的港口、车站、机场、国界孔道、国际邮件互换局（交换站）和其他可办理海关业务的场所申报进出境。进出境申报是运输工具报关的主要内容。根据海关监管的要求，进出境运输工具负责人或其代理人在运输工具进入或驶离我国关境时，均应如实向海关申报运输工具所载旅客人数、进出口货物数量、装卸时间等基本情况。

（1）运输工具申报的基本内容。

根据海关监管要求的不同，不同种类的运输工具报关时所需递交的单证及所要申明的具体内容也不尽相同。总的来说，运输工具进出境报关时须向海关申明的主要内容有：

1）运输工具进出境时间、航次；

2）运输工具进出境时所载运货物情况，包括过境货物、转运货物、通运货物、溢短卸（装）货物的基本情况；

3）运输工具服务人员名单及其自用物品、货币、金银情况；

4）运输工具所载旅客情况；

5）运输工具所载邮递物品、行李物品的情况；

6）其他需要向海关申报清楚的情况，如《海关法》第二十二条规定："进出境船舶和航空器，由于不可抗力的原因，被迫在未设立海关的地点停泊、降落或者抛掷、起卸货物、物品，运输工具负责人应当立即报告附近海关"；

7）运输工具从事国际合法性运输设备的相关证明文件，如船舶国籍证书、吨税证书、海关监管簿、签证簿等，必要时还须出具保证书或缴纳保证金。

进出境运输工具负责人或其代理人就以上情况向海关申报后，有时还须应海关的要求配合海关检查，经海关审核确认符合海关监管要求的，可以上下旅客、装卸货物。

（2）运输工具舱单申报。

在运输工具的申报内容当中，一个重要的事项是运输工具舱单的申报。

进出境运输工具舱单（以下简称舱单）是反映进出境运输工具所载货物、物品及旅客信息的载体，包括原始舱单、预配舱单、装（乘）载舱单。进出境运输工具载有货物、物品的，舱单内容应当包括总提（运）单及其项下的分提（运）单信息。进出境运输工具负责人即舱单电子数据传输义务人，应当按照海关备案的范围，在规定时限向海关传输舱单电子数据。原始舱单，是指舱单传输人向海关传输的反映进境运输工具装载货物、物品或者乘载旅客信息的舱单。预配舱单，是指反映出境运输工具预计装载货物、物品或者乘载旅客信息的舱单。装（乘）载舱单，是指反映出境运输工具实际配载货物、物品或者载有旅客信息的舱单。

进境运输工具载有货物、物品的，舱单传输人应当在规定时限向海关传输原始舱单的主要数据，舱单传输人应当在进境货物、物品运抵目的港以前，向海关传输原始舱单的其他数据。海关接受原始舱单主要数据传输后，收货人、受委托报关企业方可向海关办理货物、物品的申报手续。

出境运输工具预计载有货物、物品的，舱单传输人应当在办理货物、物品申报手续以前，向海关传输预配舱单主要数据；以集装箱运输的货物、物品，出口货物发货人应当在货物、物品装箱以前，向海关传输装箱清单的电子数据。海关接受预配舱单主要数据传输后，舱单传输人应当在规定时限向海关传输预配舱单的其他数据。出境货物、物品运抵海关监管场所时，海关监管场所经营人应当以电子数据方式向海关提交运抵报告后，海关即可办理货物、物品的查验、放行手续。舱单传输人应当在运输工具开始装载货物、物品的 30 分钟以前，向海关传输装载舱单电子数据。出境运输工具预计承载旅客的，运输工具负责人应当在货物、物品装载完毕或者旅客全部登机（船、车）后向海关提交结关申请，经海关办结手续后，出境运输工具方可离境。

在进出境航空器、铁路列车以及公路车辆办理进出境报关手续时，也应按海关规定传输舱单数据。

2. 进出境货物报关的基本内容（《海关法》第三章）

进出境货物的报关比较复杂，报关单位除了要向海关报告其进出境的情况以外，还需要对部分货物缴纳进出口税费及办理其他手续。详细内容在本书后面的章节将一一展开。

3. 进出境物品报关的基本内容（《海关法》第四章）

《海关法》第四十六条规定："个人携带进出境的行李物品、邮寄进出境的物品，应当以自用、合理数量为限，并接受海关监管。""自用"是指进出境旅客本人自用、馈赠亲友而非出售、出租，或者说是非牟利性的；"合理数量"是指海关根据进出境旅客的旅行目的、居留时间所规定的正常数量或者按照规定的免税数量；对于邮递物品，则指的是海关对进出境邮递物品规定的征、免税限制。《中华人民共和国进出口关税条例》规定，在海关总署规定数额以内的个人自用进境物品，免征进口税；超过规定数额但仍在合理数量以内的个人自用进境物品，由进境物品的纳税义务人在进境物品放行前按照规定缴纳进口税；超过自用合理数量的进境物品应当按照进境货物办理相关手续。自用合理数量是海关对进出境物品监管的基本原则，也是对进出境物品报关的基本要求。需要注意的是，随身携带或者邮寄的货物必须按照货物来报关。

（1）进出境行李物品的报关。

大多数国家都规定旅客进出境采用"红绿通道制度"，我国也采用"红绿通道制度"。

1)"绿色通道制度"是指带有绿色标志的通道，适用于携带物品在数量和价值上都没有超过免税限额，且无国家限制或禁止进出境物品的旅客，无须填写"中华人民共和国海关进出境旅客行李物品申报单"（以下简称"申报单"）（见图 1-1）。

2)"红色通道制度"适用于除海关免予监管的人员及随同成人旅行的 16 周岁以下的旅客之外，携运有上述绿色通道适用物品以外的其他物品的旅客。对于选择红色通道的旅客，必须填写申报单。

非居民旅客返程出境时，如需要选择"申报通道"通关，可在其原进境

正面

中华人民共和国海关
进出境旅客行李物品申报单
请仔细阅读申报单背面的填单须知后填报

姓　名　　　　　　　　　　　男　女
护照（进出境证件）号码
出生日期　　　年　　月　　日　国籍(地区)

进境旅客填写	出境旅客填写
来自何地	前往何地
进境航班号/车次/船名	出境航班号/车次/船名
进境日期：　年　月　日	出境日期：　年　月　日
携带有下列物品请在"□"画√	携带有下列物品请在"□"画√
□1.动、植物及其产品、微生物、生物制品、人体组织、血液制品	□1.文物、濒危动植物及其制品、生物物种资源，金银等贵重金属
□2.居民旅客在境外获取总值超过人民币5000元的物品	□2.居民旅客携带复带进境的单价超过人民币5000元的照相机、摄像机、手提电脑等旅行自用物品
□3.非居民旅客拟留在境内总值超过人民币2000元的物品	
□4.超过1500毫升的酒精饮料，或超过400支香烟，或超过100支雪茄，或超过500克烟丝	□3.超过20000元人民币现钞，或折合超过5000美元外币现钞
□5.超过20000元人民币现钞或超过折合5000美元外币现钞	□4.货物、货样、广告品
□6.分离运输行李，货物、货样、广告品	□5.其他需要向海关申报的物品
□7.其他需要向海关申报的物品	

携带有上述物品的，请详细填写如下清单

品名/币种	型号	数量	金额	海关批注

我已经阅读本申报单背面所列事项，并保证所有申报属实
旅客签名：

背面

一、重要提示：
1.没有携带应向海关申报物品的旅客，无须填写本申报单，可选择"无申报通道"（又称"绿色通道"，标识为"●"）通关。
2.携带有应向海关申报物品的旅客，应当填写本申报单，向海关书面申报，并选择"申报通道"（又称"红色通道"，标识为"■"）通关。海关免予监管的人员以及随同成人旅行的16周岁以下旅客可不填写申报单。
3.请妥善保管本申报单，以便在返程时继续使用。
4.本申报单所称"居民旅客"系指其通常定居地在中国关境内的旅客，"非居民旅客"系指其通常定居地在中国关境外的旅客。
5.不如实申报的旅客将承担相应法律责任。
二、中华人民共和国禁止进境物品：
1.各种武器、仿真武器、弹药及爆炸物品；
2.伪造的货币及伪造的有价证券；
3.对中国政治、经济、文化、道德有害的印刷品、胶卷、照片、唱片、影片、录像带、激光唱盘、激光视盘、计算机存储介质及其他物品；
4.各种烈性毒药；
5.鸦片、吗啡、海洛因、大麻以及其他能使人成瘾的麻醉品、精神药物；
6.新鲜水果、茄科蔬菜、活动物（犬、猫除外）、动物产品、动植物病原体和害虫及其他有害生物、动物尸体、土壤、转基因生物材料、动植物疫情流行的国家和地区的有关动植物及其产品和其他应检物；
7.有碍人畜健康的、来自疫区的以及其他能传播疾病的食品、药品或其他物品。
三、中华人民共和国禁止出境物品：
1.列入禁止进境范围的所有物品。
2.内容涉及国家秘密的手稿、印刷品、胶卷、照片、唱片、影片、录音带、录像带、激光唱盘、激光视盘、计算机存储介质及其他物品；
3.珍贵文物及其他禁止出境的文物；
4.濒危的和珍贵的动、植物（均含标本）及其种子和繁殖材料。

图 1-1　进出境旅客行李物品申报单式样图

　　时所填写并经海关批注和签章的申报单出境栏目内填写相关内容，或者另填写一份申报单，向海关办理出境申报手续。

　　居民旅客回程进境时，如需要选择"申报通道"通关，可在其原出境时所填写并经海关批注和签章的申报单的进境栏目内填写相关内容，或者另填写一份申报单，向海关办理进境申报手续。

　　持有中华人民共和国政府主管部门给予的外交、礼遇签证的进出境旅客，通关时应主动向海关出示本人有效证件，海关予以免验礼遇。违反海关规定、逃避海关监管，携带国家禁止、限制进出境或者依法应当缴纳税款的货物、物品进出境的，海关将依据《海关法》和《行政处罚实施条例》予以处罚。

　　进出境物品的查验由一般查验和重点查验相结合，海关依据物品外表特征分析和判断采用何种查验。海关加施的封志，任何人不得擅自开启或者损毁。

　　缴纳税款：税率参照入境旅客行李物品和个人邮递物品进口税税则归类

表。征税的完税价格：进境以海关审定完税价格（见入境旅客行李物品和个人邮递物品完税价格表）为准，出境以国内法定商业发票为准。

《海关法》第五十条规定："经海关登记准予暂时免税进境或者暂时免税出境的物品，应当由本人复带出境或者复带进境。过境人员未经海关批准，不得将其所带物品留在境内。"

（2）进出境邮递物品的报关。

1）海关对进出邮袋的管理。

邮政企业使用邮件路单申报，通知海关开拆及封发国际邮袋的时间并配合查验，在海关放行后方可投递或者交付。

《海关法》第四十八条规定："进出境邮袋的装卸、转运和过境，应当接受海关监管。邮政企业应当向海关递交邮件路单。邮政企业应当将开拆及封发国际邮袋的时间事先通知海关，海关应当按时派员到场监管查验。"

第四十九条规定："邮运进出境的物品，经海关查验放行后，有关经营单位方可投递或者交付。"

2）个人邮包。

我国是《万国邮政公约》的签约国，根据规定，进出口邮包必须由寄件人填写"报税单"（小包邮件同时填写绿色标签），列明所寄物品的名称、价值、数量，向邮包寄达国家的海关申报。"报税单"和"绿色标签"随同物品通过邮政企业或快递公司呈递给海关。

3）海关对进出境邮递物品的弃物处理规定。

《海关法》第五十一条规定："进出境物品所有人声明放弃的物品、在海关规定期限内未办理海关手续或者无人认领的物品，以及无法投递又无法退回的进境邮递物品，由海关依照本法第三十条的规定处理。"

（3）其他物品的进出境通关。

《海关法》第五十二条规定："享有外交特权和豁免的外国机构或者人员的公务用品或者自用物品进出境，依照有关法律、行政法规的规定办理。"

这些物品主要为以下三类：

1）外国使领馆公务用品及自用物品；

2）国际组织机构公用物品及自用物品；

3）驻我国常驻机构进出境物品。

1.2　对外贸易管制概述

本节主要介绍对外贸易管制的概念，对外贸易管制的法律依据及其与海关监管的联系。简图示意如下：

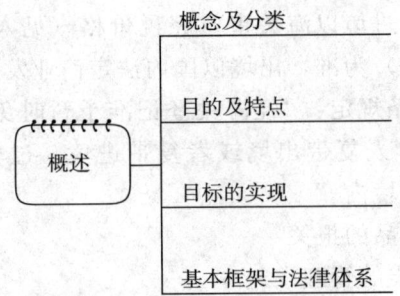

1.2.1 对外贸易管制的概念及分类

1. 对外贸易管制的概念

对外贸易管制是指一国政府为了国家的宏观经济利益、国内外政策需要以及履行所缔结或加入国际条约的义务,确立实行各种管制制度、设立相应管制机构和规范对外贸易活动的总称。

2. 对外贸易管制的分类

对外贸易管制涉及面较广,在进出口活动的各领域中,如工农业、技术、医药、军事、环境保护、资源保护,还有税收、外汇、金融、保险以及外商投资企业管理政策等都有对外贸易管制。对外贸易管制通常有三种分类形式:

(1) 按管理目的分为进口贸易管制和出口贸易管制;

(2) 按管制手段分为关税措施和非关税措施;

(3) 按管制对象分为货物进出口贸易管制、技术进出口贸易管制和国际服务贸易管制。

本章第三节的内容重点介绍有关货物和技术的管制制度、措施以及执行这些贸易管制措施所涉及报关规范的相关内容。

1.2.2 对外贸易管制的目的及特点

1. 对外贸易管制的目的

(1) 保护本国经济利益、发展本国经济;

(2) 推行本国的外交政策;

(3) 实现其国家职能。

2. 对外贸易管制的特点

(1) 对外贸易管制政策是一国对外政策的体现;

(2) 对外贸易管制会因时因势而变化;

(3) 以对进口的管制为重点。

1.2.3 对外贸易管制目标的实现

1. 海关监管是实现贸易管制的重要手段

实现对外贸易管制,主要是依靠国家行政机关的行政管理,各职能部门通过行政管理方式、方法和不同的管理手段,达到有效管制对外贸易的目的。海关代表国家依据法律赋予的权力,在口岸行使监督管理的职能,监管货物、技术以及运输工具和物品的合法进出境,海关是对外贸易法律、行政法规的执行和监督管理机关。国家通过颁布对外贸易法律、行政法规,制定各项规章制度,维护对外贸易的正常秩序。海关监管正是以这些法律、行政法规及规章为依据,通过对进出境货物、技术的实际监管,实现对外贸易管制的目标,因此,确保货物、技术进出口的合法性是海关监管工作的重要内容。

进出口货物或技术都需要通过设有海关的地点进出境,而国家制定的各项贸易管制政策与相关管制措施能否得到贯彻和落实,主要集中表现在进出境环节上,这就取决于海关在进出境环节能否对货物、技术实施有效的监管。我国海关是进出境的监督管理机关,对于任何进出我国关境的货物或技术,海关都有权力进行监督和管理,海关肩负着为国家把关的职责,通过监管执行国家对外贸易管制政策,实现对外贸易管制目标。商务主管部门签发的进出口许可证件虽然可以证明货物或技术已经取得进出口的许可,但是,对外贸易经营者实际进出口的货物或技术是否符合国家的管制要求,只能通过海关在进出境环节上进行实际的、有效的监管来加以验证。因此,海关监管是保证货物与技术合法进出口,确保国家贸易管制制度真正实施的一个重要手段和重要环节。

海关在进出境环节依法实施监管、验放货物的重要依据就是国家进出口贸易政策与各类进出口许可证件,国家通过颁布法律、法规和行政规章,制定各种对外贸易具体措施,海关监管正是以此为重要依据,通过对进出口货物与技术的实际监控,确保货物或技术的合法进出口,从而有效实现贸易管制目标。因此,确保货物与技术合法进出口是海关监管工作的重要内容。

2. 报关是海关确认进出口货物合法性的先决条件

"单"(包括报关单在内的各类报关单据及其电子数据)、"证"(各类许可证件、相关文件及其电子数据)、"货"(进出口货物)三要素相符是海关确认货物合法进出口的必要条件,而这三要素中的"单"和"证"正是通过报关环节中的申报手续向海关递交的。虽然海关监管是实现贸易管制的重要手段,但没有进出口的报关,也就无法实现贸易管制的目的,因此,进出口报关与对外贸易管制有必然的联系。按照《海关法》的规定,对国家限制进出口的货物，应当向海关递交进出口许可证件，否则海关不予放行。所以，进出口报关不仅是通关程序的内容，更重要的是证明进出口货物的合法性，这是报关人员应履行的义务，也是海关确认货物合法进出口的先决条件。

贸易管制是国家对进出口贸易的管理措施，行使的是国家职能，对外贸易主管部门依据相关法律，制定、调整进出口有关政策，在对外贸易经营活动中产生重要影响；对外贸易经营者执行国家贸易管制措施，最重要的表现形式是报关，通过向海关报关，实现货物与技术的合法进出口。因此，"报关"是贯彻执行国家对外贸易政策不可或缺的重要环节，也只有通过报关，才能表现进出口贸易政策的执行情况，向海关递交进出口许可证件，才能具体表现出货物与技术的合法与否。从报关角度来看，报关不仅与货物、技术、运输工具、物品进出境的状况有关，更与国家贸易管制相联系，按海关法律规定，进出口货物、技术属于国家贸易管制的，应当向海关递交进出口许可证件，否则海关不予放行。因此，报关时递交进出口许可证件，是报关人义不容辞的责任。所以，在进出口贸易活动中，报关不仅是重要的环节，在执行贸易管制政策方面也起到重要作用。虽然海关是进出境的执法机关，监督管理进出口活动，执行国家对外贸易政策，但没有报关提供真实、准确的许可证件，不能配合、协调海关工作，就很难实现贸易管制目标，因此，贯彻执行国家对外贸易政策是海关、报关单位、报关员以及对外贸易经营者共同的任务。

1.2.4 我国对外贸易管制的基本框架与法律体系

我国对外贸易管制制度是由海关监管制度、关税制度、进出口许可管理制度（包括货物、技术进出口许可和经营许可）、对外贸易经营者资格管理制度、出入境检验检疫制度、进出口货物收付汇管理制度、贸易救济制度以及其他有关的管理制度组成的一种综合性制度。我国对外贸易管制制度的主要内容除海关监管制度、关税制度外，可以概括为："证"、"备"、"检"、"核"、"救"五个字。

对外贸易管制的法律渊源不包括地方性法规、地方性规章、各民族自治区政府的地方条例和单行条例，其法律渊源只限于宪法、法律、行政法规、部门规章以及相关的国际条约五个方面。为保障贸易管制各项制度的实施，我国已基本建立并逐步健全了以《对外贸易法》为核心的对外贸易管制的法律体系，并依照这些法律、行政法规、部门规章和我国履行国际公约的有关规定，自主实行对外贸易管制。

1. **宪法**

宪法是国家的根本大法，具有最高法律效力，是制定包括《对外贸易法》、《海关法》在内的所有法律的依据。一切法律、行政法规和地方性法规都不得同宪法相抵触。

2. 法律

法律是由全国人大或其常务委员会制定的，可分为由全国人大全体大会通过的基本法律和全国人大常务委员会通过的基本法律以外的法律。我国现行的与贸易管制有关的法律主要有《中华人民共和国对外贸易法》、《中华人民共和国海关法》、《中华人民共和国进出口商品检验法》、《中华人民共和国进出境动植物检疫法》、《中华人民共和国野生动物保护法》、《中华人民共和国药品管理法》、《中华人民共和国食品卫生法》、《中华人民共和国文物保护法》等。

3. 行政法规

行政法规是国务院为了实施宪法和其他法律而制定的行政规范文件。我国现行的与贸易管制有关的行政法规主要有《中华人民共和国货物进出口管理条例》、《中华人民共和国技术进出口管理条例》、《中华人民共和国关税条例》、《中华人民共和国知识产权海关保护条例》、《中华人民共和国野生植物保护条例》、《中华人民共和国外汇管理条例》、《中华人民共和国反补贴条例》、《中华人民共和国反倾销条例》、《中华人民共和国保障措施条例》等。

4. 部门规章

部门规章是国务院各部门、部委根据法律和国务院的行政法规、决定和命令，在其行政管辖的范围内所发布的规范性文件。我国现行的与贸易管制有关的部门规章很多，如《货物进口许可证管理办法》、《货物出口许可证管理办法》、《货物进出口许可证管理办法》、《货物自动进口许可管理办法》、《出口收汇核销管理办法》、《进口药品管理办法》、《精神药品管理办法》、《放射性药品管理办法》、《两用物项技术进出口许可证管理办法》等。

5. 国际条约

国际条约是国家及其他国际法主体间所缔结的以国际法为准则，并确定其相互关系中权利和义务的一种国际书面协议；也是国际法主体间相互交往的一种最普遍的法律形式，可以将其视为我国的法律渊源。我国目前加入或缔结的涉及贸易管制的国际条约主要有：

(1)加入WTO所签订的各类贸易协定（我国加入WTO的承诺对本章的内容影响很大，是这些内容年年变动的主要原因）；

(2)《关于简化和协调海关业务制度的国际公约》（亦称《京都公约》）；

(3)《濒危野生动植物种国际贸易公约》（亦称《华盛顿公约》）；

(4)《关于消耗臭氧层物质的蒙特利尔议定书》；

(5)麻醉品、精神药物的国际公约；

(6)《关于化学品国际贸易资料交流的伦敦准则》;

(7)《关于国际贸易中对某些危险化学品和农药采用事先知情同意程序的鹿特丹公约》;

(8)《控制危险废物越境转移及其处置的巴塞尔公约》;

(9)《建立世界知识产权组织公约》。

1.3 货物、技术进出口许可管理制度(证)

进出口许可管理制度,是指国家根据《中华人民共和国货物进出口管理条例》(以下简称《货物进出口管理条例》)、《中华人民共和国技术进出口管理条例》(以下简称《技术进出口管理条例》)等相关法律、行政法规对进出口贸易所实行的一种行政管理制度,包括准许进出口有关证件的审批和管理制度本身的程序,也包括以国家各类许可为条件的其他行政管理手续。进出口许可管理制度作为一种非关税措施,是世界各国管理进出口贸易的一种常见手段,在国际贸易中长期存在,并广泛运用。

货物、技术进出口许可管理制度是进出口许可制度的核心内容(主体),即货物、技术进出口许可和经营许可,是国家对外贸易管制制度中极其重要的管理制度。其管理制度范围包括禁止进出口货物和技术、限制进出口货物和技术、自由进出口的技术以及自由进出口中部分实行自动许可管理的货物。

2004年4月6日,国家对《中华人民共和国对外贸易法》(以下简称《对外贸易法》)进行了修订,在此基础上,商务部陆续对原《货物进口许可证管理办法》、《货物出口许可证管理办法》、《货物自动进口许可管理办法》、《禁止进口限制进口技术管理办法》、《禁止出口限制出口技术管理办法》进行了修订。

《对外贸易法》第十六条规定了禁止和限制进出口货物的原则:"国家基于下列原因,可以限制或者禁止有关货物、技术的进口或者出口:(一)为维护国家安全、社会公共利益或者公共道德,需要限制或者禁止进口或者出口的;(二)为保护人的健康或者安全,保护动物、植物的生命或者健康,保护环境,需要限制或者禁止进口或者出口的;(三)为实施与黄金或者白银进出口有关的措施,需要限制或者禁止进口或者出口的;(四)国内供应短缺或者为有效保护可能用竭的自然资源,需要限制或者禁止出口的;(五)输往国家或者地区的市场容量有限,需要限制出口的;(六)出口经营秩序出现严重混乱,需要限制出口的;(七)为建立或者加快建立国内特定产业,需要限制进口的;(八)对任何形式的农业、牧业、渔业产品有必要限制进口的;(九)为保障国家国际金融地位和国际收支平衡,需要限制进口的;(十)依照法律、行政法规的规定,其他需要限制或者禁止进口或者出口的;(十一)根据我国缔结或者参加的国际条约、协定的规定，其他需要限制或者禁止进口或者出口的。"

范围：实行目录管理，通过相关目录来划定或调整。禁止或限制进出口货物、技术目录由商务部会同国务院有关经济管理部门，依照《对外贸易法》的规定，制定、调整并公布。

海关管制原则：对列入国家公布的禁止或限制进出口货物、技术目录以及其他法律、法规明令禁止或限制进出口的货物、技术，禁止或限制任何对外贸易经营者从事该类商品的进出境行为。

根据我国外经贸业务的发展，禁止或限制进出口货物、技术目录可能会进行调整，其具体内容和变化，可参见《中华人民共和国商务部文告》或在商务部网站（www.moftec.gov.cn）查阅。同时本节也穿插介绍我国贸易管制主要的管理措施及报关规范。

1.3.1 禁止进出口管理

禁止进出口管理简图示意如下：

$$
\text{禁止进出口管理}\begin{cases} \text{禁止进口管理}\begin{cases} \text{禁止进口货物管理} \\ \text{禁止进口技术管理} \end{cases} \\ \text{禁止出口管理}\begin{cases} \text{禁止货物出口管理} \\ \text{禁止技术出口管理} \end{cases} \end{cases}
$$

1. 禁止进口管理

（1）禁止进口货物管理。

1）列入《禁止进口货物目录》的商品。

目前，我国公布的《禁止进口货物目录》包括：

《禁止进口货物目录》（第一批）是为了保护我国的自然生态环境和生态资源，从我国国情出发，为履行我国所缔结或者参加的与保护世界自然生态环境相关的国际条约和协定而发布的，需要禁止进口的货物名称。例如，四氯化碳（破坏臭氧层物质）、犀牛角和虎骨及麝香（世界濒危物种）等。

《禁止进口货物目录》（第二批）均为旧机电产品类，是国家对涉及生产安全（压力容器类）、人身安全（电器、医疗设备）和环境保护（汽车、工程及车船机械类）的旧机电所实施的禁止进口管理。

《禁止进口固体废物目录》所涉及的是对环境有污染的固体废物类，包括废动物产品、废动植物油脂、冶炼矿渣、废药物、废橡胶、杂项化学品废物、废纺织品、废玻璃等。

《禁止进口货物目录》（第六批）是为了保护人的健康，维护环境安全，淘汰落后产品，履行《关于在国际贸易中对某些危险化学品和农药采用事先知情同意程序的鹿特丹公约》和《关于持久性有机污染物的斯德哥尔摩公约》而颁布的，如长纤青石棉、二恶英等。

2）国家有关法律、法规明令禁止进口的商品。

例如，依据《中华人民共和国进出境动植物检疫法》，国家禁止下列货物进境：

①来自动植物疫情流行的国家或地区的有关动植物、动植物产品和其他检疫物；

②动植物病源（包括菌种、毒种等）及其他有害生物、动物尸体、土壤；

③带有违反"一个中国"原则内容的货物及其包装；

④以氯氟羟物质为制冷剂、发泡剂的家用电器产品和以氯氟羟物质为制冷剂、发泡剂的家用电器压缩机；

⑤滴滴涕、氯丹等；

⑥莱克多巴胺和盐酸莱克多巴胺。

3）其他各种原因停止进口的商品。

①以CFC－12为制冷工质①的汽车和汽车空调压缩机（含空调器）；

②右方向盘汽车；

③旧服装、VIII因子制剂等血液制品；

④氯酸钾和硝酸铵。

（2）禁止进口技术管理。

根据《对外贸易法》、《技术进出口管理条例》以及《禁止进口限制进口技术管理办法》的有关规定，国务院商务主管部门会同国务院有关部门，制定、调整并公布禁止进口的技术目录。属于禁止进口技术的，不得进口。

目前《中国禁止进口限制进口技术目录》（第一批）所列明的禁止进口的技术涉及钢铁冶金、有色金属冶金、化工、石油炼制、石油化工、消防、电工、轻工、印刷、医药、建筑材料等技术领域。

2．禁止出口管理

（1）禁止出口货物管理。

1）列入《禁止出口货物目录》的商品，共五批。

《禁止出口货物目录》（第一、第三批），是根据我国所缔结或者参加的国

---

① "制冷工质"又称制冷剂，它是在制冷系统中不断循环并通过其本身的状态变化以实现制冷的工作物质。制冷剂在蒸发器内吸收被冷却介质（水或空气等）的热量而汽化，在冷凝器中将热量传递给周围空气或水而冷凝。

际条约、协定，需要禁止出口的货物名称。包括为了保护我国自然生态环境和生态资源，禁止出口的商品，如四氯化碳、犀牛角、虎骨、麝香等，有防风固沙作用的发菜和麻黄草等植物。

《禁止出口货物目录》（第二批）主要是为了保护我国的森林资源禁止出口的货物，如禁止出口木炭。

《禁止出口货物目录》（第四批）主要包括硅砂、石英砂以及其他天然砂。

《禁止出口货物目录》（第五批）包括森林凋落物及泥炭（草炭）。

2）国家有关法律、法规明令禁止出口的商品。

①依据《中华人民共和国野生植物保护条例》，禁止出口未定名或新发现并有重要价值的野生植物；

②原料血浆；

③商业性出口的野生红豆及其部分产品；

④劳改产品；

⑤以氯氟羟物质为制冷剂、发泡剂的家用电器产品和以氯氟羟物质为制冷剂、发泡剂的家用电器压缩机；

⑥滴滴涕、氯丹等。

⑦莱克多巴胺和盐酸莱克多巴胺。

（2）禁止出口技术管理。

根据《对外贸易法》、《技术进出口管理条例》以及《禁止出口限制出口技术管理办法》的有关规定，国务院商务主管部门会同国务院有关部门，制定、调整并公布禁止出口的技术目录。属于禁止出口技术的，不得出口。

目前《中国禁止出口限制出口技术目录》所列明的禁止出口的技术涉及核、测绘、地质、药品生产、农业等技术领域。

1.3.2 限制进出口管理

表 1-1 限制进出口管理制度汇总

进口	货物	许可证	
		关税配额	
	技术	许可证	
出口	货物	配额	配额许可证
			配额招标
		非配额（许可证件管理）	
	技术	许可证	

1. 限制进出口货物管理

《货物进出口管理条例》规定：有数量限制的进出口货物，实行配额管理；其他限制进出口货物，实行许可证件管理（授权的许可）。

(1) 配额管理（配额限制）。

配额管理是指在一定时期内根据国内政治、工业、农业、商业、军事、技术、卫生、环保、资源保护等领域的需要，以及为履行我国所加入或缔结的有关国际条约的规定，需要对货物的进出口数量进行总量控制的管理方式。按其限制方式又可分为绝对数量限制（如出口配额限制）和相对数量限制（如关税配额管理）。

配额管理与许可证管理，是大多数国家采用的两种主要的贸易管制手段，两者可以独立使用，如关税配额，进口许可证等，也可以结合起来使用，从而更有力地保证国家对限制进出口货物的管制。按《货物进出口管理条例》规定，国家实行统一的货物进出口许可制度，对有配额限制的进出口货物实行进出口许可证管理，即国家对部分货物在实行配额管理的基础上实行许可证管理。这部分商品在申领了配额证明后还须凭借配额证明申请办理进出口许可证，即实行配额与许可证管理（配额许可证管理）相结合的做法。随着我国成为 WTO 成员，对限制进出口货物管理方式进行了调整，在 2005 年取消了对限制进口货物的绝对数量限制，这表明我国曾经采用的配额与许可证相结合的管理模式已经发生变化。目前主要是指出口配额许可证管理和配额招标管理，申请者取得配额证明后，到商务部配额许可证事务局及其各特派员办事处、授权各省级发证机构，凭配额证明申领出口许可证，凭以办理进出口通关、外汇核销等进出口手续。这种方式有利于对配额数量的管制，防止超配额出口以及政府部门之间建立有效的监督等管理目标的实现。因为对进出口货物实行配额管理不能取代进出口许可证管理，进出口许可证是货物准许进出口的标志，配额证明只是表示对某些进出口商品在数量上进行的限制。另外，配额管理与许可证管理在管理范围方面还有比较大的不同，配额管理仅适用于国家实行数量限制的农产品、工业品等有关商品，目前，我国实行的配额管理主要是部分出口的商品。而许可证管理所涉及的范围大、覆盖面广，如履行国际公约的有关条款，国家能源资源商品等，此外，我国的出口配额管理还要根据我国的国情，实际考虑对我国香港和澳门地区出口家禽的配额限制。

1) 进口关税配额管理。

进口关税配额管理，指一定时期内（一般是 1 年），国家对部分商品的进口制定关税配额税率并规定该商品进口数量总额，在限额内，经国家批准后允许按照关税配额税率征税进口。如超出限额则按照配额外税率征税进口的措施。一般情况下,关税配额税率优惠幅度很大,有的商品如小麦,关税配额税率与最惠国税率相差65倍。国家通过这种行政管理手段对一些重要商品,以关税这个成本杠杆来实现限制进口的目的。

关税配额分配采用直接分配,分配依据:

——申请单位以往的进口实绩;

——申请单位的生产能力、经营规模、销售状况;

——以往分配的配额是否得到充分使用;

——申请配额的数量情况;

——新的进口经营者的申请情况;

——其他需要考虑的因素。

①实施关税配额管理的农产品。

主管部门:商务部及国家发展和改革委员会。

②实施关税配额管理的工业品。

主管部门:商务部。

2)出口配额限制。

出口配额限制有两种管理形式,即出口配额许可证管理和出口配额招标管理。

①出口配额许可证管理。

出口配额许可证管理是国家对部分出口商品,在一定时期内(一般是1年)规定数量总额,经国家批准获得配额的允许出口,否则不准出口的配额管理措施,它是以规定绝对数量的方式实现限制出口的目的。

出口配额许可证管理是通过直接分配的方式,由商务部和国务院有关部门在各自的职责范围内根据申请者的需求并结合其出口实绩、能力等条件,按照公开、公平、公正和效益的原则进行分配。国家各配额主管部门对经申请有资格获得配额的申请者发放各类配额证明,申请者在取得配额证明后,凭配额证明申领出口许可证。

②出口配额招标管理。

出口配额招标管理是国家对出口的商品,在一定时期内(一般是1年)规定数量总额,采取招标分配的原则,经招标获得配额的允许出口,否则不准出口的管理配额措施,它也是以规定绝对数量的方式实现限制出口的目的。

国家各配额主管部门对中标者发放各类配额证明,中标者取得配额证明后,凭配额证明申领出口许可证。

(2) 许可证件管理（非配额限制）。

许可证件管理是指一定时期内根据国内政治、工业、农业、商业、军事、技术、卫生、环保、资源保护等领域的需要，以及为履行我国所加入或缔结的有关国际条约的规定，以经国家各主管部门签发许可证件的方式来实现各类货物限制进出口的措施。许可证件管理主要涉及对货物品种的限制，是国家对限制进出口货物采取的一种非数量控制的措施，由于国家主要是通过许可证件而不是通过配额来进行管理，因而也被称为非配额限制。许可证件（海关监管证件）含许可证和具有许可性质的证明、文件。进口非配额限制主要包括进口许可证、濒危物种进口、可利用废物进口、进口药品、进口音像制品、黄金及其制品进口等许可管理；出口非配额限制主要包括出口许可证、濒危物种出口、两用物项和技术出口等许可管理。根据中美、中欧纺织品备忘录，自2009年1月1日，我国不再对输美、输欧的纺织品实行纺织品出口许可证管理。

1）进出口许可证。

进出口许可证指国家批准对外贸易经营者进出口某些货物或技术的证明文件。

适用范围：商务部负责制定相关的规章制度，或者商务部会同国务院有关部门，根据《对外贸易法》和《货物进出口管理条例》，每年以商务部、海关公告的形式制定并调整和公布进出口许可管理目录，以签发进出口许可证的形式对该目录商品实行的行政许可管理。

> **相关链接**
>
> （1）进口许可证管理
>
> 根据《中华人民共和国对外贸易法》、《中华人民共和国货物进出口管理条例》和《重点旧机电产品进口管理办法》，商务部、海关总署、国家质检总局于2010年第107号公布《2011年进口许可证管理货物目录》自2011年1月1日起执行。公布2010年实行进口许可证管理的货物两种，为重点旧机电产品、消耗臭氧层物质，总计132个10位HS编码。
>
> （2）出口许可证管理
>
> 商务部、海关总署联合公告2010年第108号（关于发布《2011年出口许可证管理货物目录》）中实行出口许可证管理的货物共49种，分别实行出口配额许可证、出口配额招标和出口许可证管理。实行出口配额许可证管理的货物是：玉米、大米、小麦、玉米粉、大米粉、小麦粉、棉花、锯材、活牛、活猪、活鸡、煤炭、焦炭、原油、成品油、稀土、锑及锑制

品、钨及钨制品、锌矿砂、锡及锡制品、白银、铟及铟制品、钼、磷矿石。

实行出口配额招标的货物是：蔺草及蔺草制品、碳化硅、滑石块（粉）、镁砂、矾土、甘草及甘草制品。

实行出口许可证管理的货物是：活牛、活猪、活鸡、冰鲜牛肉、冻牛肉、冰鲜猪肉、冻猪肉、冰鲜鸡肉、冻鸡肉、消耗臭氧层物质、石蜡、锌及锌基合金、部分金属及制品、铂金、汽车及其底盘、摩托车及其发动机和车架、天然砂（含标准砂）、钼制品、柠檬酸、维生素C、青霉素工业盐、硫酸二钠。

实行"非一批一证"管理的货物为：外商投资企业出口货物，加工贸易方式出口货物，补偿贸易项下出口货物，大米、玉米、小麦、活牛、活猪、活鸡、牛肉、猪肉、鸡肉、原油、成品油、煤炭、汽车及其底盘、摩托车及其发动机和车架。

发证机构：经过商务部的授权，由商务部配额许可证事务局来统一管理、指导全国各发证机构的进出口许可证签发工作。具体的发证机构分为以下三级：

①配额许可证事务局；

②商务部驻各地特派员办事处；

③授权的各省市商务厅（局）、外经贸委（厅、局）（各省、自治区、直辖市、计划单列市；商务部授权的其他省会城市）。

2）具有许可性质的证明文件。

主要指国家各相关主管部门所签发的准许特定种类的货物进出口的证明文件，发放主体为专业职能部门（如国家环保总局、药监局、农业部、质检总局、人民银行、外汇管理局、新闻出版总署等）。

①濒危物种进出口管理。

濒危物种是人类宝贵的自然资源，它包括野生动物、植物、动植物产品和一些人工培育的植物。为了保护濒危物种，国际上成立了保护濒危野生动植物组织，制定了《濒危野生动植物国际贸易公约》，我国是该组织的成员国，并且我国也成立了专门对濒危物种进行保护的组织机构，濒危物种进出口管理是由国家濒危物种进出口管理办公室会同有关部门制定相关的法律和行政法规，对应受保护的濒危物种实行进出口限制管理的行政行为，对《濒危野生动植物国际贸易公约》制定了《进出口野生动植物种商品目录》，并以签发"濒危野生动植物种国际贸易公约允许进出口证明书"（以下简称"公约证明")的形式进行保护。对属于我国自主管理的濒危物种,采取签发"濒危物种进出口管理办公室野生动植物允许进出口证明书"(以下简称"非公约证明")的形式进行保护,超出两证明范围的濒危物种以"物种证明"的形式来加强进出口的管理。

法律依据:《濒危野生动植物种国际贸易公约》、《中华人民共和国森林法》、《中华人民共和国野生动物保护法》、《中华人民共和国野生植物保护条例》等法律、法规及《国务院对确需保留的行政审批项目设定行政许可的决定》(国务院令第412号)的有关规定。

②废物进口管理。

废物进口管理是国家主管部门根据《中华人民共和国固体废物污染环境防治法》和《废物进口环境保护管理暂行规定》等法律、法规,对进口废物所实施的禁止、限制以及自动许可措施的总和。这里所说的废物是能够用作原料的固体废物,如进口废塑料,可加工成塑料颗粒用于其他产品的生产,成为再生原材料。为了防止固体废物污染环境、保障人体健康,国家禁止进口不能用作原料的固体废物,而对进口可用作原料的固体废物实行限制管理和自动进口许可管理,也就是说,国家对废物实行分类管理,即禁止进口的废物、限制进口的废物、限制进口类可用作原料的废物及自动进口许可管理类可用作原料的废物。进口可用作原料的废物不同于其他商品,经营单位须向国家环保行政主管部门提出申请,取得进口废物批准证书才能组织进口。海关对废金属、废塑料、废纸等重点固体废物进口实施分类装运管理。

法律依据:《中华人民共和国固体废物污染环境防治法》、《废物进口环境保护管理暂行规定》。

程序:向国家环境保护部提出申请——获取废物进口许可证—向口岸检验机构报检—检验检疫机构出具入境货物通关单—凭废物进口许可证(第一联)、入境货物通关单办理通关手续。

适用范围:列入国家《限制进口类可用作原料的废物目录》的废物、列入国家《自动进口许可管理类可用作原料的废物目录》的废物。

③危险废物出口核准管理。

法律依据:《控制危险废物越境转移及其处置巴塞尔公约》(以下简称《巴塞尔公约》)、《危险废物出口核准管理办法》。

程序:向国务院环境保护行政主管部门提出申请——获取危险废物出口核准通知单。

适用范围:列入国家危险废物目录,或者根据国家规定的危险废物鉴别标准和鉴别方法认定的具有危险特性的固体废物。《巴塞尔公约》规定的"危

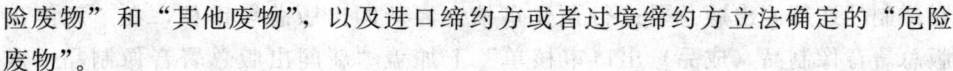

险废物"和"其他废物",以及进口缔约方或者过境缔约方立法确定的"危险废物"。

④进出口药品管理。

法律依据:《中华人民共和国药品管理法》、《精神药品管理办法》、《麻醉药品管理办法》、《反兴奋剂条例》、《中华人民共和国药品管理法实施条例》。

适用范围:进出口药品从管理角度可分为进出口麻醉药品、进出口精神药品(除上述特殊用途以外的其他药品,即一般药品)及进口一般药品,分别列入《精神药品管制品种目录》、《麻醉药品管制品种目录》、《兴奋剂目录》、《进口药品目录》。

⑤音像制品进口管理。

法律依据:《音像制品管理条例》、《音像制品进口管理办法》。

根据《音像制品管理条例》等有关规定,申请设立中外合作音像制品批发企业、设立全国性音像制品连锁经营企业,报新闻出版总署审批;申请设立中外合作音像制品零售企业、音像制品批发企业、地方性音像制品连锁经营企业,报所在地省、自治区、直辖市新闻出版行政部门审批;申请设立音像制品零售、出租业务,报所在地县级新闻出版行政部门审批。其中,申请设立中外合作音像制品分销企业的,还须凭新闻出版行政部门的批准文件按照《中外合作音像制品分销企业管理办法》的有关规定到商务主管部门办理外商投资企业的批准手续。

申请进口音像制品成品以及进口用于出版的音像制品,经进口单位初审后,填写"进口录音制品报审表"或"进口录像制品报审表",按有关规定提交申请材料,报新闻出版总署审查。自2009年1月1日起,进口单位应持新闻出版总署签发的"新闻出版总署音像制品(成品)进口批准单"、"新闻出版总署音像制品(版权引进)批准单",到海关办理音像制品成品或者母带(母盘)的进口手续。此前新闻出版总署签发的证件仍可继续使用。

文化部已审查通过的音像制品,应在2008年12月31日前到海关办理音像制品进口手续;用于出版的音像制品,应在文化部原批准之日起一年内出版发行。超过以上时限的,应当报新闻出版总署重新办理审批手续。

启用"新闻出版总署音像制品(成品)进出口审查专用章"和"新闻出版总署进口音像制品审查专用章",分别用于加盖音像制品成品和用于出版的音像制品进口批准文件。

为促进国产音像制品出口,继续实行方便快捷的出口审核验放机制,即在"有效监管、快速通关"的前提下,国产音像制品出口单位可自愿选择将音像制品送新闻出版总署进行预先审核。经新闻出版总署审核，在"新闻出版总署音像制品（成品）出口审核单"上加盖"新闻出版总署音像制品（成品）进出口审查专用章"后，海关按规定直接办理通关手续。

⑥黄金及其制品进出口管理。

适用范围：《黄金及其产品进出口管理目录》主要包括：氰化金、氰化金钾（含金40%）、其他金化合物、非货币用金粉、非货币用未锻造金、非货币用半制成金、货币用未锻造金（包括镀铂的金）、金的废碎料、镶嵌濒危物种制品的金首饰及零件、其他黄金制首饰及其零件、金制工业制品、实验室用制品等。

⑦有毒化学品管理。

法律依据：国家根据《关于化学品国际贸易资料交流的伦敦准则》，发布了《中国禁止或严格限制的有毒化学品名录》。

⑧进出口农药登记证明管理。

法律依据：国家根据《中华人民共和国农药管理条例》和《中华人民共和国行政许可法》（PIC），制定了《中华人民共和国进出口农药登记证明管理名录》（以下简称《农药名录》）。

⑨商用密码产品进口。

法律依据：《商用密码管理条例》。

适用范围：商用密码产品是指采用密码技术对不涉及国家秘密内容的信息进行加密保护或安全认证的产品，包括《密码产品和含有密码技术的设备进口管理目录》（第一批）中所列商品及其他暂未列入目录但含有密码技术的商品。

⑩美术品进出口管理。

法律依据：《美术品进出口管理规定》。

适用范围：纳入我国进出口管理的美术品是指艺术创作者以线条、色彩或者其他方式创作的具有审美意义的造型艺术作品，包括绘画、书法、雕塑、摄影、装置等作品，以及艺术创作者许可并签名的，数量在200件以内的复制品。不包括工业化批量生产的工艺美术产品和文物。

我国禁止含有下列内容的美术品进出境：违反宪法确定的基本原则的；危害国家统一、主权和领土完整的；泄漏国家秘密、危害国家安全或者损害国家荣誉和利益的；煽动民族仇恨、民族歧视，破坏民族团结，或者侵害民族风俗习惯的；宣扬或者传播邪教、迷信的；扰乱社会秩序，破坏社会稳定的；宣扬或者传播淫秽、色情、赌博、暴力、恐怖或者教唆犯罪的；侮辱或者诽谤他人、侵害他人合法权益的；蓄意篡改历史、严重歪曲历史的；危害社会公德或者有损民族优秀文化传统的;法律、行政法规和国家规定禁止的其他内容。

2. 限制进出口技术管理——许可证管理

(1) 限制进口技术管理。

根据《对外贸易法》、《技术进出口管理条例》以及《禁止进口限制进口技术管理办法》(以下简称《管理办法》)的有关规定,国务院商务主管部门会同国务院有关部门,制定、调整并公布限制进口的技术目录。限制进口技术实行目录管理,属于目录范围内的限制进口技术,实行许可证管理。未经国家许可,不得进口。

目前《中国禁止进口限制进口技术目录》(第一批)所列明的限制进口的技术涉及生物技术、化工技术、石油炼制技术、石油化工技术、生物化工技术和造币技术等。

各省、自治区、直辖市商务主管部门(以下简称"地方商务主管部门")是限制进口技术的审查机关,负责本行政区域内限制进口技术的许可工作。中央管理企业,按属地原则到地方商务主管部门办理许可手续。

技术进口经营者进口限制进口技术时,应填写"中国限制进口技术申请书"(以下简称"申请书"),报送地方商务主管部门履行进口许可手续。地方商务主管部门应自收到申请书之日起30个工作日内,组织技术和贸易专家对申请进口的技术进行技术和贸易审查,并决定是否准予进口。申请人提供的申请材料不完备、申请内容不清或有其他申请不符合规定的情形,地方商务主管部门可要求申请人对申请材料进行修改或补充。

限制进口技术的贸易审查应包括以下内容:

1) 是否符合我国对外贸易政策、有利于对外经济技术合作的发展;
2) 是否符合我国对外承诺的义务;
3) 是否对建立或加快建立国内特定产业造成不利影响。

限制进口技术的技术审查应包括以下内容:

1) 是否危及国家安全、社会公共利益或者公共道德;
2) 是否危害人的健康或安全和动物、植物的生命或健康;
3) 是否破坏环境;
4) 是否符合国家产业政策和经济社会发展战略,有利于促进我国技术进步和产业升级,有利于维护我国经济技术权益。

进口申请获得批准后,由地方商务主管部门颁发由商务部统一印制和编号的"中华人民共和国技术进口许可意向书"(以下简称"技术进口许可意向书")。技术进口许可意向书的有效期为3年。技术进口经营者取得技术进口许可意向书后，可对外签订技术进口合同。技术进口经营者签订技术进口合同后，应持技术进口许可意向书、合同副本及其附件、签约双方法律地位证明文件到地方商务主管部门申请技术进口许可证。

地方商务主管部门应自收到《管理办法》第十条所规定的文件之日起10个工作日内，对技术进口合同的真实性进行审查，并决定是否准予许可。技术进口经营者依照《管理办法》第五条向地方商务主管部门提出技术进口申请，在履行进口许可手续时，可一并提交已签订的技术进口合同副本及其附件和签约双方法律地位证明文件。

地方商务主管部门应自收到前款规定的文件之日起30个工作日内，组织技术和贸易专家对申请进口的技术进行技术和贸易审查，决定是否准予进口。地方商务主管部门应自批准进口之日起10个工作日内，对技术进口合同的真实性进行审查，并决定是否准予许可。

申请人提供的申请材料不完备、申请内容不清或有其他申请不符合规定情形的，地方商务主管部门可要求申请人对申请材料进行修改或补充。

技术进口经许可的，地方商务主管部门向进口经营者颁发由商务部统一印制和编号的"中华人民共和国技术进口许可证"（以下简称"技术进口许可证"）。限制进口技术的进口合同自技术进口许可证颁发之日起生效。

技术进口经营者在到地方商务主管部门领取技术进口许可证前，应登录商务部网站上的"技术进出口合同信息管理系统"（网址：jsjckqy.fwmys.mofcom.gov.cn），按其程序录入合同内容。

须经有关部门审批或核准的投资项目，如涉及限制进口技术，当技术进口经营者依照规定向地方商务主管部门提出技术进口申请时，应提交有关部门的批准文件。技术进口经营者获得技术进口许可证后，如需更改技术进口内容，应按《管理办法》规定的程序重新履行技术进口许可手续。技术进口经营者凭技术进口许可证，办理外汇、银行、税务、海关等相关手续。

凡进口《中国禁止进口限制进口技术目录》中限制进口技术的，技术进口经营者应主动向海关出具技术进口许可证，海关凭此办理验放手续。商务部负责对地方商务主管部门的技术进口许可进行监督检查。

地方商务主管部门应在每年1月31日前将上年度批准的技术进口许可事项向商务部备案。凡违反规定的，将依据《中华人民共和国技术进出口管理条例》，追究有关当事人和单位的责任。国防军工专有技术的进口不适用以上相关规定。

（2）限制出口技术管理。

根据《对外贸易法》、《技术进出口管理条例》以及《中华人民共和国生物两用品及相关设备和技术出口管制条例》、《中华人民共和国核两用品及相关技术出口管制条例》、《中华人民共和国导弹及相关物项和技术出口管制条例》、《中华人民共和国核出口管制条例》以及《禁止出口限制出口技术管理办法》、《两用物项和技术进出口许可证管理办法》、《两用物项和技术出口通用许可管理办法》等有关规定，限制出口技术实行目录管理，属于目录范围内的限制出口技术，实行许可证管理，凡出口国家限制出口技术的，应履行出口许可手续。未经国家许可，不得出口。我国目前限制出口的技术目录主要有《中国禁止出口限制出口技术目录》、《两用物项和技术进出口许可证管理目录》等，经营者在向海关申报出口手续时，必须主动递交相关技术出口许可证件，否则将承担为此而造成的一切法律责任。

国家对列入《中国禁止出口限制出口技术目录》的限制出口技术实行许可证管理，凡出口国家限制出口技术的，应按规定履行出口许可手续。限制出口技术的出口许可由技术出口经营者所在地的"地方商务主管部门"，会同省、自治区、直辖市科技行政主管部门（以下简称"地方科技行政主管部门"）管理。技术出口经营者出口限制出口技术前，应填写"申请书"，报送地方商务主管部门履行出口许可手续。

属于国家秘密技术的限制出口技术，在按本办法履行许可手续前，应先按《国家秘密技术出口审查规定》办理保密审查手续，并持保密审查主管部门批准的"国家秘密技术出口保密审查批准书"按规定程序办理出口申请。地方商务主管部门自收到"申请书"之日起 30 个工作日内，会同地方科技行政主管部门分别对技术出口项目进行贸易审查和技术审查，并决定是否准予出口。

申请人提供的申请材料不完备、申请内容不清或有其他申请不符合规定的情形，地方商务主管部门可要求申请人对申请材料进行修改或补充。地方商务主管部门应在收到"申请书"之日起 5 个工作日之内，将相关材料转地方科技行政主管部门。地方科技行政主管部门自收到"申请书"之日起 15 个工作日内，组织专家对申请出口的技术进行技术审查并将审查结果反馈地方商务主管部门，同时报科技部备案。

限制出口技术的贸易审查应包括以下内容：
1）是否符合我国对外贸易政策，并有利于促进外贸出口；
2）是否符合我国的产业出口政策，并有利于促进国民经济发展；
3）是否符合我国对外承诺的义务。

限制出口技术的技术审查应包括以下内容：
1）是否危及国家安全；
2）是否符合我国科技发展政策，并有利于科技进步；

3) 是否符合我国的产业技术政策,并能带动大型和成套设备、高新技术产品的生产和经济技术合作。

出口申请获得批准后,由地方商务主管部门颁发由商务部统一印制和编号的"技术出口许可意向书"。"技术出口许可意向书"的有效期为3年。在申请出口信贷、保险意向承诺时,必须出具"技术出口许可意向书",金融、保险机构凭此办理有关业务。对没有取得"技术出口许可意向书"的限制出口技术项目,任何单位和个人都不得对外进行实质性谈判,不得作出有关技术出口的具有法律效力的承诺。技术出口经营者在"技术出口许可意向书"有效期内,未签订技术出口合同的,应按规定的程序向地方商务主管部门重新提出出口申请。

技术出口经营者签订技术出口合同后,持"技术出口许可意向书"、合同副本、技术资料出口清单(文件、资料、图纸、其他)、签约双方法律地位证明文件到地方商务主管部门申请技术出口许可证。地方商务主管部门对技术出口合同的真实性进行审查,并自收到《技术进出口合同登记管理办法》第十三条规定的文件之日起15个工作日内,对技术出口做出是否许可的决定,对许可出口的技术颁发由商务部统一印制和编号的"中华人民共和国技术出口许可证"(以下简称"技术出口许可证")。

限制出口技术的技术出口合同自"技术出口许可证"颁发之日起生效。技术出口经营者到地方商务主管部门领取"技术出口许可证"前,应登录商务部网站上的"技术进出口合同信息管理系统"(网址为:jsjckqy.fwmys.mofcom.gov.cn),按程序录入合同内容。技术出口经营者获得"技术出口许可证"后,如需更改技术出口内容,应按《技术进出口合同登记管理办法》规定的程序重新履行技术出口许可手续。

凡经批准允许出口的国家限制出口技术出口项目,技术出口经营者在办理海关事宜时,应主动出示"技术出口许可证",海关验核后办理有关放行手续。商务部会同科技部负责对地方商务主管部门和地方科技主管部门的技术出口许可进行监督检查,同时加强对限制出口技术管理的培训和指导。地方商务主管部门应在每年1月31日前将上年度批准的技术出口许可事项向商务部备案。

凡违反规定的,将依据《中华人民共和国技术进出口管理条例》及其他有关法律规定,追究有关当事人和单位的责任。核技术、核两用品相关技术、化学两用品相关技术、生物两用品相关技术、导弹相关技术和国防军工专有技术的出口另行规定。

"两用物项和技术"是指《中华人民共和国核出口管制条例》、《中华人民共和国核两用品及相关技术出口管制条例》、《中华人民共和国导弹及相关物项和技术出口管制条例》、《中华人民共和国生物两用品及相关设备和技术出口管制条例》、《中华人民共和国监控化学品管理条例》、《中华人民共和国易制毒化学品管理条例》、《中华人民共和国放射性同位素与射线装置安全和防护条例》和国务院批准的《有关化学品及相关设备和技术出口管制办法》等相关行政法规所附清单和名录以及国家依据相关法律、行政法规予以临时管制或特别管制的物项和技术。商务部是全国两用物项和技术进出口许可证的归口管理部门，负责制定两用物项和技术进出口许可证管理办法及规章制度，监督、检查两用物项和技术进出口许可证管理办法的执行情况，处罚违规行为。进口放射性同位素须按《放射性同位素与射线装置安全和防护条例》和《两用物项和技术进口许可证管理办法》有关规定，报环境保护部审批后，在商务部配额许可证事务局申领两用物项和技术进口许可证。进口经营者持两用物项和技术进口许可证向海关办理进口手续。

两用物项和技术进出口许可证一经签发，任何单位和个人不得更改证面内容，如需对证面内容进行更改，进出口经营者应当在许可证有效期内向相关行政主管部门重新申请进出口许可，并凭原许可证和新的批准文件向发证机构申领两用物项和技术进出口许可证。

两用物项和技术进口许可证证面的进口商、收货人应分别与海关进口货物报关单的经营单位、收货单位相一致；两用物项和技术出口许可证证面的出口商、发货人应分别与海关出口货物报关单的经营单位、发货单位相一致。

两用物项和技术出口通用许可是指商务部根据两用物项和技术出口经营者的申请，依照有关行政法规规章和《两用物项和技术进出口许可证管理办法》的规定进行审查，准予其持商务部签发的两用物项和技术出口通用许可批复，依据许可有效期和范围，在《两用物项和技术进出口许可证管理办法》（商务部、海关总署2005年第29号令）规定的发证机构多次申领两用物项和技术出口许可证的行为。两用物项和技术出口通用许可有效期不超过3年。未取得两用物项和技术出口通用许可，出口经营者应当依据有关行政法规规章的规定，逐单申请出口许可。

商务部是全国两用物项和技术出口通用许可的主管部门。商务部委托的省级商务主管部门按照《两用物项和技术进出口许可证管理办法》的规定，负责本地区两用物项和技术出口通用许可的日常监督管理。

两用物项和技术出口通用许可分为甲类通用许可和乙类通用许可。甲类通用许可允许出口经营者在许可有效期内向一个或多个特定国家（或地区）的一个或多个最终用户，出口一种或多种特定两用物项和技术。乙类通用许可允许出口经营者在许可有效期内向同一特定国家（或地区）的固定最终用户多次出口同种类特定两用物项和技术。

1.3.3　自由进出口管理

除国家禁止、限制进出口的货物、技术外的其他货物、技术，均属于自由进出口范围。国家对部分属于自由进口的货物实行自动进口许可管理，对自由进出口的技术实行技术进出口合同登记管理。

1. 货物自动进口许可管理

自动进口许可管理，是指在任何情况下对进口申请一律予以批准的进口许可制度。在进口前申请办理许可证。办理报关手续时，凭"自动进口许可证"放行。

基于监测货物进口情况的需要，由商务部和国务院有关经济管理部门按照国务院规定的职责划分，对部分属于自由进口的货物实行自动进口许可管理（自然的许可），当实行自动进口许可管理的原因发生变化后，则取消自动进口许可管理，并予以公布；其他的自由进出口的货物原则上无须申领进出口许可证。

《自动进口许可管理货物目录》包含机电产品、非机电产品两个目录。

2. 大宗农产品进口报告制度

为了维护对外贸易秩序，保护经营者的合法权益，提供大宗农产品进口信息服务，根据《中华人民共和国对外贸易法》、《中华人民共和国统计法》、《中华人民共和国货物进出口管理条例》和《中华人民共和国统计法实施细则》，商务部建立大宗农产品进口报告制度，发布大宗农产品进口信息。

大宗农产品进口报告管理，适用于以各种贸易方式完成的进口交易，包括由境外进入保税仓库、保税区、保税港区和出口加工区等。商务部委托有关机构（以下简称"委托机构"）负责大宗农产品进口报告信息的收集、整理、汇总、分析和核查等日常工作。从事实行进口报告管理的大宗农产品的对外贸易经营者，须依据国家有关规定合法经营，并向委托机构办理本企业基本情况备案。委托机构根据海关、质检总局的相关数据，核查大宗农产品对外贸易经营者的报告情况，并及时向商务部报告核查结果。

3. 技术进出口合同登记管理

国家对自由进出口技术合同实行网上在线登记管理。技术进出口经营者应登录商务部政府网站上的"技术进出口合同信息管理系统"（网址：jsjckqy.fwmys.mofcom.gov.cn）进行合同登记，并持技术进（出）口合同登记申请书、技术进（出）口合同副本（包括中文译本）和签约双方法律地位的证明文件，到地方商务主管部门履行登记手续。地方商务主管部门自收到上述文件起 3 个工作日内,对合同登记内容进行核对,并向技术进出口经营者颁发"技术进口合同登记证"或"技术出口合同登记证"。

对申请文件不符合《中华人民共和国技术进出口管理条例》规定要求或登记记录与合同内容不一致的,地方商务主管部门应当在收到申请文件起 3 个工作日内通知技术进出口经营者补正、修改,并在收到补正的申请文件起 3 个工作日内,对合同登记的内容进行核对,颁发"技术进口合同登记证"或"技术出口合同登记证"。

管制原则:自动登记方式管理。

1.3.4 贸易管制许可证件汇总

1. 主要许可证件的报关规范

表 1-2 主要许可证件的报关规范

涉及类别	许可证件名称(代码)	有效期	使用原则	管理及发证部门
国家进出口许可证管理商品目录	进口许可证(1)	有效期 1 年,当年有效,跨年度使用不超过次年 3 月 31 日	一证一关、一批一证、非一批一证,分批累计不得超过 12 次。不得擅自更改许可证证面内容	商务部配额许可证事务局及其各特派员办事处,各省、自治区、直辖市、计划单列市及授权的其他省会城市发证机构
	出口许可证(4xy)	有效期不超过 6 个月,当年有效		
为保证进出口许可证联网核销的实施,实行"非一批一证"的商品,发证机关在签发许可证时必须在备注栏中注明"非一批一证"字样,可在同一口岸多次报关,在有效期内最多可使用 12 次,由海关在许可证背面"海关验放签注栏"内逐笔核减数量,当 12 次报关后,进出口许可证虽有余额,海关仍停止接受报关。				
濒危物种进出口管理	非公约证明、公约证明(EF)	—	一批一证	中华人民共和国濒危物种进出口管理办公室
	物种证明	一次使用:6 个月;多次使用:截止发证当年 12 月 31 日	—	

①非公约证明:列入《进出口野生动植物种商品目录》属我国自主规定管理,海关凭证验放。
②公约证明:列入《进出口野生动植物种商品目录》属《濒危野生动植物种国际贸易公约》成员国应履行于保护义务的物种,海关凭证(出口交副本联、进口交正本联)验放。
③物种证明:进出口列入《进出口野生动植物种商品目录》(以下简称商品目录)中适用"野生动植物允许进出口证明书"管理的《濒危野生动植物种国际贸易公约》附录及国家重点保护野生动植物以外的其他列入商品目录的野生动植物及相关货物或物品和含野生动植物成分的纺织品,适用"非进出口野生动植物种商品目录物种证明"(简称"物种证明")管理。
一次性使用:海关应在正本"海关签注"栏内签注并随报关单存档。
多次使用:只适用于同一物种同一货物类型在同一报关口岸多次进出口的野生动植物,海关验核正本并将复印件随报关单存档。本年度最后一次使用时,经营者应将正本交由海关随最后一份报关单存档。

续表

涉及类别	许可证件名称（代码）	有效期	使用原则	管理及发证部门
废物进口管理	固体废物进口许可证（P）	当年有效。特殊情况需要跨年度使用时，有效期不超过次年的3月31日	"非一批一证"，不能转关（废纸除外）	国务院环境保护行政主管部门
危险废物出口核准管理	危险废物出口核准通知单	有效期不超过1年	—	国务院环境保护行政主管部门

对列入国家《限制进口类可用作原料的废物目录》的废物，报关单位应提交"中华人民共和国限制进口类可用作原料的固体废物进口许可证"；
对列入国家《自动进口许可管理类可用作原料的废物目录》的废物，报关单位应提交"中华人民共和国自动许可进口类可用作原料的固体废物进口许可证"；
对未列入这两个目录内容的不能够进口，或虽列入这两个目录内但未取得有效"废物进口许可证"的废物，一律不得进口和存入保税仓库。

涉及类别	许可证件名称（代码）	有效期	使用原则	管理及发证部门
进出口药品管理	精神药品进出口准许证（I）、麻醉药品进出口准许证（W）、兴奋剂进出口准许证（L）	进口：有效期限不超过1年；出口：有效期限不超过3个月，当年有效	"一证一关"、"一批一证"，仅限注明口岸海关使用	国家食品药品监督管理局，《兴奋剂目录》由国家体育总局主管
	进口药品通关单（Q）			国家食品药品监督管理局授权的口岸药品检验所
音像制品进出口管理	"新闻出版总署音像制品（成品）进口批准单"、"新闻出版总署音像制品（版权引进）批准单"、"新闻出版总署音像制品（成品）出口审核单"(Z)	—	—	新闻出版总署，各省、自治区、直辖市人民政府新闻出版行政管理部门

对随机器设备同时进口以及进口后随机器复出口的记录操作系统、设备说明、专用软件等内容的音像制品，海关凭进口单位提供的合同、发票等有效单证验放。

涉及类别	许可证件名称（代码）	有效期	使用原则	管理及发证部门
黄金及其制品进出口管理	黄金产品进出口准许证（J）	—	—	中国人民银行、商务部

续表

涉及类别	许可证件名称（代码）	有效期	使用原则	管理及发证部门
有毒化学品管理	有毒化学品环境管理放行通知单（X）	有毒化学品进出口申请	—	国家环境保护部
进口关税配额管理	关税配额证（et）	农产品：有效期1年，当年有效，跨年度使用不超过次年2月底	一证多批	商务部及国家发展和改革委员会
		工业品（化肥）	—	商务部
进出口农药登记证明管理	进出口农药登记证明（S）	《农药名录》内的农药	"一批一证"制	农业部药检所
	非农药登记管理证明	可用作农药，也可用作工业原料的商品，如果企业以工业原料用途进口	加盖"中华人民共和国农业部农药审批专用章"	
两用物项和技术进出口许可证管理	两用物项和技术进口许可证（2）	有效期不超过1年，跨年度使用不超过次年3月31日	"非一批一证"、"一证一关"制	配额许可证事务局和受商务部委托的省级商务主管部门
	两用物项和技术出口许可证（3G）		"一批一证"、"一证一关"制	
自动进口许可管理	自动进口许可证（70v）	6个月，公历年内有效	"一批一证"、"非一批一证"制分批累计不得超过6次	商务部、地方机电进出口办公室
出入境检验检疫管理	入境货物通关单（AD）出境货物通关单（BD）	列入《法定检验目录》属于进境、出境管理的商品或实施入境验证的进口商品目录的商品以及其他有关国家的特定商品、非法检目录的商品	"一批一证"	出入境检验检疫局
兽药进口管理	进口兽药通关单	30日	"一单一关"、"一次性使用"	农业部
商用密码产品进口管理	密码产品和含密码技术设备进口许可证	—	未经批准，企业擅自进口商用密码产品的，有关部门将依法没收	国家密码管理局
美术品进出口管理	进出口批准文件	—	复出口或复进口可使用原批准文件正本	文化部、文化部授权的进出口口岸所在地省、自治区、直辖市文化行政部门

2. 主要许可证件的免交情形

表 1-3　主要许可证件的免交情形

许可证件名称	免交情形
进口许可证 出口许可证	1. 出口货样每批货值人民币 3 万元以下（详见 7.5.4）； 2. 对于大宗、散装货物的溢装货物："一批一证"管理的溢装数量不超过许可证所列数量的 5% 的；"非一批一证"管理的在每批进出口时按其实际数量进行核扣，最后一批进出口时，其溢装数量在该许可证实际剩余数量 5% 以内的（原油、成品油溢装数量在 3% 以内的）。
自动进口许可证	1. 加工贸易项下进口并复出口的（原油、成品油除外）； 2. 外商投资企业投资总额内进口的自用设备（旧机电产品除外）； 3. 货样广告品、试验品每批价值不超过人民币 5 000 元（详见 7.5.4）； 4. 暂时进口的海关监管货物； 5. 进入海关特殊监管区域及保税监管场所的货物； 6. 对于大宗、散装货物的溢装货物："一批一证"管理的溢装数量在货物总量 5% 以内的；对"非一批一证"管理的在每批进口时按其实际数量进行核扣，最后一批进口时，其溢装数量在该自动许可证实际剩余数量 5% 以内的（原油、成品油、化肥、钢材在 3% 以内的）。
两用物项和技术进口许可证 两用物项和技术出口许可证	任何方式进口或出口（包括保税区、出口加工区、保税物流园区、保税仓库、保税物流中心等海关特殊监管区域和场所的进出境货物）以及过境、转运、通运都需要，无免交情形。
密码产品和含有密码技术设备进口许可证	1. 加工贸易下为复出口而进口的； 2. 由海关监管，暂时进口后复出口的； 3. 从境外进入海关特殊监管区或保税监管场所以及在海关特殊监管区或保税监管场所之间流转货物。

3. 监管证件名称代码表

表 1-4　监管证件名称代码表

代码	监管证件名称	代码	监管证件名称
1*	进口许可证	B*	出境货物通关单
2	两用物项和技术进口许可证	D	出/入境货物通关单（毛坯钻石用）
3	两用物项和技术出口许可证	E*	濒危物种出口允许证明书
4*	出口许可证	F*	濒危物种进口允许证明书
6	旧机电产品禁止进口	G	两用物项和技术出口许可证（定向）
7*	自动进口许可证	I	精神药物进（出）口准许证
8	禁止出口商品	J	黄金及其制品进出口准许证或批件
9	禁止进口商品	K*	深加工结转申请表
A*	入境货物通关单	L	药品进出口准许证

续表

代码	监管证件名称	代码	监管证件名称
M	密码产品和含有密码技术设备进口许可证	a	请审查预核签章
O*	自动进口许可证（新旧机电产品）	c	加工贸易内销征税联系单
P*	固体废物进口许可证	e	关税配额外优惠税率进口棉花配额证
Q	进口药品通关单	q	国别关税配额证明
R	进口兽药通关单	r	预归类标志
S	进出口农药登记证明	s	适用ITA税率的商品用途认定证明
T	银行调运外币现钞进出境许可证	t	关税配额证明
W	麻醉药品进出口准许证	v*	自动进口许可证（加工贸易）
X	有毒化学品环境管理放行通知单	x	出口许可证（加工贸易）
Y*	原产地证明	y	出口许可证（边境小额贸易）
Z	进口音像制品批准单或节目提取单		

注：加*号为出现频率较高，要重点记忆。

在海关监管和报关实务中，为满足计算机管理和便捷通关的需要，海关依据我国对外贸易法律、法规和规章，对于每一税则号下的商品，在通关系统中均对应设置一定的监管条件，用于表示该商品是否可以进出口，或者进出口时是否需要提交监管证件，以及提交何种监管证件。监管条件以监管证件代码来表示；如监管条件为空，则表示该商品可以进出口且无须提交任何监管证件。

例如，商品编号为8479.8999.10项下用于光盘生产的金属母盘生产设备（具有独立功能的），监管条件为"6ABO"，其中，代码"A"和"O"表示该商品进口时需提交入境货物通关单和自动进口许可证，代码"B"表示该商品出口时需要提交出境货物通关单，代码"6"表示该商品的旧品禁止进口。

1.4 其他贸易管制制度

对外贸易经营者资格管理是我国对外贸易管理的主要制度之一，是指国家根据《对外贸易法》等相关法律、行政法规对进出口贸易所实行的一种行政管理制度，它主要由对外贸易经营权制度、经营范围管理制度等共同组成。

1.4.1 对外贸易经营资格管理（备）

对外贸易经营者管理制度是我国对外贸易管理制度的重要内容之一，主要内容是获得进出口经营资格，而且通过获得进出口经营资格，能够代理或办理进出口业务，因此这项管理制度非常重要。应当掌握的知识内容有两个方面，一是对外贸易经营者经营资格（也称外贸经营权、进出口经营权、外贸权、进出口权）；二是对外贸易经营者经营范围（进出口范围）。

1. 对外贸易经营者经营资格

《对外贸易法》第八条规定："对外贸易经营者，是指依法办理工商登记或者其他执业手续，依照本法和其他有关法律、行政法规的规定从事对外贸易经营活动的法人、其他组织或者个人。"这里面"法人、其他组织或者个人"使参与对外贸易经营活动范围扩大了，特别是个人独资经营对外贸易，它说明了我国在对外贸易经营资格方面已全部放开，有利于鼓励对外贸易的发展。按对外贸易主体所从事的贸易经营活动的性质，分为从事进出口货物或技术贸易的对外贸易经营者和从事国际服务贸易的对外贸易经营者。

对外贸易经营者的经营资格，是指国家赋予对外贸易经营者从事对外贸易，自行对外签订合同，进口或出口各类国家允许进出口的货物与技术，并实际履行合同的权利（资格）。

我国对外贸易经营者资格管理的基本原则：实行备案登记制。

主管部门：商务部。

备案登记机关：商务部或受商务部委托的地方商务主管部门。

备案登记程序：领表—填表—提交资料—备案登记。

我国对外贸易经营资格的取得，在2001年7月之前采用对外贸易经营权许可制，2001年7月到2004年7月采用核准制及登记制，从2004年7月1日起至今采用备案登记制。没有办理备案登记的，不具备进出口经营资格，"备案登记"管理不是审批，只要符合进出口经营资格的条件，按照各外贸主管部门的权限分别办理备案登记。从事进出口经营的资格，是享有对外签订进出口贸易合同的资格问题（自理外贸）。没有进出口经营资格的企业，欲从事进出口业务，只能委托有进出口经营资格的经营单位代理签订进出口贸易合同（代理外贸）。

2. 对外贸易经营者经营范围

它是国家允许对外贸易经营者从事进出口经营活动的商品类别和经营方式，也是获得对外贸易经营许可的重要条件。对外贸易经营资格与其经营范围是分不开的，企业按照进出口经营范围的不同，向对外贸易主管部门办理备案登记，如有些加工贸易进出口业务，省级地方贸易主管部门可以负责办理。按照《对外贸易法》的规定，对关系国计民生的重要进出口商品实行有效的宏观管理，国家对部分货物的进出口实行国有贸易管理。实行国有贸易管理货物的进出口业务只能由经授权的企业经营，但国家也允许部分数量的国有贸易管理货物的进出口业务由非授权企业经营，如煤炭出口必须由中国煤炭进出口公司经营；非国有贸易的企业出口煤炭，必须由中国煤炭进出口公司或分公司代理。未经批准擅自进出口实行国有贸易管理的货物，海关不予放行。

1.4.2　出入境检验检疫制度（检）

出入境检验检疫制度是我国对外贸易管制的重要组成部分，在维护国家利益、提高我国对外贸易信誉、保护对外贸易经营者利益不受损害、促进对外贸易事业的发展中起到重要作用，是国家主权的具体体现。它的主管部门是国家质量监督检验检疫总局。

1. 出入境检验检疫制度的概念

它是指由国家出入境检验检疫部门，依据我国有关法律、行政法规以及我国政府所缔结或者参加的国际条约、协定，对出入境的货物、物品及其包装物、交通运输工具、运输设备和出入境人员实施检验检疫监督管理的法律依据和行政手段的总和。

2. 出入境检验检疫职责范围

对列入《出入境检验检疫机构实施检验检疫的进出境商品目录》（以下简称《法检目录》）和《实施入境验证的进口商品目录》的货物进出口时，必须先向口岸检验检疫机构报检，取得"中华人民共和国检验检疫入境货物通关单"或"中华人民共和国检验检疫出境货物通关单"，海关凭此验放。

3. 出入境检验检疫制度的组成

出入境检验检疫制度由进出口商品检验制度、进出境动植物检疫制度、国境卫生监督制度组成。

（1）进出口商品检验制度。

进出口商品检验是出入境检验检疫的重要组成部分，是国际贸易领域中不可或缺的重要环节。进出口商品检验依据《进出口商品检验法》及其实施条例规定，由商品检验机构对进出口商品的品质、重量、数量、包装、残损等进行检验和公证鉴定，并出具证明，这个证明文件可以作为双方交接货物、支付货款和处理索赔的依据，也可以作为确定同商品残损有关的承运人、保险人、装卸等部门承担法律责任的重要依据。按照进出口商品检验和报关的要求，报检员首先对实施检验的进出口商品向商品检验机构进行报检，然后再向海关报关，海关凭商品检验机构出具的证明办理放行手续（动植物检疫亦同），因此，对进出口商品进行检验是办理通关手续的重要环节。

我国商品检验分为四种，即法定检验、合同检验、公证鉴定和委托检验。法定检验是对列入《法检目录》内的进出口商品实行法定检验。其余三种检验是对法定检验以外商品的检验，合同检验是根据双方合同约定，应由商品检验机构对货物进行检验并出具证明，如出口货物在出口前要进行商品检验，到进口国家后再进行检验。公证鉴定是应对外贸易关系人的申请，进行有关公证鉴定的业务，包括重量鉴定、残损鉴定，以及产地证明和包装证明等。委托检验是接受生产单位的委托，对原材料和成品进行检验，或接受与进出口业务有关的委托检验，以了解商品的品质、规格、等级等情况，作为对外成交时的参考。

（2）进出境动植物检疫制度。

动植物检疫依据《进出境动植物检疫法》及其实施条例规定，对动物、动物产品、植物、植物产品及生产、加工、存放过程实行监督管理。其范围与重点是检查发现进出境动植物可能具有或已经具有的各种传染性疾病、寄生虫病和可能携带的各种有害生物。

1）实施动植物检疫监督管理的方式有：

实行注册登记、疫情调查和防疫指导。

2）主要内容有：

进境检疫、出境检疫、过境检疫、进出境携带和邮寄物检疫以及出入境运输工具检疫等。

（3）国境卫生监督制度。

国境卫生监督依据《国境卫生检疫法》、《食品卫生法》及其实施细则等规定，对出入境的交通工具、货物、运输容器以及口岸辖区的公共场所、环境、生活设施、生产设备进行卫生检查、鉴定、评价和采样检验。

其监督职能包括：进出境检疫、国境传染病检测、进出境卫生监督。

（4）进出口商品检验、动植物检疫、国境卫生监督的区别。

1）法律依据不同。

2）检验检疫的范围和检查的重点不同。进出口商品检验侧重于商业性要求，动植物检疫和国境卫生监督侧重于卫生要求。同时，在检查范围上，相对而言，动植物检疫和国境卫生监督的范围稍小于进出口商品检验。

3）检查的要求不同。进出口商品检验分法定检验与非法定检验两种情况。《法检目录》里的商品要实施强制性检验，非《法检目录》里的商品是否要检验，一般由对外贸易经营者及其代理人自行决定。而在动植物检疫和国境卫生监督方面，不存在由对外贸易经营者及其代理人自行决定的情况，两者都属于法定性质的检验检疫。另外，进出口商品检验的检验主体既可以是国家商检部门，又可以是经国家商检部门许可的其他检验机构；而动植物检疫和国境卫生监督的主体只能是国家主管部门。

1.4.3 进出口货物收、付汇管理制度（核）

《对外贸易法》第三十五条规定："对外贸易经营者在对外贸易经营活动中，应当遵守国家有关外汇管理的规定。"外汇是指以外币表示的可以用作国际清偿的支付手段和资产。国家外汇管理制度广义上是指政府授权国家的货币金融当局或其他机构，对外汇的收支、买卖、借贷、转移以及国际结算、外汇汇率和外汇市场等实行的控制和管制行为。狭义上指对外币兑换的限制。其管理的一般原则为：外汇收支拮据，管理从严；外汇收支宽裕，管理从宽。

我国国家外汇管理制度改革经历了以下几个阶段：
(1) 汇率并轨。
(2) 外汇调剂和交易市场。
(3) 银行结、售汇制度（进出口收、付汇制度）：
　　结汇：外汇收入者将外汇卖给外汇指定银行；
　　售汇：外汇指定银行将外汇卖给外汇使用者。
(4) 取消外汇指令计划。

1996年我国成为IMF第八款国（即履行第八条义务：经常项目的可自由兑换）。国家外汇管理制度是对外贸易管制的重要组成部分，进出口货物收、付汇管理是我国进行外汇管理的主要手段，我国对出口收汇管理和进口付汇管理采取的都是外汇核销形式。按外汇管理规定，境内机构的经常项目外汇收入必须调回境内，不得违反国家规定而将外汇擅自存放境外，应当按照国务院关于结汇、售汇及付汇管理的规定卖给外汇指定银行，同时指出境内机构的出口收汇和进口付汇应当按照国家规定办理核销手续。国家外汇管理局及其分支机构是进出口收、付汇的管理机关，负责对进出口单位和银行的进出口收、付汇相关行为进行监督和管理。

1. 出口货物收汇管理

根据我国《出口收汇核销管理办法》，国家主要采用出口外汇核销单来对出口货物实施直接收汇控制，通过海关对出口货物的实际监管来监督出口收汇情况，以防止外汇截留境外，提高收汇率。收汇是指国际贸易的外汇收入必须调回中国，卖给指定银行或按照一定比例存放在其外汇结算账户。

出口收汇核销单是由外汇管理局制发的，有统一编号的凭证。出口单位凭以向海关出口报关，向外汇指定银行办理出口收汇，向外汇管理局办理出口收汇核销，向税务机关办理出口退税申报。

办理出口收汇核销业务的步骤如下：

(1) 新出口单位办理档案备案手续，在银行开立一个外汇账户；

(2) 进入"中国电子口岸"，上网申领出口收汇核销单；

(3) 到外汇管理局领取纸质出口收汇核销单；

(4) 进入"中国电子口岸出口收汇系统"，对出口收汇核销单进行口岸备案；

(5) 在海关办理出口货物报关手续，向海关交验填好的核销单，海关核对电子底账；

(6) 海关在货物放行后，在报关单的出口收汇证明联上盖放行章；

(7) 到银行办理出口收汇手续，银行收到外汇后，会在出口收汇核销单上盖个章，证明外汇已经到账；

(8) 企业在规定期限内持出口货物报关单的出口收汇证明联和出口收汇核销单到外汇局办理出口收汇核销手续。

结关后，经出口单位申请，海关签发注有核销单编号的报关单（出口收汇证明联），银行收汇后向出口单位出具核销专用联，在报关出口后，从预计收汇日期起30天内通过中国电子口岸出口收汇系统将核销单送外汇局核销。国家实施这项制度的主要目的是防止套汇行为。

使用出口收汇核销单的注意事项：

(1) 适用的贸易方式：要区分是否发生实际收汇的贸易方式；

(2) 委托出口，代理出口单位核销；

(3) 退关：海关签署意见并盖章以注销核销单；

(4) 转关：起运地办理核销。

收汇时限：

(1) 即期出口项下：报关出口后180天内；

(2) 远期出口项下：报关后60天内办理备案。

2. 进口货物付汇管理

根据我国《贸易进口付汇核销监管办法》，国家主要采用进口付汇核销单来对进口货物实施付汇控制，通过海关对进口货物的实际监管来监督进口付汇情况，以防止汇出外汇而实际不进口商品的逃汇行为发生。进口企业在进口付汇前，须申请"贸易进口付汇核销单"，凭此单办理付汇，货物进口后再凭海关出具的报关单付汇联，向指定银行办理核销。付汇，是指由指定外汇金融机构审核有效凭证和商业单据，将用汇单位或个人的外汇账户或购买的外汇向境外支付的行为。

进口付汇核销单是由外汇管理局制发的、有统一编号的凭证。企业凭以向外汇指定银行办理进口付汇，向外汇管理局办理进口付汇核销。

核销程序如下：

（1）进口单位应当凭以下材料到所在地外汇局办理列入"对外付汇进口单位名录"的手续：

1）在商务部或其委托的机构办理进出口经营备案登记的资料；

2）工商管理部门颁发的营业执照；

3）技术监督部门颁发的企业代码证书。

外汇局审核无误后，为进口单位办理"对外付汇进口单位名录"手续；不在名录上的进口单位不得直接到外汇指定银行办理进口付汇。

（2）进口单位付汇或开立信用证前，判断是否需要向外汇局办理"进口付汇备案表"手续。如需要，则持有关材料到外汇局办理进口付汇备案手续，领取进口付汇备案表（付汇核销单，一份核销单办理一次付汇）；如不需要，进口单位则可持有关材料直接到外汇指定银行办理开证或购汇手续。

（3）进口单位在有关货物报关后一个月内，凭存根联和报关单（进口付汇证明联）、发票，到外汇局办理进口核销报审手续。每月核销。

1.4.4 对外贸易救济措施（救）

对外贸易救济措施主要有反倾销、反补贴和保障措施，其基本目的是要限制外国进口产品在我国市场上的恶意竞争和不公平竞争，防止我国经济和市场受到损害。根据 WTO 规则，允许成员方在进口产品倾销、补贴和过激增长时对其国内产业造成损害的，可以使用反倾销、反补贴和保障措施。

适用范围：反倾销和反补贴措施针对的是价格歧视这种不公平贸易行为，保障措施针对的则是进口产品激增的情况。实施反倾销、反补贴和保障措施均先采取临时贸易救济措施，然后是最终救济措施。

1. 反倾销措施

倾销，是指在正常贸易过程中进口产品以低于其正常价值的出口价格进入我国市场而产生倾销。如果进口产品以倾销方式进入我国市场，由对外贸易主管部门依据《反倾销条例》进行调查并实施反倾销措施。

（1）临时反倾销措施。

1）实施形式。

①征收临时反倾销税；

②要求提供保证金、保函或者其他形式的担保。

2）实施期限。

临时反倾销措施自决定公告规定实施之日起，不超过 4 个月，特殊情况可以延长至 9 个月。

(2) 最终反倾销措施。

对终裁决定确定倾销成立并由此对国内产业造成损害的,可以征收反倾销税。

2. 反补贴措施

补贴,是指出口国政府或者其他任何公共机构提供的,并为接受者带来利益的财政资助,以及任何形式的收入或者价格支持。如果进口产品以补贴方式进入我国市场,由对外贸易主管部门依据《反补贴条例》进行调查实施反补贴措施。

(1) 临时反补贴措施。

初裁决定补贴成立并由此对国内产业造成损害的,可以采取临时反补贴措施。

1) 实施形式。

①征收临时反补贴税;

②要求提供保证金、保函或者其他形式的担保。

2) 实施期限。

临时反补贴措施自决定公告规定实施之日起,不超过4个月。

(2) 最终反补贴措施。

在完成磋商的努力取得效果的情况下,终裁决定确定补贴成立并由此对国内产业造成损害的,可以征收反补贴税。征收反补贴税应当符合公共利益。

征收反补贴税,由商务部提出建议,国务院关税税则委员会根据其建议作出决定,商务部予以公告,海关自公告规定实施之日起执行。

3. 保障措施

保障措施是因为进口产品数量大量增加,对生产同类产品或者与其直接竞争的产品的国内产业造成严重损害或者严重损害威胁的,由对外贸易主管部门依据WTO《保障措施协议》采取保障措施。

(1) 临时保障措施。

1) 实施形式。

加征关税、实行配额数量限制或者最终加征关税或实行关税配额。

2) 实施期限。

临时保障措施自决定公告规定实施之日起,不得超过200天,此期限计入保障措施总期限。

(2) 最终保障措施。

保障措施的实施期限一般不超过4年,特殊情况可延长,但保障措施全部实施期限不得超过10年。

4. 反补贴、反倾销、保障措施的区别

(1) 三种措施的适用范围不同;

(2) 三种措施的具体实施条件不同；
(3) 三种措施的具体实施形式不同；
(4) 三种措施的具体实施期限不同。

1.5 报关单相关栏目

报关单填制会在后面的章节系统介绍，本章结合已学内容，介绍一些相关栏目以利于加深理解。

1.5.1 许可证号

1. 含义

应申领进（出）口许可证、两用物项和技术进（出）口许可证、两用物项和技术出口许可证（定向）、出口许可证（加工贸易）、出口许可证（边境小额贸易）这些授权的许可证的货物，必须在此栏目填报商务部配额许可证事务局及其各特派员办事处、授权各省级发证机构，三级签发的进（出）口货物许可证的编号，不得为空。

非许可证管理以及申领自动进口许可证的货物（因为它是自然的许可），本栏目为空。

2. 许可证号的组成

许可证号的长度为10位字符，其组成为××－××－××××××，第1、2位代表年份，第3、4位代表发证机关（AA代表部级发证，AB、AC代表特派员办事处发证，01、02代表地方发证），后6位为顺序号。例如，06－AA－101882。两用物项和技术进/出口许可证编号的第5位为字母。

> **特别提示**
>
> "进出口许可证"是针对限制进出口的货物的，而"自动进口许可证"管理的货物是属于自由进出口的货物。这两者意思不同，如果说题目中给出的是"自动进口许可证号"，则不应该填在这里，而是填写在随付单据栏中。
>
> 例：在2004年的全国报关员资格考试中，中外合资沈阳贝沈钢帘线有限公司（2101232999）使用自有资金，委托上海新元五矿贸易公司（3105913429）持2100－2003－WZ－00717号自动进口许可证（代码7）进口镀黄铜钢丝，则不能将自动进口许可证号"2100－2003－WZ－00717"填写在该许可证号栏目中。

3. 填报要求

一份报关单只允许填报一个许可证号,如果有许可证号就填,没有就不需要填写。

1.5.2 批准文号

1. 含义

出口报关单栏目用于填报"出口收汇核销单"编号。进口货物报关单暂时免于填报,因为先进口后付汇核销。

2. 填报要求

输入9位的核销单编号,如:311555451。全国报关员资格考试如果涉及收、付汇核销管理,题目会提供核销单编号的。

两车共用一核销单号则两个车牌填在同一报关单上,另一车牌号填在备注栏。

1.5.3 随附单据

1. 定义

《中华人民共和国海关对报关员记分考核管理办法》第九条第一款"报关员自接到海关'现场交单'或者'放行交单'通知之日起10日内,没有正当理由,未按照规定持打印出的纸质报关单,备齐规定的随附单证,到货物所在地海关递交书面单证并办理相关海关手续,导致海关撤销报关单的"中的随附单证,指随进(出)口货物报关单一并向海关递交的单证或文件,包括发票、装箱单、提单、运单、装货单等基本单证,监管证件、征免税证明、外汇核销单、合同、信用证等特殊单证。报关单中的随附单据不包含以下不在本栏目填报的随附单证。

合同、发票、装箱单、进出口许可证等必备的随附单证不在本栏目填报。因为提单、运单、装运单的号码已在提运单号栏目里填报了,信用证、发票、装箱单、提单、运单、装运单关于货物的内容、支付方式、贸易方式、运输路线在其他栏目填报了,征免税证明的编号填在备案号栏,外汇核销单的编号填在批准文号栏,合同号码填在合同协议号。监管证件中的进出口许可证编号在许可证号填报。

2. 填报要求

(1) 本栏目分为随附单据代码和随附单据编号两项,其中代码栏应按海关规定的"监管证件名称代码表"(见本章第三节)选择填报相应证件的代码,但不含监管证件中的进出口许可证的代码(1、2、3、4、5、x、y);编号栏应填报监管证件编号。纸质报关单填报格式为:"监管证件的代码"+

"：" + "监管证件编号"。例如，随附的单据是入境货物通关单，要求在此栏目填写入境货物通关单的代码 A，货物通关单的编号是：442100104064457，那么在填制报关单的时候，就填："A：442100104064457"。

本栏目只填写一个监管证件的信息，多于一个监管证件的，第一个监管证件代码和编号填报在"随附单据"栏，其余的监管证件代码和编号按上述填报格式，填写（原产地证书按原产地证书的格式填写）在"标记唛码及备注"栏中。

（2）加工贸易内销征税报关单，随附单证代码栏填写"c"，随附单证编号栏填写海关审核通过的内销征税联系单号。

（3）含预归类商品报关单，随附单证代码项下填写"r"，随附单证编号项下填写×××关预归类书×××号。

（4）优惠贸易协定项下进出口货物均按以下要求填报：

"Y"为原产地证书代码。优惠贸易协定代码选择"01"、"02"、"03"、"04"、"05"、"06"、"07"、"08"、"09"、"10"、"11"填报。

"01"为"亚太贸易协定"项下的进出口货物；

"02"为"中国—东盟自贸区"项下的进出口货物；

"03"为"内地与香港紧密经贸关系安排"（香港 CEPA）项下的进口货物；

"04"为"内地与澳门紧密经贸关系安排"（澳门 CEPA）项下的进口货物；

"05"为"对非洲特惠待遇"项下的进口货物；

"06"为"台湾农产品零关税措施"项下的进口货物；

"07"为"中巴自贸区"项下的进出口货物；

"08"为"中智自贸区"项下的进出口货物；

"09"为"对也门等国特惠待遇"项下的进口货物；

"10"为"中新（西兰）自贸区"项下的进出口货物；

"11"为"中新（加坡）自贸区"项下的进出口货物。

具体填报要求如下：

实行原产地证书联网管理的，随附单证代码栏填写"Y"，随附单证编号栏的"〈〉"内填写优惠贸易协定代码。例如，香港 CEPA 项下进口商品，应填报为："Y"和"〈03〉"。一票进口货物中如涉及多份原产地证书或含有非原产地证书商品，应分单填报。同时将原产地证书编号填报在"备案号"栏，格式为："Y"＋原产地证书编号。

未实行原产地证书联网管理的，随附单证代码栏填写"Y"，随附单证编号栏"〈〉"内填写优惠贸易协定代码＋":"＋需证商品序号。"备案号"栏免于填报。例如,"亚太贸易协定"项下进口报关单中第 1 到第 3 项和第 5 项为优惠贸易协定项下商品,应填报为:"〈01：1－3,5〉"。

优惠贸易协定项下出口货物,本栏目填报原产地证书代码和编号。

 本章小结

本章共有五节,第一节报关专业最基本的专业知识,是报关人员必须掌握的。其内容主要包括报关的范围、分类及基本内容,同时引入了海关监管制度这个对外贸易管制之一的概念。第二节对外贸易管制概述,主要介绍贸易管制的概念、贸易管制的法律依据及其与海关监管的联系。第三节货物、技术进出口许可管制,主要介绍禁止进出口的范围,限制进出口与自由进出口管理的原则和各项对外贸易管制措施,如进出口许可证管理、进口废物管理、自动进口管理等,对每一项贸易管制措施,都提出了向海关报关的规范要求。第四节其他进出口贸易管制,这里的"其他"包括进出口经营资格、进出境商品检验检疫、进出口收、付汇和贸易救济措施。第五节结合报关单栏目进一步理解国家贸易管制的各项措施。

对外贸易管制中的"证"、"备"、"检"、"核"、"救"是国家管制,虽然它不在海关的业务范围内,但作为对外贸易管制,无论是对海关还是对报关人员来讲都是至关重要的。因此,在进出口报关活动中,国家对外贸易管制是报关人员必须掌握的,而且这些内容都是硬条件,不需要太多理解,背熟即可。学习本章,应当从整体上对进出口贸易管制进行把握,然后具体掌握各项对外贸易管制措施及进出口商品的管制要求,最终达到完全掌握对外贸易管制的内容。

第 2 章 报关活动关系人

关键术语

　　海关的监督管理　海关的基本任务　报关单位　报关员　注册登记许可　记分考核

> **学习目标**
>
> - 了解报关行业协会的基本情况及业务范围；
> - 了解海关的性质、任务、组织机构、权力行使的基本原则；
> - 熟悉海关的管理体制与机构；
> - 熟悉海关权力的内容；
> - 熟悉海关管理的法律体系；
> - 掌握报关单位的概念、分类管理、注册登记、报关行为规则、法律责任；
> - 掌握报关员的概念、资格及注册、权利与义务、执业禁止、记分考核、法律责任。

　　报关活动关系人有海关（行政管理人）、报关人（行政管理相对人）、报关活动相关人（行政管理相对人）等；报关人包含报关单位、报关员；由报关人自愿组成的报关行业协会，对规范报关行业和制定报关员职业标准起了相当大的作用。

2.1 海关

2.1.1 我国海关的性质与任务

《海关法》第二条规定:"中华人民共和国海关是国家的进出关境(以下简称进出境)监督管理机关。海关依照本法和其他有关法律、行政法规,监管进出境的运输工具、货物、行李物品、邮递物品和其他物品(以下简称进出境运输工具、货物、物品),征收关税和其他税、费,查缉走私,并编制海关统计和办理其他海关业务。"

1. 海关的性质

(1)海关是国家的行政机关。

海关从属于国家行政管理体制,是国务院的直属机构,代表国家依法独立行使行政管理权。

(2)海关是国家进出境监督管理机关。

海关的监督管理职责属于行政监督。

1)海关实施监督管理的范围是:进出关境及与之有关的活动(报关人的行为)。

关境,是海关专用词,是指适用于同一海关法或实行同一个关税制度的领域。我国关境范围是指享有单独关境地位的地区以外的中华人民共和国的全部领域,包括领陆、领水和领空,而享有单独关境地位的地区是指我国香港、澳门和台澎金马关税区,在这些地区实行单独的海关制度。

我国是国境大于关境。欧盟则相反,是国境小于关境。海关实施监督管理的地域范围是关境。

> **特别提示**
>
> 本书所谈进出境,通常是指通过设有海关的对外开放口岸进出关境,所以也称进出口,大部分教材在混用"进出境"和"进出口"这两个词时不加说明,很容易引起误解。实际上,进出境除进出口外,还包含国务院特批从不设海关的地方进出关境及非法的进出关境。

2)海关实施监督管理的对象是:所有进出关境的运输工具、货物、物品。

例(判断题):

海关是国家进出国境的监督管理机关。

答案：错。解析：海关是国家进出关境的监督管理机关。

(3) 海关的监督管理是国家行政执法活动。

海关是国家行政监督管理机关，是行政执法机关。

1) 海关的监督管理是国家行政执法活动。

2) 海关实施监督管理有明确的执法依据，即《中华人民共和国海关法》及其他与进出境监督管理相关的法律、行政法规以及海关总署制定的部门规章。《海关法》是管理海关事务的基本法律规范。修正后的《海关法》于2001年1月1日起实施。

3) 海关的监督管理包括了行政监督、行政处理、行政处罚、行政强制执行等各种行政执法行为，并拥有典型的行政执法手段，如行政指令手段、法律手段、纪律手段、思想政治工作手段。

4) 海关的行政执法是国家宏观管理中不可或缺的组成部分。

2. 海关的任务

海关的四项基本任务包含监管、征税、缉私和编制海关统计。其中，海关监管是四项基本任务中最基本的任务。监管是基础，别的任务是在此基础上的延伸，同时它们又反过来为前者服务。除了这四项基本任务外，海关的任务还包括知识产权海关保护、海关对反倾销及反补贴的调查等。

(1) 监管。

海关监管是指海关运用国家赋予的权力，通过一系列管理制度与管理程序，依法对进出境运输工具、货物、物品及相关人员的进出境活动所实施的一种行政管理。海关监管是一项国家职能，其目的在于保证一切进出境活动符合国家政策和法律的规范，维护国家主权和利益。海关监管不是海关监督管理的简称，海关监督管理是海关全部行政执法活动的统称，监管则是监督管理的一部分。

根据监管对象的不同，海关监管分为运输工具监管、货物监管和物品监管三大体系，且每个体系都有一整套规范的管理程序与方法。

海关监管除了通过备案、审单、查验、放行、后续管理等方式对进出境运输工具、货物、物品的进出境活动实施监管外，还要执行或监督执行国家其他对外贸易管理制度的实施，如进出口许可管理制度、对外贸易经营者管理制度、出入境检验检疫制度、进出口货物收付汇管理制度、贸易救济制度以及其他有关的管理制度等，从而在政治、经济、文化道德、公众健康等方面维护国家利益。

例（判断题）：

在海关的四项基本任务里，征税是海关最基本的任务，海关的其他任务都是在征税工作的基础上进行的。

答案：错。解析：监管是海关最基本的任务，海关的其他任务都是在监管工作的基础上进行的。

（2）征税。

征税是海关的另一项重要任务，近年来显得越来越重要。关税征收的法律依据是《海关法》、《进出口关税规定》、"中华人民共和国国关税表"。关税税率由国家关税委员会确定，委员会成员包括国务院的一位副总理和主管经济事务和工业的各个重要政府机构的代表。征收的税费主要有"关税和其他税、费"。"关税"是海关按照《海关法》和《进出口税则》，对进出口货物、进出境物品征收的一种税，关税是规范进出口活动的有力工具。"其他税、费"目前主要是海关代征收进出口环节税，如增值税和消费税、船舶吨位税，以及海关监管手续费等。

关税的征收主体是国家，海关代表国家征收。

（3）查缉走私。

查缉走私是海关为保证顺利完成监管和征税等任务而采取的保障措施。查缉走私是海关依照法律赋予的权力，在海关监管场所和海关附近的沿海、沿边规定地区，为发现、制止、打击、综合治理走私活动的一种调查和惩处活动。

《海关法》第五条规定："国家实行联合缉私、统一处理、综合治理的缉私体制。海关负责组织、协调、管理查缉走私工作。有关规定由国务院另行制定。各有关行政执法部门查获的走私案件，应当给予行政处罚的，移送海关依法处理；涉嫌犯罪的，应当移送海关侦查走私犯罪公安机构、地方公安机关依据案件管辖分工和法定程序办理。"海关是打击走私的主管机关，海关缉私警察负责走私犯罪的侦查、拘留、执行逮捕和预审工作。公安、工商、税务、烟草专卖等部门都有缉私权力，但这些部门查获的走私案件，应当给予行政处罚的，要统一移交海关依法处理。

（4）编制海关统计和办理其他海关业务。

海关统计是以实际进出口货物①作为统计和分析的对象，通过收集、整理、加工处理进出口货物报关单或经海关核准的其他申报单证，对进出口货物的品名及编码、数（重）量、价格、经营单位、贸易方式、运输方式、进口货物的原产国（地区）、起运国（地区）、境内目的地、出口货物的最终目的国（地区）、运抵国（地区）、境内货源地、进出口日期、关别等项目分别进行统计和综合分析，全面、准确地反映对外贸易的运行态势，及时提供统

---

① 详见 3.4 关于实际进出口货物的定义。

计信息和咨询,实施有效的统计监督,开展国际贸易统计的交流与合作,促进对外贸易的发展。海关统计范围,是实际进出境并引起境内物质存量增加或者减少的货物,进出境物品超过自用、合理数量的,列入海关统计。不列入海关统计的货物和物品,实施单项统计。

海关统计是海关依法对进出口货物贸易的统计,是国民经济统计的组成部分。海关的统计任务是对进出口货物贸易进行统计调查、统计分析和统计监督,进行进出口监测预警,编制、管理和公布海关统计资料,提供统计服务。

1992年,海关总署以国际通用的《商品名称及编码协调制度》为基础,编制了《海关统计商品目录》,把税则和统计目录的归类编码统一起来,规范了商品的命名与归类,使海关向国际惯例靠拢。

2.1.2 我国海关的法律体系

我国对"海关法律体系"采取了国家最高权力机关、国务院和海关总署三级立法的体制。即以海关法为母法,以国务院审定的有关单行条例和海关总署单独制定或会同国家其他行政机关共同制定的实施细则和单行管理办法为补充的三级海关法律体系。其他相关法律,是指由全国人民代表大会或全国人民代表大会常务委员会制定的与海关监督管理相关的法律规范,主要包括《宪法》,基本法律如《刑法》、《刑事诉讼法》、《行政复议法》、《行政处罚法》等,以及其他行政管理法律,如《对外贸易法》、《进出口商品检验法》、《固体废物污染环境防治法》等。

海关立法事权为中央立法事权,立法者为最高国家权力机关(全国人民代表大会及其常务委员会)和国家最高执行机关(国务院),海关是国务院的直属机构。国家机关包括享有立法权的立法机关、享有司法权的司法机关、享有行政管理权的行政机关。

1. 海关法

《海关法》是于1987年1月22日通过的,并于同年的7月1日实施。

第九届全国人民代表大会常务委员会第十六次会议,于2000年7月8日通过了对《海关法》进行修改的决定,修正后的《海关法》是在2001年1月1日开始实施的。

2. 行政法规

由国务院审定的法律规范主要有6个:

《关税条例》、《稽查条例》、《知识产权海关保护条例》、《行政处罚实施条例》、《统计条例》、《原产地条例》。

3. 海关规章及其他规范性文件

海关管理方面的规章主要是由海关总署单独或会同国务院有关部门制定的,是海关日常工作引用数量最多、内容最广、可操作性最强的法律依据,其效力等级低于法律和行政法规。海关行政规章以海关总署令的形式对外公布。例如,《海关对报关单位注册登记管理规定》、《报关员记分考核办法》等。

其他的规范性文件,是指海关总署及各直属海关按照规定程序制定的涉及行政管理相对人权利、义务,具有普遍约束力的文件。海关总署制定的规范性文件要求行政管理相对人遵守或执行的,应当以海关总署公告的形式对外发布,但不得设定对行政管理相对人的行政处罚。直属海关在限定范围内制定的,关于本关区某方面行政管理关系的涉及行政管理相对人权利、义务的规范,应当以公告的形式对外发布。

2.1.3 海关的权力

海关作为国家行政管理机关,管理国家行政事务,必须享有权力,这是由行政机关的性质所决定的。因此,海关具有一般行政机关所必须具备的权力,如行政许可权、税费征收权、行政监督检查权、行政强制权、行政处罚权等。除此之外,海关作为进出境的监督管理机关,还具有一些特定的、独立的权力,即对进出境运输工具、货物、物品的监督管理权,它们是公共行政职权,如行政裁定权、佩带和使用武器权和连续追缉权等特殊的权力。而在报关活动中,经常运用的是一般性权力,为了维护相对人的合法权益,海关在行使权力时受到条件的限制,以监督海关能够正确行使权力,防止滥用权力。因此,本节重点归纳几种海关的权力,主要是学习它的运用和条件限制。

1. 海关权力的特点

海关权力具有国家权力的基本特点(即主权性和强制性),其作为一种行政权力,除了具有一般权力的单方性、强制性、无偿性等基本特征外,还具有以下特点。

(1) 特定性。

行使主体特定——海关,适用范围特定——进出关境监督管理领域,不能适用于其他场合。

(2) 独立性。

依法独立行使职权,仅向海关总署负责,实行垂直领导的管理体制,即组织机构独立。

(3) 效力先定性。

海关行政行为一经做出,就应推定其合法而必须遵照执行。

(4) 优益性。

行政受益权——享受国家提供的各种物质优益条件;

行政优先权——在执法遭到暴力抗拒时,公安机关和武装警察部队必须予以协助。

2. 海关权力的内容

海关的监督管理包括了行政监督、行政处理、行政处罚、行政强制执行等各种行政执法行为,这些执法行为来自其所拥有的国家权力,《海关法》第六条规定了大部分的权力,具体内容主要表现为7大类、20余种海关权力。

(1) 行政审批权。

包括海关对进出口货物收、发货人提出的转关运输申请的审核、减免税审批、对参加报关员全国统一考试资格的审核等。

(2) 税费征收权(行政征收权)。

征、减、免、补征、追征权。

(3) 行政检查权(行政调查的强制)。

行政检查权,是海关保证其行政管理职能能得到履行的基本权力,主要包括如下7个方面的内容。

1) 检查权。

实施对象是运输工具、场所和走私嫌疑人。

表 2-1 检查权的行使

对象	限制区域	授 权 限 制
进出境运输工具	"两区"内	海关有关部门可直接行使
	"两区"外	
有走私嫌疑的运输工具	"两区"内	海关有关部门可直接行使
	"两区"外	须经直属海关关长或者其授权的隶属海关关长批准
有藏匿走私嫌疑货物、物品的场所	"两区"内	海关有关部门可直接行使
	"两区"外	①须经直属海关关长或者其授权的隶属海关关长批准; ②当事人在场;当事人未到场,须有见证人在场; ③不能对公民住所实施检查。
走私嫌疑人身体	"两区"内	海关有关部门可直接行使
	"两区"外	不能行使

注:"两区"指海关监管区和海关附近沿海沿边规定地区;"授权"包括一般性授权和一事一授权。

2）查验权。

海关有权查验进出境货物、物品，并鉴别其合法性。必要时可以径行提取货样。

3）施加封志权。

海关对所有未办结海关手续、尚处在监管状态的运输工具、货物、物品，有权施加封志。

4）查阅、复制权。

查阅出入境人员的证件，查阅、复制与进出境运输工具、货物、物品有关的合同、发票、账册、单据、记录、文件、业务函电、录音录像制品和其他资料。

5）查问权。

查问违反《海关法》或者其他有关法律、行政法规的嫌疑人，调查其违法行为。

6）查询权。

海关在调查走私案件时，经直属海关关长或者其授权的隶属海关关长批准，可以查询案件涉嫌单位和涉嫌人员在金融机构、邮政企业的存款、汇款。

7）稽查权。

稽查权的监管期限：自进出口放行之日起3年内或者保税货物、减免税进口货物监管期限内及其后的3年内，海关可以对与进出口货物直接有关的企业、单位的企业账簿、会计凭证、报关单证以及其他有关资料和有关进出口货物实施稽查。

依据《海关稽查条例》规定，海关进行稽查时，可以行使下列职权：查阅、复制被稽查人的账簿、单证等有关资料；进入被稽查人的生产经营场所、货物存放场所，检查与进出口活动有关的生产经营情况和货物；询问被稽查人的法定代表人、主要负责人员和其他有关人员与进出口活动有关的情况和问题；经海关关长批准，查询被稽查人在商业银行或者其他金融机构的存款账户；经海关关长批准，可以暂时封存其有可能被转移、隐匿、篡改、毁弃的账簿、单证等有关资料，采取该项措施时，不得妨碍被稽查人正常的生产经营活动；经海关关长批准，可以封存被稽查人有违法嫌疑的有关进出口货物等。

（4）行政强制权。

海关行政强制权是《海关法》及相关法律、行政法规得以贯彻实施的重要保障。具体包括：

1）扣留权。

海关在下列情况下可以行使扣留权：

①海关对违反海关法律的进出口合同、发票、单据等资料，有走私嫌疑的运输工具、货物、物品和走私犯罪嫌疑人可以扣留。

②在海关监管区和海关附近沿海沿边规定地区，对有走私嫌疑的运输工具、货物、物品和走私犯罪嫌疑人，经直属海关关长或者其授权的隶属海关关长批准，可以扣留；对走私犯罪嫌疑人，扣留时间不得超过24小时，在特殊情况下可以延长至48小时。

③在海关监管区和海关附近沿海沿边规定地区以外，对其中有证据证明有走私嫌疑的运输工具、货物、物品，可以扣留。

海关对查获的走私犯罪嫌疑案件，应扣留走私犯罪嫌疑人，移送海关侦查走私犯罪公安机构。

2）提取货物变卖、先行变卖权。

进口货物超过3个月未向海关申报的，海关可以依法提取变卖处理；进口货物收货人或其所有人申明放弃的，海关有权提取依法变卖处理；海关依法扣留、不宜长期保留的，经直属海关关长或其授权的隶属海关关长批准，可以先行依法变卖；在规定期限内未申报的以及误卸或溢卸的不宜长期保留的货物，海关可以按实际情况提前变卖处理。

3）强制扣缴权和变价抵缴关税权。

进出口货物的纳税义务人、担保人超过规定期限未缴纳税款的，经直属海关关长或者其授权的隶属海关关长批准，海关可以：

①书面通知其开户银行或者其他金融机构从其存款内扣缴税款；

②将应税货物依法变卖，以变卖所得抵缴税款；

③扣留并依法变卖其价值相当于应纳税款的货物或者其他财产，以变卖所得抵缴税款。

4）抵缴、变价抵缴罚款权。

当事人逾期不履行处罚决定又不申请复议或提起诉讼时，海关可以将其保证金抵缴罚款，或者将其被扣留的货物、物品或运输工具变价抵缴罚款。

5）其他特殊行政强制。

①滞报、滞纳金征收权。海关对超期申报货物征收滞报金；对于逾期缴纳进出口税费的，征收滞纳金。

②处罚担保。根据《海关法》及有关行政法规的规定，对于有走私嫌疑的运输工具、货物、物品无法或不便扣留的，或者有违法嫌疑但依法不应予以没收的运输工具、货物、物品，当事人申请先予放行或解除扣留的，海关

可要求当事人或者运输工具负责人提供等值担保。未提供等值担保的,海关可以扣留当事人等值的其他财产;受海关处罚的当事人出境前未缴清罚款或未缴清被没收的违法所得和依法被追缴货物、物品、走私运输工具的等值价款的,应当提供相当上述款项的担保。

③税收担保。根据《海关法》的规定,进出口货物纳税义务人在规定的纳税期限内有明显的转移、藏匿其应税货物以及其他财产迹象的,海关可以依法责令其提供纳税担保,经海关批准的暂准进出境、保税货物,其收发货人须缴纳相当于税款的保证金或者提供其他形式的担保后,才可准予暂时免纳关税。

其他海关事务担保:商品归类、估价、提供有效单证、办结其他海关手续前,要求先行放行。

④税收保全。

进出口货物纳税义务人在规定的纳税期限内有明显的转移、藏匿其应税货物以及其他财产迹象的,海关依法责令其提供纳税担保,而纳税义务人不能提供纳税担保的,经直属海关关长或者其授权的隶属海关关长批准,海关可以采取下列税收保全措施:

——书面通知纳税义务人开户银行或者其他金融机构暂停支付纳税义务人相当于应纳税款的存款;

——扣留纳税义务人价值相当于应纳税款的货物或者其他财产。

关税保全措施是一种比较激烈的强制行政行为,对纳税人造成的后果往往是严重的,对此海关法律也规定了具体要求,因此,在行使时必须有事实依据。

(5) 行政处罚权。

海关有权对未构成走私罪的违法当事人处以行政处罚,包括对走私货物、物品及违法所得处以没收,对有走私行为和违反海关监管规定行为的当事人处以罚款,对有违法情事的报关企业的报关员处以暂停资格和取消资格的处罚等。

(6) 其他行政处理权。

1) 佩带和使用武器权。

适用范围:执行缉私任务;

使用对象:走私者和走私嫌疑人;

使用条件:不能制伏被追缉逃逸的走私团体或遭遇武装掩护走私,不能制止走私分子或者走私嫌疑人以暴力劫夺查扣的走私货物、物品和其他物品,以及以暴力抗拒检查、抢夺武器和警械、威胁海关工作人员生命安全非开枪不能自卫时。

2）连续追缉权。

进出境运输工具或者个人违抗海关监管逃逸的，海关可以连续追至海关监管区和海关附近沿海沿边规定地区之外，将其带回处理。这里所称的逃逸，即包括进出境运输工具或者个人违抗海关监管，自海关监管区和海关附近沿海沿边规定地区向内（陆地）一侧逃逸，也包括向外（海域）一侧逃逸。海关追缉时需保持连续状态。

3）行政裁定权。

包括应对外贸易经营者的申请，对进出口商品的归类、进出口货物原产地确认、禁止进出口措施和许可证的适用等海关事物的行政裁定的权力。

4）行政奖励权。

包括对举报或者协助海关查获违反《海关法》的案件的有功单位或个人给予精神或者物质奖励的权力。

※重点掌握"行政检查权"和"行政强制权"。

3. 海关权力行使的基本原则

（1）合法原则。

权力的行使要合法，这是依法行政原则的基本要求。

1）主体资格合法，即行使权力的主体必须有法律、法规授权。例如，涉税走私犯罪案件的侦查权，只有缉私警察才能行使，海关其他人员则无此项权力。又如，《海关法》规定海关行使某些权力时应"经直属海关关长或者其授权的隶属海关关长批准"，如未经批准，海关人员则不能擅自行使这些权力。

2）行使权力必须以法律规范为依据。《海关法》第二条规定了海关的执法依据是《海关法》、其他有关法律和行政法规。无法律授权的执法行为，属于越权行为，应属无效。

3）行使权力的方法、手段、步骤、时限等程序合法。

4）一切行政违法主体都应承担相应的法律责任。

（2）适当原则。

权力的行使以公平性、合理性为基础，以正义性为目标。为了自由裁量权的合理运用，监督的法律途径有二：行政监督（行政复议程序）和司法监督（行政诉讼程序）。

（3）依法独立行使原则。

海关实行高度集中统一的管理体制和垂直领导方式，地方各级海关只对海关总署负责。海关无论级别高低，都是代表国家行使管理权的国家机关，海关依法独立行使权力,"各地方、各部门应当支持海关依法行使职权,不得非法干预海关的执法活动"。

(4) 依法受到保障原则。

海关权力是国家权力的一种,应受到保障,才能实现国家权能的作用。

《海关法》第十二条规定:"海关依法执行职务,有关单位和个人应当如实回答询问,并予以配合,任何单位和个人不得阻挠。海关执行职务受到暴力抗拒时,执行有关任务的公安机关和人民武装警察部队应当予以协助。"

4. 海关权力的监督

海关权力的监督即海关执法监督,是指特定的监督主体依法对海关行政机关及其执法人员的行政执法活动实施的检察、检查、督促等,以此确保海关权力在法定范围内运行。《海关法》专门设立执法监督一章,提供对海关行政执法实施监督的法律依据。

2.1.4 海关的管理体制与机构

海关的管理体制与机构是《海关法》明确规定的,海关是一个行政机关,以法律的形式确定其体制和机构,无论是在法律上还是在行政机关中都是少有的,因此,可以看出海关在我们国家行政管理机关中的地位和作用。

1. 海关的领导体制

《海关法》确定海关的领导体制:"国务院设立海关总署,统一管理全国海关。"

管理体制:海关事务属中央事权;采取集中统一的垂直领导体制,海关隶属关系不受行政区划限制;海关独立行使职权,向海关总署负责。

1980年《国务院关于改革海关管理体制的决定》恢复了垂直领导体制。1987年在六届人大常委会第十九次会议中《海关法》正式以立法形式确立下来。

2. 海关的设关原则

《海关法》第三条规定:"国家在对外开放的口岸和海关监管业务集中的地点设立海关。"习惯上把在对外开放口岸设立的海关称为口岸海关,把在海关监管业务集中的地点设立的海关称为区域海关。

3. 海关的组织机构

海关机构的设置为海关总署、直属海关和隶属海关三级。隶属海关由直属海关领导,向直属海关负责;直属海关由海关总署领导,向海关总署负责。中华人民共和国海关是国家的进出境监督管理机关,实行垂直管理体制,在组织机构上分为 3 个层次：第一层次是海关总署；第二层次是广东分署，天津、上海两个特派员办事处，41 个直属海关和两所海关学校；第三层次是各直属海关下辖的 600 个隶属海关机构，通关监管点近 4 000 个。此外，在布鲁塞尔、莫斯科、华盛顿以及香港等地设有派驻机构。中国海关现有关员（含海关缉私警察）五万余人。

2.1.5　报关与海关管理

报关管理制度，是指海关依法对报关单位及代表报关单位报关的报关员的资格审定、批准及对其报关行为进行规范和有效管理的业务制度。其作用是规范报关单位及其报关员的报关行为，是维护国家进出口经济贸易活动正常秩序的重要保证，是完成海关各项工作任务的重要保证。新的《中华人民共和国海关企业分类管理办法》已于 2008 年 1 月 4 日，经海关总署署务会议审议通过，于 1 月底公布，自 2008 年 4 月 1 日起施行。1999 年 3 月 31 日海关总署令第 71 号公布的《中华人民共和国海关对企业实施分类管理办法》，2001 年 7 月 20 日海关总署、对外贸易经济合作部令第 86 号公布的《关于大型高新技术企业适用便捷通关措施的审批规定》同时废止。本着"守法便利、动态管理、风险管理、公开公平公正"的原则，在海关注册登记的进出口货物收发货人、报关企业的分类管理，适用本办法。海关根据企业遵守法律、行政法规、海关规章、相关廉政规定和经营管理的状况，以及海关监管、统计记录等，设置 AA、A、B、C、D 5 个管理类别，对有关企业进行评估、分类，并对企业的管理类别予以公开。海关对企业的分类管理标准中，企业的报关状况是关键指标之一。

2.2　报关单位

2.2.1　报关单位的概念

报关单位是指依法在海关注册登记的进出口货物收发货人和报关企业。广义上的报关单位是报关活动的实施人，报关的主体，是海关行政管理相对人，应包含进出境运输工具负责人、进出境货物收发货人、进出境物品的所有人，但本书主要是指进出口货物收发货人和报关企业。《海关法》第十一条规定："进出口货物收发货人、报关企业办理报关手续，必须依法经海关注册登记。报关人员必须依法取得报关从业资格。未依法经海关注册登记的企业和未依法取得报关从业资格的人员，不得从事报关业务。"法律明确规定，对向海关办理进出口货物报关手续的进出口货物收发货人和报关企业，实行注册登记管理制度。因此，依法向海关注册登记是境内法人或其他组织、个人成为报关单位的法定要求。

2.2.2 报关单位的类型

《海关法》将报关单位分为两种类型,即进出口货物收发货人和报关企业。

1. 进出口货物收发货人

(1) 概念。

进出口货物收发货人,是指依法直接进口或者出口货物的中华人民共和国境内的法人、其他组织或个人。进出口货物收发货人经向海关注册登记后,只能为本单位进出货物报关,其报关行为为自理报关。

(2) 类别。

1) 在商务部或者其委托的机构办理备案登记的对外贸易经营者,也称为进出口经营企业。

进出口货物收发货人,一般来讲从事的是对外贸易经营活动,在商务主管机关进行备案登记并获得进出口经营权。按所有制分,主要有国有企业、外商投资企业、集体企业、私营企业和个体工商户;按业务种类可分为进出口贸易公司、外贸生产工厂、保税仓储企业等。

2) 按规定需要从事非贸易性进出口活动的单位。

未取得备案登记但须从事非贸易性进出口活动的单位,在进出口货物时,也视其为收发货人。例如,境外企业、新闻、经贸机构、文化团体等依法在中国境内设立的常驻代表机构,少量货样进出境的单位,国家机关、学校、科研院所等组织机构,临时接受捐赠、礼品、国际援助的单位,国际船舶代理企业等。

2. 报关企业

(1) 概念。

报关企业,是指按照海关规定准予注册登记,接受进出口货物收发货人的委托,以进出口货物收发货人的名义或者以自己的名义(实施直接代理报关或间接代理报关)向海关办理代理报关业务,从事报关服务的境内企业法人。其报关行为为代理报关。

报关企业是为进出口货物报关提供代理报关服务的企业。作为报关企业,必须在经营规模、管理人员素质、报关员数量、守法状况、管理制度等几个方面符合海关规定的设立条件,并经海关注册登记行政许可,依法向海关办理注册登记。

(2) 类别。

1) 经营国际货物运输代理、国际运输工具代理业务,兼营进出口货物代理报关业务的国际货物运输代理公司,简称货代公司。

2) 主营代理报关业务的报关公司或报关行。

3. 关于双重身份禁止

海关总署公告 2005 年第 18 号明确禁止同一企业拥有双重身份,即一个报关单位不得以进出口货物收发货人或报关企业的名义在海关重复注册登记,也不得同时在海关注册登记为进出口货物收发货人和报关企业。

企业在申请报关企业注册登记许可(含跨关区的分支机构注册登记许可)后,再至海关办理进出口货物收发货人报关注册登记的,海关先注销其报关企业注册登记许可(含跨关区的分支机构注册登记许可),再为其办理进出口货物收发货人报关注册登记。

企业已经办理进出口货物收发货人注册登记后,申请报关企业注册登记许可的,海关在办结海关相关业务手续后,注销其"中华人民共和国海关进出口货物收发货人报关注册登记证书"及注册登记编码,再受理其申请。

但是在 2005 年海关总署令第 127 号《中华人民共和国海关对报关单位注册登记管理规定》施行之前存在不少双重身份的企业,海关总署 2008 年第 17 号公告考虑到海关特殊监管区域企业(以下称"区内企业")的特殊性,为了进一步规范其管理、方便其经营,现就区内企业管理涉及双重身份的作出规定。

区内同一企业只拥有一个海关注册登记编码(10 位数)。区内企业已经拥有"进出口货物收发货人"和"报关企业"两个编码的,只能从中选择一个作为唯一的编码,另一个由海关注销。

选择保留"报关企业"编码的企业,海关保留其"报关企业"登记证书,其可以在区内和区外继续开展代理报关业务,但不得开展"自理"报关业务;如需跨直属关区开展异地代理报关业务的,应当办理跨关区报关注册登记许可手续。

选择保留"进出口收发货人"编码的企业,由海关重新核发新的 10 位数编码,其中第 1~6 位号码保持不变,第 7 位统一编号为英文大写字母"K",颁发新的"报关企业"登记证书,并按照"报关企业"实施分类管理。

对经海关审核完成上述变更后的区内企业,海关视为拥有代理报关和"自理"报关双重功能的报关单位,并按下列规定进行管理:在区内可以同时开展代理和"自理"报关业务;在区外可以开展代理报关业务,但不得开展"自理"报关业务。区外代理报关的业务范围和方式同报关企业。

区内无论是首次注册登记的企业,还是已经在海关注册登记的企业,申请注册或者变更成为具有代理报关和"自理"报关双重功能的报关单位,海关按照"报关企业"有关规定办理注册或变更登记手续。对此类具有双重功能的报关单位，海关按照规定核发海关编码和报关证书，并进行相应管理。申请变更注册的企业的原海关编码和登记证书由海关注销。

在保税物流中心（B型）开展业务的物流企业，可以比照本规定执行。

2.2.3 报关单位的注册登记

《海关法》第九条规定："进出口货物，除另有规定的外，可以由进出口货物收发货人自行办理报关纳税手续，也可以由进出口货物收发货人委托海关准予注册登记的报关企业办理报关纳税手续。"进出口货物收发货人、报关企业办理报关手续，必须依法经海关注册登记。因此，向海关注册登记是进出口货物收发货人、报关企业向海关报关的前提条件。

1. 报关注册登记制度的概念

报关注册登记制度，是指报关单位向海关提供规定的注册登记申请材料，经注册地海关依法对申请注册登记材料进行审核，准予其办理报关业务的管理制度。

考虑到两类报关单位的不同性质，海关对其规定了不同的报关注册登记条件。对于报关企业，海关要求其必须具备规定的设立条件并取得海关报关注册登记许可。对于进出口货物收发货人，在获得报关权前不必获得行政许可，但要在海关备案登记，临时进出口货物收发货人办理临时注册登记，可获得临时报关单位注册登记证明，有效期仅为7天，法律、行政法规、海关规章另有规定的除外。

2. 进出口货物收发货人注册登记

（1）贸易性进出口货物收发货人。

对于经向商务主管部门备案登记，有权从事对外贸易经营活动的进出口货物收发货人，不需要经过"申请办理注册登记许可手续"这个程序，可直接向海关申请办理报关单位注册登记手续。

该类进出口货物收发货人申请办理注册登记，应当提交的文件材料包括：企业法人营业执照副本复印件（个人独资、合伙企业或者个体工商户提交营业执照），对外贸易经营者登记备案表复印件（法律、行政法规或者商务部规定不需要备案登记的除外），企业章程复印件（非企业法人免提交），税务登记证书副本复印件，银行开户证明复印件，组织机构代码证书副本复印件，"报关单位情况登记表"、"报关单位管理人员情况登记表"，其他与报关注册登记有关的文件材料。

注册地海关依法对申请注册登记材料是否齐全、是否符合法定形式进行核对。申请材料齐全、符合法定形式的申请人由注册地海关核发"中华人民共和国进出口货物收发货人报关注册登记证书"(以下简称"收发货人登记证书"),报关单位凭以办理报关业务。

(2) 非贸易性进出口货物收发货人。

进出口货物收发货人的另外一种类型是一些没有取得对外贸易经营者备案表但是按照国家规定需要从事非贸易性进出口活动的企业,海关允许对这样的企业办理"临时注册登记手续",海关不核发"注册登记证书",仅出具"临时报关单位注册登记证明",有效期是 7 天。

例:清华大学要进口一批做实验用的设备。进口该设备时,清华大学从事的就是非贸易性的行为。清华大学是收发货人,学校可以自己进行报关,也可以委托报关企业报关。假如自己报关的话,到海关申请办理一个"临时注册登记手续",就可以办理报关手续了。

(3) 注册登记证书时效及换证管理。

1) 注册登记证书时效。

有效期为 3 年。

2) 换证手续。

进出口货物收发货人在"收发货人登记证书"有效期届满前 30 日到注册地海关办理换证手续。

进出口货物收发货人换证应当向注册地海关递交的文件资料包括:企业法人营业执照副本复印件(个人独资、合伙企业或者个体工商户提交营业执照),对外贸易经营者登记备案表复印件(法律、行政法规或者商务部规定不需要备案登记的除外),"中华人民共和国外商投资企业批准证书","中华人民共和国台、港、澳、侨投资企业批准证书"复印件(限外商投资企业提交),"报关单位情况登记表","报关员情况登记表"(无报关员的免提交),"报关单位管理人员情况登记表"。

材料齐全、符合法定形式的进出口货物收发货人由注册地海关换发"收发货人登记证书"。

(4) 变更登记及注销登记。

1) 变更的期限。

自批准变更之日起 30 日内办理变更手续。

2) 注销登记。

有下列情形之一的,应当以书面形式向注册地海关报告。海关在办结有关手续后,应当依法办理注销注册登记手续:

① 破产、解散、自行放弃报关权或者分立成两个以上新企业的;

②被工商行政管理机关注销登记或者吊销营业执照的;
③丧失独立承担责任能力的;
④进出口货物收发货人的对外贸易经营者备案登记表或者外商投资企业批准证书失效的;
⑤其他依法应当注销注册登记的情形。

3. 报关企业注册登记

报关企业在办理报关注册登记之前,须向海关申请办理注册登记许可手续,然后再向海关申请办理报关企业的注册登记手续。其注册程序如下:

(1) 首先是向海关申请办理报关企业注册登记许可。

1) 报关企业注册登记许可程序:

提出申请——海关受理——海关审查——作出行政许可。

①第一个步骤:报关企业注册登记许可申请。

申请人到所在地直属海关公布的受理场所向海关提出申请。

应提交用于证明满足报关企业设立条件(见表2-3)的材料:

——报关企业注册登记许可申请书;

——"企业法人营业执照"副本或者是"企业名称预先核准通知书"复印件;

——企业章程(说明具有健全的组织机构和财务管理制度);

——出资证明文件复印件(为了说明企业注册资本不低于人民币150万元);

——拟聘报关从业人员的报关员资格证书复印件(为了说明报关员人数不少于5名);

——从事报关服务业可行性报告(开立报关企业的一个可行性报告);

——报关业务负责人工作简历(为了说明报关业务负责人具备5年以上从事对外贸易工作经验或者报关工作经验);

——报关服务营业场所所有权证明、租赁证明(说明这个公司成立及地址,即从事报关服务所必需的固定经营场所和设备);

——其他与申请注册登记许可相关的材料。

②第二个步骤:海关对申请的处理。

——如果申请材料不全,海关要在签收申请材料后5日内一次性告知需要补正的全部内容。

——所提交的材料符合有关规定,海关则作出受理的决定。

③第三个步骤:海关受理后,应当根据法定条件和程序进行全面审查,并于受理注册登记许可申请之日起20日内审查完毕,并将材料报送直属海

关，直属海关在接收到海关报送的审查意见之日起 20 日内作出决定。

④最后一个步骤：行政许可的作出。

海关依法作出准予还是不准予注册登记许可的书面决定。

报关企业经过报关注册登记许可，并在海关注册登记以后，可以在直属海关各个口岸和海关监管业务集中地点接受进出口货物收发货人的委托，代理报关，也就是说，代理报关的地域范围限制在所在地的直属海关范围内。如果说要到另一直属海关关区从事报关服务的，就要依法设立分支机构。

例如，在北京海关注册登记的报关企业 A，由于业务的需要，很多货物都从天津进口和出口，需要到天津海关去开展代理报关业务，这种情况就属于跨关区从事报关服务。北京的这家报关企业要想在天津报关，就要先在天津办理跨关区注册登记。在办理注册登记之前，也是要事先办理跨关区分支机构的注册登记许可。

2）报关企业跨关区分支机构注册登记许可。

在别的直属海关办理跨关区分支机构注册登记许可，需要条件如下：

①报关企业自取得海关核发的"中华人民共和国海关报关企业报关注册登记证书"之日起满两年；

②报关企业从申请之日起最近两年没有因走私受过处罚；

③每申请一项跨关区分支机构注册登记许可，报关企业应当增加注册资本人民币 50 万元。例如，在北京成立报关企业，最低的注册资本是 150 万元人民币。如果说两年后，业务量增加了，要在天津开立分支机构，除了要具备前面提到的两个条件以外，注册资本还要增加 50 万元（即注册资本变成了 200 万元）。每增加一处，就得增加 50 万元，比如，在大连再开一个分支机构，还得再增加 50 万元，依此类推。

申请办理跨关区分支机构注册登记许可与报关企业本部申请注册登记许可，一个主要的区别就在于报关员的人数，报关企业本部报关员人数不少于 5 人，跨关区分支机构报关员人数不少于 3 人。

（2）到工商行政管理部门办理许可经营项目登记。

报关企业申请人凭着直属海关签发的报关注册登记许可文件到工商行政管理部门办理许可经营项目登记，规定拟经营的业务范围。

（3）到所在地海关办理报关企业注册登记手续。

登记之后，在 90 天内要到所在地海关办理注册登记手续。如逾期，海关则不予注册登记。报关企业申请办理注册登记，应当提交的文件材料包括：直属海关注册登记许可文件复印件、"企业法人营业执照"副本复印件（分支机构提交营业执照）、税务登记证书副本复印件、银行开户证明复印件、组织机构代码证书副本复印件、"报关单位情况登记表"、"报关单位管理人员情况登记表"、报关企业与所聘报关员签订的用工劳动合同复印件、其他与报关注册登记有关的文件材料。

注册地海关依法对申请注册登记材料是否齐全、是否符合法定形式进行核对。申请材料齐全是指海关按照本规定公布的条件要求申请人提交全部材料完备。申请材料符合法定形式是指申请材料符合法定时限、记载事项符合法定要求、文书格式符合规范。申请材料齐全、符合法定形式的申请人由注册地海关核发"中华人民共和国海关报关企业报关注册登记证书"(以下简称"报关企业登记证书"),报关企业凭以办理报关业务。

(4) 报关企业注册登记许可及注册登记的变更。

报关企业及其分支机构要变更企业的名称、注册资本、法人代表等这些主要事项的时候,要以书面形式到注册地海关申请变更注册登记许可。注册地海关进行初审,并上报直属海关。直属海关再作出是否准予变更的决定。报关企业取得变更注册登记许可后,应当自批准变更之日起30日内,向注册地海关提交变更后的工商营业执照或其他批准文件及其复印件,办理变更手续。

(5) 报关企业注册登记许可的延续及注册登记的换证。

报关企业及其跨关区分支机构注册登记许可期限都是两年。如果需要延续注册的登记许可有效期,应当办理注册登记许可延续手续。也就是在有效期届满40日前向海关提出申请并递交海关规定的材料。准予延续的,延续的有效期为两年。报关企业应当在办理"注册登记许可"延期的同时办理换领"报关企业登记证书"手续,即换证时间是在注册登记许可有效期届满40日前。材料齐全、符合法定形式的报关企业由注册地海关换发"报关企业登记证书"。

(6) 报关企业注册登记许可及注册登记的撤销。

1) 有下列情形之一的,作出注册登记许可决定的直属海关,根据利害关系人的请求或者依据职权,可以撤销注册登记许可:

①海关工作人员滥用职权、玩忽职守作出准予注册登记许可决定的;
②超越法定职权作出准予注册登记许可决定的;
③违反法定程序作出准予注册登记许可决定的;
④对不具备申请资格或者不符合法定条件的申请准予注册登记许可的;
⑤依法可以撤销注册登记许可的其他情形。

被许可人以欺骗、贿赂等不正当手段取得注册登记许可的,应当予以撤销。

海关依照规定撤销注册登记许可，可能对公共利益造成重大损害的，不予撤销。

2) 注册登记的撤销详见后面关于报关单位法律责任的叙述。

(7) 报关企业注册登记许可及注册登记的注销。

1) 有下列情形之一的，海关应当依法注销注册登记许可：

①有效期届满未延续的；

②报关企业依法终止的；

③注册登记许可依法被撤销、撤回，或者注册登记许可证件被吊销的；

④因不可抗力导致注册登记许可事项无法实施的；

⑤法律、行政法规规定的应当注销注册登记许可的其他情形。

2) 有下列情形之一的，应当以书面形式向注册地海关报告。海关在办结有关手续后，应当依法办理注销注册登记手续：

①破产、解散、自行放弃报关权或者分立成两个以上新企业的；

②被工商行政管理机关注销登记或者吊销营业执照的；

③丧失独立承担责任能力的；

④报关企业丧失注册登记许可的；

⑤其他依法应当注销注册登记的情形。

2.2.4 报关单位的报关行为规则

1. 进出口货物收发货人的报关行为规则

(1) 进出口货物收发货人的报关服务地域范围。

进出口货物收发货人在海关办理注册登记后，可以在中华人民共和国关境内各个口岸或者海关监管业务集中的地点办理报关业务；只能办理本单位进出口货物的报关业务，不能代理其他单位报关，并只能通过本单位所聘的报关员办理。

(2) 进出口货物收发货人从事报关服务应当履行的义务。

进出口货物收发货人可以委托海关准予注册登记的报关企业，由报关企业所属的报关员代为办理报关业务。

进出口货物收发货人不得委托未取得海关注册登记许可、未在海关办理注册登记的单位或个人办理报关业务。

进出口货物收发货人办理报关业务时，向海关递交的纸质进出口货物报关单，必须加盖本单位在海关备案的报关专用章。进出口货物收发货人的报关专用章，可以在全国各口岸地或者海关监管业务的集中地通用，有多枚报关专用章的，应当按照次序注明编号。

进出口货物收发货人，应对所属报关员的报关行为承担相应的法律责任。若进出口货物收发货人所属的报关员离职，应当自报关员离职之日起7日内，向海关报告并将报关员证件交注册地海关予以注销。报关员未交还证件的，所在单位应当在报刊声明作废，并向注册地海关办理注销手续。

2. 报关企业的报关行为规则

（1）报关企业的报关服务地域范围。

报关企业可以在取得注册登记许可的直属海关关区内各口岸地，或者在海关监管业务集中地从事报关服务，但是应在拟从事报关服务的口岸地或者海关监管业务集中地依法设立分支机构，并且在开展报关服务前按规定向直属海关备案。

报关企业如需在注册登记许可区域以外从事报关服务，应当依法设立分支机构，并且向拟注册登记地海关递交报关企业分支机构注册登记许可申请。取得注册登记许可的跨关区报关企业分支机构，在向海关办理注册登记后，可在所在地口岸或者海关监管业务集中地从事报关服务。报关企业对其分支机构的行为承担法律责任。

（2）报关企业从事报关服务应当履行的义务。

1）遵守法律、行政法规、海关规章的各项规定，依法履行代理人职责，配合海关监管工作，不得违法滥用报关权。

2）依法建立账簿和营业记录。真实、正确、完整地记录其受委托办理报关业务的所有活动，详细记录进出口时间、收发货单位、报关单号、货值、代理费等内容，完整保留委托单位提供的各种单证、票据、函电，并接受海关稽查。

3）报关企业应当与委托方签订书面的委托协议，委托协议应当载明受托报关企业的名称、地址、委托事项、双方责任、期限、委托人的名称、地址等内容，由双方签章确认。

4）报关企业接受委托人的委托办理报关手续的，应当对委托人所提供情况的真实性、完整性进行合理审查。审查内容包括：证明进出口货物的实际情况的资料，包括进出口货物的品名、规格、用途、产地、贸易方式等，有关进出口货物的合同、发票、运输单据、装箱单等商业单据，进出口所需的许可证件及随附单证，海关要求的加工贸易手册（纸质或电子数据）以及其他进出口单证等。报关企业未对委托人所提供情况的真实性、完整性进行合理审查或违反海关规定申报的，应当承担相应的法律责任。

5）不得以任何形式出让名义，供他人办理报关业务。

6）对于代理报关的货物涉及走私违规情事的，应当接受或者协助海关进行调查。

(3) 其他规则。

1) 报关企业在办理报关业务时,向海关递交的纸质进出口货物报关单必须加盖本单位在海关备案的报关专用章。报关专用章应当按照海关总署统一规定的要求刻制。报关企业的报关专用章仅限于在其标明的口岸地或者海关监管业务集中地使用,每一口岸地或者海关监管业务集中地,报关专用章只有1枚。

2) 报关企业应对所属报关员的报关行为承担相应的法律责任。若报关企业所属的报关员离职,应当自报关员离职之日起7日内向海关报告并将报关员证件交注册地海关予以注销。报关员未交还证件的,所在单位应当在报刊声明作废,并向注册地海关办理注销手续。

2.2.5 报关单位的法律责任

报关单位在办理报关业务时,应遵守国家有关法律、行政法规和海关的各项规定,并对申报货物、物品的品名、规格、价格、数量等的真实性与合法性负责,并承担相应的法律后果。

报关单位的海关法律责任,是指报关单位违反海关法律规范所应承担的法律后果,并由海关及有关司法机关对其违法行为依法予以追究,实施法律制裁。《海关法》、《海关行政处罚实施条例》和有关海关行政规章等都对报关单位的法律责任进行了规定。《刑法》关于走私罪的规定,《行政处罚法》关于行政处罚的原则、程序、时效、管辖、不予、从轻或者减轻处罚以及执行等规定,也都适用于对报关单位海关法律责任的追究。

1. 报关单位海关法律责任的原则性规定

(1) 违规行为及其法律责任。

报关单位有违反《海关法》及有关法律、行政法规、海关规章或海关规定程序但尚未构成走私的行为,海关应按《海关行政处罚实施条例》的有关规定进行处理。

《海关法》第八章第八十四条、第八十五条、第八十六条对具体内容及处罚有初步的规定。

(2) 走私行为及其法律责任。

1) 走私行为:《海关法》第八十二条规定:"违反本法及有关法律、行政法规,逃避海关监管,偷逃应纳税款、逃避国家有关进出境的禁止性或者限制性管理,有下列情形之一的,是走私行为:(一)运输、携带、邮寄国家禁止或者限制进出境货物、物品或者依法应当缴纳税款的货物、物品进出境的;

（二）未经海关许可并且未缴纳应纳税款、交验有关许可证件，擅自将保税货物、特定减免税货物以及其他海关监管货物、物品、进境的境外运输工具，在境内销售的；（三）有逃避海关监管，构成走私的其他行为的。有前款所列行为之一，尚不构成犯罪的，由海关没收走私货物、物品及违法所得，可以并处罚款；专门或者多次用于掩护走私的货物、物品，专门或者多次用于走私的运输工具，予以没收，藏匿走私货物、物品的特制设备，责令拆毁或者没收。"

2）按走私行为论处：《海关法》第八十三条规定："有下列行为之一的，按走私行为论处，依照本法第八十二条的规定处罚：（一）直接向走私人非法收购走私进口的货物、物品的；（二）在内海、领海、界河、界湖，船舶及所载人员运输、收购、贩卖国家禁止或者限制进出境的货物、物品，或者运输、收购、贩卖依法应当缴纳税款的货物，没有合法证明的。"

（3）走私罪及其法律责任。

1）报关单位有违反刑法、海关法律、法规，逃避海关监管、偷逃应纳税款、逃避国家有关进出境的禁止性或者限制性管理，情节严重、数额较大，构成走私犯罪行为的，按《刑法》依法追究刑事责任。

2）犯罪的主体是自然人或单位，处罚上，自然人适用刑种；单位适用两罪制，对单位判处罚金，并对其直接负责的主管人员和其他直接责任人员，依规定处罚。

3）走私罪名可归纳为十大罪：走私武器、弹药、核材料罪（国防），走私假币罪（金融），走私文物罪，走私贵重金属罪，走私珍贵动物及其制品罪，走私珍稀植物及其制品罪，走私淫秽物品罪，走私普通货物、物品罪（个人偷逃应税税款5万元人民币以上、单位偷逃应税税款25万元人民币以上），武装掩护走私罪，走私毒品罪。

《中华人民共和国刑法修正案（七）》将刑法第一百五十一条第三款"走私国家禁止进出口的珍稀植物及其制品的，处5年以下有期徒刑，并处或者单处罚金；情节严重的，处5年以上有期徒刑，并处罚金"条款内容，修改为"走私国家禁止进出口的珍稀植物及其制品或者国家禁止进出口的其他货物、物品的，处5年以下有期徒刑或者拘役，并处或者单处罚金；情节严重的，处5年以上有期徒刑，并处罚金"。

中国现行刑法对走私武器、弹药，以及国家禁止进出口的文物、贵重金属、珍稀动植物及其制品等货物、物品的犯罪作了专门规定，对走私所列举的违禁货物、物品以外的普通货物、物品的，则按照偷逃关税的数额定罪量刑。

海关总署提出，除了刑法所具体列举的禁止进出口的货物、物品外，国家还根据维护国家安全和社会公共利益的需要，规定了其他一些禁止进出口的货物、物品，如禁止进口来自疫区的动植物及其制品、禁止出口古植物化石等。对走私这类国家明令禁止进出口的货物、物品的，不应也无法同走私普通货物、物品一样，按其偷逃关税的数额定罪量刑。

4）按走私罪论处：非法收购走私货物、物品（个人偷逃应税税款 5 万元人民币以上、单位偷逃应税税款 25 万元人民币以上），水上非法处理禁止或限制进出口货物，走私固体废物。

2. 违规行为及其处罚

警告——罚款（有违法所得没收）——暂停其 6 个月以内报关执业——撤销其报关注册登记。

（1）予以警告、处以罚款、没收违法所得。

1）违反国家进出口管理规定，进出口国家禁止进出口的货物的，责令退运，处 100 万元以下罚款。

2）违反国家进出口管理规定，进出口国家限制进出口的货物，进出口货物的收发货人向海关申报时不能提交许可证件的，进出口货物不予放行，处货物价值 30% 以下罚款。违反国家进出口管理规定，进出口属于自动进出口许可管理的货物，进出口货物的收发货人向海关申报时不能提交自动许可证明的，进出口货物不予放行。

3）报关单位在办理报关业务的过程中，进出口货物的品名、税则号列、数量、规格、价格、监管方式、原产地、起运地、运抵地、最终目的地或者其他应当申报的项目未申报或者申报不实的，分别依照下列规定予以处罚，有违法所得的，没收违法所得：

①影响海关统计准确性的，予以警告或处 1 000～10 000 元罚款；

②影响海关监管秩序的，予以警告或处 1 000～30 000 元罚款；

③影响国家许可证件管理的，予以货物价值 5%～30% 罚款；

④影响国家征税的，处漏缴税款 30% 以上 2 倍以下罚款；

⑤影响国家外汇与退税管理的，处申报价格 10%～50% 罚款。

4）报关单位有下列行为之一的，处货物价值 5% 以上 30% 以下罚款，有违法所得的，没收违法所得：

①未经海关许可，擅自将海关监管货物开拆、提取、交付、发运、调换、改装、抵押、质押、留置、转让、更换标记、移作他用或者进行其他处置的；

②未经海关许可，在海关监管区以外存放海关监管货物的；

③经营海关监管货物的运输、储存、加工、装配、寄售、展示等业务，有关货物灭失、数量短少或者记录不真实，不能提供正当理由的；

④经营保税货物的运输、储存、加工、装配、寄售、展示等业务，不依照规定办理收存、交付、结转、核销等手续，或者中止、延长、变更、转让有关合同不依照规定向海关办理手续的；

⑤未如实向海关申报加工贸易制成品单位耗料量的；

⑥未按照规定期限将过境、转运、通运货物运输出境，擅自留在境内的；

⑦未按照规定期限将暂时进出口货物复运出境或者复运进境，擅自留在境内或者境外的；

⑧有违反海关监管规定的其他行为，致使海关不能或者中断对进出口货物实施监管的。

上述规定所涉货物属于国家限制进出口需要提交许可证件，当事人在规定期限内不能提交许可证件的，另处货物价值30%以下罚款；漏缴税款的，可以另处漏缴税款1倍以下罚款。

5）报关单位有下列情形之一的，海关予以警告，责令改正，并可以处1 000～5 000元人民币罚款：

①报关单位在海关注册登记的内容发生变更，未按照规定向海关办理变更手续的；

②未向海关备案，擅自变更或者启用"报关专用章"的；

③所属报关员离职，未按照规定向海关报告并办理相关手续的。

法人或者其他组织有违反海关法的行为，除处罚该法人或者组织外，对其主管人员和直接责任人员予以警告，可以处5万元以下罚款，有违法所得的，没收违法所得。海关对于未经海关注册登记和未取得报关从业资格从事报关业务的，予以取缔，没收违法所得，可以并处10万元以下罚款。

6）报关单位有下列行为之一的，予以警告，可以处3万元以下罚款：

①擅自开启或者损毁海关封志的；

②遗失海关制发的监管证件、手册等凭证，妨碍海关监管的。

7）伪造、变造、买卖海关单证的，处5万元以上50万元以下罚款，有违法所得的，没收违法所得；构成犯罪的，依法追究刑事责任。

8）进出口侵犯知识产权的货物的，没收侵权货物，并处货物价值30%以下罚款；构成犯罪的，依法追究刑事责任。需要向海关申报知识产权状况，而未按规定向海关如实申报的，或者未提交合法适用有关知识产权的证明文件的，可以处5万元以下罚款。

(2) 报关企业有下列情形之一的，警告、责令改正、暂停6个月内报关：

1）拖欠税款或不履行纳税义务；

2）出让其报关名义；

3) 损坏或者丢失海关监管货物，不能提供正当理由的；
4) 有需要暂停其从事报关执业的其他违法行为的。
(3) 报关企业有下列情形之一的，撤销注册登记：
1) 报关企业有走私犯罪或者1年内有2次以上走私行为的；
2) 所属报关员1年内3人次以上被海关暂停执业的；
3) 被海关暂停从事报关业务，恢复后1年内再次发生暂停报关业务规定情形的；
4) 有需要撤销其注册登记的其他违法行为的。

(4) 报关企业非法代理他人报关或者超出海关准予的从业范围进行报关活动的，责令改正，处5万元以下罚款，暂停其6个月以内从事报关业务；情节严重的，撤销其报关注册登记，取消其报关从业资格。

(5) 进出口货物收发货人、报关企业向海关工作人员行贿的，撤销其报关注册登记、取消其报关从业资格，并处10万元以下罚款；构成犯罪的，依法追究刑事责任，并不得重新注册登记为报关企业和取得报关从业资格。

(6) 提供虚假资料骗取海关注册登记、报关从业资格的，撤销其注册登记、取消其报关从业资格，并处30万元以下罚款。

(7) 在代理报关业务中，进出口货物收发货人未按规定向报关企业提供所委托报关事项的真实情况，致使发生应当申报的项目未申报或者申报不实的，要承担相应的法律责任；报关企业对委托人所提供情况的真实性未进行合理审查或因工作疏忽，致使发生应当申报的项目未申报或者申报不实的，海关可以对报关企业处货物价值10%以下罚款，暂停其6个月以内报关执业；情节严重的，撤销其报关注册登记。

(8) 海关准予从事有关业务的企业，违反《海关法》有关规定的，由海关责令改正，可以给予警告、暂停其6个月以内从事报关业务；情节严重的，撤销其报关注册登记。

以上总结如下：

表 2-2 报关单位的违规行为及其相应处罚

违规行为	警告、罚款、没收	暂停6个月执业	撤销注册登记
未申报或申报不实	罚款	（报关企业）√	（报关企业）严重者√
擅自变更或启用报关专用章，报关员没有按照规定办理离职手续	1 000元～5 000元		
擅自开启或损毁封志、遗失凭证、妨碍监管的	<3万元		

续表

违规行为	警告、罚款、没收	暂停6个月执业	撤销注册登记
非法报关	<5万元	√	√
知识产权	侵权<30% 未申报或未提交证件的<5万元		构成犯罪的，追究刑事责任
伪造、变造、买卖海关单证	5万~50万元		
行贿	<10万元		√
未注册登记报关	<10万元		
虚假资料	<30万元		√(构成犯罪的，不得重新注册)
监管货物处理违规的	5%~30%		
拖欠税款、出让报关名义、损坏或丢失海关监管货物		√	
走私罪或1年两次走私报关员1年3次被停业			√

2.2.6 报关单位注册登记总结

1. 报关单位注册登记及报关权限

表2-3 报关单位注册登记及报关权限

报关单位类别	报关注册登记许可	报关注册登记	报关权限
贸易性进出口货物收发货人	无须申请报关注册登记许可。	向企业所在地海关办理注册登记手续（有效期3年）。	可以在中华人民共和国关境内各个口岸地或者海关监管业务集中地，办理本企业的报关业务（自理报关）。
非贸易性进出口货物收发货人	无须申请报关注册登记许可。	向拟进出境口岸和海关监管业务集中地海关办理临时注册登记手续（有效期7日）。	临时注册地口岸和海关监管业务集中地办理非贸易性进出口活动的报关业务。
报关企业	向所在地海关办理注册登记许可。	向企业所在地海关办理注册登记手续（关区内各口岸建立分支机构的须向直属海关备案）（有效期2年）。	可以由关区内各分支机构在直属海关各口岸和海关监管业务集中地，接受进出口货物收发货人的委托代理报关。
	跨关区分支机构向拟注册登记海关办理注册登记许可。	向跨关区分支机构所在地海关办理注册登记手续。	可以在所在地口岸和海关监管业务集中地，接受进出口货物收发货人的委托代理报关。

2. 报关企业（本部）与报关企业跨关区分支机构办理注册登记许可手续的异同

表 2-4　报关企业（本部）与报关企业跨关区分支机构
办理注册登记许可手续的异同

	报关企业（本部）注册登记许可	报关企业跨关区分支机构注册登记许可
申请许可条件	—	1. 报关企业自取得海关核发的"中华人民共和国海关报关企业报关注册登记证书"之日起满两年； 2. 报关企业自申请之日起最近两年未因走私受过处罚； 3. 每申请一项跨关区分支机构注册登记许可，报关企业就应当增加注册资本人民币50万元。
企业（机构）条件	1. 具备境内企业法人资格条件； 2. 企业注册资本不低于人民币150万元； 3. 健全的组织机构和财务管理制度； 4. 报关员人数不少于5名； 5. 投资者、报关业务负责人、报关员无走私记录； 6. 报关业务负责人具有5年以上从事对外贸易的工作经验或者报关工作经验； 7. 无因走私违法行为被海关撤销注册登记许可记录； 8. 有符合从事报关服务所必需的固定经营场所和设施； 9. 海关监管所需要的其他条件。	1. 符合境内企业法人分支机构设立条件； 2. 报关员人数不少于3名； 3. 有符合从事报关服务所必需的固定经营场所和设施；★ 4. 分支机构负责人应当具有5年以上从事对外贸易的工作经验或者报关工作经验；★ 5. 报关业务负责人、报关员无走私记录。★
申请许可提交材料	1. 报关企业注册登记许可申请书； 2. "企业法人营业执照"副本或者"企业名称预先核准通知书"复印件； 3. 企业章程； 4. 出资证明文件复印件； 5. 拟聘报关从业人员的"报关员资格证"复印件； 6. 从事报关服务业可行性研究报告； 7. 报关业务负责人的工作简历； 8. 报关服务营业场所所有权证明、租赁证明； 9. 其他与申请注册登记许可相关的材料。	1. 报关企业跨关区分支机构注册登记许可申请书；★ 2. "中华人民共和国海关报关企业报关注册登记证书"复印件； 3. 分支机构从事报关服务业可行性研究报告；★ 4. 拟聘的报关从业人员"报关员资格证书"复印件；★ 5. 分支机构负责人、报关业务负责人工作简历；★ 6. 报关服务营业场所所有权证明、租赁证明；★ 7. 由报关企业注册登记地直属海关出具的，该报关企业符合申请分支机构注册登记条件的证明材料； 8. 申请设立报关企业分支机构注册登记许可的其他材料。★

续表

	报关企业（本部）注册登记许可	报关企业跨关区分支机构注册登记许可
许可程序	1. 报关企业注册登记许可申请； 2. 海关对申请的处理； 3. 海关对申请的审查； 4. 海关依法作出行政许可。	海关比照报关企业注册登记许可程序规定作出行政许可。

注：★代表需要特别注意的知识点。

3. 报关单位的限时、限额规定

表2-5　报关单位的限时、限额规定

项目	限时或限额规定	
报关企业注册资本	报关企业（本部）注册：需要150万元人民币注册资金	
	报关企业每申请一项跨关区分支机构注册：增加50万元人民币注册资金	
报关员人数	报关企业（本部）：不少于5名	
	跨关区分支机构：不少于3名	
报关企业负责人资历	报关企业（本部）	具有5年以上从事对外贸易的工作经验或者报关工作经验
	跨关区分支机构	
海关对申请登记注册许可的审查时限	受理海关：自受理申请之日起20日内	
	直属海关：自收到受理海关审查意见之日起20日内	
报关注册登记许可及延续许可的期限	报关企业（本部）与跨关区分支机构： 1. 有效期均为两年 2. 延续申请应在有效期届满40日前 3. 延续许可的有效期均为两年	
申请分支机构注册登记许可的年限条件	报关企业自取得海关核发的"中华人民共和国海关报关企业报关注册登记证书"之日起满两年	
报关注册登记的时效	报关企业2年	
	进出口货物收发货人3年	
报关注册登记换证的期限	报关企业	换证时间是在注册登记许可有效期届满40日前
	进出口货物收发货人	"收发货人登记证书"有效期届满前30日
报关单位登记变更	报关企业取得变更注册登记许可后，应当自批准变更之日起30日内	
	进出口货物收发货人注册登记内容发生变更，应当自批准变更之日起30日内	
临时注册登记有效期	最长为7日，法律、行政法规、海关规章另有规定的除外	

2.3 报关员

报关的主体(报关人)除了以法人为主的报关单位外,最主要的就是代表这些报关单位的专业人员,即报关员。

2.3.1 报关员的概念

报关员是指经海关批准注册,代表所属企业向海关办理进出口货物报关、纳税等手续,并以此为职业的人员。

报关员必须受雇于一个收发货人或者报关企业,并代表该企业进行报关。报关员不是自由职业者。

2.3.2 报关员资格

1. 报关员资格许可制度

《海关法》第十一条规定:"报关人员必须依法取得报关从业资格。未依法经海关注册登记的企业和未依法取得报关从业资格的人员,不得从事报关业务。"它明确了报关员资格许可制度。这个"依法取得"是指,参加自1997年开始的全国报关员资格统一考试并合格。

报关员资格许可制度是通过全国报关员资格统一考试和颁发报关员资格证书来进行的。

2. 报关员资格申请及报关员资格证书的颁发

考试合格的,在6个月内到报名的海关申请报关员资格。海关对报关员资格的申请进行"受理、审查、作出决定"。

海关受理申请后,对于决定授予报关员资格的,在作出决定之日起10个工作日内颁发报关员资格证书。报关员资格证书由海关总署统一制作,在全国范围内有效。取得报关员资格证书者可以按规定向海关申请注册。

2.3.3 报关员注册

报关员注册,是指报关单位所在地直属海关或受其委托的隶属海关,对通过报关员资格考试,依法取得报关员资格证书的人员提出的注册申请,依法作出准予报关员注册的决定,并颁发报关员证书的行为。

报关员注册是法律设定的海关行政许可事项之一。《中华人民共和国海关报关员执业管理办法》于2006年3月8日对外公布,并自2006年6月1日起施行,以专章明确规定了报关员注册制度的实体性和程序性要求。

1. 注册条件

申请报关员注册,须同时具备以下3个基本条件:

（1）具有中国国籍；

（2）取得报关员资格证书；

（3）申请人与所在报关单位建立劳动合同关系或者聘用合同关系。

※首次申请报关员注册的，要在报关单位连续实习3个月，才能办理注册。

※对于报关员注册有效期届满后连续两年未注册而再次注册的，还应当经过海关报关业务岗位考核合格。

★不予报关注册的情形：

（1）不具备完全民事行为能力的；

（2）因犯罪受到刑事处罚的；

（3）被海关取消报关从业资格的。

★海关暂缓注册的情形：

（1）被海关暂停执业期间注销报关员注册的；

（2）被海关暂停执业期间注册有效期届满的；

（3）记分达到一定规定分值（30分），未参加海关组织的岗位考核或者考核不合格，注销报关员注册的；

（4）记分达到一定规定分值（30分），未参加海关组织的岗位考核或者考核不合格，注册有效期届满的。

2. 注册程序

申请—审查—发证及证号、卡。

申请报关员注册，由申请人本人提出。如果委托本单位代为提出申请的，应当出具授权委托书。

（1）注册受理单位。

申请人应当到报关单位所在地直属海关提出报关员注册申请（报关单位为报关企业跨关区分支机构的，应当到报关企业跨关区分支机构所在地直属海关提出报关员注册申请），直属海关可以委托隶属海关实施报关员注册。

（2）注册申请应提交的材料。

1）报关员注册申请书；

2）申请人所在报关单位的"中华人民共和国海关报关企业报关注册登记证书"或者"中华人民共和国海关进出口货物收发货人报关注册登记证书"复印件；

3）报关员资格证书复印件；

注：※代表在报关员资格考试中要重点记忆的知识点。

4）与所在报关单位签订的合法有效的劳动合同复印件（若报关单位为非企业性质的，可以提交聘用合同复印件或者人事证明）；

5）身份证复印件；

6）所在报关单位为其缴纳社会保险证明复印件，但是法律、行政法规另有规定的，依照其规定。

※首次提出的，还要有报关单位出具的报关业务实习的证明材料。

※有效期届满之日起连续两年未注册而再次申请注册的，应当提供海关报关业务岗位考核合格的证明材料。

台湾居民、香港和澳门地区居民中的中国公民提出申请的，还应当提交"台港澳人员就业证"复印件。

(3) 注册决定的作出及报关员证的颁发。

申请人的申请符合法定条件的，海关应当依法作出准予报关员注册的决定，并应当自作出决定之日起10日内向申请人颁发报关员证。可以当场作出决定并颁发报关员证的，不再制发受理决定书和准予报关员注册决定书。

申请人的申请不符合法定条件的，海关应当依法作出不准予报关员注册的书面决定。

(4) 注册的有效期。

报关员注册有效期为两年。报关员需要延续报关员注册有效期的，应当办理报关员注册延续手续。报关员未办理注册延续手续或者海关未准予报关员注册延续的，自有效期届满之日起，其报关员注册即自动终止。

3. 注册的变更、延续

(1) 注册变更。

报关员姓名、身份证号码等身份资料和所在报关单位名称、海关编码发生变更的，报关员应当自变更事实发生之日起20日内，持报关员资格证书、报关员证和变更证明文件等材料的原件及复印件，到注册地海关书面申请变更报关员注册。

对报关员提出的变更报关员注册申请，注册地海关应当按照报关员注册程序进行审核，对符合法定条件的，应当作出准予变更决定，并于作出准予变更决定后的10日内办结变更手续，换发报关员证。可以当场作出变更决定并换发报关员证的，不再制发受理决定书和准予变更报关员注册决定书。

应当注意的是，这里所称的报关注册变更不包括报关员更换报关单位的情形。

(2) 注册延续。

报关员办理报关员注册延续手续的，应当在有效期届满前30日向海关提出，报关员逾期提出报关员注册延续申请的，海关不予受理。

报关员注册延续应提交下列文件、材料：

1) 报关员注册延续申请书；

2) 报关员证复印件；

3) 申请人所在报关单位的"中华人民共和国海关报关企业报关注册登记证书"或者"中华人民共和国海关进出口货物收发货人报关注册登记证书"复印件；

4) 报关员资格证书复印件；

5) 与所在报关单位签订的合法有效的劳动合同复印件（报关单位为非企业性质的，可以提交聘用合同复印件或者人事证明）；

6) 身份证复印件；

7) 所在报关单位为其缴纳社会保险证明复印件，但是，法律、行政法规另有规定的，依照其规定。

台湾居民、香港和澳门地区居民中的中国公民办理报关员注册延续手续的，还应当提交"台港澳人员就业证"复印件。

海关应当比照报关员注册程序，在有效期届满前对报关员的延续申请予以审查，对符合报关员注册条件的，应当依法作出准予延续两年有效期的决定。海关应当在报关员注册有效期届满前，作出是否准予延续的决定；逾期未作出决定的，视为准予延续，依法为其办理报关员注册延续手续。

海关可以当场作出决定并换领报关员证的，不再制发受理决定书和准予延续报关员注册决定书。

海关对不再具备报关员注册条件的，应当依法作出不予延续的决定，对此说明理由，并告知申请人享有依法申请行政复议或者提起行政诉讼的权利。

若报关员在被海关暂停执业期间有效期届满，需要延续有效期的，应当在有效期届满 30 日前，到海关申请暂缓办理报关员注册延续，并在暂停执业期满后 30 日内提出延续报关员注册的申请。

4. 注册的注销

应当办理注销的情形有 4 种：

(1) 报关员不再从事报关业务的；

(2) 报关员辞职的；

(3) 报关单位解除与报关员的劳动合同关系的；

(4) 报关单位申请注销海关注册登记的情形。

报关员应到注册地海关申请注册的注销，并应当提交注销报关员注册申请书、报关员证和报关员资格证书。不能提交报关员证的，应当提交在报刊刊登的作废声明。所在报关单位应按规定办理注销手续，不能提交报关员证和报关员资格证书的,应当提交报刊声明和说明材料。

对报关员注册有效期届满未延续的,报关员死亡或者丧失民事行为能力的,报关员注册依法被撤销、撤回的,报关员被海关依法取消从业资格的,所在报关单位被海关注销注册登记的,法律、行政法规和规章规定的应当注销的其他情形,海关应当依法办理报关员注册的注销手续。

5. 其他规定

(1) 报关员更换报关单位的,应当注销原报关员注册,重新申请报关员注册。

(2) 报关员遗失报关员证的,应当及时向注册地海关书面说明情况,并在报刊声明作废。海关应当自收到情况说明和报刊声明证明之日起 20 日内予以补发。

(3) 海关对申请人提出报关员注册的申请受理、审查、决定、撤销、注册等活动,在《执业管理办法》中没有规定的,应当依据《行政许可法》、《海关实施〈中华人民共和国行政许可法〉办法》规定的程序进行。

2.3.4 报关员执业

取得报关员资格证书的人员,应当经海关注册并颁发报关员证后执业。除法律、行政法规另有规定的除外,报关业务应当由报关员办理。报关员证是报关员执业的凭证。

1. 报关员执业范围

报关企业及其跨关区分支机构的报关员,应当在所在报关企业或者跨关区分支机构的报关服务口岸地,或者海关监管业务集中的地点执业。进出口货物收发货人的报关员,可以在中华人民共和国关境内的各口岸地或者海关监管业务集中的地点执业。

报关员应当在所在报关单位授权范围内执业。报关员应当按照报关单位的要求和委托人的委托依法办理下列业务:

(1) 按照规定如实申报进出口货物的商品编码、商品名称、规格型号、实际成交价格、原产地及相应优惠贸易协定代码等报关单有关项目,并办理填制报关单、提交报关单证等与申报有关的事宜;

(2) 申请办理缴纳税费和退税、补税事宜;

(3) 申请办理加工贸易合同备案(变更)、深加工结转、外发加工、内销、放弃核准、余料结转、核销及保税监管等事宜;

(4) 申请办理进出口货物减税、免税等事宜;

(5) 协助海关办理进出口货物的查验、结关等事宜;

(6) 应当由报关员办理的其他报关事宜。

2. 报关员的权利和义务

(1) 报关员有下列权利：

1) 以所在报关单位名义执业，办理报关业务；

2) 向海关查询其办理的报关业务情况；

3) 拒绝海关工作人员的不合法要求；

4) 对海关对其作出的处理决定享有陈述、申辩、申诉的权利；

5) 依法申请行政复议或者提起行政诉讼；

6) 合法权益因海关违法行为受到损害的，依法要求赔偿；

7) 参加执业培训。`

(2) 报关员应当履行以下义务：

1) 熟悉所申报货物的基本情况，对申报内容和有关材料的真实性、完整性进行合理审查；

2) 提供齐全、正确、有效的单证，准确、清楚、完整地填制海关单证，并按照规定办理报关业务及相关手续；

3) 在海关查验进出口货物时，配合海关查验；

4) 配合海关稽查和对涉嫌走私违规案件的查处；

5) 按照规定参加直属海关或者直属海关授权组织举办的报关业务岗位考核；

6) 持报关员证办理报关业务，在海关核对时，应当出示；

7) 妥善保管海关核发的报关员证和相关文件；

8) 协助落实海关对报关单位管理的具体措施。

3. 报关执业禁止

报关员执业不得有以下行为：

(1) 故意制造海关与报关单位、委托人之间的矛盾和纠纷；

(2) 假借海关名义，以明示或者暗示的方式，向委托人索要委托合同约定以外的酬金或者其他财物，虚假报销；

(3) 同时在两个或者两个以上报关单位执业；

(4) 私自接受委托办理报关业务，或者私自收取委托人酬金及其他财物；

(5) 将报关员证转借或者转让他人，允许他人持自己的报关员证执业；

(6) 涂改报关员证；

(7) 其他利用执业之便牟取不正当利益的行为。

4. 报关员的记分考核管理

为维护报关秩序、提高报关质量、规范报关员报关行为、保证通关效率，根据《海关法》及其他有关法律、行政法规，海关对报关员实行记分考核管理。记分达到 30 分的报关员，海关中止其报关员证效力，不再接受其办理报关手续。报关员应当参加注册登记地海关的报关业务岗位考核，经岗位考核合格之后，方可重新上岗。

（1）对象和范围：在职报关员。

报关员的记分考核管理对象是已取得报关从业资格，并按照规定程序在海关注册登记，持有报关员证件的报关员。

海关对出现报关单填制不规范、报关行为不规范，以及违反海关监管规定或者有走私行为未被海关暂停执业、撤销报关从业资格的报关员予以记分、考核。

（2）性质：一种教育和管理措施，不是行政处罚。

海关对记分达到一定分值的报关员实行岗位考核管理，目的是督促其增强遵纪守法的意识，提高自身业务水平。

报关员因为向海关工作人员行贿或有违反海关监管规定、走私行为等其他违法行为，被海关暂停执业、取消报关从业资格的，应按照《海关行政处罚实施条例》等规定处理。

（3）记分管理部门：海关企业管理部门。

海关企业管理部门负责对报关员记分考核的职能指导、日常监督管理以及相关协调工作。

海关通关业务现场及相关业务职能部门负责具体执行记分工作。海关人员在记分时，应当将记分原因和记分分值以电子或者纸质告知单的形式告知报关员。

记分的行政行为应当以各级海关名义作出。

（4）记分管理量化标准：1 分、2 分、5 分、10 分、20 分、30 分。

记分周期：每年 1 月 1 日至 12 月 31 日。

报关员自海关注册登记之日起至当年 12 月 31 日不足 1 年的，按一个记分周期计算。一个记分周期期满后，记分分值累加未达到 30 分的，该周期内的记分分值予以消除，不转入下一个记分周期。但报关员在一个记分周期内办理变更注册登记报关单位或者注销手续的，已记分分值在该记分周期内不予以消除。

海关对报关员的记分考核，依据其报关单填制不规范、报关行为不规范的程度和行为性质，一次记分的分值分为 1 分、2 分、5 分、10 分、20 分、30 分。

1）有下列情形之一的，记 1 分：

①电子数据报关单的有关项目填写不规范，海关退回责令更正的；

②在海关签印放行前，因为报关员原因造成申报差错，报关单位向海关要求修改申报单证及其内容，经海关同意修改，但未对国家贸易管制政策的

实施、税费征收及海关统计指标等造成危害的;

③未按照规定在纸质报关单及随附单证上加盖报关专用章及其他印章,或者使用印章不规范的;

④未按照规定在纸质报关单及随附单证上签名盖章,或者由其他人代表签名盖章的。

2) 有下列情形之一的,记 2 分:

①在海关签印放行前,因为报关员填制报关单不规范,报关单位向海关申请撤销申报单证及其内容,经海关同意撤销,但未对国家贸易管制政策的实施、税费征收及海关统计指标等造成危害的;

②海关人员审核电子数据报关单时,要求报关员向海关解释、说明情况、补充材料,或者要求提交货物样品等有关内容的,海关告知后报关员拒不解释、说明、补充材料或者拒不提供货物样品等有关内容,而导致海关退回报关单的。

3) 有下列情形之一的,记 5 分:

①报关员自接到海关"现场交单"或者"放行交单"通知之日起 10 日内,没有正当理由,未按照规定持打印出的纸质报关单,备齐规定的随附单证,到货物所在地海关递交书面单证并办理相关海关手续,而导致海关撤销报关单的;

②在海关签印放行后,因为报关员填制报关单不规范,报关单位向海关申请修改或者撤销报关单(因出口更换舱单除外),经海关同意且不属于走私、偷逃税等违法违规性质的;

③在海关签印放行后,海关发现因为报关员填制报关单不规范,报关单币值或者价格填报与实际不符,且两者差额在 100 万元人民币以下,数量与实际不符,且有 4 位数以下差值,经海关确认不属伪报,但影响海关统计的。

4) 有下列情形之一的,记 10 分:

①出借本人报关员证件、借用他人报关员证件或者涂改报关员证件内容的;

②在海关签印放行后,海关发现因报关员填制报关单不规范,报关单币值或者价格填报与实际不符,且两者差额在 100 万元人民币以上,数量与实际不符,且有 4 位数以上差值,经海关确认不属伪报的。

5) 因为违反海关监管规定行为被海关予以行政处罚,但未被暂停执业、取消报关从业资格的,记 20 分。

6) 因为走私行为被海关予以行政处罚,但未被暂停执业、取消报关从业资格的,记 30 分。

（5）记分考核管理的救济途径。

如报关员对记分的行政行为有异议，应当自收到电子或纸质告知单之日起7日内，向作出该记分行政行为的海关部门提出书面申辩；海关应当在接到申辩申请7日内作出答复，对记分错误的应当及时予以更正。报关员对答复不服的，可以依照《行政复议法》、《行政诉讼法》的规定提起行政复议或者行政诉讼。

（6）岗位考核。

记分达30分的报关员，海关中止其报关员证效力，不再接受其报关。岗位考核由直属海关或者直属海关委托的单位负责组织。岗位考核内容为海关法律、行政法规、报关单填制规范及相关业务知识和技能。

记分已达30分的报关员，应当按照海关通知的时间、地点参加岗位考核。报关员经岗位考核合格的，可以向注册登记地海关申请，将原记分分值予以消除。岗位考核不合格的，应当继续参加下一次考核。

报关员记分已达30分，但拒不参加考核的，直属海关可以将报关员的姓名及所在单位等情况对外公告。

2.3.5 报关员国家职业标准

2007年12月7日，《报关员国家职业标准（试行）》颁布，报关员作为经济业务人员，从此将按照国家制定的职业标准实行职称评定工作。

报关员国家职业标准是在职业分类的基础上，根据职业的活动内容，对从业人员工作能力水平的规范性要求。由于报关员资格的核准与注册，属《海关法》规定的海关行政许可事项，所以报关员国家职业标准，既是报关行业建设的重要组成部分，也与海关的工作密切相关。正是由于报关员职业的特殊性，在制定标准时，除了严格遵循《国家职业标准制定技术规程》的要求外，还坚持以下三项原则：充分考虑报关行业的现状和今后的发展，坚持现实性和前瞻性相结合的原则；充分考虑报关行业的特点，坚持行业需求与海关管理要求相结合的原则；充分考虑职业等级教材编写、培训、命题、考评等工作的需要，坚持系统性原则。

《报关员国家职业标准（试行）》（以下简称《标准》）明确了报关员职业分类的具体内容，对适用对象、职业等级、基本文化程度和申报条件等都作了明确规定。

1. 适用对象

由于报关员职业属行政许可准入职业，从业人员必须取得海关行政许可准入资格并经海关注册后方能从业，因此《标准》适用的对象只能是经海关注册从事报关员职业的人员，即在职报关员。

2. 职业等级

考虑到海关行政许可准入的条件和要求较高这一实际情况，在职业等级设定时，直接从国家职业资格三级起步，即只设助理报关师、报关师、高级报关师三个等级。

在对助理报关师、报关师和高级报关师的职业功能进行划分时，主要遵循了这样一个基本原则：助理报关师侧重在具体业务操作层面，主要包括报关单填制、报关业务现场操作等；报关师侧重在相对复杂的操作和管理层面，主要包括单证复核，对质量、程序的控制，报关核算，报关业务咨询等；高级报关师侧重在全面管理、指导和策划层面，主要包括组织设计、实施报关业务体系、风险管理、企业发展战略管理等。三个职业等级从低到高，依次递进，高级涵盖低级。

3. 文化程度

海关自1997年实行报关员资格全国统一考试制度以来，对报关员资格核准的学历条件一直设定为"高中（或同等学力）及以上学历"。2006年，海关总署颁布了135号令，明确规定从2008年起，报关员资格核准的学历条件提升为"大学专科（或同等学力）及以上学历"。考虑到在职报关员中有一部分人员为高中学历，报关员国家职业标准中的基本文化程度只能设定为高中。但出于担心社会对海关行政许可条件与国家职业标准条件的差异，会产生误解的考虑，在基本文化程度后加注："根据海关行政许可要求，从2008年起报关员资格核准学历条件为大学专科（或同等学力）及以上学历。"这样处理兼顾了国家职业标准和海关行政许可两方面的要求。

4. 申报条件

有关职业标准的从业年限和申报条件等问题，主要以劳动和社会保障部规定的专业技能型职业等级设定条件为依据，参照了其他专业技能型国家职业标准的职业等级申报条件设定要求，并根据本行业的特点经初步测算后进行了具体设定。

5. 工作要求

《标准》明确设定了报关员各职业等级的工作要求。工作要求是国家职业标准的中心内容。专家组在考虑报关员职业功能时，从报关行业的现状和对高级报关专业人才的需要出发，以报关员职业的工作项目为基础设定了"报关单证准备与管理"、"报关作业实施与管理"、"报关核算"、"进出口商品归类与原产地确定"、"报关事务管理"、"海关行政救济事务管理"、"培训和指导"7个模块。

在"报关单证准备与管理"这项职业功能中，包括了所有与报关单证相关的工作内容，即报关单证的接收、分析、审核、填制、复核、保管等。

在"报关作业实施与管理"这项职业功能中，包括了所有海关监管模式下的报关现场作业和审批作业，包括递单、打单、缴纳税费、配合查验、结关，以及备案申请、报核销案等事项和手续的办理，还包括了转关运输办理等事宜。

在整个报关作业过程中，进出口税费、相关成本等的核算非常重要，因此《标准》专门设定了"报关核算"这一职业功能。将报关流程中前期、中期和后期的所有核算，包括关税、进口环节税、保证金、滞报金、滞纳金计算，完税价格的核算，加工贸易企业与申报相关的数据平衡核算，出口退税核算，报关成本核算，风险和效益核算等都纳入了这个模块。

除此以外，还有一个与报关各个环节密切相关的工作内容，即进出口商品编码的确定，考虑到这项工作的技术含量和要求都很高且独立考核性强，在《标准》中将其与进出口货物原产地的确定一起单独设定了一个职业功能，即"进出口商品归类与原产地确定"。

在报关业务的开展过程中，报关事务性工作的管理能力对于报关员，特别是中高层人员是非常重要的，《标准》将"报关事务管理"作为第5项职业功能：主要包括报关资格管理、突发事件管理、绩效评估、报关事务的咨询策划等。

"海关行政救济事务管理"仅对高级报关师设定，作为高级报关师，要求具有能够办理海关听证、行政复议、行政诉讼、行政赔偿等手续和提供相关业务支持的能力。

"培训与指导"功能是对报关业务的传承，仅对中、高级人员设定。

7项职业功能的设定总体上既比较连贯、清晰，又相对完整，充分反映了对报关员的各项工作能力的要求。

2.3.6 报关员的海关法律责任

若报关员在报关活动中，违反《海关法》和相关法律、行政法规的，由海关或其他部门给予相应的处理和行政处罚，构成犯罪的，依法移送司法机关追究其刑事责任。

报关员违反海关监管规定的行为及其处罚如下：

（1）报关员因工作疏忽造成应当申报的项目未申报或者申报不实的，海关可以暂停其6个月以内报关执业，情节严重的，取消其从业资格。

（2）被暂停后恢复从事有关业务1年内再次被暂停报关执业的，海关可以取消其报关从业资格（与报关单位的规定是一样的）。

（3）非法代理他人进行报关或者超出海关准予的从业范围的，处5万元以下罚款，暂停其6个月以内报关执业，情节严重的，取消其从业资格（与报关单位的规定是一样的）。

（4）向海关工作人员行贿的，取消其从业资格，并处人民币10万元以下罚款。构成行贿罪的，不得重新取得报关从业资格（与报关单位的规定是一样的）。

（5）提供虚假资料骗取海关注册登记、报关从业资格的，取消其报关从业资格，并处人民币30万元以下罚款（与报关单位的规定是一样的）。

（6）海关予以警告，并处人民币2 000元以下罚款的情形：

1）有报关员执业禁止行为的；

2）报关员海关注册内容发生变更，未按规定向海关办理变更手续的。

※未取得报关从业资格而从事报关业务的，予以取缔，并没收违法所得，可并处人民币10万元以下罚款（与报关单位的规定是一样的）。

> **特别提示**
>
> 平时工作谈到无报关员证的"报关员"，实际上是持证报关员的助手，其岗位的规范名称应为"报关助理"。深圳市海骏报关有限公司雇用了不少这样的报关员助手，协助报关员完成以下工作。
>
> 送放行条：查验合格后准时把放行条送到相关单位，时间提前量的把握（出口报关注意装船时间，特别是赶船的货），如是人工查验要及时同查柜的同事联络，若是机查则听从手机短信的回复。
>
> 陪同查验：仅限于人工查验、监看，有时协助搬货。手机短信："×××Uxxxxxxx号集装箱在××查验场查验，请工作人员在15分钟内到场。"
>
> 送单到打单处，填报关单等工作。

2.4 报关行业协会

2.4.1 中国报关行业协会的概念

中国报关行业协会（China Customs Broker Association，CCBA）是经海关批准的，从事报关的企业和个人自愿结成的非营利性质的具有法人资格的全国性行业组织。

受民政部和海关总署的双重领导，登记管理机关为民政部，业务主管部门为海关总署。

宗旨：配合政府部门加强对我国报关行业的管理，维护、改善报关市场的经营秩序，促进会员间的交流与合作，依法代表本行业利益，保护会员的合法权益，促进我国报关服务行业的健康发展。

2.4.2 协会会员的权利与义务

1. 协会会员权利

有选举权、被选举权和表决权；

有权参加协会组织的各项活动；

有权享有协会提供的书刊、信息资料及业务咨询，人员培训等各项服务；

有权要求协会帮助协调解决有关的业务问题；

有权对协会的工作进行监督，提出意见和建议；

入会自愿、退会自由。

2. 协会会员义务

遵守国家法律、法规，严格按照《海关法》的有关规定进行报关活动；

遵守协会章程，执行协会决议和规定，服从协会的协调和管理，维护行业的信誉和权益；

参加协会组织的各种活动；

按规定缴纳会费；

承办协会交办的工作。

3. 协会业务范围

监督指导、沟通协调、行业自律、培训考试、出版刊物、交流合作、创办实体。

2.5 报关单相关栏目

2.5.1 进口口岸/出口口岸

1. 定义

指货物实际进入（运出）我国关境口岸海关的名称，这一栏一般从所给出的单据中能找到相应的内容。这里要注意的地方是进口口岸是进入我国关境的第一个海关，出口口岸是运离我国关境的最后一个海关。

本栏目应根据货物实际进（出）口的口岸海关选择填报"关区代码表"中相应的口岸海关名称及代码。

2. "关区代码表"

关区代码表列明口岸海关名称及四位数代码（前两位直属海关代码，后两位隶属海关代码）。如关区代码表有隶属海关关别及代码时，则应填报隶属海关名称及代码。如关区代码表没有隶属海关关别及代码时，则应填报直属海关名称及代码。

3. 填报要求

（1）实际进出境的货物，填报实际进出口的口岸海关；未实际进出境（如保税结转、后续补税）及其他无法确定进出口口岸的货物，填报接受申报的海关名称及代码。

（2）加工贸易合同项下货物必须在海关开通的电子底账限定或指定的口岸。与货物实际进出境口岸不符的，应向合同备案主管海关办理电子底账的变更手续后填报。

（3）进口转关运输货物应填报货物进境地海关名称及代码，出口转关运输货物应填报货物出境地海关名称及代码。

（4）按转关运输方式监管（境内转关）的跨关区深加工结转货物，出口报关单填报转出地海关名称及代码，进口报关单填报转入地海关名称及代码。

（5）在不同海关特殊监管区域或保税监管场所之间调拨、转让的货物，填报对方特殊监管区域或保税监管场所所在的海关名称及代码。

2.5.2 经营单位

1. 定义

第一章第四节指出对外贸易经营者，是指依法办理工商登记或者其他执业手续，依照《对外贸易法》和其他有关法律、行政法规的规定从事对外贸易经营活动的法人、其他组织或者个人。报关单中的经营单位是指在海关登记注册的对外贸易经营者。

经营单位有权自行对外签订合同，进口或出口各类国家允许进出口的货物与技术，并实际履行合同。报关单中的经营单位更看重的是，具体执行进出口贸易合同的中国境内企业、单位或个体工商户。合同签订者与执行者不是同一企业的经营单位，应该按执行合同的企业填报。谁跟国外的客户进行货款的结算，经营单位就填谁。此情况通常指总公司签订合同而由分公司来执行，现在这样的情况已不多见。例如，中国化工进出口公司对外统一签约，而由辽宁省化工进出口公司负责合同的具体执行，则经营单位为辽宁省化工进出口公司。

2. 编码结构

经营单位编码为十位数字，是企业在所在地主管海关办理注册登记手续时，海关发证时给企业设置的注册登记编码。不在经营单位栏目填报的报关企业、不拥有报关权的加工贸易加工企业，及其他海关监管企业在海关注册登记后，也可获得相应的十位数编码。

经营单位的编码是每个企业在全国范围内唯一的、始终不变的代码标志。通过经营单位的编码能够了解一个企业的所在地区和企业的经济类型。10位编码结构设置是有规则的，其规则如下：

"行政区划（4）"＋"经济区划（1）"＋"企业经济类型（1）"＋"顺序码（4）"。

（1）第1～4位：为经营单位属地的行政区划代码。其中第1～2位表示省（自治区、直辖市），如上海市为"31"，广东省为"44"。第3～4位表示省辖市（地区、省直辖行政单位），包括省会城市、计划单列城市、沿海开放城市，第3、4位为"90"的表示未列明的省直辖行政单位。例如，广东省广州市为"4401"，广东省珠海市为"4404"，广东省其他未列名地区为"4490"。

（2）第5位：表示市内经济区域。应记住此前5位代码的含义，因为这前5位代码也是企业所在地的国内地区代码。可以根据此编码的前5位判断和填写"境内目的地"或"境内货源地"栏目。第5位其数字含义分别如下：

"1"—表示经济特区；

"2"—表示经济技术开发区和上海浦东新区；

"3"—表示高新技术开发区；

"4"—表示保税区；

"5"—表示出口加工区；

"6"—表示保税港区或综合保税区；

"7"—表示物流园区；

"9"—其他未列名地区。

例如，广州经济技术开发区为"44012"，中山市高新技术开发区为"44203"，中山市其他地区为"44209"。

因为境内目的地和货源地栏目要求填写到经济区划，也就是代码的第5位表示出的地区。因此应该特别记住第五位是2、9的含义，因为报关单考试题目中涉及的企业，其海关经营单位编码第5位多是2、9的，也就是说多是开发区内的企业或者是其他未列名经济区域的企业。比如，收货单位的编码是44209××××，则表示该收货单位是位于广东中山市其他未列名经济区域，境内目的地栏目应该填"广东中山其他"。学到境内目的地或境内货源地栏目的时候，应该再次看看这部分内容。

（3）第6位：为企业经济类型的代码，表示企业性质（应熟记此位代码，报关员考试题目可能需要根据企业性质来判断填写经营单位或判断贸易方式、征免性质等）。第6位其数字含义分别如下：

"1"—表示国有企业（包括专业外贸公司、工贸公司及其他有进出口经

营权的国有企业);

"2"——表示中外合作企业;

"3"——表示中外合资企业;

"4"——表示外商独资企业;

"5"——表示有进出口经营权的集体企业;

"6"——表示有进出口经营权的私营企业;

"7"——表示有进出口经营权的个体工商户;

"8"——表示有报关权而无进出口经营权的企业(主要包括报关行和有报关权的货代公司等);

"9"——表示其他(包括外商企业驻华机构、外国驻华使领馆等机构和临时有进出口经营权的单位)。

"B"、"C"——表示无进出口经营权的加工企业或称加工单位,同编码第6位是"8"的报关企业一样都属于不能填在经营单位栏目的企业。这类加工企业第6位开始的编码规则不同于经营单位。如茶山增步恒利制衣厂44199B2333,茶山超朗伟新电路板制品厂44199C0064,东莞市茶山志鑫五金厂44199CM660,东莞市裕杨纸品实业有限公司44199BM050。海关鼓励加工企业就地转型成三资企业,以后这种类型编码会慢慢消失。

重点记住数字2、3、4、8所表示的企业性质。

外国的公司、企业和其他经济组织或个人经中国政府批准在中国境内同中国的公司、企业或其他经济组织共同举办合营企业。如果形式为有限责任公司,合营各方按投入的注册资本的比例分享利润、分担风险和亏损,则称中外合资企业。如果在合同中约定投资或者合作条件、收益或者产品的分配、风险和亏损的分担、经营管理方式和企业终止时财产的归属等事项,则称为中外合作经营企业,特点是契约式合营,大都为"非法人式",少数为法人。

外资企业是在中国境内设立的全部资本由外国投资者投资的企业,专指外商独资企业。

以上中外合资、中外合作及外商独资企业合称三资企业,也称外商投资企业,除此之外的企业统称内资企业。

例1:"浙江嘉宁皮革有限公司(331392××××)",公司名称后面的10位数字代表该企业的海关编码,其中前2位数字"33"表示的是浙江省,3、4位数字"13"表示的是海宁市,第5位数字"9"表示其他地区,第6位数字"2"表示的是中外合作企业。因此这家公司是浙江海宁的一家中外合作企业。

例2:"沈阳贝沈钢帘有限公司(210123××××)","21"是辽宁省的代码,"01"代表沈阳,第5位数字"2"表示经济技术开发区,第6位数字

"3"表示中外合资企业。因此这家公司是辽宁沈阳经济技术开发区的一家中外合资企业。

例3:"万威微型电机大连有限公司(210224××××)","2102"是辽宁大连的区域代码,第5位数字"2"代表经济技术开发区,第6位数字"4"代表外商独资企业。根据我国的工商注册原则,企业名称中都带有企业属地的城市名称。因此根据该公司名称中带有"大连"两字就可以确定,该企业经营单位编码中的前4位"2102"的编码含义,是表示行政区划的辽宁大连。再根据第5位是"2"知道该企业位于大连经济技术开发区内。

例4:"辽宁龙信国际货运公司(210298××××)",前5位"21029"表示区域为辽宁大连,第6位"8"表示有报关权而无进出口经营权的企业,实际在海关注册的性质就是一家报关企业。

(4) 第7~10位:为顺序号。

3. 填报要求

填报格式:"经营单位中文名称"+"经营单位编码",经营单位名称和编码都要填写,只填报其中一个为错。

特殊情况下经营单位填报原则如下:

(1) 进出口企业之间相互代理进出口,或没有进出口经营权的企业委托有进出口经营权的企业代理进出口的,填报代理方。

例如:2005年报关员考试的找错题,"大连万凯化工贸易公司(210291××××)代理大连万凯化工有限公司(210225××××)对外签约出口三氯硝基甲烷"。

这样的情形下,经营单位栏目的正确填写是:"大连万凯化工贸易公司 210291××××"。

应该注意代理进出口与代理报关的区别。代理进出口是代理人与外方签订进出口合同,是一种贸易上的代理行为;代理报关是报关服务的行为,代理方报关企业不能作为经营单位填写在此栏。

(2) 要掌握普通的代理和委托与代理外商投资企业进口投资设备、物品在填报上的不同。要会区别代理外商投资企业进口的是投资设备、物品还是非投资设备、物品,并要掌握它们填写的不同。

外商投资企业委托有进出口经营权的企业,在投资总额内进出口投资设备、物品的,经营单位应填外商投资企业名称及代码,并在标记唛码及备注栏注明"委托××公司进口"。

例如:"广州轻工机械进出口公司(440191××××)受广州粤港服装有限公司(440123××××)委托在投资总额内进口服装加工设备。货物于×

×××年×月×日运抵口岸，次日广州轻工机械进出口公司持编号为Z×××××××××××的征免税证明向海关报关"。

从描述中可以看到，广州粤港服装有限公司的经营单位编码440123××××中的第6位是"3"，是一家中外合资企业属于外商投资企业，并且其委托进口的是在投资总额内享受特定减税的设备（有Z字头的征免税证明）。这种情形下报关单的经营单位栏目应该填写："广州粤港服装有限公司440123×××× "，并且在标记唛码及备注栏注明"委托广州轻工机械进出口公司（440191××××）进口"。

需要注意的是，如果外商投资企业委托外贸企业进口非投资设备、物品，如一般贸易货物的生产原料或者委托出口产品，此栏目还应该按上述（1）的填报要求，填写被委托的外贸企业。

例如：2004年报关员考试的考题"中外合资沈阳贝沈钢帘有限公司（210123××××）使用自有资金，委托上海新元五矿贸易公司（310591××××）进口镀黄铜钢丝"。

此例中虽然沈阳贝沈钢帘有限公司（210123××××）是一家中外合资企业，但其委托进口的货物不是投资设备、物品，而是使用自有资金进口的原材料。因此不符合（2）的要求，而应该按（1）的要求，经营单位栏目填报代理方：上海新元五矿贸易公司310591××××。

"投资进口的设备、物品"是专指外商投资企业在投资总额内进口自用的、经批准享受特定减免税政策的，使用"征免税证明"进口的货物。这样的进口形式海关为其定义有特定的"贸易方式"，关于哪些贸易方式进口的属于"投资设备、物品"，本书还将在贸易方式栏目的填写中讲到。

外商投资企业包括中外合资企业、中外合作企业和外商独资企业（也称外资企业），即经营单位编码第6位是2、3、4的企业。如果企业注册编码第6位是2、3、4的企业，委托外贸公司进口投资设备、物品时，则经营单位栏目填写外商投资企业的中文名称及其10位数代码。

（3）进口援助、赠送、捐赠的货物，填写直接接受货物的单位的名称及海关编码（多为临时的编码）。

（4）经营单位编码第6位是"8"、"B"、"C"的单位，是没有进出口经营权的企业，不得作为经营单位填报。经营单位栏目填写的经营单位实际上就是进出口货物收发货人，而报关企业、报关活动相关人也需要在海关注册或登记，也有一个10位数的编码。但他们不是经营单位，不能够作为经营单位填写在本栏目。

（5）境外企业不得作为经营单位填报，如委托我驻港澳机构成交的，经营单位填国内委托人。例如，上海汽车进出口公司委托香港大兴汽车进出口公司为进口企业，其经营单位为上海汽车进出口公司。

2.5.3 收/发货单位

1. 定义

收货单位是指已知的进口货物在境内的最终消费、使用单位，包括自行从境外进口货物的单位（自理外贸）或者委托有外贸进出口经营权的企业进口货物的单位（代理外贸）。

发货单位是指已知的出口货物在境内的生产或销售单位，包括自行出口货物的单位（自理外贸）或者委托有外贸进出口经营权的企业出口货物的单位（代理外贸）。

2. 填报要求

有海关注册编码或加工企业编码的收、发货单位，本栏目应填报其中文名称及编码，没有编码的应填报其中文名称。使用《加工贸易手册》管理的货物，报关单的收、发货单位应与《加工贸易手册》的"经营企业"或"加工企业"一致；减免税货物报关单的收、发货单位应与"征免税证明"的"申请单位"一致。若进口构成整车特征的汽车零部件，收货单位栏应填汽车生产企业名称。

3. 收/发货单位与经营单位的关系表

表 2-6　收/发货单位与经营单位的关系表

企业类型	企业经济类型代码	经营单位填"中文名称"+"代码"	收/发货单位填"中文名称"+"代码"或中文名称（无代码时）
1. 自理外贸			
贸易性进出口货物收发人	1～7	执行合同的单位	同经营单位（除委托加工外，加工企业是收货单位）。
非贸易性进出口货物收发人	9	执行合同或接受货物的单位	同经营单位
2. 代理外贸（直接代理）： 设 A 为委托人，B 为代理人；则该模式为 A 委托 B 或 B 代理 A			
A 为外商投资企业在投资总额内进出口设备、物品	2～4	A（B填在备注栏）	A
A 为外商投资企业进出口货物或在投资总额外进出口设备、物品	2～4	B	A

续表

企业类型	企业经济类型代码	经营单位 填"中文名称"+ "代码"	收/发货单位 填"中文名称"+"代码" 或中文名称（无代码时）
A为内资企业，B为境内企业	1、5、6、7、8、B、C或没有编码	B	A
A为内资企业，B为境外企业	1、5、6、7、8、B、C或没有编码	A	A

（1）自理外贸（自行进出口，自营进出口），即资料中没有表明是委托进出口或代理进出口关系。

经营单位就是收发货单位，因此收发货单位栏填写自行进出口单位的中文名称和海关编码。需要注意的是委托报关、委托加工不属于国际贸易中的委托关系，而是国内业务的委托。进口如出现委托加工，因为加工企业是货物的使用单位，所以收货单位不是经营单位，而是加工企业。

例如：资料中这样描述"万威微型电机大连有限公司（2102245678）持加工贸易手册（C09033401543）进口第一项塑料垫圈"。

描述中没有提到委托与代理的情形因此是自行进口，收货单位栏目应该填写：万威微型电机大连有限公司2102245678。

再如：2004年的找错题"南京某进出口公司出口小五金工具一批"属外贸流通企业自行进出口的情形，经营单位和发货单位都是南京某进出口公司。

又如：2003年的填制题"浙江浙海服装进出口公司（3313910194）在对口合同项下进口蓝湿牛皮，委托浙江嘉宁皮鞋有限公司（3313920237）加工牛皮沙发革"中的委托不是进口贸易的委托，而是货物进口后委托在国内加工。收货单位栏目填写是加工企业：浙江嘉宁皮鞋有限公司3313920237。

（2）代理外贸，即资料中描述的是委托进出口或代理进出口关系。

设A公司为委托人，B公司为代理人，我们得到以下关系图：

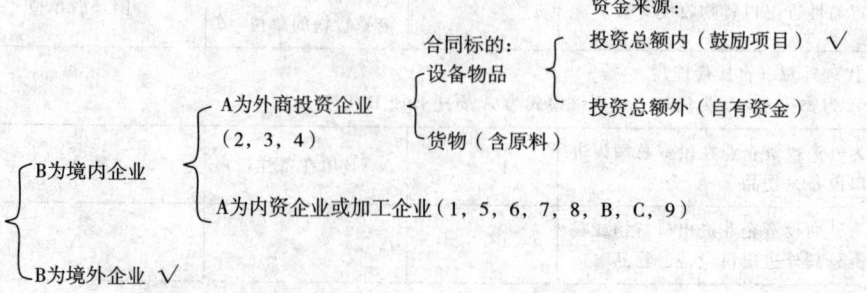

注：括号内数字为企业编码的第6位。在以上打"√"的情况下，报关单中的"经营单位"填A公司；其他情况下，报关单中的"经营单位"为B公司。A公司为经营单位，其余B公司为经营单位。收发货单位应该填写委托单位的中文名称和海关注册登记编码或名称（没有编码时填写）。

例如：2004年报关员考试的考题"中外合资沈阳贝沈钢帘有限公司（210123××××）使用自有资金，委托上海新元五矿贸易公司（310591××××）进口镀黄铜钢丝"。

这是外商投资企业委托外贸经营流通企业进口料件的情形，经营单位是被委托的外贸流通企业，而收货单位是委托人外商投资企业，因此收货单位栏目应该填写：中外合资沈阳贝沈钢帘有限公司210123××××。

又如："广州轻工机械进出口公司（440191××××）受广州粤港服装有限公司（440123××××）委托，在投资总额内进口服装加工设备。货物于××××年×月×日运抵口岸，次日委托广州鸿发报关公司持编号为Z××× ×××××××的征免税证明向海关报关"。

此例是外商投资企业广州粤港服装有限公司（440123××××）委托外贸流通企业广州轻工机械进出口公司（440191××××），进口投资设备的情形，因此经营单位不能够填写外贸流通企业，而应该填写外商投资企业，正确的填写是：广州粤港服装有限公司440123××××。而收货单位也应该是委托进口的外商投资企业，正确的填写是：广州粤港服装有限公司440123××××。而代理方或者说被委托方应该在"标记唛码及备注栏"加以说明。需要说明的是"委托广州鸿发报关公司向海关报关"，而不是进出口贸易上的委托。

2.5.4 境内目的地/境内货源地

1. 定义

境内目的地指已知的进口货物在国内的消费、使用地或最终运抵地，即收货单位所在地。已知收货人将货物转让销售的，以转让后的去往地区为准，其中最终运抵地为最终使用单位所在的地区。最终使用单位难以确定的，填报货物进口时预知的最终收货单位所在地。

境内货源地指出口货物在国内的产地或原始发货地，即发货单位所在地。出口货物产地难以确定的，填报最早发运该出口货物的单位所在地。出口报关单填报货源地，顾名思义，货源地就是货物产地，工业品则是制造商所在地。

2. 填报要求

本栏目应根据进口货物的收货单位、出口货物生产厂家或发货单位所属的国内地区，并按海关规定的"国内地区代码表"选择填报相应的国内地区名称及代码①,即收、发货单位企业编码的前5位代码。

填名称时,该栏要填写《国内地区代码表》中行政地区名称,不能填收货单位名称,北京等四个直辖市只写到区、县一级,其余省只写到省辖市(地区、省直辖行政单位),尽管实际社会地址可能是××街道、××镇。

2.5.5 申报单位

本栏目指报关单左下方用于填报申报单位(报关单位)有关情况的总栏。

申报单位指对申报内容的真实性直接向海关负责的企业或单位。自理报关的,应填报进(出)口货物的经营单位名称及代码;委托代理报关的,应填报经海关批准的报关企业名称及代码。

本栏目还包括报关单位地址、邮编和电话等分项目,由申报单位的报关员填报。

本章小结

本章共有五节,介绍了报关活动的关系人,报关活动的执法机关——海关和管理相对人——报关单位、报关员。同时也介绍了报关行业协会和行业协会所主导的报关员国家职业标准。重点放在海关的性质和任务、管理体制、海关的权力与法律体系等有关海关行政机关管理方面的知识内容,报关单位的概念、类型、注册登记、行为规范和法律责任,报关员的资格、注册、执业、记分考核制度及法律责任等。

---

① 报关单填制规范及实际工作中的格式是名称及代码,而报关考试教材的格式是名称或代码。

第3章 报关和海关监管的对象

关键术语

海关监管货物　报关单位管理类别　过境、转运、通运货物　退运货物
退关货物

学习目标

- 了解海关监管货物的含义；
- 熟悉报关范围；
- 掌握海关对报关单位的分类管理；
- 掌握海关监管货物的分类；
- 掌握各类海关监管货物的概念。

报关与海关监管的对象就是法律关系主体的权利义务所指向的范围。具体地说可以分为"物"和"行为"，其中海关对报关单位行为的管理采用分类管理办法。报关对象（报关范围）分为三大类型：进出境运输工具、货物和物品。从海关监管的角度讲，这三大类型也同时是海关监管的对象。本章重点放在进出口货物，即海关的监管货物。

3.1 报关单位的海关管理

为了鼓励企业守法自律，提高海关管理效能，保障进出口贸易的安全与便利，根据《海关法》及其他有关法律、行政法规的规定，海关总署制定了

《中华人民共和国海关企业分类管理办法》。在海关注册登记的进出口货物收发货人、报关企业的分类管理，适用该办法；其他企业的分类管理，由海关总署另行规定。

3.1.1 报关单位管理类别

海关根据企业遵守法律、行政法规、海关规章、相关廉政规定和经营管理状况，以及海关监管、统计记录等，设置 AA、A、B、C、D 五个管理类别，对有关企业进行评估、分类，并对企业的管理类别予以公开。

海关总署按照守法便利原则，对适用不同管理类别的企业，制定相应的差别管理措施，其中 AA 类和 A 类企业适用相应的通关便利措施，B 类企业适用常规管理措施，C 类和 D 类企业适用严密监管措施。

全国海关实行统一的企业分类标准、程序和管理措施。海关与企业应当加强合作，开展经常性信息交流和业务联系。海关总署对企业分类管理工作进行指导、监督；直属海关负责审定、调整本关区企业适用的管理类别。

1. 进出口货物收发货人

1）AA 类。

该类进出口货物收发货人，应当同时符合下列条件：

（1）已适用 A 类管理 1 年以上；

（2）上一年度进出口报关差错率 3% 以下；

（3）经海关验证稽查，符合海关管理、企业经营管理和贸易安全的要求；

（4）每年报送《企业经营管理状况评估报告》和会计师事务所出具的上一年度审计报告，每半年报送《进出口业务情况表》。

2）A 类。

该类进出口货物收发货人，应当同时符合下列条件：

（1）已适用 B 类管理 1 年以上；

（2）连续 1 年无走私罪、走私行为、违反海关监管规定的行为；

（3）连续 1 年未因进出口侵犯知识产权货物而被海关行政处罚；

（4）连续 1 年无拖欠应纳税款、应缴罚没款项情事；

（5）上一年度进出口总值 50 万美元以上；

（6）上一年度进出口报关差错率 5% 以下；

（7）会计制度完善，业务记录真实、完整；

（8）主动配合海关管理，及时办理各项海关手续，向海关提供的单据、证件真实、齐全、有效；

（9）每年报送《企业经营管理状况评估报告》；

(10) 按照规定办理《中华人民共和国海关进出口货物收发货人报关注册登记证书》的换证手续和相关变更手续；

(11) 连续性 1 年在商务、人民银行、工商、税务、质检、外汇、监察等行政管理部门和机构无不良记录。

3）C 类。

进出口货物收发货人有下列情形之一的，适用 C 类管理：

(1) 有走私行为的；

(2) 1 年内有 3 次以上违反海关监管规定行为，且违规次数超过上一年度报关单及进出境备案清单总票数 1‰的，或者 1 年内因违反海关监管规定被处罚款累计总额人民币 100 万元以上的；

(3) 1 年内有 2 次因进出口侵犯知识产权货物而被海关行政处罚的；

(4) 拖欠应纳税款、应缴罚没款项人民币 50 万元以下的。

4）D 类。

进出口货物收发货人有下列情形之一的，适用 D 类管理：

(1) 有走私罪的；

(2) 1 年内有 2 次以上走私行为的；

(3) 1 年内有 3 次以上因进出口侵犯知识产权货物而被海关行政处罚的；

(4) 拖欠应纳税款、应缴罚没款项人民币超过 50 万元的。

5）B 类。

进出口货物收发货人未发生 C、D 类所列情形并符合下列条件之一的，适用 B 类管理：

(1) 首次注册登记的；

(2) 首次注册登记后，管理类别未发生调整的；

(3) AA 类企业不符合原管理类别适用条件，并且不符合 A 类管理类别适用条件的；

(4) A 类企业不符合原管理类别适用条件的。

在海关登记的加工企业，按照进出口货物收发货人实施分类管理。

2. 报关企业

1）AA 类。

AA 类报关企业，应当同时符合下列条件：

(1) 已适用 A 类管理 1 年以上；

(2) 上一年度代理申报的进出口报关单及进出境备案清单总量在 2 万票（中西部 5 000 票）以上；

(3) 上一年度进出口报关差错率在 3%以下；

（4）经海关验证稽查，符合海关管理、企业经营管理和贸易安全的要求；

（5）每年报送《企业经营管理状况评估报告》和会计师事务所出具的上一年度审计报告；每半年报送《报关代理业务情况表》。

2）A类。

A类报关企业，应当同时符合下列条件：

（1）已适用B类管理1年以上；

（2）企业以及所属执业报关员连续1年无走私罪、走私行为、违反海关监管规定的行为；

（3）连续1年代理报关的货物未因侵犯知识产权而被海关没收，或者虽被没收但对该货物的知识产权状况履行了合理审查义务；

（4）连续1年无拖欠应纳税款、应缴罚没款项情事；

（5）上一年度代理申报的进出口报关单及进出境备案清单等总量在3 000票以上；

（6）上一年度代理申报的进出口报关差错率在5%以下；

（7）依法建立账簿和营业记录，真实、正确、完整地记录受委托办理报关业务的所有活动；

（8）每年报送《企业经营管理状况评估报告》；

（9）按照规定办理注册登记许可延续及《中华人民共和国海关报关企业报关注册登记证书》的换证手续和相关变更手续；

（10）连续1年在商务、人民银行、工商、税务、质检、外汇、监察等行政管理部门和机构无不良记录。

3）C类。

报关企业有下列情形之一的，适用C类管理：

（1）有走私行为的；

（2）1年内有3次以上违反海关监管规定的行为，或者1年内因违反海关监管规定被处罚款累计总额人民币50万元以上的；

（3）1年内代理报关的货物因侵犯知识产权而被海关没收达2次且未尽合理审查义务的；

（4）上一年度代理申报的进出口报关差错率在10%以上的；

（5）拖欠应纳税款、应缴罚没款项人民币50万元以下的；

（6）代理报关的货物涉嫌走私、违反海关监管规定拒不接受或者拒不协助海关进行调查的；

（7）被海关暂停从事报关业务的。

4）D类。

报关企业有下列情形之一的,适用D类管理:
(1) 有走私罪的;
(2) 1年内有2次以上走私行为的;
(3) 1年内代理报关的货物因侵犯知识产权而被海关没收达3次以上且未尽合理审查义务的;
(4) 拖欠应纳税款、应缴罚没款项超过人民币50万元的。
5) B类。
报关企业未发生C、D类所列情形,并符合下列条件之一的,适用B类管理:
(1) 首次注册登记的;
(2) 首次注册登记后,管理类别未发生调整的;
(3) AA类企业不符合原管理类别适用条件,并且不符合A类管理类别适用条件的;
(4) A类企业不符合原管理类别适用条件的。

3.1.2 管理类别的适用与调整

1. 企业申请

(1) 进出口货物收发货人已适用A类管理1年以上,或者报关企业已适用A类管理1年以上且上一年度代理申报的进出口报关单及进出境备案清单总量在2万票(中西部5 000票)以上,则可以通过注册地海关向直属海关提出适用AA类管理申请,并提交下列材料:
1) "适用AA类管理申请书";
2) "经营管理状况报告";
3) 会计师事务所出具的上一年度审计报告。
(2) 报关单位符合A类管理条件的规定,则可以通过注册地海关向直属海关提出适用A类管理申请,并提交下列材料:
1) "适用A类管理申请书";
2) "经营管理状况报告"。

2. 海关审核

注册地海关接受企业适用AA类、A类管理申请后,经审核企业提交的材料齐全,符合法定形式的,应当当场制发"企业分类管理申请受理决定书",并报直属海关审定。

对申请AA类的,直属海关应当自受理之日起6个月内作出适用或者不予适用的决定。

对申请A类的,直属海关应当自受理之日起3个月内作出适用或者不予适用的决定。

申请适用 AA 类、A 类管理的企业有下列情形之一的,直属海关对其申请予以退回,并作出不予适用的决定:

(1) 申请时不符合《中华人民共和国海关企业分类管理办法》所规定的条件的;

(2) 审核期间不符合《中华人民共和国海关企业分类管理办法》所规定的条件的;

(3) 审核期间有涉嫌走私或者违反海关监管规定,以及侵犯知识产权的行为尚在侦查或者调查中的。

3. 企业类别调整

(1) 企业类别升级。

C 类企业自海关作出类别调整决定之日起满 1 年未再发生 C 类条件所列情形的,经企业申请,海关将其调整为 B 类。

D 类企业自海关作出类别调整决定之日起满 1 年未再发生 C 类条件所列情形的,经企业申请,海关将其调整为 C 类。

C 类、D 类企业申请调整为 B 类、C 类的,应当通过注册地海关向直属海关提交"企业管理类别调整申请书"。注册地海关经审核,企业提交的材料齐全,符合法定形式的,应当当场制发"企业分类管理申请受理决定书",并报直属海关审定。

直属海关应当自受理之日起 1 个月内作出决定。

(2) 企业降低类别。

企业有下列应当降低类别情形之一的,注册地直属海关应当自发现之日起 1 个月内,根据规定作出调整其管理类别的决定:

1) AA 类、A 类企业不符合原管理类别适用条件的;

2) B 类企业有 C 类、D 类管理类别情形之一的;

3) C 类企业有 D 类管理类别情形之一的。

经直属海关决定调整或者不予调整企业管理类别的,由企业注册地海关自决定作出之日起 10 个工作日内将相关决定送达企业。

自海关作出调整决定之日起,海关按照调整后的管理类别对企业实施相应的管理措施。

AA 类或者 A 类企业涉嫌走私被立案侦查或者调查的,海关暂停其与管理类别相应的管理措施;暂停期内,按照 B 类企业的管理措施实施管理。

(3) 企业变更。

企业仅名称或者海关注册编码发生变化的,其管理类别可以继续适用,但是有下列情形之一的，按照下列方式调整：

1）企业发生存续分立，分立后的存续企业承继分立前企业的主要权利义务或者债权、债务关系的，其管理类别适用分立前企业的管理类别，其余的分立企业视为首次注册企业；

2）企业发生解散分立，分立企业视为首次注册企业；

3）企业发生吸收合并，合并企业管理类别适用合并后存续企业的管理类别；

4）企业发生新设合并，合并企业视为首次注册企业。

3.1.3 管理措施的实施

作为企业分类管理评定记录的走私罪，其评定时间认定以人民法院刑事判决书生效时间为准。作为企业分类管理评定记录的走私行为、违反海关监管规定行为、进出口侵犯知识产权货物行为，其评定时间认定以海关行政处罚决定书作出时间为准。警告以及罚款额在人民币 3 万元以下的违反海关监管规定行为，不作为企业分类管理评定记录。

报关企业代理进出口货物收发货人开展报关业务，海关按照报关企业和进出口货物收发货人各自适用的管理类别，分别实施相应的管理措施。

因企业的管理类别不同导致应当实施的管理措施相抵触的，海关按照下列方式实施：

（1）报关企业或者进出口货物收发货人为 C 类或者 D 类的，按照较低的管理类别实施相应的管理措施；

（2）报关企业和进出口货物收发货人均为 B 类以上管理类别的，按照报关企业的管理类别实施相应的管理措施；

（3）加工贸易经营企业与承接委托加工的生产企业管理类别不一致的，海关对该加工贸易业务按照较低的管理类别实施相应的管理措施。

3.2 报关的范围

按照法律规定，所有进出境运输工具、货物及超出自用合理数量范围的物品都需要办理报关手续。报关的具体范围包括：进出境运输工具、进出境货物、进出境物品。

3.2.1 进出境运输工具

《海关法》第一百条规定："进出境运输工具，是指用以载运人员、货物、物品进出境的各种船舶、车辆、航空器和驮畜。"即在国际运营的各种境内或境外船舶、车辆、航空器、驮畜等。

3.2.2 进出境货物

货物具有贸易性，一般有贸易合同。进出境货物是指：
（1）一般进出口货物；
（2）保税进出口货物；
（3）暂准进出境货物；
（4）减免税进口货物；
（5）过境、转运和通运货物及其他未办结海关手续的货物。

另外，一些特殊形态的货物，如通过电缆或管道输送进出境的电、水、石油和附着在货品载体上的软件等也属于报关范围。

3.2.3 进出境物品

物品具有非贸易性，主体自用，一般不具有书面协议。进出境物品包含进出境的行李物品、邮递物品和其他物品。以进出境人员携带、托运等方式进出境的物品为行李物品，以邮递方式进出境的物品为邮递物品，其他物品主要包括享有外交特权和豁免的外国机构，或者人员的公务用品或自用物品等。

3.3 海关监管货物的定义

3.3.1 定义

海关监管货物，是指自进境起到办结海关手续止的进口货物，自向海关申报起到出境止的出口货物，自进境起到出境止的过境、转运和通运货物等，应当接受海关监管的货物。

这是海关对进出境货物实施监督管理法律意义上的时间、范围的限制规定。

3.3.2 时效管理

监管货物最重要的时效管理就是监管期限。以上定义按货物进出境的不同目的指向分成三类货物，其监管时间要求如下表。

表 3-1 监管货物的时间要求

类别	时间起点	时间终点
进口货物	进口日期	结关日期
出口货物	申报日期	结关日期（出口日期）
过境、转运和通运货物	进口日期	结关日期（出口日期）

3.3.3 结关

结关,是指报关人办结了所有必要的海关手续,海关结束对货物的监管,货物可以直接进入生产和消费领域流通。报关人履行完各项海关监管义务是结关的标志。因此,结关日期是海关对进出口货物不再监管的截止日期,一般情况下出口货物的结关日期和离境出口日期为同一天。海关放行和收发货人提取或装运货物是进出口报关阶段的最后环节,不等于结关;结关意味着报关全过程的结束。

3.4 海关监管货物的分类及范围

海关监管货物按货物进境、出境后是否复运出境、复运进境,可以分为两大类:一类是进境、出境后不再复运出境、复运进境的货物,我们称为实际进出口的货物(单边进出口),实际进出口会引起国内货物的存量变化也称为正式进出口;另一类是进境、出境后还将复运出境、复运进境的货物(双边进出口)或者是在关境内流转报关的海关监管货物,我们称为非实际进出口的货物。海关监管货物按跨越关境与否分为实际进出境货物和形式进出口货物,即在关境内流转报关的海关监管货物。

根据海关进出口监管制度划分,海关监管货物可分成五大类。

3.4.1 一般进出口货物

一般进出口货物是一般进口货物和一般出口货物的合称,是指在货物进出境环节缴纳了应征的进出口税费,并办结了所有必要的海关手续,海关放行后不再进行监管,可以直接进入生产和消费领域的进出口货物。从境外进口办结海关手续后直接进入国内生产、消费领域流通的进口货物,是一般进口货物;国内商品申报出口,办结出口海关手续后到境外生产、消费领域流通的出口货物,是一般出口货物。

凡是进出口的时候不需要经过前期阶段和后续阶段的,就属于一般进出口货物,其范围如下:

实际进出口的货物,除特定减免税货物外,都属于一般进出口货物。包括:

(1) 一般贸易进口货物。

(2) 一般贸易出口货物。

(3) 转为实际进口的原保税货物,转为实际进口或者出口的原暂准进出境货物。

转为实际进口的原保税货物和转为实际进口或者出口的原暂准进出境货物，属于非一般进出口货物向一般进出口货物的转变。保税货物在进境的时候并没有缴纳关税，且保税货物最终目的是要复运出境的，所以进口的时候没有进行征税。例如，来料加工的货物，进口之前进行了备案，在规定的时间内应该复运出境，如果这些保税货物不复运出境了，则要转为在我国境内销售；在转为内销的情况下，就属于一般进口货物的范围，要缴纳关税，如果这些货物属于国家限制的进口货物，还要向海关提交进口许可证件。

（4）易货贸易、补偿贸易的进出口货物。

易货贸易是买卖双方之间进行的货物或劳务等值或基本等值的直接交换，是不通过货币媒介而直接用出口货物交换进口货物的贸易方式。

补偿贸易（Compensation Trade）是交易的一方在对方提供信贷的基础上，进口设备或技术，而用向对方返销由进口设备或技术所生产的直接产品或相关产品或其他产品或劳务所得的价款，分期偿还进口价款的一种贸易做法。包括经商务主管部门及其授权的部门批准，使用该企业（包括企业联合体）所生产的其他产品返销给对方，进行间接补偿的方式。

（5）不准予保税的寄售代销贸易货物。

寄售是一种委托代售的贸易方式，寄售人（是卖方或者是货主）先将准备销售的货物运往国外寄售地，然后委托当地代销人按照寄售协议中的条件和办法代为销售的方式。

（6）承包工程项目实际进出口的货物。

（7）外国驻华商业机构进出口陈列用样品。

（8）外国旅游者小批量订货出口的商品。

（9）随展览品进出境的小卖品（详见 5.3.2）。

（10）免费提供的进口货物。

免费提供的进口货物又可以分为：

1) 外商在经济贸易活动中赠送的进口货物；

2) 外商在经济贸易活动中免费提供的试车材料等（详见 5.3.2）；

3) 我国在境外的企业、机构向国内单位赠送的进口货物。

例（判断题）：

我国在境外的企业、机构向国内单位赠送的进口货物，属于特定减免税货物。

答案：错。

特别提示

一般进出口货物和一般贸易货物（详见7.6.2）的区别与联系

它们的区别主要是划分的角度不同：

（1）一般进出口货物是按照海关监管制度划分的进出口货物，一般进出口货物海关放行后不再进行监管。这里的一般进出口货物是相对于保税货物、特定减免税货物、暂准进出口货物而言的，因为这些货物都需要经过前期和后续的监管阶段。

（2）而一般贸易货物是按照国际贸易交易方式划分的进出口货物，是指进出口经营企业的单边进口或单边出口的贸易，按一般贸易交易方式进出口的货物即为一般贸易货物。所谓单边进出口就是逐笔售定、逐笔成交，买卖双方在付款和交货完成后不再有任何的关联。与之相对应的有代理、寄售、加工贸易、对销贸易、易货贸易、租赁贸易等。

它们的联系如下：

（1）一般贸易货物在进出口时按一般进出口监管制度办理海关手续，这时就是一般进出口货物；也可以享受特定减免税优惠，按特定减免税监管制度办理海关手续，这时就是特定减免税货物；也可以经海关批准保税，按保税监管制度办理海关手续，这时就是保税货物。

（2）一般进出口货物可以是以一般贸易方式进出口，也可以是以别的贸易方式进出口。

3.4.2 保税进出口货物

1. 保税货物

《海关法》第一百条规定："保税货物，是指经海关批准未办理纳税手续进境，在境内储存、加工、装配后复运出境的货物。"

保税货物根据其进入关境的目的不同，分为保税加工货物和保税物流货物两大类。

（1）保税加工货物。

保税加工货物或称加工贸易保税货物是指经海关批准未办理纳税手续进境，在境内加工、装配后复运出境的货物。加工贸易保税货物不完全等同于加工贸易货物。加工贸易货物只有经过海关批准才能保税进口。经海关批准准予保税进口的加工贸易货物就是保税加工货物。从四个方面来理解此概念：

——经海关批准；
——未办理纳税手续；
——在境内加工、装配后；
——应复运出境。

保税加工货物包括专为加工、装配出口产品而从国外进口且海关准予保税的原材料、零部件、元器件、包装物料、辅助材料（统称料件）以及上述料件生产的成品、半成品和生产过程中产生的余料、边角料、残次品、副产品、受灾保税货物和经批准不再出口的成品、半成品、料件等加工贸易其他保税货物。

边角料是指加工贸易企业从事加工复出口业务，在海关核定的单耗内、加工过程中产生的、无法再用于加工该合同项下出口制成品的数量合理的废、碎及下脚料件。

余料（也称节余料件、剩余料件），是指加工贸易企业因改进工艺和改善管理，生产加工的实际单耗低于海关按规定核定的单耗，在从事加工复出口业务后产生的，仍可继续用于加工该合同项下出口制成品的数量合理的剩余料件。

残次品是指加工贸易企业从事加工复出口业务，加工生产的达不到出口合同标准、无法复出口的制成品。

副产品是指冶炼等特殊行业的加工贸易企业从事加工复出口业务，在加工生产出口合同规定的制成品（即主产品）过程中，产生一个或一个以上不能复出口的其他产品。

受灾保税货物，是指加工贸易企业从事加工出口业务中，因不可抗力或其他经海关审核认可的正当理由造成灭失、短少、损毁等导致无法复出口的保税进口料件和加工制成品。

加工贸易货物、设备包含以上的保税加工货物、非保税加工货物和加工贸易设备。国家对加工贸易商品实行分类管理，根据《加工贸易分类管理商品目录》（35号文的分类）：禁止类、限制类（甲、乙）、允许类。加工贸易禁止类和限制类商品目录由海关总署会同国家其他有关部门适时公布，目前已公布的加工贸易禁止类商品目录包括：

——为种植、养殖等出口产品而进口种子、种苗、种畜、化肥、饲料、添加剂、抗生素等。

——生产出口仿真枪支。

——禁止开展进口料件属于国家禁止进口商品的加工贸易（如含淫秽内容的废旧书刊，含有害物、放射性物质的工业垃圾等）。

——其他国家已公布的禁止进出口目录的商品。

加工贸易限制类商品不仅涉及进口料件，也涉及出口成品。禁止类和限制类以外的商品为允许类商品。列入加工贸易禁止类进口商品目录的，凡用于深加工结转转入，或从具有保税加工功能的海关特殊监管区域内企业经实质性加工后进入区外的商品，不按加工贸易禁止类进口商品管理。前述商品未经实质性加工不得直接出境。以上所称"实质性加工"的标准，参照《中华人民共和国海关关于执行〈非优惠原产地规则中实质性改变标准〉的规定》（海关总署令第122号）执行。

加工贸易的形式包含来料加工、进料加工、出料加工、补偿贸易等。下面谈谈两种主要形式：

——来料加工（Processing with Supplied Materials）

来料加工的全称是来料加工装配贸易进口料件及加工出口，是指境外企业提供料件，经营企业不需付汇进口，按照境外企业的要求进行加工或装配，只收取工缴费，制成品由境外企业销售的经营活动。

——进料加工（Processing with Imported Materials）

进料加工是指经营企业用外汇购买料件进口，制成成品后外销出口的经营活动。

※进料加工和来料加工的相同点和区别：

相同点：是"两头在外"，即料件来自境外，制成品又销往境外。

区别：业务运作流程、交易性质、货物所有权、风险承担、我国厂商收益的形式不同。

来料加工中料件由境外企业提供，不需要通过外汇购买。在加工过程中均未发生所有权的转移，料件运进和制成品运出属于同一笔交易，料件供应者即是制成品接收者。经营企业不承担销售风险，不负盈亏，只收取工缴费。

进料加工中经营企业自己花外汇从境外购买料件。料件进口和制成品出口是两笔不同的交易，均发生了所有权的转移，料件供应者和制成品购买者之间也没有必然的联系。经营企业赚取从料件到制成品的附加价值，要自筹资金、自寻销路、自担风险、自负盈亏。

> **特别提示**
>
> 在加工贸易中存在两类合同，即对口合同和非对口合同。
>
> 对口合同是指料件进口合同与加工制成品出口合同相对应，同时在海关备案。如支用外汇的对口合同、不同客户的对口联号合同、对开信用证的对口合同。

> 非对口合同是指加工贸易经营企业在对外签订单边进口料件合同时，只备案进料合同，还没签订出口合同。
> 由此可见，来料加工原则上只有一个加工合同，如果出现两个合同也只是不付款的对口合同，既不动用外汇，也不对开信用证的各作各价的对口合同，而不会出现非对口合同。进料加工虽然有进料非对口，但这种监管方式近年来海关已不用了。凡是经海关批准进料加工的加工贸易，海关一律以进料对口管理，进口料件全额保税。

例1（判断题）：

保税业务中，进料加工和来料加工的相同之处在于料件都需要进口、加工成品都需要出口。

答案：对。

例2（单选题）：

某纺织品进口公司在国内购一批坯布运出境印染，复运进境后委托服装厂加工成服装，然后回收出口。前后两次出口适用的报关程序分别是 （ ）

A. 暂准出境和一般出口
B. 一般出口和进料加工
C. 出料加工和一般出口
D. 出料加工和进料加工

答案：C。

(2) 保税物流货物。

保税物流货物是指经海关批准未办理纳税手续进境，在境内储存后复运出境的货物，也称为保税仓储货物。

保税物流货物包括：

1) 进境经海关批准进入海关保税监管场所或特殊监管区域，保税储存后转口境外的货物；

2) 已经办结海关出口报关手续但尚未离境，经海关批准存放在海关保税监管场所或特殊监管区域的货物；

3) 经海关批准进入海关保税监管场所或特殊海关监管区域保税储存的加工贸易货物，供应国际航行船舶和航空器的油料、物料和维修用零部件，供维修外国产品所进口寄售的零配件，外商暂存货物；

4) 经海关批准进入海关保税监管场所或特殊监管区域保税的其他未办结海关手续的进境货物。

保税物流货物在境内储存后的流向，除出境外，还可以留在境内按照其他海关监管制度办理相应的海关手续，如保税加工、正式进口等。

2. 保税监管制度与保税业务

（1）保税监管制度。

保税监管制度是指国家为鼓励发展加工生产产品出口，或在境内进行特定储存，经海关批准的境内企业所进口的货物，在海关监管下，在境内指定的场所储存、加工、装配，并暂缓缴纳各种进口税费的一种海关监管业务制度。

海关对保税货物的监管模式有两大类，一类是非物理围网的监管模式，采用计算机联网监管；另一类是物理围网的监管模式。所谓物理围网监管，是指经国家批准，在关境内或关境线上划出一块地方，采用物理围网方式，让企业在围网内专门从事保税加工业务，并由海关进行封闭式的监管。在关境线上的保税加工封闭式监管模式为跨境工业区，目前只有一处，即珠澳跨境工业区。正在计划建设的深港河套工业区也将采用此模式。

在境内的保税加工非物理围网的监管模式为不在海关特殊监管区内的加工贸易企业；保税物流非物理围网的监管模式包括保税仓库、出口监管仓库，即通常所说的保税监管场所。

在境内的保税加工物理围网监管模式为出口加工区，已经施行了多年，有一套完整的监管制度；在境内的保税物流物理围网监管模式包括保税物流中心、保税物流园、中哈霍尔果斯国际边境合作中心的中方配套区域；同时具有保税加工和保税物流功能的区域，包括保税区、保税港区、珠海园区。

物理围网区是海关特殊监管区域实行封闭式的监管。区行政管理机构及其经营主体、在区内设立的企业等单位的办公场所，应当设置在区规划面积内、围网外的区综合办公区内。海关在区内设立机构，并依照有关法律、行政法规，对进、出区的货物、运输工具、个人携带物品以及区内相关场所实行 24 小时监管。该区与中华人民共和国关境内的其他地区（以下简称区外）之间，须设置符合海关监管要求的卡口、围网隔离设施、视频监控系统及其他海关监管所需的设施。

1）法律、行政法规禁止进出口的货物、物品，不得进出该区域；

2）除保障区内人员正常工作、生活需要的非营利性设施外，区内不得建立商业性生活消费设施和开展商业零售业务；

3）除安全保卫人员和相关部门、企业值班人员外，其他人员不得在区内居住；

4）海关对区内企业实行电子账册监管制度和计算机联网管理制度（电子底账＋联网监管）。

珠海园区与澳门园区之间,也应当设置符合海关监管要求的卡口、围网隔离设施、视频监控系统以及其他海关监管所需的设施。同时设立专用口岸通道,用于两个园区的货物、物品、运输工具以及人员进出。

保税区运输工具及人员,应走进出区指定通道,并向海关办理备案。

珠海园区、保税物流园区、保税区、保税港区、综合保税区行政管理机构或者其经营主体应当在海关指导下通过"电子口岸"平台建立供海关、区内企业以及其他相关部门进行电子数据交换和信息共享的计算机公共信息平台。

2007年海关总署出台的《海关保税加工和保税物流监管改革分步实施方案》,旨在推进海关特殊监管区域和保税监管场所的政策整合和功能叠加,按照优化存量、控制增量、提高质量的思路,经过名称、功能、政策和法规的一系列调整,将现有六种类型的特殊监管区域整合成一种类型。按照先局部、后全面的步骤循序渐进、分步实施:首先对全国出口加工区全面推广扩展物流功能(保税功能)、研发检测维修等功能;对保税区进行全面的整合转型,使保税区变成目前意义上的保税港区(沿海地区)和综合保税区(内陆地区);对具备条件的保税区、出口加工区、保税物流园区(包括跨境工业园区)、国际边境合作区,整合成保税港区或综合保税区。

表3-2 特殊监管区的主要功能示意

区域内容	保税港区	保税区	出口加工区	保税物流园区
集装箱港口功能	集装箱枢纽港在区域内,港区合一。	无	无	通过专门通道和卡口与港口相联系。
海关管理	一个海关同时具备口岸海关和区域主管海关职能,统一监管。	港口与区域分属两个海关监管,以转关方式实行监管衔接。	港口与区域分属两个海关监管,以转关方式实行监管衔接。	港口与区域分属两个海关监管,卡口通行设置两个海关监管。
贸易和物流	有,分拨配送凭担保分批出区,集中报关。	有,不能分拨配送。	可以申请叠加保税物流、研发、检测维修等功能。	有,分拨配送凭担保分批出区,集中报关。
加工制造	有	有	有	无
出口退税	国内货物入区视同出口,进入保税港区就可以办理退税。	国内入区货物离境后才能办理退税。	国内货物入区退税。	国内货物入区退税。
集装箱增值业务	国际航线汇集,区内可以开展集装箱拆拼箱、中转等增值业务。	无,中转集装箱只能整箱进出,并要求14天内必须报关。	无	可开展集装箱拆拼箱等增值业务。中转条件有限。

续表

区域内容	保税港区	保税区	出口加工区	保税物流园区
海运服务	可开展国际船舶运输、船代货代、船舶管理、报关报检、海运保险等航运服务。	有限	无	有限
多式联运	具备直接的海铁联运、水水联运条件。	无	无	间接和有限的水水联运。
区域空间	大（接近10平方千米）	大（10平方千米）	小（一般2平方千米左右）	小（一般1平方千米左右）

表3-3 特殊监管区的政策功能比较

功能	保税区	出口加工区	保税物流园区	保税港区	综合保税区	跨境工业园区
保税加工	√	√	√	√	√	√
保税仓储	√	√	√	√	√	√
保税物流	√	√	√	√	√	√
港口作业	—	—	—	√	√	—
制造、售后服务						
国际转口贸易	√	√	√	√	√	√
商品展示	√		√	√	√	√
检测、维修、研发	—	√	√	√	√	√
出口退税		√	√	√	√	√

（2）保税业务。

保税业务包含经营保税货物的储存、加工、装配、展示、运输、寄售、检测、维修等业务，以及经营免税商店。主要形式有三种：保税物流业务（或称商品贸易型），如保税仓库、出口监管仓库、保税货棚、保税陈列场；保税加工业务（或称加工制造型），如加工贸易企业、出口加工区等；保税物流与保税加工业务混合型，如保税区、保税港区、综合保税区、自由港、自由贸易区等。我国只采用其中的某些形式。

保税物流业务包含流通性简单加工和增值服务，如品质检验、分级分类、分拆分拣、分装、计量、组合包装、打膜、印刷运输标志、改换包装、简单拼装、拆零切割等具有商业增值作用的简单作业和辅助性服务，以及国际货运、采购、配送、分配、中转、集拼等业务。保税物流是保税制度的重要组成部分，因其货物未确定最终流向，所以保税监管场所和特殊海关监管区域可视为国际商品流通的"蓄水池"。

保税货物是海关监管货物，保税货物经营企业未经海关许可批准并办理相应手续，任何人不得出售、转让、抵押、质押、留置、移作他用或者进行其他处置。

3.4.3 特定减免税货物

特定减免税货物是指海关根据国家的政策规定，准予减免税进境使用于特定区域、特定企业、特定用途的货物。法律授予国务院通过制定行政法规。《海关法》第五十七条规定："特定地区、特定企业或者有特定用途的进出口货物，可以减征或者免征关税。特定减税或者免税的范围和办法由国务院规定。

依照前款规定减征或者免征关税进口的货物，只能用于特定地区、特定企业或者特定用途，未经海关核准并补缴关税，不得移作他用。"

（1）特定地区：我国关境内由行政法规规定的某一特别限定区域，享受特定减免税优惠的货物只能在这一特别限定的区域内使用。

（2）特定企业：由国务院制定的行政法规专门规定的企业，享受特定减免税优惠的货物只能由这些专门规定的企业使用。主要是指外商投资企业（包括：中外合资经营企业、中外合作经营企业和外商独资企业）。

（3）特定用途（含投资项目的资金来源）：指国家规定可以享受特定减免税优惠的货物只能用于行政法规专门规定的用途。

3.4.4 暂准进出境货物

1. 定义

暂准进出境货物，是暂准进境货物和暂准出境货物的合称。暂准进境货物，是指为了特定的目的，经海关批准凭担保暂时进境，并在规定的期限内原状复运出境的货物；暂准出境货物，是指为了特定的目的，经海关批准凭担保暂时出境，并在规定的期限内原状复运进境的货物。

（1）暂准（Temporary Admission）进出口货物是指为特定目的而暂时进出口，有条件地暂时免予缴纳进出口税费并暂免提交进出口许可证的义务，在特定的期限内除因使用而产生正常的损耗外，按原状复运出进口的货物，这些货物为海关监管货物。

（2）目的：国际组织、外国政府或外国和我国香港、澳门及台湾地区的企业、群众团体以及个人开展经济、技术、科学、文化合作交流的需要。

2. 范围

按照《关税条例》的表述，暂准进出境货物分为两大类：

（1）第一大类：经海关批准暂时进境或者暂时出境的货物，在进境或者出境时，纳税义务人向海关缴纳相当于应纳税款的保证金或者提供其他担保的，可以暂不缴纳关税，并应当自进境或者出境之日起 6 个月内复运出境或者复运进境；经纳税义务人申请，海关可以根据海关总署的规定延长复运出境或者复运进境的期限。货物范围共有如下 12 项：

《中华人民共和国海关暂时进出境货物管理办法》（2007 年 5 月 1 日起施行）第三条规定："本办法所称暂时进出境货物包括：

1）在展览会、交易会、会议及类似活动中展示或者使用的货物；
2）文化、体育交流活动中使用的表演、比赛用品；
3）进行新闻报道或者摄制电影、电视节目使用的仪器、设备及用品；
4）开展科研、教学、医疗活动使用的仪器、设备和用品；
5）以上四项所列活动中使用的交通工具及特种车辆；
6）货样；
7）慈善活动使用的仪器、设备及用品；
8）供安装、调试、检测、修理设备时使用的仪器及工具；
9）盛装货物的容器；
10）旅游用自驾交通工具及其用品；
11）工程施工中使用的设备、仪器及用品；
12）海关批准的其他暂时进出境货物。"

上述 12 项暂准进出境货物按照我国海关监管的方式可以归为以下四类：

——使用货物暂准进口单证册（以下称 ATA 单证册）报关的暂准进出境货物（限于我国加入的有关货物暂准进口的国际公约中规定的货物）；

——不使用货物暂准进口单证册的展览品（不使用 ATA 单证册报关的上述第 1 项货物）；

——集装箱箱体（上述第 9 项 "盛装货物的容器" 中暂准进出境的集装箱箱体。集装箱箱体既是一种运输设备，又是一种货物。当货物用集装箱装载进出口时，集装箱箱体就作为一种运输设备；当一个企业购买进口或销售出口集装箱时，集装箱就是普通的进出口货物。集装箱箱体作为货物进出口是一次性的，而在通常情况下，是作为运输设备暂准进出境）；

——暂时进出口货物（指包括所有 12 项不是使用以上 3 种监管方式报关的暂时进出口货物，如短期租赁或租借给国外的货物、货样、广告品、专业设备等）。

例（单选题——2002 年考题）：
请指出下列哪一项货物或物品不适用暂准进出口通关制度　　　（　　）
A．进口待转口输出的转口贸易货物

B. 在展览会中展示或示范用的进口货物、物品
C. 盛装一般进口货物进境的外国集装箱
D. 来华进行文艺演出而暂时运进的器材、道具、服装等
答案：A。解析：A属于保税货物的范围。

（2）第二大类：第一类所列可以暂时免征关税范围以外的其他暂准进境货物，应当按照该货物的完税价格和其在境内滞留时间与折旧时间的比例计算征收进口关税，按月缴纳进、出口税的暂准进出境货物。

3.4.5 过境、转运、通运、跨境运输货物

过境、转运、通运货物是指从境外起运，通过中国境内继续运往境外的货物；跨境运输货物则是指从境内起运，通过中国境外继续运往境内的货物。

1. 过境货物

过境货物是指从境外起运，在我国境内不论是否换装运输工具，通过我国陆路运输，继续运往国外。其范围（过境依据）如下：

（1）准予过境的货物：
1）过境协定国家、铁路联运协定国家的货物；
2）非协定国家的货物经商务部、运输部门批准并向入境地海关备案。

（2）禁止过境的货物：
1）来自或运往我国停止或禁止贸易（非贸易）的国家和地区的货物；
2）各种武器、弹药、爆炸品及军需品（通过军事途径运输的除外）；
3）各种烈性毒药、麻醉品和鸦片、吗啡等毒品；
4）我国法律、法规禁止过境的其他货物、物品。

2. 转运货物

转运货物是指由境外起运，通过我国境内设立海关的地点换装运输工具，不通过境内陆路运输，运往国外。其范围（转运依据），必须具备下列条件之一，方可按转运手续办理：

（1）持有转运或联运提货单的；
（2）进口载货清单上注明是转运货物的；
（3）持有普通提货单，但在起卸前向海关声明转运的；
（4）误卸的进口货物，经运输工具负责人提供确实证件；
（5）特殊情由，经海关批准。

例（判断题）：

以船舶或航空器装载从一国境外起运，经该国设立海关地点，不换装运

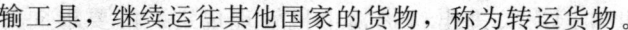

输工具,继续运往其他国家的货物,称为转运货物。

答案:错。解析:"以船舶或航空器装载从一国境外起运,经该国设立海关地点,不换装运输工具,继续运往其他国家的货物,为通运货物"。

3. 通运货物

通运货物是指由境外起运,由船舶、航空器运载进境,并由原运载工具运载出境(不换装运输工具,不通过陆路运输)。

4. 内贸货物跨境运输(9600)

内贸货物跨境运输,是指国内贸易货物由我国海关境内一口岸起运,通过境外运至我国海关境内另一口岸的业务。为落实国家振兴东北的战略部署,促进利用境外港口开展内贸货物跨境运输合作,目前适用情况为黑龙江省内贸货物经俄罗斯口岸过境运至我国东南沿海港口;吉林省内贸货物从珲春圈河口岸出境,经朝鲜限元汀里—罗津港换装作业,从上海、宁波口岸复运进境的管理。前者试点阶段的出境口岸限绥芬河,进境口岸限上海、宁波、黄埔,所经俄罗斯口岸限海参崴港(符拉迪沃斯托克)、东方港、纳霍德卡港;后者允许境外换装作业仅限在朝鲜罗津港中国承运企业租用并经营的专用码头进行。从事内贸货物跨境运输装卸、存储、交付、发运等活动的有关监管场所应符合《中华人民共和国海关监管场所管理办法》(海关总署令第171号)的规定。开展内贸货物跨境运输业务的口岸应属于国家对外开放口岸。港口企业应按照海关对监管场所的管理要求,实施封闭式卡口管理,并与海关计算机联网传输相关数据;在港口堆场内设立内贸货物专用区域和设有明显标志。

试点阶段允许开展内贸货物跨境运输业务的经营企业,仅限于在试点省资信好、规模大、已在海关注册登记的企业。承运跨境运输货物的运输工具进出境时应当在海关监管区内装卸作业,内贸货物与运输工具应接受海关监管。

内贸货物仅限于除国家禁止进出境货物及许可证管理货物外的货物。使用集装箱(不拆、不换集装箱)装载的跨境运输内贸货物,由海关在口岸施加封志,经公路、铁路、水路运至我国东南沿海港口。集装箱箱体必须符合《中华人民共和国海关对用于装载海关监管货物的集装箱和集装箱式货车车厢的监管办法》规定的标准。

承运内贸货物的车辆、驾驶员应符合《中华人民共和国海关关于境内公路承运海关监管货物的运输企业及其车辆、驾驶员的管理办法》(海关总署令第121号)的规定。承运跨境运输货物的运输工具进出境时应当在海关监管场所内装卸作业,内贸货物与运输工具应当接受海关监管。经营企业或其代理人应当根据《中华人民共和国海关进出口货物申报管理规定》的要求向海关申报。在跨境运输货物出境前，填制"中华人民共和国海关内贸货物跨境运输出境备案清单"和"中华人民共和国海关内贸货物跨境运输联系单"向出境地海关申报。跨境运输货物进境后，经营企业或其代理人应当填制"中华人民共和国海关内贸货物跨境运输进境备案清单"向进境地海关申报。单票"中华人民共和国海关内贸货物跨境运输出境备案清单"项下的货物，应由同一船舶、同一航次、同一提单，运抵同一目的港。

跨境运输的内贸货物应自运输工具离开我国关境内一口岸出境起3个月内运抵我国关境内另一口岸。逾期未运抵的，除不可抗力的外，视同出口货物处理，由纳税义务人向海关办理相关的申报纳税手续；海关将取消该经营企业继续从事内贸货物跨境运输资格，并根据情况进行调查处理。

3.4.6 其他进出境货物

1. 进出境快件

进出境快件是指进出境快件运营人，以向客户承诺的快速的商业运作方式承揽、承运的进出境的货物、物品。

进出境快件运营人（以下简称运营人）是指在中华人民共和国境内依法注册、在海关登记备案的，从事进出境快件运营业务的国际货物运输代理企业。

进出境快件可分为文件类、个人物品类和货物类3类：

（1）文件类快件：根据规定予以免税的无商业价值的文件、单证及资料。

（2）个人物品类：规定限值内予以免税的物品，是指海关规定自用合理数量范围内的进出境旅客，分离运输行李物品，亲友间相互馈赠物品和其他个人物品。

（3）货物类：除前两类货物以外的进出境快件。

2. 租赁货物

租赁是指资产所有者（出租人）按契约规定，将租赁货物租给使用人（承租人），承租人在规定期限内支付租金并享有对租赁物件使用权的一种经济行为。跨越国（地区）境的租赁就是国际租赁，经营租赁业务的企业与外商签订国际租赁合同，而以国际租赁方式进出境的货物，即为租赁进出口货物。

国际租赁大体有两种：一种是金融租赁，另一种是经营租赁。

金融租赁带有融资性质，采用这种租赁方式进境的货物，一般是不复运出境的；租赁期满，出租人会以很低的名义价格转让给承租人，租金是分期支付的，租金的总额一般都大于货价。

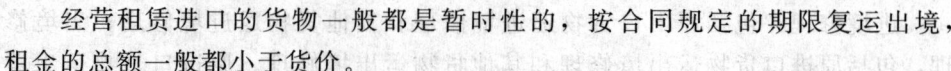

经营租赁进口的货物一般都是暂时性的,按合同规定的期限复运出境,租金的总额一般都小于货价。

3. 无代价抵偿货物

无代价抵偿货物是指进出口货物在海关放行后,因残损、缺少、品质不良或规格不符,由进出口货物的发货人、承运人或者保险公司免费补偿或更换的,与原货物相同或者与合同规定相符的货物。

收发货人申报进出口的无代价抵偿货物,与退运出境或者退运进境的原货物,不完全相同或者与合同规定不完全相符的,经收发货人说明理由,海关审核认为理由正当且税则号列未发生改变的,仍属于无代价抵偿货物范围。若税则号列不一致,应当按"一般进出口货物"的有关规定向海关申报,缴纳进口税款。

例1(单选题):

上海某航运公司完税进口一批驳船,使用不久后发现大部分驳船的油漆剥落,向境外供应商提出索赔,供应商同意减价60万美元,并应进口方的要求以等值的驳船用润滑油补偿。该批润滑油进口时应当办理的海关手续是
(   )

A. 按一般贸易进口报关,缴纳进口税
B. 按一般贸易进口报关,免纳进口税
C. 按无代价抵偿货物报关,缴纳进口税
D. 按无代价抵偿货物报关,免纳进口税

答案:A。

例2(单选题):

某纺织品进口公司在国内购一批坯布运出境印染,复运进境后委托服装厂加工成服装,然后回收出口。前后两次出口适用的报关程序分别是(   )

A. 暂准出境和一般出口
B. 一般出口和进料加工
C. 出料加工和一般出口
D. 出料加工和进料加工

答案:C。

4. 进出境修理货物(贸易方式:修理物品1300)

进境修理货物,是指运进境进行维护修理后,复运出境的机械器具、运输工具或者其他货物,以及为维修这些货物需要进口的原材料、零部件;出境修理货物,是指运出境进行维护修理后,复运进境的机械器具、运输工具或者其他货物,以及为维修这些货物需要出口的原材料、零部件。

进境修理，包括原出口货物运进境修理和其他货物运进境修理；出境修理，包括原进口货物运出境修理和其他货物运出境修理。原进口货物运出境修理，包括原进口货物在保修期内运出境修理、原进口货物在保修期外运出境修理。

5. 出料加工货物（1427）

出料加工货物是指我国境内企业将原辅料、零部件、元器件或半成品（总称料件）运到境外，交由境外厂商按我方要求进行技术加工后，复运进境的货物。

出料加工的目的是借助国外先进的加工技术，提高产品的质量和档次，因此只有在国内现有的技术手段无法或难于达到产品质量要求，而必须运到境外进行某项工序加工的情况下，才开展出料加工。

出料加工原则上不能改变原出口货物的物理形态。对完全改变原出口货物物理形态的出境加工，属于一般出口。

例（单选题）：

根据出料加工管理规定，在以下四种情况中，不能申请办理出料加工手续的情况是   （   ）

A. 国内的技术手段无法达到产品质量要求

B. 国内尚不具备加工设备

C. 国内尚无达到产品质量要求的加工企业

D. 国内虽具备生产能力和技术条件但加工费用比国外高

答案：D。

6. 退运货物和退关货物

（1）退运货物。

退运进出口货物，是指进出口后因质量不良或交货时间延误，买方拒收退运或其他原因退运进出境的货物；因错发、错运造成的溢装、漏卸而退运的进出口货物。退运货物包括一般退运货物和直接退运货物。

一般退运货物，是指已经办理进出口申报手续且海关已放行的退运货物。

监管方式：

退运货物（4561）

外商投资企业作为投资进口后退运出境的设备；

租赁货物退运；

对外承包工程结束返运回境内的原从境内运出机器、设备；

我驻外机构运回国内的原从国内带出的公务用品。

加工设备退运（0466）：加工贸易免税进口的设备退运出境。

区内设备退运（5361）：加工区内设备退运境外。

直接退运货物（4500）：

《中华人民共和国海关进口货物直接退运管理办法》（自2007年4月1日起施行）规定："直接退运货物是指在货物进境后、办结海关放行手续前，进口货物收发货人、原运输工具负责人或者其代理人（以下统称当事人）申请将全部或者部分货物直接退运境外的，或者海关根据国家有关规定责令直接退运的。"

进口转关货物在进境地海关放行后，当事人办理退运手续的，不属于直接退运货物，应当按照一般退运货物办理退运手续。

当事人申请直接退运的货物，海关准予退运的情况。在货物进境后、办结海关放行手续前，有下列情形之一的，当事人可以向海关申请办理直接退运手续：

①因国家贸易管理政策调整，收货人无法提供相关证件的；

②属于错发、误卸或者溢卸货物，能够提供发货人或者承运人书面证明文书的；

③收发货人双方协商一致同意退运，能够提供双方同意退运的书面证明文书的；

④有关贸易发生纠纷，能够提供法院判决书、仲裁机构仲裁决定书或者无争议的有效货物所有权凭证的；

⑤货物残损或者国家检验检疫不合格，能够提供国家检验检疫部门根据收货人申请而出具的相关检验证明文书的。

当事人向海关申请直接退运，应当按照海关要求提交"进口货物直接退运申请书"，证明进口实际情况的合同、发票、装箱清单、已报关货物的原报关单，提（运）单或者载货清单等相关单证，符合申请条件的相关证明文书，以及海关要求当事人提供的其他文件。海关按行政许可程序受理或不予受理，受理并批准直接退运的，制发"准予直接退运决定书"。

在货物进境后、办结海关放行手续前，有下列情形之一依法应当退运的，由海关责令当事人将进口货物直接退运境外：

①进口国家禁止进口的货物，经海关依法处理的；

②违反国家检验检疫政策法规，经国家检验检疫部门处理并且出具"检验检疫处理通知书"或者其他证明文书的；

③未经许可擅自进口属于限制进口的固体废物用作原料，经海关依法处理的；

④违反国家有关法律、行政法规，应当责令直接退运的其他情形。

对需要责令进口货物直接退运的，由海关根据相关政府行政主管部门出具的证明文书，向当事人制发"中华人民共和国海关责令进口货物直接退运通知书"。

不准予办理直接退运的情形：无许可证件（无证到货）、走私违规、超期、其他原因。

无代价抵偿进出口货物和退运货物以及直接退运货物的关系如下：

无代价抵偿货物，是对海关征税或免税放行后发现残损、短少或品质不良的补偿或更换。对于更换的货物，原进口货物要退运，这样的退运贸易方式是"退运货物"，而不是直接退运，直接退运是在海关放行前，因此直接退运货物不会产生无代价抵偿。

（2）退关货物。

退关货物，是指出口货物在海关申报出口后被海关放行，因故未能装上运输工具，发货单位申请将货物退运出海关监管区不再出口的货物。

7. 溢卸或误卸、放弃货物、超期未报货物

《海关法》第三十条规定："进口货物的收货人自运输工具申报进境之日起超过三个月未向海关申报的，其进口货物由海关提取依法变卖处理，所得价款在扣除运输、装卸、储存等费用和税款后，尚有余款的，自货物依法变卖之日起一年内，经收货人申请，予以发还；其中属于国家对进口有限制性规定，应当提交许可证件而不能提供的，不予发还。逾期无人申请或者不予发还的，上缴国库。

确属误卸或者溢卸的进境货物，经海关审定，由原运输工具负责人或者货物的收发货人自该运输工具卸货之日起三个月内，办理退运或者进口手续；必要时，经海关批准，可以延期三个月。逾期未办手续的，由海关按前款规定处理。

前两款所列货物不宜长期保存的，海关可以根据实际情况提前处理。"

（1）溢卸或误卸货物（监管方式：进口溢误卸4539）。

进口溢卸货物：未列入进口载货清单、提（运）单的货物，或多于进口载货清单、提（运）单所列数量的货物。但不包括按照合同规定的溢短装条款所多装的货物。

进口误卸货物：指本应运往境外港口、车站或境内港口、车站等其他地点的货物，在本港（车站）卸下。不包括运往国内其他港口或退运国外的误卸货物。

（2）放弃货物。

1）定义与范围。

放弃货物又称放弃进口货物，是指进口货物的收货人或其所有人声明放弃，由海关提取依法变卖处理的货物（根据有关规定不得放弃的货物除外）。

放弃交由海关处理的货物的范围如下：

——没有办结海关手续的一般进出口货物；

——保税货物；

——在监管期内的特定减免税货物；

——暂准进境货物；

——其他没有办结海关手续的进境货物。

国家禁止或限制进口的货物，对环境造成污染的货物不得声明放弃。

2）处理。

放弃进口货物由海关提取依法变卖处理。

由海关提取依法变卖处理的放弃进口货物的所得价款，优先拨付变卖处理实际支出的费用后，再扣除运输、装卸、储存等费用。所得价款不足于支付运输、装卸、储存等费用的，按比例支付。

变卖价款扣除相关费用后尚有余款的，上缴国库。

（3）超期未报关货物。

1）定义与范围。

超期未报关货物是指在规定的期限内未办结海关手续的海关监管货物，其范围如下：

——正常卸货的进口货物：运输工具申报进境之日起超过 3 个月；

——误卸或溢卸：运输工具卸货之日起超过 3 个月或超过海关延期的期限 3 个月；

——保税货物：超过保税期限 3 个月未向海关办理复运出境或者其他海关手续；

——暂准货物：超过规定期限 3 个月未向海关办理复运出境或者其他海关手续；

——过境、转运、通运货物：超过规定期限 3 个月未运输出境。

2）处理。

超期未报关货物由海关提取依法变卖处理。不宜长期保存的，海关可以根据实际情况提前处理。

被决定变卖处理的货物如属于《法检目录》范围的，由海关在变卖前提请出入境检验检疫机构进行检验检疫，检验检疫的费用与其他变卖处理实际支出的费用从变卖款中支付。

变卖所得价款，在优先拨付变卖处理实际支出的费用后，按照以下顺序扣除相关费用和税款，所得价款不足于支付同一顺序的相关费用的，按比例支付：

——运输、装卸、储存等费用；

——进口关税；

——进口环节海关代征税；

——滞报金。

按照规定扣除相关费用和税款后，尚有余款的，自货物依法变卖之日起1年内，经进口货物收货人申请，予以发还。其中被变卖货物属于许可证管理商品的，应当提交许可证件而不能提供的，不予发还；不符合进口货物收货人资格、不能证明其对进口货物享有权利的，申请不予受理。逾期无进口货物收货人申请、申请不予受理或不予发还的，余款上缴国库。经海关审核符合被变卖进口货物收货人资格的发还余款的申请人，应当按照海关对进口货物申报的规定，补办进口申报手续。

8. 国际服务外包业务进口货物

纳入保税监管的国际服务外包业务进口货物（以下简称外包进口货物）是指服务外包企业履行国际服务外包合同，由国际服务外包业务境外发包方免费提供的进口设备。外包进口货物属于海关监管货物，限于服务外包企业本企业履行外包合同使用，未经海关核准，企业不得将外包进口货物抵押、质押、留置。海关对管理类别为B类及以上的服务外包企业，从事国际服务外包业务的进口货物实施保税监管，国家不予减免税的商品除外。

上述服务外包企业是指《财政部 国家税务总局 商务部 科技部 国家发展改革委关于技术先进型服务企业有关税收政策问题的通知》（以下简称《通知》）规定的技术先进型服务企业。国际服务外包业务是指《通知》附件《技术先进型服务业务认定范围（试行）》项下的国际服务业务。

服务外包企业在外包进口货物进口备案前，应在海关办理报关注册登记手续。海关对保税监管的国际服务外包进口货物暂用加工贸易设备手册（手册编号首位为D，以下简称手册）模式管理。手册以合同为单元进行监管，一个合同对应一本手册。

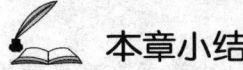

本章小结

本章先是对报关单位的分类管理办法作了详细的介绍，海关监管的对象并不只是这些报关单位的行为，更主要的是物，其中最重要的是进出口货物。本章在介绍保税货物的同时也介绍了开展保税业务的保税监管场所和特殊海关监管区。从报关的角度看，海关监管的对象就是报关的对象，所以本章顺便说明了报关的范围。

第 4 章 报关程序概述

关键术语

报关程序　前期阶段　进出口阶段　后续阶段　提前报关转关　直转转关　中转转关

学习目标

- 了解报关程序的含义；
- 了解转关运输申报单证的法律效力；
- 了解进出口货物及海关监管货物的转关程序；
- 掌握报关的基本程序和适用范围；
- 掌握转关的概念、方式、期限。

4.1 报关程序

4.1.1 定义

报关程序是指进出口货物的收发货人、进出口运输工具负责人、进出口物品的所有人或其代理人按照海关的规定，办理货物、物品、运输工具进出境及相关海关事务的手续及步骤；分别对应海关通关管理的三个阶段：前期管理、现场作业管理、后续管理。

4.1.2 基本程序

报关程序按时间的先后顺序和海关管理要求分成三个阶段：前期阶段、进出口阶段、后续阶段；分别对应海关管理的三个阶段：前期管理、现场作业管理、后续管理。

1. 前期阶段

前期阶段是货物进出境前向海关办理前置手续，即进出口货物收发货人或其代理人在货物进出关境之前，向海关办理备案手续的过程。并不是所有的货物都要经过这个阶段。

主要适用于保税进出口货物、特定减免税货物、暂准进出境货物中的展览品以及其他进出境货物中的部分货物，如出料加工货物。这些货物在进出口之前要向海关办理备案手续。

2. 进出口阶段

进出口阶段是货物实际进出关境时需要办理海关基本手续的核心阶段，也是通常的正式报关，包括4个环节。

从海关的角度来说，进出口货物须经过：海关审单（决定是否受理申报）、查验、征税、放行。

与报关单位相对应的工作：申报、配合查验、缴纳税费（或减交、免交、缓交或提供担保）、提取或装运货物。

（1）申报。

该环节必须由报关员来完成，申报的相关规定、步骤、具体要求后面再作详细介绍。

（2）配合查验。

该环节可以由报关员或其助理完成，报关单位（报关员）在海关决定查验货物时应在场，配合海关查验货物，负责搬运、开箱、封箱等，并检查货物是否损坏。配合查验相关规定及具体要求将在后面作详细介绍。

（3）缴纳税费。

报关单位根据海关开具的缴纳税费通知书，向海关指定银行缴纳货物进出口税或海关监管费。该环节会根据具体情况前推后移，详见第6章。

按照《中华人民共和国海关法》、《中华人民共和国关税条例》和《中华人民共和国海关进出口货物征税管理办法》有关规定，关税、进口环节增值税、消费税、滞纳金起征点均为每票货物50元。补征税款及加工贸易补税缓税利息的，均比照有关关税、进口环节增值税起征点的规定，每票不足50元的，免予补征或征收。进出口税收的起退点为0元。

(4) 提取或装运货物。

完成上述环节并在海关决定放行后，凭加盖海关放行章的提货单或装运单，完成提取进口货物或装运出口货物的环节。

3. 后续阶段

后续阶段是进出口货物收发货人或其代理人，在货物进出境后向海关办理后续结关手续，即在规定的期限内，根据海关对某些特定货物的监管要求，向海关报告上述进出口货物使用情况、最终用途和去向，其报关单位在货物进出境并完成相应的处理过程后，向海关办理核销、销案、申请解除监管手续的过程。

表 4-1 五类货物报关程序汇总及相应的海关管理

报关程序 货物类别	前期阶段（货物进出境前） 商务准备：申请许可文件，报检，准备索赔协议； 海关备案	进出口阶段（货物进出境时） 一般有4个环节	后续阶段（货物进出境后） 由核销期、结关期、稽查期组成
一般进出口货物	不需要办理	理论规定： 申报（海关审单） ↓ 配合查验（海关查验） ↓ 缴纳税费（海关征税） ↓ 提取或装运货物（海关放行） 实际操作： 缴纳税费这个环节在配合查验之前	不需要办理
保税进出口货物	保税加工合同审核、合同备案、保证金台账的开设（需要时）；加工贸易电子账册、电子化手册的建立		保税加工合同报核、台账销账（需要时）、保税货物核销申请
减免税货物	企业减免税备案登记、减免税申请、《征免税证明》的申领		解除海关监管申请
暂准进出境货物	暂准进出口货物的报批、备案申请（展览品）、担保申请 境内集装箱箱体在投入国际运输前要在海关办理登记手续		担保销案申请，核销结案
其他进出境货物	出料加工货物的备案		出料加工货物、修理货物、部分租赁货物等，进出口货物收发货人或其代理人应当在规定的期限内办理销案手续
海关通关管理	报关单、转关单、舱单、合同手册、许可证件、征免税证明等数据的联网接收或录入，审核并形成备案数据	通关过程的核心：各种通关模式的实施；海关现场核注及布控处理	备案数据库的核销管理及业务数据的分析统计

4.1.3 海关通关全流程

下面以进口通关流程为例，解说进出口报关四环节和海关监管四环节：

第4章 报关程序概述

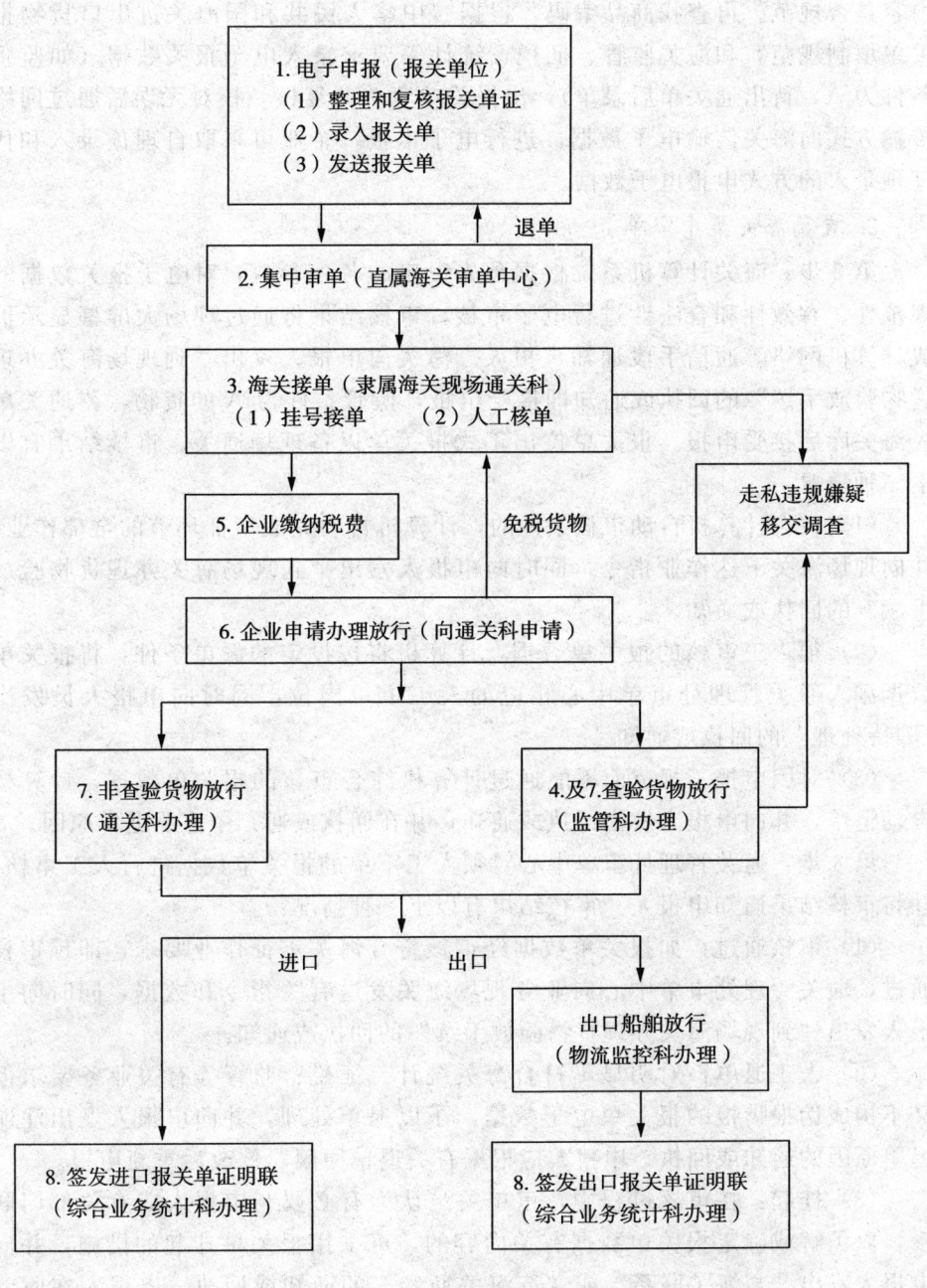

图 4-1 进出口货物通关流程

1. 报关人电子申报

第 1 步：货物的收货人或其代理人整理和审查单证，检查单证是否齐全，

131

内容是否规范。再查找商品编码，根据《中华人民共和国海关进出口货物报关单填制规范》和海关监管、征税、统计等要求录入电子报关数据（如监管条件为A，待出通关单后录单），出报关单草单并复核，核对无误后通过网络传输方式向海关传输电子数据，进行电子申报。企业可采取自理预录入和代理预录入的方式申报电子数据。

2. 直属海关集中审单

第2步：海关计算机系统根据预先设定的各项参数，对电子报关数据的规范性、有效性和合法性进行电子审核，审核结果将通过现场大屏幕显示器或计算机网络等通信手段通知申报人。海关向申报人发出"到现场海关办理货物验放手续"的回执或通知即接受申报，监管条件为A的货物，待通关单入海关库后接受申报。报关单位出正式报关单以备现场通关。审核结果有以下三种情况：

（1）符合计算机自动审核条件的，计算机自动完成审征环节的全部作业，并向现场海关下达作业指令，同时向申报人发出"到现场海关办理货物验放手续"的回执或通知。

（2）须人工审核的报关单数据，计算机将按设定的派单条件，将报关单数据派入通关管理处审单中心相应的人工审单岗位，同时向申报人员发出"等待处理"的回执或通知。

（3）对因申报不规范而不能通过计算机综合审核的报关单数据，计算机自动退单，并向申报人发出回执或通知，并在回执或通知中注明退单原因。

第3步：通关管理处审单中心对须人工审单的报关单数据进行人工审核，并将审核结果通知申报人。审核结果有以下三种情况：

（1）审核通过：如报关单数据经审核符合海关审征作业要求，即预审核通过，通关管理处审单中心向业务现场海关发送有关指令和数据，同时向申报人发出"到现场海关办理货物验放手续"的回执或通知。

（2）人工退单：对明显不符合海关统计、征税、监管等有关业务要求但又不构成伪报瞒报的报关单电子数据，予以退单处理，并向申报人发出注明退单原因的通知或回执。申报人应根据有关退单原因，修改后重新申报。

（3）挂起：在审核过程中，审单关员认为有必要与申报人或有关部门联系，以了解或确定报关单数据有关内容的，可采用报关单挂起的措施，并向申报人发出"与海关联系"或"待海关通知"的通知或回执。申报人在收到"与海关联系"的通知或回执时，应根据通知或回执中的联系电话，及时与通关管理处审单中心取得联系，说明有关情况或按通关管理处审单中心要求提供有关资料；在收到"待海关通知"的通知或回执时，则须静待进一步的审核通知。

3. 现场通关——海关接单

第4步：口岸海关通关现场以及区域海关为进口接单现场，申报人到现场海关通关科挂号，叫到号后到接单窗口或派单窗口（一些业务量较大的现场）递交书面单证，办理单证审核手续。申报人通常要出示报关员证，并递交以下单证：

（1）纸质报关单（指预录入公司或本公司录入、打印，并联网将录入数据传送到海关，由申报单位向海关申报的报关单）；

（2）代理报关委托书/委托报关协议；

（3）代理报关授权书；

（4）入（出）境货物通关单、合同、发票、提单/提货单/运单（进口）、装货单/运单（出口）、装箱（清）单、载货清单（舱单）、出口结汇核销单（出口）等随附单证，对于实施"提前报关、实货放行"通关模式的空运货物无法提供正本提单或运单的，可随附提单或运单的复印件。

第5步：海关验核申报人的报关资格，验核通过的，现场接单关员进行接单。有派单窗口的现场派单人员则核对书面单证是否齐全，并分派接单窗口。

第6步：现场接单关员验核书面单证。

审核书面单证的各项内容是否单单（报关单与随附单证）、单机（报关单与电子数据）相符。

对申报价格、商品归类等项目进行复核。

按作业要求对有关单证进行批注。

如发现单证不齐全、不合法，应及时查明原因，并按有关规定处理。

4. 现场通关——查验

第7步：申报人持查验通知单、报关单备用联、提单场站收据、海运提单、发票、装箱单（复印件），到现场海关查验受理部门办理查验计划（一般当天安排第二天的查验计划），申报人员应做好查验准备。

第8步：海关对需要查验的货物实施现场查验。进口货物的收货人、出口货物的发货人或其代理人应派员到场协助查验，协助查验人员应出示有效证件并负责搬移货物、开拆和重封货物的包装，当海关对相关单证或货物有疑问时应负责解答。（注意：法律规定，当海关认为必要时，可以径行开验、复验或者提取货样。）

第9步：查验结束后，申报人应在查验记录单上签名、确认。签名应真实有效，对海关查验过程与结果是否认同应如实填写。

5. 现场通关——税费征收

第10步：办理税费征收手续。

对应税货物征收税款（关税、增值税、消费税）；对列为反倾销货物的征收反倾销税，并打印税款缴款书；对逾期纳税货物征收滞纳金，打印滞纳金缴款书。

对减免税货物、保税货物按规定征收监管手续费；对超出规定期限向海关办理报关手续的进口货物征收滞报金，打印海关行政事业性专用票据，并到指定银行缴款。

对暂时进出口货物或根据有关规定须征收保证金的，打印保证金收据。

对缴纳的税费进行核销。

6. 现场通关——单证放行

第11步：在接单现场，单证复核关员对电子报关数据、书面单证及批注情况进行复核，对于情况正常、未设定查验的，办理单证放行手续，并在提货单或运单上加盖"单证专用章"及"工号章"，报关单备用联和提货单退还货主或其代理人；对已设定查验的，直接在提货单或运单上加盖"单证专用章"和"工号章"，报关单备用联和提货单退还货主或其代理人。接单现场对查验的单证不再制作关封。

7. 口岸海关——实货放行

第12步：在获得运输工具到港信息后，货主或其代理人持提货单或运单及报关单备用联，交口岸风险管理/放行部门，根据计算机的提示进行放行处理。如计算机提示"货物未到港"，则不予办理放行手续；如计算机提示"与实卸情况不符或未找到实卸记录"，海关应根据实际情况办理放行手续。对无须查验的，海关在处理完计算机操作后即在正本提货单或运单上加盖"放行章"，计算机自动将有关实货放行的电子信息传送至港区或机场货代，货主即可办理放行手续；对须查验的货物，放行关员在提货单或运单上加盖"查验章"退还货主，由货主带至查验点接受海关对货物的查验。

8. 签发进口货物报关单

第13步：申报人到业务现场办理报关单证明联的签证手续。

进口货物放行后，海关向申报人签发进口付汇证明联和加工贸易海关核销联。

出口报关在第3步之后采取出口货物分类通关。出口货物分类通关是海关通过科学运用风险管理的理念和方法，以企业资信状况为基础，综合商品、物流等各类风险要素，按照风险高低对出口货物实施分类通关作业。对诚信守法企业的低风险出口货物，海关计算机系统对电子数据报关单完成电子审核后,快速放行。纸质报关单证有"事后交单"和"现场交单"两种方式供企业自主选择。"现场交单"同进口通关流程的第4步一样,即企业按照《中华人民共和国海关进出口货物申报管理规定》(海关总署令第103号)要求,在货物放行前向海关递交纸质报关单证。

"事后交单",即经海关审核准予适用"事后交单"通关方式的企业采取"无纸报关"方式录入报关单向海关申报,经海关审核满足计算机自动放行条件的,货物放行后在规定期限内向海关递交纸质报关单。涉及监管证件的出口货物不适用"事后交单"通关方式。

试点海关范围内A类及以上的进出口企业和代理报关企业,可以向注册地海关申请适用"事后交单"通关方式。经海关审核准予适用"事后交单"通关方式的进出口企业需要委托报关企业代理报关的,应当委托经海关审核准予适用"事后交单"通关方式的报关企业。A类及以上企业经注册地海关同意,并与海关、电子口岸签订协议书后,可在全国试点海关范围内适用"事后交单"通关方式。适用"事后交单"通关方式的企业应当自货物放行之日起10日内到海关办理交单验核等相关手续。

4.1.4 保税加工货物的管理特点

海关根据国家的法律、行政法规、政策和规范性文件,对保税加工货物实施监管的过程,反映出保税加工监管制度具有"商务审批、备案保税(批准保税)、纳税暂缓、监管延伸、核销结关"的特点。

1. 商务审批——前期报关阶段

加工贸易业务必须经过商务主管部门审批才能进入向海关备案的程序。大体上有两种情况:

(1) 由商务主管部门审批加工贸易合同。

加工贸易经营企业在向海关办理加工贸易合同备案手续或者申请设立电子手册之前,须先到商务主管部门办理合同审批手续。经审批后,凭商务主管部门出具的"加工贸易业务批准证书"和"加工贸易经营企业经营状况和生产能力证明"两个单证,以及商务主管部门审批同意的加工贸易合同,到海关备案。

(2) 由商务主管部门审批加工贸易经营范围。

加工贸易经营企业在向海关申请联网监管和建立电子账册、电子手册之前,须先到商务主管部门办理审批加工贸易经营范围的手续,经商务主管部门对加工贸易企业与海关联网监管的申请做出前置审批后,凭商务主管部门出具的"经营范围批准证书"和"加工贸易经营企业经营状况和生产能力证明"到海关申请联网监管和建立电子账册、电子化手册。

加工贸易审批机关：商务部及各省级商务主管部门负责管理。

2. 备案保税（批准保税）——前期报关阶段

国家规定，加工贸易料件要经过海关批准才能保税进口。非物理围网监管模式下的保税加工货物，海关批准保税是通过受理备案来实现的；物理围网监管模式下的保税加工货物也有备案程序，主要体现在建立出口加工贸易电子账册，同时还体现在进境申报使用"中华人民共和国出口加工区备案清单"，把备案和进境申报融合在一起，简化了手续，也带有备案的性质。凡是准予备案的加工贸易料件在进口时，可暂不办理纳税手续，即保税进口。

海关备案货物保税的原则有3个：

(1) 合法经营——货物合法、方式合法、企业合法、证件合法；

(2) 复运出境——所有保税货物经加工、装配后应该复运出境，且申请保税的单证能够证明进出基本是平衡的；

(3) 可以监管——加工环节、进出境环节海关都可以监管。

3. 纳税暂缓——进出口阶段

为了特定目的而进境，不能确定其最终流向，保税货物未办理纳税手续进境，属于暂时免纳税费，而不是免税，要注意同税费缓纳或减免区别开来。待货物最终流向确定后，海关再决定征税或免税。国家规定专为加工出口产品而进口的料件，按实际加工复出口成品所耗用的数量，准予免缴进口关税和进口环节增值税、消费税。这里所指的免税，是指用在出口成品上的料件可以免税。但是在料件进口的时候无法确知用于出口成品上的料件的实际数量，因此无法免税。海关只有先准予保税，在产品实际出口并最终确定使用在出口成品上的料件数量后，再确定征免税的范围，即用于出口的不予征税，不出口的征税，然后再由企业办理纳税手续。因此，保税加工的料件纳税时间被推迟到了加工成品出口后。也正是这个原因，保税加工货物经批准内销要征收缓税利息（边角料和特殊监管区域内的保税加工货物除外）。

4. 监管延伸——后续报关阶段

(1) 监管地点延伸。

1) 一般进出口货物：进出境口岸的海关监管场所。

2) 保税货物：凡是储存、加工、装配的地点均是海关监管的地点。

(2) 监管时间延伸。

海关保税监管期限从提取货物之日起开始，至完成加工、装配后复运出境或办结海关手续之日止。即自货物进入关境起，至出境办结海关手续或转为实际进口最终办结海关手续核销止。

1)保税加工期限:指经海关批准保税后,在境内储存、加工、装配的时间限制。

2)报核和核销期限:报核期限指保税货物的经营人,向海关申请核销的最后期限;核销期限指海关核销的最后期限(详见7.3)。

5. 核销结关——后续报关阶段

保税加工货物要经过海关的核销后才能"结关",即结束海关的监管。

保税加工货物的核销是非常复杂的工作。保税加工的料件进境后要进行加工、装配、改变原进口料件的形态,复出口的商品不再是原进口的商品。这样,向海关的报核不仅要确认进出口数量是否平衡,而且要确认成品是否由进口料件生产。在报核的实践中,数量往往是不平衡的。正确处理报核中发生的数量不平衡问题,是企业报核必须解决的问题。

4.1.5 保税物流货物的管理特点

海关根据国家的法律、行政法规、政策和规范性文件对保税物流货物实施监管的过程,反映出保税物流监管制度具有"设立审批、准入保税、纳税暂缓、监管延伸、'运离'结关"的特点。

1. 设立审批——前期报关阶段

保税物流货物必须存放在经过法定程序审批设立的两类地方:

(1)保税监管场所:保税仓库、出口监管仓库,要经过海关审批,并核发批准证书,凭批准证书设立及存放保税物流货物。

(2)特殊监管区域:保税物流中心、保税物流园区、保税区、保税港区、综合保税区。除保税物流中心可以由海关总署批准外,其余须经国务院审批,凭国务院同意设立的批复设立,并经海关等部门验收合格才进行保税物流货物的运作。

未经法定程序审批同意设立的任何场所或者区域都不得存放保税物流货物。

2. 准入保税——前期报关阶段

保税物流货物通过准予进入监管场所或监管区域来实现批准保税。海关对保税物流货物的监管通过对保税监管场所或特殊监管区域的监管来实现。

对保税监管场所或者特殊监管区域实施监管成为海关对保税物流货物监管的重要职责,海关应当依法监管保税监管场所或者区域,按批准存放范围准予货物进入保税监管场所或者区域,不符合规定存放范围的货物不准进入。

3. 纳税暂缓——进出口阶段

凡是进境进入保税物流监管场所或者特殊监管区域的保税物流货物，在进境时可以暂时不办理进口纳税手续，等到运离海关保税物流监管场所或者特殊监管区域时才办理进口纳税手续，或征税，或免税。在这一点上，保税物流监管制度与保税加工监管制度是一致的，但是保税物流货物在运离海关保税物流监管场所或者特殊监管区域征税时，不必同时征收缓税利息，而保税加工货物经批准内销要征收缓税利息（边角料和特殊监管区域内的保税加工货物除外）。

4. 监管延伸——后续报关阶段

（1）监管地点延伸。

进境货物从进境地的海关监管现场，已办结海关出口手续但尚未离境的货物从出口申报地海关现场，延伸到保税监管场所或者特殊监管区域。

（2）监管时间延伸。

海关保税监管从提取货物之日起开始，至完成仓储后复运出境或办结海关手续之日止。即自货物进入关境起，至出境办结海关手续或转为实际进口最终办结海关手续核销止（详见7.3）。

5. 运离结关——后续报关阶段

根据规定，保税物流货物报关与保税加工货物报关一样有报核程序，有关单位应当以电子数据和纸质单证向海关申报规定时段保税货物的进、出、存、销等情况。但是实际结关时间，除外发加工和暂准"运离"（维修、测试、展览等）需要继续监管以外，每一批货物"运离"保税监管场所或者特殊监管区域，都必须根据货物的实际流向办结海关手续；办结海关手续后，该批货物就不再是保税监管场所或者特殊监管区域范围的保税物流货物。在这里，规定时间的报核已经不具备最终办结海关手续的必要程序。

4.2 货物的转关运输

4.2.1 概述

《海关法》第三十五条规定："进口货物应当由收货人在货物的进境地海关办理海关手续，出口货物应当由发货人在货物的出境地海关办理海关手续。经收发货人申请，海关同意，进口货物的收货人可以在设有海关的指运地、出口货物的发货人可以在设有海关的起运地办理海关手续。上述货物的转关运输，应当符合海关监管要求；必要时，海关可以派员押运。"即原则上，进出口货物应当由货主在货物的进出境地海关报关。但海关为加速口岸疏运，方便货主报关,允许办理转关运输。

转关运输是指进出口货物在海关的监管下,从一个海关运至另一个海关办理海关手续的行为。

※指运地:是指进口转关运输货物运抵报关的地点。

例:货物从天津进口,按规定应该是在进境天津海关申报,但是经收发货人申请,海关同意后,进口货物转到北京海关申报进口。北京是指运地。

※起运地:是指出口转关运输货物报关发运的地点。

例:北京的 A 公司,要从天津口岸出口一批苹果。经过申请人的申请,海关同意后,这批苹果可以在起运地北京申报,并且在北京办理完整个出口海关手续后,运到天津,由天津海关监管出口。天津就属于出境地,北京是起运地。

转关运输包括以下三种情况:

(1) 进口转关运输:货物由进境地入境,向海关申请转关,运往另一个设关地点(指运地)进口报关。

(2) 出口转关运输:货物在起运地出口报关运往出境地,由出境地海关监管出境。

(3) 境内转关运输:海关监管货物从境内一个设关地点运往境内另一个设关地点报关,转关目的是继续使用或存储或加工。如从保税区到出口加工区。

以上涉及四个地点:进境地、出境地、指运地、起运地。注意同跨关区报关比较。

4.2.2 申请转关运输的条件

1. 申请转关运输应符合的条件

(1) 转关的指运地和起运地必须设有海关。

(2) 监管场所:转关的指运地和起运地应当设有经海关批准的监管场所。转关货物的存放、装卸、查验应在海关监管场所内进行。特殊情况下,需要在海关监管场所以外存放、装卸、查验的,应事先向海关提出申请。实施有关转关监管联系配合办法或电脑联网监管。

(3) 转关的承运人应当在海关注册登记,承运车辆符合海关监管要求,并承诺按海关对转关路线范围和途中运输时间所作的限定,将货物运往指定的场所。

1) 转关货物的运输工具、装备应具备密封装置和加封条件。

2) 注册登记的内容包含:运输企业名称及相关资料、驾驶员名称及相关

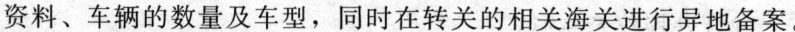

资料、车辆的数量及车型，同时在转关的相关海关进行异地备案。

3）转关承运人应遵照下列行为规范：

出行车辆的准载证、资格证齐全，填报交验和核销汽车载货登记簿，以上证件应妥善保管，不得转借、涂改、故意损毁。

4）货物：完整、封志完好；转关货物运输途中因交通意外等原因须更换运输工具或驾驶员的，承运人或驾驶员应通知附近海关；附近海关核实同意后，监管换装并书面通知进境地、指运地海关或出境地、起运地海关。转关货物在国内储运中发生损坏、短少、灭失情事时，除不可抗力外，承运人、货物所有人、存放场所负责人应承担税负责任。

2. 不得申请转关运输的货物

转关货物是海关监管货物，除下列"限制转关物品清单"中的商品和国家检验检疫部门规定必须在口岸检验检疫的商品外，其他进出口货物均可办理转关手续。

1）废物类：动物废料、冶炼渣、木制品废料、纺织品废物、贱金属及其制品的废料、各种废旧五金机电电器产品、废运输设备、废塑料碎料及下脚料等；

2）化工类：易制毒化学品、监控化学品、消耗臭氧层物质；

3）汽车类：整车，包含成套的散件和二类底盘。

例1（多选题）：

按照海关规定，进出口货物在转关运输期间，关于转关运输的规定以及向海关承担的义务，下列说法正确的是（　　）

A. 转关货物必须存放在海关指定的仓库、场所

B. 存放转关货物的仓库、场所的负责人，必须按海关规定办理收存、交付手续

C. 未经海关许可，转关货物不得开拆、改装、调换、提取、交付

D. 转关运输途中，货物发生短少、损坏、丢失，应及时向海关报告，除不可抗力原因外，承运人应当承担相应的纳税义务和法律责任

答案：ABCD。

例2（单选题）：

长春市某进出口公司A，购买韩国产新闻纸一批。货物进口时由大连口岸转关至长春海关办理该批货物的报关纳税手续。承担该批货物境内转关运输的是大连某运输公司B。在运输途中，因汽车驾驶员王某吸烟，不慎引发火灾，致使该批新闻纸全部灭失。在这种情况下，关于该批货物的纳税义务，下列表述正确的是（　　）

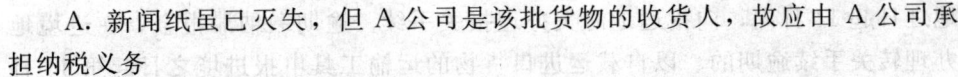

A. 新闻纸虽已灭失，但 A 公司是该批货物的收货人，故应由 A 公司承担纳税义务

B. 因火灾是由王某个人造成的，应由王某个人承担该批货物的纳税义务

C. 因货物的转关运输是由 B 公司负责的，且该批货物的灭失发生在运输途中，故应由 B 公司承担纳税义务

D. 因货物已灭失，不会对国内经济造成任何冲击，故该批货物无须缴纳任何税费

答案：C。解析：本题将转关运输与《海关法》相结合起来出题，涉及《海关法》第三十八条第三款。

4.2.3 转关方式

转关有提前报关转关、直转转关和中转转关 3 种方式。

1. 提前报关转关

在指运地或起运地海关以提前报关方式办理。即进口货物在指运地先申报，再到进境地办理进口转关手续；出口货物在货物运抵起运地监管场所前先申报，货物运抵监管场所后，再办理出口转关手续的转关方式。

2. 直转方式转关

在进境地或起运地海关，以直接填报转关货物申报单的直转报关方式办理。即进口货物在进境地海关办理转关手续，货物运抵指运地后，再在指运地海关办理报关手续；出口货物在运抵起运地海关监管场所报关后，在起运地海关办理出口转关手续，货物运抵出境地海关办理出境手续。

3. 中转方式转关

货物收发货人或其代理人，向指运地或起运地海关办理进出口报关手续后，由境内承运人或其代理人，统一向进境地或起运地海关申报转关的中转报关方式办理。

适用范围：具有全程联运提/运单，须换装境内运输工具的货物适用中转方式；其他进口转关、出口转关及境内转关的货物可采用提前报关或直转方式办理转关。

4.2.4 监管和报关要点

1. 转关运输的期限

（1）直转方式转关的期限。

直转方式转关的进口货物，应当自运输工具申报进境之日起 14 日内，向进境地海关录入转关申报数据，办理转关手续，在海关限定期限内运抵指运地之日起 14 日内，向指运地海关办理报关手续。逾期缴纳滞报金。在进境地办理转关手续逾期的，以自载运进口货物的运输工具申报进境之日起第 15 日为征收滞报金的起始日；在指运地申报逾期的，以自货物运抵指运地之日起第 15 日为征收滞报金的起始日。

直转方式转关的出口货物，运抵起运地海关监管场所后申报及办理转关。

(2) 提前及中转报关方式。

1) 进口转关货物应在电子数据申报之日起 5 日内，向进境地海关办理转关手续。超过期限仍未到进境地海关办理转关手续的，指运地海关撤销提前报关的电子数据。

2) 出口转关货物应于电子数据申报之日起 5 日内，运抵起运地海关监管场所，办理转关和验放手续。超过期限的，起运地海关撤销提前报关的电子数据。

2. 转关运输申报单证的法律效力

转关货物申报的电子数据与书面单证具有同等的法律效力。对确实因为填报或传输错误的转关货物，则不再允许修改或撤销申报内容。

4.3 转关程序

4.3.1 进口货物的转关

1. 提前报关的转关

提前报关的转关是指进口货物收货人或其代理人先在指运地海关申报录入，然后在进境地完成转关，再回到指运地完成报关。

进口货物收货人或其代理人（货主），在进境地海关办理进口货物转关手续前，于指运地海关填报录入进口货物报关单电子数据。指运地海关提前受理电子申报，接受申报后，计算机自动生成进口转关货物申报单，在进口转关货物捆绑发送系统中输入载货清单及报关单号，确认转关所需的日期后发送传输至进境地海关。

货主在电子数据申报后，在 5 日内向进境地海关申请办理转关手续，逾期未办，指运地海关撤销已经录入的电子数据。收货人或其代理人向进境地海关提供进口转关货物申报单的编号，交验单证办理转关手续，单据如下：

(1) 进口转关运输货物核放单（广东省内公路运输的，提交进境汽车载货清单一式两份）；

(2) 汽车载货登记簿或船舶监管簿；

（3）提货单。

进境地海关在受理转关货物申请人的申报后，按有关程序调阅进口转关数据，并在审核相关电子数据和纸质单证数据是否相符后，输入境内运输工具的编号及车牌号/船名、关锁号，核销进境舱单后，放行转关货物的所有单证，并向指运地海关发送电子数据。提前报关的进口转关货物，进境地海关因故无法调阅进口转关数据时，可以按直转方式办理转关手续。

进境地主管海关审单后转现场物流监管科，现场对装有相关货物的集装箱或运输工具施加关锁、在汽车载货登记簿或船舶监管簿上批注签章，对转关货物进行实际放行。

指运地海关在收到进境地海关发送的电子转关数据的同时，对进口货物报关单的电子数据进行电子审单作业。

货物运抵指运地后，指运地海关应在货物运抵之日验核货物或运输工具的关锁号，并向进境地海关发送转关货物的核销回执。货主向海关提交纸质报关单及其他单据，按照正常的报关程序报关，指运地海关受理报关。

以上过程所涉及的所有单证，分别由进境地和指运地海关进行过归档存留。

2. 直转方式

进口货物的收货人或代理人，自运输工具申报进境之日起14日内填报录入进口转关货物申报单（一式三份），并向进境地海关发送转关申报数据。进口货物的收货人或代理人在收到放行电子回执后，交验单证，持有关单证直接办理转关手续。逾期缴纳滞报金。申报单据如下：

（1）进口转关运输货物申报单（广东省内公路运输的，提交进境汽车载物清单）；

（2）汽车载货登记簿或船舶监管簿。

进境地海关在受理转关货物申请人的申报、审核相关电子数据和纸质单证数据是否相符后，输入境内运输工具的编号及车牌号/船名、关锁号，核销进境舱单后，放行转关单证，及时将有关报关单证制作关封（内有进口转关运输货物申报单），交申请人带至指运地海关，并向指运地海关发送电子数据。加关锁，转关实物放行。

在海关指定的时间内运抵指运地，指运地海关应在货物运抵之日验核货物或运输工具的关锁号，并向进境地海关发送转关货物的核销回执。自货物到达指运地之日起14日内，进口货物的收货人或代理人，向指运地海关递交关封办理报关申报，指运地海关受理报关。逾期缴纳滞报金。

以上过程所涉及的所有单证，分别由进境地和指运地海关进行过归档存留。

3. 中转方式

具有全程提运单、须换装境内运输工具的中转转关货物，其收货人或代理人向指运地海关办理进口报关手续。收货人或其代理人在向指运地海关提前录入填报进口货物报关单后，承运人或其代理人在进境地录入填报进口转关货物申报单。于5日内向进境地海关提交进口转关货物申报单、进口货物中转通知书，按指运地目的港分列的运输工具纸质舱单（空运方式提交联程运单）等单据办理转关手续。

承运人或其代理人向进境地海关交验单证，按指运地目的港分列舱单批量申请转关。

进境地海关在受理转关货物申请人的申报，逐票审核进口货物报关单与进口转关货物申报单是否相符后，输入境内运输工具的编号及车牌号/船名、关锁号，核销进境舱单后，放行转关货物的所有单证，并向指运地海关发送电子数据。加关锁，转关实物放行，待货物到达指运地后在规定的时间内办理报关手续。货物到达指运地，海关验核，向进境地发送核销回执。向指运地海关交验单证办理货物进口手续。进口转关运输货物运抵指运地海关监管区后，指运地海关办理转关核销，大宗货物进口，至最后一批到达时，批量核销。

以上过程所涉及的所有单证，分别由进境地和指运地海关进行过归档存留。

4.3.2 出口货物的转关

1. 提前报关的转关

发货人或代理人在货物运抵起运地海关监管场所前，先向起运地海关申报录入出口货物报关单电子数据，起运地海关提前受理电子申报。在起运地海关办理出口通关手续后，计算机自动生成出口转关货物申报单数据，传送至出境地海关。货物应于电子数据申报之日起5日内，运抵起运地海关监管场所，办理转关和验放等手续。超过期限的，起运地海关撤销提前报关的电子数据。发货人或代理人应持以下单证在起运地海关办理出口转关手续：

(1) 出口货物报关单；

(2) 汽车载货登记簿或船舶监管簿；

(3) 广东省内公路运输的，还应递交出境汽车载货清单。

起运地海关提前受理转关货物申请人的电子申报、审核相关电子数据和纸质单证数据是否相符后，输入境内运输工具的编号及车牌号/船名、关锁号，放行转关单证，及时将有关报关单证制作关封，交申请人带至出境地海关，并由计算机自动生成出口转关货物申报单数据，传送到出境地海关。加关锁，转关实物放行。

出口转关货物到达出境地后，发货人或代理人应持下列单证向出境地海关办理转关货物的出境手续。

（1）起运地海关签发的出口货物报关单；

（2）汽车载货登记簿或船舶监管簿；

（3）出口转关货物申报单（广东省内公路运输的，提交出境汽车载货清单）。

货物到达出境地，经海关验核后，向起运地海关发送转关核销回执。向出境地海关交验单证（起运地的关封和其他单证），办理货物转运出口手续。实际出口后接受装载舱单办理核销结关工作，出境地海关发送电子和纸质回执。起运地海关在收到电子和纸质回执后，办理结关和签发出口货物报关单退税证明联、结汇单的手续。

以上过程所涉及的所有单证，分别由起运地和出境地海关进行过归档存留。

例（单选题）：

江苏连云港 A 公司向香港 B 公司出口叉车，经海关批准，该批货物运抵连云港海关监管现场前，先向该海关录入出口货物报关单电子数据。货物运至海关监管现场后，办理有关手续转关至上海吴淞口岸装运出境。该批出口货物转关运输采用的是　　　　　　　　　　　　　　　　　　　　　　（　　）

A．提前报关的转关

B．直转方式的转关

C．中转方式的转关

D．直通方式的转关

答案：A。

2．直转方式

出口直转的转关货物，由货物发货人或其代理人，在货物运抵起运地海关监管场所后，进入报关程序，向起运地海关填报录入出口货物报关单电子数据，起运地海关受理电子申报，办理转关和验放等手续。发货人或代理人在起运地海关办理出口通关手续后，计算机自动生成出口转关货物申报单数据，传送至出境地海关。

（1）出口转关货物发货人或代理人应持以下单证在起运地海关办理出

转关手续：
1) 出口货物报关单；
2) 汽车载货登记簿或船舶监管簿；
3) 广东省内公路运输的，还应提交出境汽车载货清单。

由起运地海关提前受理转关货物申请人的电子申报、审核相关电子数据和纸质单证数据是否相符后，输入境内运输工具的编号及车牌号/船名、关锁号，放行转关单证，及时将有关报关单证制作关封，交申请人带至出境地海关，并由计算机自动生成出口转关货物申报单数据，传送到出境地海关。加关锁，转关实物放行。

(2) 出口转关货物到达出境地后，发货人或代理人应持下列单证向出境地海关办理转关货物的出境手续：
1) 起运地海关签发的出口货物报关单；
2) 汽车载货登记簿或船舶监管簿；
3) 出口转关货物申报单（广东省内公路运输的，提交出境汽车载货清单）。

货物到达出境地，经海关验核后，向起运地海关发送转关核销回执。向出境地海关交验单证（起运地的关封和其他单证）办理货物转运出口手续。实际出口后接受清洁舱单办理核销结关工作，出境地海关发送电子和纸质回执。起运地海关在收到电子和纸质回执后，办理结关和签发退税、结汇单的手续。

以上过程所涉及的所有单证，分别由起运地和出境地海关进行过归档存留。

3. 中转方式

具有全程联运提（运）单、须使用境内运输工具的出口中转转关货物，其发货人或代理人向起运地海关办理出口报关手续，提前录入填报出口货物报关单。由承运人或其代理人按出境运输工具分列舱单，向起运地海关批量办理货物转关手续，录入填报出口转关货物申报单。

出口中转货物，其发货人或代理人向起运地海关办理出口通关手续后，运输工具代理人向起运地海关录入并提交下列单证：
(1) 出口转关货物申报单；
(2) 按出境运输工具分列的电子或纸质舱单；
(3) 汽车载货登记簿或船舶监管簿。

经起运地海关核准后，签发出口货物中转通知书，承运人或代理人凭以办理中转货物出境手续。

对须运抵出境地后才能确定出境运输工具，或原定的运输工具名称、航班（次）、提单号发生变化的，可在出境地补录或修改相关数据，办理出境手续。

起运地海关在受理转关货物申请人的申报后，逐票审核出口货物报关单与出口转关货物申报单是否相符后，输入境内运输工具的编号及车牌号/船名、关锁号，放行转关单证，及时将有关报关单证制作关封，交申请人带至出境地海关，并向出境地海关发送电子数据。转关实物放行，加关锁。关封用在未处理完毕的报关单或转关货物申报单。

货物到达出境地，经海关验核后，向起运地发送核销回执。向出境地海关交验单证（起运地的关封和其他单证），办理货物转运出口手续。出境地海关验核上述单证，办理中转货物的出境手续。实际出口后接受装载舱单办理核销结关工作，向起运地海关发送电子数据和纸质回执。起运地海关在收到电子数据和纸质回执后，办理结关和签发退税、结汇单的手续。

以上过程所涉及的所有单证，分别由起运地和出境地海关进行过归档存留。出口转关运输货物运抵出境地海关监管区后，出境地海关办理转关核销。

4.3.3　海关监管货物转关

海关监管货物的转关运输，除加工贸易深加工结转按有关规定办理外，均应按照进口转关货物办理。

1. 提前报关转关

由转入地（相当于指运地）货物收货人或其代理人，向转入地海关提前录入进口货物申报单电子数据报关，生成进口转关货物申报单，并将电子数据传输到转出地（相当于进境地）海关。

然后，转入地货物收货人或其代理人，应持进口转关货物核放单和汽车载货登记簿或船舶监管簿，并提供进口转关货物申报单编号，向转出地海关办理转关手续。

2. 直转方式

由转入地货物收货人或其代理人在转出地海关录入转关申报数据，持进口转关货物申报单和汽车载货登记簿或船舶监管簿，直接向转出地海关办理转关手续。

货物运抵转入地后，转入地货物收货人向转入地海关办理货物的报关手续。

转关运输工具在办理核销后才能再次承运转关货物。

4.3.4 三种转关报关方式的比较

表 4-2　三种转关报关方式的比较

报关与转关的	提前报关	直转方式	中转方式
申报时间	预申报：报关的申报在货物运抵报关地海关监管场所前，且早于转关的申报。	正常申报：货物运抵转关地/报关地海关监管场所后，进口报关的申报迟于转关的申报；出口报关的申报则早于转关的申报。	预申报：报关的申报在货物运抵报关地海关监管场所前，且早于转关的申报。
申报地点	报关地点在非进/出境地，转关地点在起点（进口转关起点为进境地，出口转关起点为起运地，境内转关起点为转出地）。		
申报人	报关及转关的申报人都是货主或其代理人。		货主或其代理人办理报关。承运人或其代理人办理转关。
进（出）口转关货物申报单的生成	进（出）口转关货物申报单是自动生成的，传至进/出境地海关。	直接填报录入进口转关货物申报单并传送到海关，出口转关申报单是自动生成的，传至出境地海关。	承运人直接填报录入进（出）口转关货物申报单（集中转关）并传送到海关。
进口进境及转关单证	提供进口转关货物申报单编号、进口转关货物核放单（广东省内公路运输——进境汽车载货清单）、汽车载货登记簿/船舶监管簿、提货单。	进口转关货物申报单（广东省内公路运输——进境汽车载货清单）、汽车载货登记簿/船舶监管簿。	进口转关货物申报单（集中转关）、进境货物中转通知书、纸质舱单（海运）/联程运单（空运）。
运输工具名称＋航次号（进口）	广东地区填报"@"＋13位载货清单号，其他地区免予填报。	"@"＋16位转关申报单预录入号（广东地区：13位载货清单号）。	进境船名＋"/"＋"@"＋航次；铁路：车厢编号＋"/"＋"@"＋8位进境日期；空运："@"；汽车及其他运输："@"＋16位转关申报单预录入号（广东地区：13位载货清单号）。
提运单号（进口）	免予填报；广东省内用公路运输转关的，填报车牌号。	水路：提单号；铁路：运单号；公路：广东省内用公路运输转关的，填报车牌号。	航空：总运单号＋"_"＋分运单号；
出口转关单证	出口货物报关单、汽车载货登记簿/船舶监管簿、广东公路运输——出境汽车载货清单。		出口转关货物申报单（集中转关）或出境汽车载货清单、电子或纸质舱单、汽车载货登记簿/船舶监管簿。
出口出境单证	起运地海关签发的出口货物报关单、出口转关货物申报单（广东省内公路运输——出境汽车载货清单）、汽车载货登记簿/船舶监管簿。		出口转关货物申报单（集中转关）或出境汽车载货清单、汽车载货登记簿/船舶监管簿、电子或纸质舱单、出口货物中转通知书。

续表

报关与转关的	提前报关	直转方式	中转方式
运输工具名称＋航次号（出口）	"@"＋16位转关申报单预录入号（或13位载货清单号）；多张报关单需要通过一张转关单转关的，填报"@"。		境内水路：驳船船名＋"/"＋驳船航次；境内铁路：车名(4位关别代码＋"TRAIN")＋"/"＋6位起运日期；境内公路：车名(4位关别代码＋"TRUCK")＋"/"＋6位起运日期。
提(运)单号（出口）H2000	广东省内的转关货物填报车牌，其他地区免予填报。	免予填报	水路运输：运单号，其他则免。
时限	进出口报关及转关的时限同一般报关的时限，提前申报的数据只能保留5天，货物实际出口后在接受装载舱单数据后3个工作日内办理货物出境结关核销。		
税率与汇率	以货物运到指运地/起运地（报关地）时的数据为准。		

注：广东地区出境汽车载货清单称司机纸，汽车载货登记簿称司机本。

4.4 报关单相关栏目

4.4.1 起运国（地区）/运抵国（地区）

1. 定义

起运国（地区）填报进口货物起始发出直接运抵我国，或者在运输中转国（地区）未发生任何商业性交易的情况下，运抵我国的国家（地区）。

运抵国（地区）填报出口货物离开我国关境直接运抵，或者在运输中转国（地区）未发生任何商业性交易的情况下，最后运抵的国家（地区）。

2. 填报要求

（1）本栏目应按海关规定的《国别（地区）代码表》选择填报相应的起运国（地区）或运抵国（地区）中文名称或代码。注意特殊地区，如中国香港、中国澳门、台澎金马关税区。

（2）直接运抵货物。不经过第三国（地区）转运的直接运输进出口货物，以进口货物的装货港所在国（地区）为起运国（地区），以出口货物的指运港所在国（地区）为运抵国（地区）。

（3）在第三国（地区）发生中转货物。货运中转的原因很多，如至目的地无直达运输工具，或至目的地有直达运输工具但时间不定或航次间隔时间太长，或目的地不在装载货物的运输工具的航线上，或货物属于多式联运等。

经过第三国（地区）转运的进出口货物，如在中转国（地区）发生商业性交易，则以中转国（地区）作为起运/运抵国（地区）。

货物是否中转，可根据随附单证中的有关信息来判断，如随附单证中出现"VIA"，"PORT OF TRANSHIPMENT"或"IN TRANSIT TO"字样，则可确定货物发生了中转。"VIA"是指"经由某地到达某地"，跟在后面为中转地，如"TRAVEL FROM LONDON TO PARIS VIA DOVER"；"IN TRANSIT TO"是指"转运到……"，跟在后面为目的地，如"HAMBURG IN TRANSIT TO ZURICH SWITZERLAND"，参见8.1.2。

1) 发生运输中转的货物，如中转地未发生任何商业性交易，则起、抵地不变。

2) 发生运输中转的货物，如中转地发生商业性交易，则以中转地作为起运/运抵国（地区）填报。

例1：我国上海一家公司通过台湾一商人从泰国购买香米100吨，货轮经过台湾抵达上海，请问起运地是（　　）

A. 泰国

B. 台澎金马关税区

C. 上海

答案：B。

例2：我国某公司从伦敦进口一批货物，途经香港转运至内地，如果在香港没有发生买卖行为，则起运国（地区）仍为英国；如果在香港发生了买卖行为，那么起运国（地区）为中国香港。

是否发生买卖关系，可以从发票的出票人来判断。

(4) 无实际进出境的货物：

1) 运输方式为0、1、7、8、W、X、Y、Z、H，本栏目填报"中国142"；

2) 贸易（监管）方式后两位为：42～46、54～58，起运国（地区）或运抵国（地区）必须为"中国142"；

3) 海关保税监管场所及特殊监管区域之间往来的货物（监管方式代码为1200），本栏目填报"中国142"。

表4-3　主要国别（地区）代码表

代码	中文名称	代码	中文名称
110	中国香港	142*	中国
116*	日本	143*	台澎金马关税区
121	中国澳门	303*	英国
132*	新加坡	304*	德国
133*	韩国	305*	法国

续表

代码	中文名称	代码	中文名称
307	意大利	601*	澳大利亚
331	瑞士	609	新西兰
344*	俄罗斯联邦	701	国（地区）别不详
501	加拿大	702	联合国及机构和国际组织
502*	美国		

4.4.2 装货港/指运港

1. 定义

装货港指进口货物在运抵我国关境前的最后一个境外装运港。如果在运输途中有中转或者是换船的情况，装运港为换船后的港口，也就是说要填中转港。

特别提示

（1）发生运输中转的货物，如果中转地没有发生任何商业性交易，那么起运国不变。如果中转地发生商业性交易，那么就以中转地作为起运国（地区）填报。这是针对起运国而言的。

（2）对于装货港的情况是：只要发生运输中转的货物，不管在中转地有没有发生商业交易，装运港都填中转港。这是起运国与装运港的区别。

例如，2003年的考题中，给出的条件是，承运船舶在帕腊纳瓜港装货起运，航经大阪，又停泊釜山港转"HANSA STAVANGER"号轮 HV300W 航次（提单号：HS03D8765）于2003年7月30日抵吴淞口岸申报进境。

那么从已知条件可以知道最后一个中转港是釜山，釜山港是最后一个装运货物进口的境外装卸港，因此"装货港"栏应填"釜山"或"1480"。

指运港填报出口货物运往境外的最终目的港；最终目的港不可预知的，按尽可能预知的目的港填报。与是否中转无关。

2. 填报要求

本栏目应根据实际情况按海关规定的"港口航线代码表"选择填报相应的港口中文名称或代码。装货港/指运港在"港口航线代码表"中无港口中文名称及代码的，可选择填报相应的国家中文名称或代码。

无实际进出境的，本栏目填报"中国境内"或"0142"。

4.4.3 原产国（地区）/最终目的国（地区）

1. 定义

原产国（地区）指进口货物的生产、开采或加工制造国家（地区）。原产国（地区）应依据《中华人民共和国进出口货物原产地条例》、《中华人民共和国海关关于执行〈非优惠原产地规则中实质性改变标准〉的规定》，以及海关总署关于各项优惠贸易协定原产地管理规章规定的原产地确定标准填报。同一批进口货物的原产地不同的，应分别填报原产国（地区）。进口货物原产国（地区）无法确定的，填报"国别不详"（代码701）。对经过几个国家或地区加工制造的进口货物，以最后一个对货物进行经济上可以视为实质性加工的国家或地区，作为该货物的原产国（地区）。

在原始单证（发票或原产地证明书）上原产国（地区）前一般有"Made in"，"Origin/Country of Origin"，"Manufacture"，"Product of"等引导语。

最终目的国（地区）指已知的出口货物的最终实际消费、使用或进一步加工制造的国家（地区）。不经过第三国（地区）转运的直接运输货物，以运抵国（地区）为最终目的国（地区）；经过第三国（地区）转运的货物，以最后运往国（地区）为最终目的国（地区）。同一批出口货物的最终目的国（地区）不同的，应分别填报最终目的国（地区）。出口货物不能确定最终目的国（地区）时，以尽可能预知的最后运往国（地区）为最终目的国（地区）。

2. 填报要求

本栏目应按海关规定的"国别（地区）代码表"选择填报相应的国家（地区）名称或代码。

加工贸易报关单特殊情况填报要求如下：

（1）料件结转货物，出口报关单填报"中国"（代码142），进口报关单填报原料件生产国（地区）。

（2）深加工结转货物和以产顶进，进出口报关单均填报"中国"（代码142）。

（3）料件复运出境货物，填报实际最终目的国（地区）；加工出口成品因故退运境内的，填报"中国"（代码142），复运出境时填报实际最终目的国（地区）。

（4）加工贸易转内销时，最终目的国（地区）须区分两种情况：

1）料件内销时，原产国（地区）按料件的生产国/地区（即料件进口时的原产国/地区）填报；

2）加工成品转内销时，填报"中国"（代码142）。

（5）料件内销货物，属加工成品、半成品、残次品、副产品状态内销的，进口报关单本栏目均填报"中国"（代码142）。属剩余料件状态内销的，进口报关单填报原料件生产国（地区）。

（6）出口加工区运往区外的货物，原产国（地区）按实际填报，即对于未经加工的进口货物，填报货物原进口时的原产国（地区）；对于经加工的成品或半成品，按现行原产地规则确定原产国（地区）；区外运入出口加工区的货物，最终目的国为中国。

（7）进口货物的原产国（地区）无法确定时，报关单"原产国（地区）"栏应填报"国别不详"（代码701）。

中国出口原产地规则：

1）是全部在中华人民共和国境内生产或制造的产品；

2）是部分或者全部使用进口原料、零部件，在中华人民共和国境内进行主要的及最后的制造、加工工序，使其外形、性质、形态或者用途产生实质性改变的产品。

4.4.4 运输方式

1. 定义

运输方式包括实际运输方式和海关规定的特殊运输方式。前者指货物实际进出境的运输方式和国际货运运输方式一致，按进出境所使用的运输工具分类；后者指货物无实际进出境的运输方式，按货物在境内的流向分类。

本栏目应根据货物实际进出境的运输方式或货物在境内流向的类别，按照海关规定的"运输方式代码表"14类选择填报相应的运输方式。

2. 海关规定的运输方式

（1）实际运输方式。

海关规定的实际运输方式专指用于载运货物实际进出关境的运输方式。进境货物的运输方式，按货物运抵我国关境第一个口岸时的运输方式填报；出境货物的运输方式，按货物运离我国关境最后一个口岸时的运输方式填报。主要有：

1）水路运输（2*）：指利用船舶在国内外港口之间，通过固定的航区和航线进行货物运输的一种方式。凡是以海洋运输、近海运输、沿海运输或内河运输的货物，均应按此项填报。

2）铁路运输（3*）：指利用铁路承担进出口货物运输的一种方式。

3）公路运输（4*）：指利用汽车承担进出口货物运输的一种方式。

4）航空运输（5*）：指利用航空器承担进出口货物运输的一种方式。

5）邮件运输（6*）：指通过邮局寄运货物进出口的一种方式。

6）其他运输（9*）：主要指采用人力、兽力、输油管道、输水管道、输送带和输电网络等方式输送进出口货物的运输方式，如进出口天然水（22019010）和电力（27160000）。

（2）特殊运输方式。

海关规定的特殊运输方式仅用于标志没有实际进出境的货物，其进口报关单的起运国栏、出口报关单的运抵国栏应填报"中国"（代码142）。特殊运输方式主要有如下9种：

1）非保税区（0）：境内非保税区运入保税区货物和保税区退区（退运境内）货物。

2）监管仓库（1）：境内存入保税仓库、出口监管仓库和出口监管仓库退仓货物。

3）保税区（7）：保税区运往境内非保税区货物。

4）保税仓库（8）：保税仓库转内销货物。

运输方式保税区（7）和保税仓库（8）仅适用于保税区和保税仓库转内销货物进口货物报关单的本栏的填报，不得用于出口报关单的填报。

5）其他运输（9）：其他没有实际进出境的货物。

包括同一出口加工区内或不同出口加工区的企业之间相互结转、调拨的货物，出口加工区与其他海关特殊监管区域之间、不同保税区之间、同一保税区内不同企业之间、保税区与出口加工区等海关特殊监管区域之间的转移、调拨的货物。

6）物流中心（W）：保税物流中心与中心外之间进出的货物。

7）物流园区（X）：从境内（指国境内特殊监管区域之外）运入园区或从保税物流园区运往境内的货物。

8）保税港区（Y）：保税港区（不包括直通港区）与保税港区外之间进出的货物。

9）出口加工区（Z）：出口加工区与境内区外之间进出的货物。

出口加工区与区外之间进出的货物，区内企业填报"9"，区外企业填报"Z"。

10）边境特殊海关作业区（H）：境内运入深港西部通道港方口岸区。

3. 填报要求

格式：名称或代码。特殊情况下运输方式的填报原则如下：

(1) 非邮件方式进出口的快递货物，按实际运输方式填报。

(2) 进出境旅客随身携带的货物，按旅客所乘运输工具填报。

(3) 进口转关运输货物，按载运货物抵达进境地的运输工具填报；出口转关运输货物，按载运货物驶离出境地的运输工具填报。

> **特别提示**
>
> 全国报关员资格考试报关单试题：如果提供的单证为提单或发票中有装运港（Port of Shipment）或者有船名（Name of Vessel）、提单（Bill of Lading）等字样，则运输方式是水路运输；如果有空运（Air Freight）等字样，则属于航空运输，所以掌握常用专业英文词汇是非常重要的。

4.4.5 运输工具名称

1. 定义

运输工具是指从事国际（地区）间运营业务进出关境和境内载运海关监管货物的工具。

本栏目填报载运货物进出境的运输工具名称或编号。填报内容应与运输部门向海关申报的舱单（载货清单）所列相应内容一致。纸质报关单中该栏目与航次号合二为一，格式为"运输工具名称"+"/"+"航班号"，如提单中运输工具名称从 vessel 中可以找到，航班号从 voyage 中可以找到。

一份报关单只允许填报一个运输工具名称。

2. 填报要求

（1）直接在进出境地或采用"属地申报，口岸验放"通关模式办理报关手续的报关单填报要求。

1）水路运输：填报船舶编号（来往港澳小型船舶为监管簿编号）或者船舶英文名称。

例：2002 年考题中，Shipped per：S/S BIBI；Voy No.：VOG.018 等字样。运输工具名称栏应填以下哪一项呢？　　　　　　　　　　（　　）

A. /018　　　　　　　　B. BIBI/018

C. S/S BIBI v.018　　　D. BIBI 018

答案：B。

注：S/S，S.S，SS 是 Steamship 或 Steamer 的缩写；M/V 是 Merchant Vessel 的简写。它们都是船名前的冠称，填报关单时要去掉。

2）道路运输：填报该跨境运输车辆的国内行驶车牌号，深圳提前报关模式的报关单填报国内行驶车牌号＋"/"＋"提前报关"。

3）铁路运输：填报车厢编号或交接单号。

4）航空运输：填报航班号。

5）邮件运输：填报邮政包裹单号。

6）其他运输：填报具体运输方式名称，如管道、驮畜等。

7）对于"清单放行，集中报关"的货物，填报"集中报关"（4个汉字）。

（2）转关运输货物报关单填报要求。

1）进口。

①水路运输：直转、提前报关填报"@"＋16位转关申报单预录入号（或13位载货清单号）；中转填报进境英文船名（必须与提单、转关单填写完全一致）。

②铁路运输：直转、提前报关填报"@"＋16位转关申报单预录入号；中转填报车厢编号。

③航空运输：直转、提前报关填报"@"＋16位转关申报单预录入号（或13位载货清单号）；中转填报"@"。

④道路及其他运输：填报"@"＋16位转关申报单预录入号（或13位载货清单号）。

⑤以上各种运输方式使用广东地区载货清单转关的提前报关货物，填报"@"＋13位载货清单号；其他地区提前报关货物则免予填报。

2）出口。

①水路运输：非中转填报"@"＋16位转关申报单预录入号（或13位载货清单号）；如多张报关单需要通过一张转关单转关的，运输工具名称字段填报"@"。

中转，境内江海运输填报驳船船名；境内铁路运输填报车名［主管海关4位关别代码＋"TRAIN"（英文单词）］；境内公路运输填报车名［主管海关4位关别代码＋"TRUCK"（英文单词）］。

上述"驳船船名"、"驳船航次"、"车名"、"日期"均须事先在海关备案。

②铁路运输：填报"@"＋16位转关申报单预录入号（或13位载货清单号）；如多张报关单需要通过一张转关单转关的，填报"@"。

③航空运输：填报"@"＋16位转关申报单预录入号（或13位载货清单号）；如多张报关单需要通过一张转关单转关的，填报"@"。

④其他出境运输方式：填报"@"＋16位转关申报单预录入号（或13位载货清单号）。

（3）无实际进出境货物报关单，本栏目免予填报。

4.4.6 航次号

1. 定义

指载运货物进出境的运输工具的航次编号。本栏目仅限 H2000 通关系统填报。使用 H883/EDI 通关系统的，本栏目内容与运输工具名称合并填报。

2. 填报要求

（1）直接在进出境地办理报关手续的报关单。

1）水路运输：填报船舶的航次号。

2）道路运输：填报该跨境运输车辆的进出境日期［8位数字，顺序为年（4位）、月（2位）、日（2位），下同］。

3）铁路运输：填报进出境日期。

4）航空运输：免予填报。

5）邮件运输：填报进出境日期。

6）其他运输方式：免予填报。

（2）转关运输货物报关单。

1）进口。

①水路运输：中转转关方式填报"@"＋进境干线船舶航次。直转、提前报关免予填报。

②道路运输：免予填报。

③铁路运输："@"＋进出境日期［8位数字，顺序为年（4位）、月（2位）、日（2位）］。

④航空运输：免予填报。

⑤其他各类运输方式：免予填报。

2）出口。

①水路运输：非中转货物免予填报。中转货物：境内水路运输填报驳船航次号；境内铁路、道路运输填报6位起运日期，顺序为年、月、日，各2位。

②铁路拼车拼箱捆绑出口：免予填报。

③航空运输：免予填报。

④其他运输方式：免予填报。

（3）上述规定以外无实际进出境的，本栏目免予填报

4.4.7 提运单号

1. 定义

指进出口货物提单或运单的编号。

本栏目填报的内容应与运输部门向海关申报的载货清单所列相应内容一致。

一份报关单只允许填报一个提运单号，一票货物对应多个提运单时，应分单填报。

2. 填报要求

(1) 直接在进出境地或采用"属地申报，口岸验放"通关模式办理报关手续的。

1) 水路运输：填报进出口提单号。如有分提单的，填报进出口提单号＋"＊"＋分提单号。

2) 道路运输：免予填报。

3) 铁路运输：填报运单号。

4) 航空运输：填报总运单号＋"_"（下划线）＋分运单号；无分运单的填报总运单号。

5) 邮件运输：填报邮政包裹单号。

6) 无实际进出境的，本栏目免予填报。

(2) 转关运输货物报关单。

1) 进口。

①水路运输：直转、中转填报提单号。提前报关免予填报。

②铁路运输：直转、中转填报铁路运单号。提前报关免予填报。

③航空运输：直转、中转货物填报11位总运单号＋"_"（下划线）＋8位分运单号。提前报关免予填报。

④其他运输方式：免予填报。

⑤以上运输方式进境货物，在广东省内用公路运输转关的，填报车牌号。

2) 出口。

①水路运输：中转货物填报装货（运）单号；非中转货物免予填报；广东省内汽车运输提前报关的转关货物，填报承运车辆的车牌号。

②其他运输方式：免予填报。广东省内汽车运输提前报关的转关货物，填报承运车辆的车牌号。

(3) 集中申报。

采用"集中申报"通关方式办理报关手续的（详见7.1.3），报关单填报归并的集中申报清单的进出口起止日期［按年（4位）月（2位）日（2位）年（4位）月（2位）日（2位）］。如2011年1月16日到2011年3月4日，应填报为：2011011620110304。

"担保验放"措施适用AA类管理的企业，海关在未接受进口舱单电子数据的情况下，允许企业进口报关单申报时，其"提运单号"栏为空，但在海关放行环节应补录提运单号。

4.4.8 集装箱号

1. 定义

本栏目填报装载进出口货物（包括拼箱货物）集装箱的箱体信息。

2. 填报要求

在填报集装箱表中，一个集装箱填一条记录，分别填报集装箱号［Container No.，在集装箱箱体上标示的唯一编号，注意不是封条号（Seal No.）、纸箱号（CTN No.）］、集装箱的规格和集装箱的自重。格式："集装箱号"＋"/"＋"规格"＋"/"＋"自重"。常见的集装箱规格为20尺、40尺、45尺、48尺及53尺。

非集装箱货物填报"0"。

例如：在原始单据上找到集装箱号（Container No.）所对应的号是：1×20" TEXU3605231，集装箱的重量一般是在中文的补充说明中标示，假如自重是2376，应填制为：TEXU3605231/20/2376。

在多于一个集装箱的情况下，其余集装箱编号打印在备注栏或随附清单上。

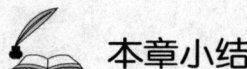

本章小结

本章是对报关程序的概述，报关程序包含了三个阶段，即前期报关阶段、进出口报关阶段和后续报关阶段。其中以保税货物的报关程序最有特色，本章分别介绍了保税加工货物和保税物流货物在报关全过程的5个特点。报关地点不在进出境口岸的转关报关程序是本章的难点，与运输相关的报关单栏目放在本章的第四节，旨在使学生对转关运输的理解更深刻。

第 5 章 前期报关阶段

关键术语

联网监管企业　电子化手册　电子账册　商品归并　保证金台账　ATA 单证册

学习目标

- 了解合同备案的程序、单证、异地加工贸易、加工贸易串料；
- 了解联网监管的含义、商品归并的条件；
- 了解减免税申请（特定地区、特定企业、特定用途）；
- 熟悉加工贸易单耗、加工贸易外发加工、合同备案；
- 掌握电子底账管理的概念、管理特点、建立程序；
- 掌握进出口货物征免税证明的使用（有效期、使用规定）；
- 掌握 ATA 单证册概念及办理程序。

5.1 保税进出口货物

5.1.1 联网监管概述

1. 联网监管定义

海关对经营保税进出口货物的企业实施联网监管，是指海关通过计算机网络从实行全程计算机管理的联网企业提取监管所必需的财务、物流、生产经营等数据,与海关计算机管理系统相连接,即提供海关查阅数据的终端设备,按照海关规定的认证方式和数据标准与海关联网。海关对数据进行核对、核算,并结合实物进行核查、备案、进口、出口、核销,全部通过计算机进行,从而实施对保税货物监管的一种模式。海关管理科学严密,企业通关便捷高效,受到普遍欢迎。海关应当根据联网企业报送备案的资料建立电子底账,对联网企业实施电子底账管理。

2. 电子底账管理

保税电子底账监管方式分为两种,包括电子账册、电子化手册(含分段式管理和以合同为单元常规管理)两种模式。随着海关管理和中小企业管理信息化技术的提升,相信在不久的将来电子账册将成为唯一的管理模式。原第二代标准版联网监管 H2000 电子手册的分段式手册模式仍然保留,形成分段式管理的电子化手册;原第二代标准版联网监管 H2000 电子手册的非分段式手册模式将不再使用,各海关对已核发的非分段式电子手册核销完毕后,切换到电子化手册模式进行管理。

(1) 电子账册。

1) 定义。

电子账册管理是以"企业整体加工贸易业务"为单元实施对保税加工货物的监管,电子账册是海关以企业为单元为联网企业建立的电子底账;实施电子账册管理的,联网企业只设立一个电子账册。海关应当根据联网企业的生产情况和海关的监管需要确定核销周期,按照核销周期对实行电子账册管理的联网企业进行核销管理。

2) 适用范围。

电子账册管理模式的适用对象是加工贸易进出口较为频繁、规模较大、原材料和产品较为复杂、管理信息化程度较高较完善的大型加工贸易企业,以企业为单元进行管理,纳入电子账册的加工贸易货物全额保税。在非物理围网的联网企业执行银行"保证金台账"制度,物理围网区域内联网企业不执行银行"保证金台账"制度。

3) 管理特点。

企业凭电子身份认证卡实现在全国口岸的通关。其特点如下:

①一次审批:对企业经营资格、经营范围(商品编码前 4 位数)和加工生产能力一次性审批;

②分段备案:先备案进口料件,在生产成品出口前(包括深加工结转)再备案成品及申报准确实际的单损耗情况;

③滚动核销:建立以企业为单元的电子账册,实行与企业物流、生产实

际接轨的滚动核销制度;

④控制周转:对进出口保税货物的总价值(数量)按照企业生产能力进行周转量控制,取消对进出口保税货物备案数量的控制,满足企业在国际化大生产条件下的零库存生产需要,提高通关速度;

⑤联网核查:企业通过计算机网络向商务主管部门和海关申请办理审批、备案以及变更等手续,满足现代企业快速生产和进出口的需求。

(2)电子化手册。

1)定义。

电子化手册是以企业的"单个加工合同"为单元实施对保税加工货物的监管方式。电子化手册是海关以加工贸易合同(订单)为单元为联网企业建立的电子底账;实施电子化手册管理的,联网企业的每个加工贸易合同设立一个电子化手册,一个企业可以有多本电子化手册。

2)适用范围。

电子化手册是针对广大中小企业的,包括电子手册和纸质手册电子化(无纸化手册),新备案登记的加工贸易合同一律采用电子手册,原使用纸质登记手册进行电子化。纸质手册电子化是海关为适应当前保税进出口货物发展新形势需要、最终实现"电子申报、网上备案、无纸通关、网上报核、在线服务"的全程无纸化监管而推出的一种新型加工贸易监管模式。新型模式采用电子数据取代纸质手册,海关通过政策宣传、对外公告、业务流程培训等措施,协助加工贸易企业做好上线准备工作,确保纸质手册电子化备案模式顺利切换。

3)管理特点。

①以合同(订单)为单元进行管理,商务部门审批每份加工贸易合同(订单),海关根据商务主管部门的批件审核企业申报的合同备案、变更等资料,通过后即可生成电子化手册,不再签发纸质《登记手册》。企业根据合同(订单)的数量建立多本电子化手册。

②企业通过计算机网络向商务主管部门和海关申请合同审批和合同备案、变更等手续;企业向海关发送申请合同备案、变更等业务的电子数据并凭商务主管部门的批件到主管海关业务现场办理合同备案、变更等业务。同传统纸质手册相比,联网企业可以通过IC卡进行电子身份认证,在手册备案、变更、通关、核查、核销等环节实现电子化操作,海关凭电子底账和其他有关单证办理有关手续,不再验凭纸质《登记手册》,也不再进行手册核注。具有"安全性强、智能性高、操作简便、快捷高效"的优势。

③实施电子化手册管理模式联网监管的企业实施银行"保证金台账"

制度。

④纳入电子化手册的加工贸易货物全额保税。

⑤无须调度手册,企业凭电子身份认证卡即可实现在全国口岸的通关。

3.联网的申请与审批

(1)企业的申请和海关受理。

1)申请联网监管企业的必备条件。

具备下列条件的加工贸易企业,可以向所在地直属海关申请加工贸易联网监管。

①具有独立法人资格,具备加工贸易资格,在海关注册,以出口生产为主;

②守法,实行全程计算机管理;

③按照海关的要求提供真实、准确、完整并具有被核查功能的数据;

④海关实行AA类管理;

⑤有足够的资产或资本为本企业实行联网监管应承担的经济责任提供总担保。

2)在提出申请时要提交的材料。

经商务主管部门审批同意后,加工贸易企业向所在地直属海关提出书面申请,并提供下列单证:

①加工贸易企业联网监管申请表;

②企业进出口经营权批准文件;

③企业上一年度经审计的会计报表;

④工商营业执照复印件;

⑤经营范围清单,含料件及成品的品名及4位数的HS编码;

⑥其他海关认为需要的单证。

(2)主管海关审核。

主管海关在接到加工贸易企业的联网监管申请后,将对企业进行审核,并做如下工作:

1)配置硬件。

海关端以中国电子口岸数据中心为联网监管平台,企业通过数据中心向海关传输数据,进行电子账册的备案、变更、进出口报关、报核;企业需要在内部系统中配置一台用于数据转换的通信服务器,插入数字签名加解密卡,用于提取、存储和发送海关监管需要的数据。企业还应向电信部门申请开通有固定地址的数据传输通道,同时配置专用的服务器,托管在电信机房,用于保存海关对企业的全部监管信息。

2）配置软件。

海关端程序为 H2010 电子底账管理系统，用于对企业保税加工货物的备案、进出口、监控和核销数据处理；企业端应安装相应的接口程序，如实向海关传送企业数据、企业内部的通讯服务器安装联网监管专用传输软件及专用传输程序，配置相关参数，托管服务器则需安装统一的数据库和传输软件。

(3) 主管海关作出决定。

经审核不符合联网监管条件的，主管海关不予批准。符合联网监管条件的，主管海关制发"海关实施加工贸易联网监管通知书"。

5.1.2 保税加工货物

1. 商务审批

(1) 商务主管部门审批加工贸易业务合同。

商务审批，即加工贸易业务的申请和审批。联网企业的加工贸易业务由企业所在地商务主管部门办理前置审批手续。商务主管部门总体审定联网企业的加工贸易资格、业务范围和加工生产能力，符合条件的，签发"联网监管企业加工贸易业务批准证"及"加工企业经营状况和生产能力证明"。

联网企业申请开展加工贸易业务，应向商务主管部门提交下列单证：

1）工商营业执照复印件；

2）海关对企业实施联网监管的验收合格证书；

3）企业进出口经营权批准文件；

4）加工企业注册地县级以上商务主管部门出具的"加工企业状况和生产能力证明"（正本）；

5）联网企业上年度加工贸易出口情况的证明材料；

6）经营范围清单，含料件及成品的品名及4位数的HS编码；

7）其他审批机关认为需要出具的证明材料。

(2) 审批加工贸易业务经营范围。

(3) 需要领取许可证件的向有关主管部门领取许可证件。

1）备案时需要提供进口许可证或两用进口许可证复印件的商品：

①消耗臭氧层物质；

②易制毒化学品；

③监控化学品。

2）备案时需要提供其他许可证件或许可证件复印件的商品：

①进出口音像制品、印刷品，提供新闻出版总署印刷复制司的批准文件；

②进出口地图产品及附有地图的产品，提供国家测绘局的批准文件，并

附有关样品；

③进出口工业再生废料，提供中华人民共和国环境保护部的废物进口许可证。

在贸易管制方面进行较为宽松的管理——许可证件管理，进口料件除以上特殊商品（等）外，无须许可证件；出口成品则不能豁免。

(4) 将企业资料及合同相关的内容预录入与主管海关联网的计算机。

2. 备案保税

(1) 海关受理备案申请。

1) 备案企业。

经营加工贸易的企业含使用进口料件履行出口合同的内资对外贸易经营企业和外商投资企业。同一直属关区内，由一个加工贸易经营企业牵头，结合同行业多个加工企业，对进口料件进行不同层次的加工，直至最终产品出口的企业联合体就形成了保税集团。

①经营企业：（申请"加工贸易业务批准证书"的企业，经过海关注册登记是报关单位）

——负责对外签订加工贸易进出口合同的各类进出口企业和外商投资企业。

——经批准获得来料加工经营许可的对外加工装配服务公司。

②加工企业：（由海关批准并登记，专门从事保税加工的工厂或企业也称保税工厂）

——受经营企业的委托，负责对进口料件进行加工组装，具有法人资格的企业。

——虽不具有法人资格，但是实行相对独立核算，并已经办理工商营业执照的工厂。

经营企业、加工企业可以是同一家企业，也可以是不同企业。当经营企业与加工企业不在同一关区，此类加工贸易称为异地加工贸易（跨关区加工贸易），即指一个直属海关的关区内加工贸易经营企业，将进口料件委托另一个直属海关的关区内加工生产企业加工，生产成成品后回收出口的加工贸易。

例（判断题）：

所谓"异地加工贸易"，是指加工贸易企业将保税料件加工的产品结转至另一直属海关关区内的加工贸易企业深加工后复出口的经营活动。

答案：错。

解释：本题中的描述是"加工贸易保税货物跨关区深加工结转"的概念，不是"异地加工贸易"的概念。

2）备案内容。

①业务范围备案。

A. 电子账册："经营范围电子账册"备案。

企业凭商务主管部门的批准证通过网络向海关办理"经营范围电子账册"备案手续，备案的内容为：

——经营单位名称和代码；

——加工单位名称和代码；

——批准证件编号；

——加工生产能力；

——加工贸易进口料件和成品范围（商品编码前4位）。

企业在收到海关的备案信息后，应将商务主管部门的纸质批准证交海关存档。

B. 电子化手册："备案资料齐全"备案（合同备案）。

指加工贸易合同所涉及的料件受国家贸易管制时已获取了相关许可证件，加工贸易企业中的经营企业持合法有效的加工贸易合同（商务部门审批通过），到加工企业所在地主管海关备案，申请保税并建立电子底账或领取其他准予备案凭证的行为。海关受理合同备案：符合备案要求的合同，海关将在规定日期内予以备案，并建立加工贸易电子化手册；不能备案的合同，海关将书面告知申请企业。

异地加工贸易备案申请时，经营企业凭所在地商务部门核发的"加工贸易业务批准证"和加工企业所在地县级以上商务主管部门出具的"加工贸易加工企业经营状况和生产能力的证明"；填制异地加工申请表，向经营企业所在地主管海关提出异地加工申请，海关核准后，领取所在地海关的关封。比如，上海的加工贸易经营企业，委托苏州的加工企业进行加工，备案手续则由上海的这家经营企业来办理。首先要向经营企业所在地主管海关提出申请，也就是说要向上海加工贸易经营企业所在地主管海关提出申请。提交的单证包括上海企业所在地商务部门核发的"加工贸易业务批准证"以及苏州的这家企业，县级以上的商务主管部门出具的"加工贸易加工企业经营状况和生产能力的证明"；向上海这家企业所在地的主管海关提出申请，领取关封。接下来，到苏州的这家企业所在地海关办理合同备案手续。

经营企业持"关封"和"合同备案"的有关单证，到加工企业所在地海关办理合同备案手续。在加工企业所在地设立台账，分类管理按级别低的管理；经营企业不得委托D类加工企业加工，保税料件不得转卖给加工企业。

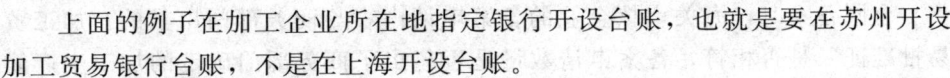

上面的例子在加工企业所在地指定银行开设台账，也就是要在苏州开设加工贸易银行台账，不是在上海开设台账。

例（单选题）：

开展异地加工贸易业务，经营企业须向所在地主管海关提出申请，填制"异地加工贸易申请表"，并提供 （　　）

A. 经营企业所在地商务主管部门出具的"加工贸易业务批准证"和"加工贸易加工企业生产能力证明"

B. 加工企业所在地商务主管部门出具的"加工贸易业务批准证"和"加工贸易加工企业生产能力证明"

C. 经营企业所在地商务主管部门出具的"加工贸易业务批准证"和加工企业所在地商务主管部门出具的"加工贸易加工生产能力证明"

D. 加工企业所在地商务主管部门出具的"加工贸易业务批准证"和经营企业所在地商务主管部门出具的"加工贸易加工企业生产能力证明"

答案：C。解释：经营企业要有业务批准证，而生产企业要有生产能力证明。经营企业由当地的主管商务批准，生产企业也是由当地商务主管部门批准。

海关根据国家规定，在接受加工贸易企业合同备案后，批准合同约定的进口料件保税，并把合同内容转化为电子化手册内容，合同备案内容分成三部分，即基本信息（表头数据）、料件表和成品表。

表头数据包括企业及企业合同的基本信息，如经营单位、加工单位、手册类型、主管海关、商务主管部门、监管方式、征免性质、加工贸易业务批准证编号、进口合同、备案进口总额、进口币制、备案出口总额、出口币制、加工种类、有效日期、管理对象等内容。数据主要来自以下备案单证：（6类）

——商务主管部门签发的"加工贸易业务批准证"、"加工贸易企业经营状况和生产能力证明"；

——加工贸易合同或合同副本；

——加工合同备案申请表及企业加工合同备案呈报表；

——需提供许可证件的，交验许可证件；

——为确定单耗和损耗所需的有关资料；

——其他备案所需要的单证。

料件表（Bill of Material，BOM）内容包括料件序号、商品编号、商品名称、申报计量单位、法定计量单位、申报单价、总价、币制等内容。

成品表内容包括成品序号、商品编号、商品名称、申报计量单位、法定计量单位、申报单价、总价、币制等内容。

合同备案时，海关审核企业的备案申请内容与商务部门出具的"加工贸易批准证"是否相符，备案申请数量是否超出了商务部门确定的加工生产能力，企业的相关申请是否符合法律、行政法规的规定，审核通过后自动生成手册编号。

②通关备案。

A. 电子账册："便捷通关电子账册"备案。

企业可通过网络向海关办理"便捷通关电子账册"备案手续，"便捷通关电子账册"的备案包含以下内容：

——企业基本情况表，包括经营单位名称和代码、加工单位名称和代码、批准证件编号、加工生产能力等；

——料件、成品部分，包括归并后的料件、成品名称、规格、商品编码、备案计量单位、币制、征免等；

——单耗关系，包括成品版本号、对应料件的净耗、损耗率等。

其他部分可以同时申请备案，也可分阶段申请备案，但料件必须在相关料件进口前备案，成品和单耗关系最迟在相关成品出口前备案。

海关可根据企业的加工能力设定电子账册最大周转金额，并可对部分高风险或需要重点监管的料件设定最大周转数量。进口料件的金额、数量加上电子账册剩余料件的金额、数量不得超过最大周转金额和最大周转数量。

每一个企业一般只能申请建立一份"便捷通关电子账册"，但是如果企业设有无法人资格独立核算的分厂，料件、成品单独管理的，经海关批准，可建立另一份电子账册。

企业需要在异地口岸办理进出口报关或跨关区深加工结转报关手续的，可以向海关申请办理"便捷通关电子账册"跨关区报关备案。

B. 电子化手册：通关备案环节。

分段式备案将电子化手册的相关内容分为合同备案和通关备案两部分，通关备案是建立在合同备案数据的基础上。

通关备案环节有四个部分，即基本信息（表头数据）、料件表、成品表和单损耗表。表头数据、料件表、成品表的备案内容比合同备案多了申报数量，其余是一样的。

单损耗表内容包括成品序号、成品名称、成品规格、成品计量单位、料件序号、料件规格、料件计量单位、净耗、损耗率等内容。

合同备案手册产生时会直接生成通关备案的表头数据，所以通关备案时不需要利用通关备案手册审核功能，而是直接使用手册通关变更审核功能进行审核。

③变更备案。

A. 备案变更的内容。

——变更合同需报商务部门批准（原审批单位）。

——贸易方式不变、商品品种不变、合同变更金额小于 10 000 美元（含 10 000 美元）和延期不超过 3 个月的合同，直接到海关和银行办理变更手续，不需经商务部门审批。

——原 10 000 美元以下的合同，变更后进口金额超过 10 000 美元，AA、A、B 类企业应重新开设台账；B 类企业合同变更后，进口料件如涉及限制类商品的，加收相应的保证金。

——企业管理类别调整，合同从空转变为实转的，应对原备案合同交付台账保证金；经海关批准，可以对未完成部分收取保证金。

——企业类别调整为 D 类的企业，已备案合同经海关批准，交付保证金后继续执行，但是不得再变更和延期。

——对允许类商品改为限制类商品的加工合同，已备案的合同不再交付保证金；原允许类和限制类商品改为禁止类商品的，已经备案的合同按照国家即时发布的规定办理。

B. 电子账册。

——"经营范围电子账册"变更

企业的经营范围、加工能力等发生变更时，经商务主管部门批准后，企业可通过网络向海关申请变更。海关审核通过后，并收取商务主管部门出具的"联网监管企业加工贸易业务批准证变更证明"等相关书面材料，企业应将纸质批准证交海关存档。

——"便捷通关电子账册"变更

"便捷通关电子账册"最大周转金额、核销期限等需要变更时，企业应向海关提交书面申请，海关批准后由海关直接变更。"便捷通关电子账册"的基本情况表内容、料件成品发生改变的，包括料件、成品品种、单损耗关系的增加等，只要未超出经营范围和加工能力，不必报商务主管部门审批，可以通过网络直接向海关申请变更，海关予以审核通过。

企业相同序号下的成品出口前，如出口成品的单损耗关系与已备案的成品单耗版本不符的，应按出口成品的实际单损耗情况生成新的单耗版本，办理单耗变更手续。

C. 电子化手册。

——合同备案的变更

企业办理合同备案变更手续应当通过电子口岸向主管海关发送合同备案

变更数据并提供企业的变更申请与商务部门出具的"加工贸易业务批准变更证明"以及相关单证材料。

——通关备案的变更

如果通关备案已通过,则合同备案变更通过后,系统将对通关备案的数据自动进行变更。

④与备案相关的事项。

A. 加工贸易单耗备案与申报。

加工贸易单耗:指加工贸易企业在正常生产条件下,加工生产单位成品所耗用进口料件的数量。经营企业办理加工贸易货物备案手续时,应如实申报。加工贸易企业应当在加工贸易备案环节向海关进行单耗备案。在手册的通关备案时应选择单耗申报环节(备案时、成品出口前、内销前、深加工结转前、报核前),在选择的节点前,均可以变更单耗备案,在正式向海关申报单耗后不能随便变更。单耗管理应当遵循如实申报、据实核销的原则。

单耗是指加工贸易企业在正常加工条件下加工单位成品所耗用的料件量,单耗包括净耗和工艺损耗。

净耗是指在加工后,料件通过物理变化、化学反应存在或者转化到单位成品中的量。

工艺损耗是指因加工工艺原因,料件在正常加工过程中除净耗外所必须耗用,但不能存在或者转化到成品中的量,包括有形损耗和无形损耗。

工艺损耗率是指工艺损耗占所耗用料件的百分比。

单耗=净耗/(1-工艺损耗率)。

单耗申报的具体内容包括:

——加工贸易项下料件和成品的商品名称、商品编号、计算单位、规格型号和品质;

——加工贸易项下成品的单耗;

——加工贸易同一料件有保税和非保税料件的,应当申报非保税料件的比例、商品名称、计算单位、规格型号和品质。

B. 加工贸易外发加工申请。

外发加工,是指具备加工生产能力的加工贸易企业,但受自身生产特点和工艺条件限制而不能完成全部工序和订单,由企业提出申请,经海关核准并办理有关手续,委托承揽企业对加工贸易货物进行加工,在规定期限内将加工后的产品运回本企业并最终复出口的行为。经主管海关核准,对外发加工成品、剩余料件以及生产过程中产生的边角料、残次品、副产品等保税货物不运回的,企业应按照保税加工管理规定办理相关手续。

企业申请外发加工业务的，由"加工贸易手册"（包括电子化手册、电子账册）备案地主管海关负责核准和办理外发加工业务手续，并对保税货物实施海关监管。承揽外发加工企业不得将加工贸易货物再次外发至其他企业进行加工。

企业已使用 H2000 外发系统对外发加工业务进行管理的，主管海关不再签发纸质"加工贸易货物外发加工申请审批表"，并应按照《海关总署 H2000 外发加工管理系统推广暂行办法》有关规定，使用外发系统办理相关海关手续。

因系统故障和暂未安装系统等原因造成无法使用外发系统对外发加工业务进行管理的，可采用纸质单证作业方式进行处理。外发系统故障恢复正常运作后，企业应按照《海关总署 H2000 外发加工管理系统推广暂行办法》规定进行补录入。

企业申请开展外发加工业务的，应按照《海关总署关于修改〈中华人民共和国海关对加工贸易货物监管办法〉的决定》（海关总署令第 168 号）修正后的《中华人民共和国海关对加工贸易货物监管办法》第三条第十款"承揽企业须经海关注册登记"的规定，提交承揽企业营业执照复印件、企业签章确认的承揽企业生产能力状况等必要材料。

同一承揽企业的营业执照和生产能力状况资料等已在海关备案的，企业无须每次重复提供，并应将其与承揽企业签订的加工合同或协议留底备查。

对外发加工的保税货物总量超出主管商务部门核定的企业年生产能力的 50％以上或全部工序外发加工的，企业应使用外发系统办理海关相关手续。

经营企业申请开展外发加工业务，应当如实填写"加工贸易货物外发加工申请审批表"及"加工贸易货物外发加工外发清单"，经海关审核批准后，方可进行外发加工。应当提交下列单证：

——经营企业签章的加工贸易货物外发加工申请表；
——经营企业和承揽企业签订的加工合同或协议；
——承揽企业的营业执照；
——经营企业签章的承揽企业生产能力证明；
——海关需要收取的其他单证。

C. 加工贸易串料申请。

串料是指因生产需要，将一个出口合同内的料件用于生产另外一个出口合同的产品。需向海关提交书面申请，并符合下列条件：

——保税料件之间、保税料件和进口非保税料件之间的串换须符合同品种、同规格、同数量的条件；

——保税料件和国产料件（不含深加工结转料件）之间的串换，必须符合同品种、同规格、同数量、关税税率为零的条件，且商品不涉及许可证。

经海关批准，经营企业因保税料件和非保税料件之间发生串换，串换下来同等数量的保税料件，由企业自行处置。

3）保税额度。

——在加工贸易合同项下海关准予备案的料件，全额保税。

是指加工贸易项下的进口料件，在合同备案的数额内进口，可全额先予保税，加工后对实际出口部分耗用的料件核销，不出口部分按一般进口货物办理。

①加工装配（来料加工、来件装配）合同备案数额内的进口料件。

来料加工项下由外商提供的用于加工装配返销出口产品的料件，免予缴纳进口关税和进口环节增值税、消费税。

来料加工装配项下进口直接用于加工出口成品而在生产过程中消耗掉的燃料油，免予缴纳进口关税和进口环节增值税、消费税。

来料加工装配项下加工成品出口，免予缴纳出口关税。

②进料加工对口合同备案数额内的进口料件。

专为加工出口产品而进口的料件，按实际加工复出口成品所耗用料件的数量准予暂时免交进口关税和进口环节增值税、消费税。

国外客商免费或有价值提供于生产出口产品所需进口的数量零星的辅料、包装物料（低值辅料），凭出口合同免予缴纳进口关税和进口环节增值税、消费税。

进料加工项下以及由国外客商提供准予暂时免税进口的原料、辅料、零部件和包装物料，需按货物到岸价格的一定比例向海关缴纳海关监管手续费（外商投资企业进口货物暂免缴纳）。

直接用于加工出口成品而在生产过程中消耗掉的数量合理的进口染化料、触媒剂、洗涤剂、催化剂等化学物品，按实际加工出口产品的消耗比例免予缴纳进口关税和进口环节增值税、消费税。

进料加工项下加工成品出口，免予缴纳出口关税。

③海关特殊监管区域内企业为生产出口成品而进口的料件。

④经海关批准建立的保税工厂或建有备料加工保税仓库的经营企业、加工企业在加工贸易合同备案数额内进口料件。

⑤外商投资企业为履行出口合同而进口的料件。

在出口合同中订明由外商提供部分料件条款的进料加工合同备案数额内的进口料件。

——照章征税

加工贸易合同项下海关不予备案的料件以及试车材料、非列名消耗性物料（燃料、磨料、触媒剂、催化剂、洗涤剂等除外）等不予保税。

——减免税

加工贸易项下由外商提供的不作价进口设备，除《外商投资项目不予免税的进口商品目录》所列商品外，免征进口关税和进口环节增值税。

加工贸易项下进口货物若不具备直接加工有形产品的适用条件，本该按一般进口办理通关手续并照章征税。但以下两种情况，因其未动用外汇且属国家鼓励范围或因其并未在实质上构成进入国内消费流通领域，故按现行规定可先享受特定减免税的优惠。

(2) 海关审核后作出是否准予备案的决定。

3. 准予备案的建立商品归并关系

——预审核

对联网监管的企业进口料件、出口成品的归类和商品归并关系进行预先审核和确认。商品归并关系的建立是针对联网企业的所有料号级保税加工货物的，是一项基础性预备工作。归并关系一经海关审核，即产生企业以后所有向海关申报的 HS 编码级基础数据，不需要每份电子底账都进行申报审核。

——预归类

经海关批准实行联网监管的，海关应审核企业是否将保税与非保税、来料加工与进料加工的料件和成品号分开管理，审核企业提交的料号级保税加工料件、出口成品清单的名称及对应的 HS 编码是否准确，必要时还要审核企业提供的为确认 HS 编码所需的资料，如有疑难，应按规定上报归类职能部门审定。

——建立归并关系。

电子账册备案、变更时，加工贸易联网监管企业（以下简称"联网企业"）应以内部管理的料号级商品为基础，按照《中华人民共和国进出口税则》规定的目录条文和归类总规则、类注、章注、子目注释以及其他归类注释，进行商品归类，并归入相应的税则号列，经海关审核确定后，在企业内部管理的料号级商品与电子账册备案的项号级商品之间建立一一对应关系；受海关监管资源限制无法实现料号级商品与项号级商品一一对应，需要建立多对一归并关系的。"料号级"商品指企业进出口的保税料件和成品。"项号级"是办理通关备案的内容。

①联网企业的计算机系统能够按照进口料件重要程度实施分类管理，并且经主管海关认定其进口料件可以区分主料与非主料实施监管的，主料建立

一一对应关系，非主料海关运用加工贸易信息化管理辅助平台实现料号级核销核算的，料号级料件同时满足以下条件的，可予以归并建立多对一归并关系：

——10位商品编码相同；

——申报计量单位相同；

——中文商品名称相同；

——符合规范申报的要求。

其中，根据相关规定可予保税的消耗性物料与其他保税料件不得归并；因管理需要，海关或企业认为需要单列的商品不得归并。

主料是指构成加工成品的主要进口料件，非主料是指构成加工成品的其他进口料件。采用计算机系统按照进口料件重要程度实施分类管理的联网企业，可向主管海关申请区分主料和非主料实施监管。主管海关以进口料件的贸易管制条件、价值、单耗等因素，按监管需要认定主料和非主料。

加工贸易信息化管理辅助平台是指配合加工贸易联网监管电子账册系统建立的、能够辅助海关对多个加工贸易联网监管企业实施料号级商品核销核算的信息化管理平台。该信息化管理平台投入运行前，应通过海关总署组织的验收。

②出口成品按采用成品版本号进行备案和申报，如同时满足以下条件的可予以归并：

——10位商品编码相同；

——申报计量单位相同；

——中文商品名称相同；

——符合规范申报的要求。

其中，涉及单耗标准与不涉及单耗标准的料号级成品不得归并；因管理需要，海关或企业认为需要单列的商品不得归并。海关审批通过的，联网监管企业的加工贸易商品归并关系就建立起来。联网监管商品关系的建立，主要表现在经海关审批通过的在归并原则基础上产生的"企业物料表"及归并关系数据。在预归并的基础上，海关应审核企业提交的预归并关系是否准确，是否符合相应的归并原则。

4. 确定是否需要开设台账

如需开设台账，则企业在申请电子底账备案时，应在海关手册录入环节选择拟开设台账账户的银行，并在录入端收到海关已开出"银行保证金台账开设联系单"的回执后，持"企业法人营业执照"、"海关注册登记证明"及其他相关材料至所选择的银行办理台账账户设立手续；不需要开设台账的，直接向海关申请建立电子底账或领取其他备案凭证。

(1) 保证金台账制度。

1999年3月26日，国家经贸委、外经贸部、海关总署、财政部、国税局、中国人民银行、国家外汇管理局联合发布《关于进一步完善加工贸易银行保证金台账制度的意见》（由国务院办公厅35号文转发到各省、自治区、直辖市人民政府，国务院各部委，各直属机构）。根据35号文1999年5月27日外经贸部经商海关总署制定《加工贸易审批管理办法》。以上两法自当年6月1日起实行，同时废止《关于统一使用加工贸易业务（合同）批准证的通知》（〔1998〕外经贸证发第798号）。

保税料件进境时未办理纳税手续，适用海关事务担保，具体担保手续按加工贸易银行保证金台账制度执行，该制度的实施是通过台账这一手段将海关的备案和核销管理与银行的台账管理紧密地结合在一起。

1）所有的加工贸易合同都要按加工贸易进口料件银行保证金台账制度的规定办理。保证金为应缴纳进口关税和进口环节增值税之和，可以用现金、保付保函等多种形式缴纳。台账的开设有三种情况：

①不转：不需要开设保证金台账；

②空转：开设台账，不需要支付保证金；

③实转（全实转100%、半实转50%）：开设台账，支付保证金。

2）实行"不转"、"空转"、"实转"的情况。

主要是根据不同的企业类别和要进行加工贸易的进口料件性质来确定。海关根据报关单位分类管理中"进出口收发货人"的审定标准，把加工贸易企业设定为AA、A、B、C、D五类。根据企业类别确立企业的不同风险管理级别，报关员如果业务水平不高很容易导致技术性违规，使企业降级造成损失。

表5-1　保证金台账制度的实施情况

分类	物理围网内企业	非物理围网企业				
		AA	A	B	C	D
禁止类	不准					
限制类（东部）	不转		半实转		实转	不准
限制类（中西部）			空转			
允许类		不转	空转			
≤USD10000的进口零星料件		不转				

注：全国分为东部和中西部。东部包括北京、上海、天津、辽宁、河北、山东、江苏、浙江、福建和广东省的新设立企业，中西部指东部以外的中国其他地区。限制类（东部）：含经营企业或加工企业在东部的情况，对2007年7月23日前未获得外贸权的东部地区企业，不予受理其开展限制类商品加工贸易业务申请；限制类（中西部）：这里指的是经营企业及其加工企业同时属中西部地区的。深加工结转下调一个商品类别管理。

> **相关链接**
>
> 按照国务院部署,为保持外贸稳定增长,商务部、海关总署联合发布了2008年第97号公告以调整加工贸易限制类政策:
>
> 1. 暂停《商务部 海关总署2007年第44号公告》(下称44号公告)限制出口类目录1853个海关编码商品,以及限制进口类目录轻纺类272个海关编码商品保证金台账"实转"政策。A类和B类企业暂停银行保证金台账"实转",实行"空转"管理;C类企业仍实行100%"实转"管理。
>
> 2. 对44号公告所列限制进口类目录中的122个海关编码商品开展加工贸易业务,A类企业暂停银行保证金台账"实转",实行"空转"管理;B类企业实行50%"实转";C类企业实行100%"实转"管理。
>
> 3. 中西部地区A类和B类企业仍按44号公告规定实行"空转"管理。
>
> 4. 将家具从加工贸易限制类目录中剔除。
>
> 5. 2008年12月1日之前已经商务主管部门批准并向海关申请备案的限制类商品加工贸易业务,仍按44号公告有关规定执行。企业在规定期限内加工成品出口并办理核销结案手续后,保证金及利息予以退还。
>
> 6. 限制类商品管理措施不适用于出口加工区、保税区等海关特殊监管区域。

(2) 保证金台账的开设。

备案企业(加工贸易经营企业)在首次办理台账开设手续时,应向银行办理台账保证金专用账户的设立手续。企业在申请电子化手册备案时,应在海关手册录入环节选择拟开设台账账户的银行(中国银行或中国工商银行),并在录入端收到海关已开出"银行保证金台账开设联系单"的回执后,持"企业法人营业执照"、"海关注册登记证明"及其他相关材料至所选择的银行办理台账账户设立手续银行与海关间采用台账电子化联网管理模式后,在有关业务流程不变的同时,企业无须再往返于海关与银行之间传递单证,有关单证的电子数据均实现网上传输。

实转台账开设或变更需缴纳保证金的,企业应按照主管海关签发的"开设联系单"或"银行保证金台账变更联系单";选择以税款保付保函方式进行实转的,企业可在向银行申请开立或变更后,选择自行或由银行将税款保付保函正本或修改函正本送交主管海关留存。对因特殊情况海关出具"税款保付保函展期通知单"的,企业须持通知单第三、四联、税款保付保函展期申请书及有关材料，向银行申请税款保付保函展期。

企业在预录入端收到回执后，直接凭银行签发的电子"银行保证金台账登记通知单"、"银行保证金台账变更通知单"、"银行保证金台账核销通知单"向海关办理加工贸易备案、合同变更和核销手续，即向海关申请建立电子底账。(见报关单中的备案号)。

5. 建立电子底账

(1) 电子账册。

建立电子账册的时候是向所在地的主管海关申请的，不是向直属海关申请。电子账册是在商品归并关系确立的基础上建立起来的，没有商品归并关系就不能建立电子账册，所以联网企业的实现依靠商品归并关系的确立。每个联网监管企业只有一份"企业物料表"及归并关系数据，并据此生成电子账册。

加工贸易电子账册包括："经营范围电子账册"和"便捷通关电子账册"。"经营范围电子账册"不能直接报关，主要是用来检查控制"便捷通关电子账册"进出口商品的范围。"便捷通关电子账册"用于加工贸易货物的备案、通关和核销。电子账册编码为12位。"经营范围电子账册"的第1、2个字母为IT，"便捷通关电子账册"第一位标记代码为"E"，因此"便捷通关电子账册"也叫"E"账册。出口加工区企业电子账册包括以上"加工贸易电子账册"还有"企业设备电子账册"。

(2) 电子化手册。

海关审核通过企业提交的预归类、预归并关系后，企业将申报地海关、企业内部编号、经营单位、加工单位、主管海关、管理对象等企业基本信息、保税加工料件、出口成品的序号、货号、中文品名、计量单位、法定单位等企业料号级物料数据传送到电子数据中心，海关登录数据中心相关界面对数据进行审核，审核通过后，系统自动向企业发送回执。

企业接受回执后，在将包括归并关系列表、归并后物料信息、归并前物料信息列表等数据在的料件归并关系和成品归并关系发送至电子口岸，海关予以审核通过，建立电子底账。

5.1.3 保税物流货物

1. 保税仓库电子账册概述

保税仓库电子账册系统是海关为适应保税仓库的发展需要，加强和规范保税仓库管理，建立、健全保税仓库管理电子底账，最终实现全国统一的保税仓库和海关计算机联网监管模式而采取的一项重要举措。保税仓库电子账册是企业开展保税仓储业务前必须向主管海关申请建立的电子文档，是企业向海关申报进出仓货物的电子凭证，是海关为控制和记录企业申报进出及存仓保税货物所建立的电子数据账册。

（1）保税仓库电子账册具有的优点。

1）使海关对保税仓库管理工作规范统一，促进保税仓库业务的健康发展；

2）通过该系统，企业可以方便、快捷地办理与保税仓库相关的海关业务；

3）该系统大大提高了保税仓库管理和进出口通关的工作效率，方便了企业外网与海关内网之间的沟通，加大了海关对保税仓库的监管力度；

4）企业可以通过网络向海关申请办理审批备案等手续，满足现代企业快节奏的生产及进出口要求。

（2）企业办理保税仓库电子账册应具备的条件。

企业申请保税仓库电子账册的，除企业本身已在海关注册登记和已取得"中华人民共和国保税仓库注册登记证书"以外，还要向海关企业管理部门办理保税仓库注册登记手续，经审核符合条件的，海关将专门制发保税仓库注册编码，该注册编码为10位，前5位按企业注册编码设置，第6位为企业性质代码，第7位为保税仓库类别代码："D"为公用型保税仓库，"E"为液体危险品保税仓库，"F"为寄售维修保税仓库，"G"为（暂为空），"H"为特殊商品保税仓库，"I"为备料保税仓库，第8至第10位为顺序号。

2．保税仓库电子账册备案

从用途上讲，保税仓库的电子账册分为经营范围电子账册和通关电子账册。

（1）经营范围备案。

经营范围电子账册是描述企业进出口货物类别的一份清单，保税仓库必须在经营范围电子账册列明的货物类别范围之内进行经营。也就是说，海关通过经营范围电子账册，对保税仓库进、出口报关的货物种类进行管理。海关对一个企业只设立一个经营范围电子账册。经营范围电子账册号为12位，第1~2位为标记代码（IK），第3~6位为关区代码，第7~12位为顺序号。

企业首先在电子口岸的保税仓库系统中录入经营范围各项，录完后点击"生成报文"，即实现向海关进行备案申请。海关对此进行确认审核。海关审批同意后，分别给出经营范围账册编号和批准证编号，由系统自动返填到经营范围中的"账册编号"和"保税仓批准证号"两项中。企业再录入电子账册各项。电子账册中"批文账册号"即为经营范围中的"账册编号"。录完后点击"生成报文"生成经营范围 IK 账册，即实现向海关进行备案申请。

海关审批同意后，给出统一的"账册编号"（注意：此处的"账册编号"和经营范围中的"账册编号"含义不同，经营范围中的"账册编号"在电子账册和账册分册中为"批文账册号"），由系统自动返填到电子账册的"账册编号"一项中。

企业要进行异地报关，则在电子账册备案的基础上，还需进行账册分册的备案。账册分册中的"账册编号"即为电子账册中的"账册编号"，账册分册中的"批文账册号"即为经营范围的"账册编号"。海关审批同意后，给出统一的账册分册号，由系统自动返填到账册分册的"分册号"一项中。

(2) 通关备案。

通关电子账册是企业货物进出口的凭证，是海关管理、控制、记录保税仓库进口、出口和存仓货物数据的电子文档。一般情况下，海关对一家保税仓库只给设立一本通关电子账册，但根据保税仓库的实际经营情况，也可以给予设立多本通关电子账册。通关电子账册有两种，一种是备案式通关电子账册（K 账册），另一种是记账式通关电子账册（J 账册）。通关电子账册号为 12 位，第 1 位为标记代码（K，J），第 2~5 位为关区代码，第 6 位为年份，第 7 位为仓库类型代码，第 8~12 位为顺序号。

备案式通关电子账册是传统的通关电子账册，保税仓库经营单位要在进口报关之前将准备进库的货物品种数量资料等向海关申请在通关电子账册中备案，进仓货物必须限定在通关电子账册备案范围内，否则海关通关系统将在审单过程中不予通过报关单。该账册比较适用备料库和液体库。记账式通关电子账册是不需要预先备案的电子账册，使用 J 账册，可不用预先对货物品种数量等资料向海关申请在通关电子账册中进行备案，而是在报关完成、海关放行之后、货物数据自动进入电子账册表体中。由于公用型保税仓库储存的货物有很大的不确定性，且品种很多，备案将会很烦琐，所以 J 账册比较适用于公用型保税仓库。

既然 J 账册不必在报关前预先在账册中进行备案，使用起来比较方便，与 K 账册比较起来，公用型保税仓库更愿意使用 J 账册。但是，在精细运作型保税 VMI 业务中，公用型保税仓库使用 K 账册却优于使用 J 账册。在精细运作型保税 VMI 业务中，保税仓库使用 K 账册优于使用 J 账册，其原因在于两稳定、一有利、一方便。

所谓两稳定，一是指在精细运作型保税 VMI 业务中，由保税仓库提供服务的下游客户，即大型加工贸易企业与保税仓库之间服务和被服务的关系比较稳定。一般情况下，大型加工贸易企业在采用 VMI 之前和选择合适的第三方物流公司之前一定经过慎重的考虑，一旦合作关系确立，不会轻易取消。二是指下游客户生产所需的料件品种相对稳定，除非产品方向完全改变，否则基本所需的料件不会改变。所以，一旦备案完成，不必经常变更，只是随时有所增加而已。

所谓一有利，是指有利于海关监管。保税仓库所存放的保税料件的出库去向，是海关监管的一个非常重要的方面，也是海关重点监管的环节。使用 K 账册的保税仓库与使用 E 账册的加工贸易企业，以相对应的备案序号在各自的通关电子账册中备案，对海关的日常监管、核查来说比较有利。因为备案序号是相对应的，从保税仓库出库了哪种备案序号的料件，必然有哪种备案序号的料件进入加贸企业的 E 账册，海关通过备案序号的对应关系，对照两家企业的一进一出，就可以随时掌握保税料件的去向，完全保证保税仓库存放的特定保税料件进入特定的加贸企业。

所谓一方便，指的是由于对应备案比较有利于海关的监管，海关才可以对保税仓库和保税仓库服务的下游加贸企业在通关等方面给予一定程度的方便。比如，在入仓进口报关、出仓形式出口报关等环节，如果没有海关在满足监管条件的前提下给予一定的方便，精细运作型保税 VMI 业务是很难开展得很好的。

所以，对于从事精细运作型保税 VMI 业务的公用型保税仓库来说，使用 K 账册虽然在备案环节上看，是多了一道手续，但如果运用得好，会换来海关提供的一定程度的通关便利。对于保税 VMI 业务来讲，备案带来的麻烦与通关便利带来的好处相比，就不算什么了。

对保税仓库核发异地报关分册（F 分册），一方面是出于 H2000、H883 系统交接的需求，即如果本关区内已核发 H2000 保税仓库电子账册的企业要到仍在运行 H883 系统的关区报关时，海关可核发异地报关分册，供企业在异地口岸办理进口手续使用；另一方面海关可通过异地报关分册控制仓库的报关口岸和在某口岸报关进口的数量。企业如果在使用 H2000 系统的异地口岸报关的，则须申请打印电子账册分册，企业凭打印的电子账册分册在异地口岸办理通关手续；企业如果在使用 H883 系统的异地口岸报关的，则须申请打印通关电子账册和电子账册分册，企业凭打印的通关电子账册和电子账册分册在异地口岸办理通关手续。保税仓库异地报关分册号为 12 位，编码规则第

1 位为"F",第 2—5 位为关区代码,第 6 位为仓库类型代码,第 7—12 位为顺序号。

3. 注销保税仓库电子账册的情况

(1) 保税仓库无正当理由连续 6 个月未经营保税仓储业务的,保税仓库经营企业应当向海关申请终止保税仓储业务,经营企业未申请的,海关注销其注册登记,并收回"保税仓库注册登记证书";

(2) 保税仓库不参加年审或者年审不合格的,海关注销其注册登记,并收回"保税仓库注册登记证书";

(3) 保税仓库因其他事由终止保税仓储业务的,由保税仓库经营企业提出书面申请,经海关审核后,交回"保税仓库注册登记证书",并办理注销手续。

5.2 减免税货物

减免税货物的前期报关阶段就是减免税申请阶段,包括减免税企业备案登记和办理进出口货物减免税审批两个环节,即符合减免税条件企业资格的确认和特定减免税进口货物的资格确认。基本程序为:

减免税申请人到主管海关办理减免税备案手续,海关对申请享受减免税优惠政策的减免税申请人,进行减免税资格的确认,对项目是否符合减免税政策要求进行审核,确定项目的减免税额度等事项。

减免税备案后,货物进口前,减免税申请人须向主管海关申领进出口货物征免税证明,经主管海关进行资格审核,确认其所申请货物的减免税方式,依据其是否符合减免税政策要求,决定签发进出口货物的征免税证明。

5.2.1 减免税备案

减免税申请人按照有关进出口税收优惠政策的规定,申请减免税进出口相关货物,海关需要事先对减免税申请人的资格或者投资项目等情况进行确认的,遵循下面的步骤。

1. 减免税备案申请

减免税申请人应当在申请办理减免税审批手续前,向主管海关申请办理减免税备案手续,并同时提交下列材料:

(1) "进出口货物减免税备案申请表";

(2) 企业营业执照或者事业单位法人证书、国家机关设立文件、社团登记证书、民办非企业单位登记证书、基金会登记证书等证明材料;

(3) 相关政策规定的享受进出口税收优惠政策资格的证明材料;

（4）海关认为需要提供的其他材料。

减免税申请人按照以上规定提交证明材料的，应当交验原件，同时提交加盖减免税申请人有效印章的复印件。

2. 海关审核

海关收到减免税申请人的减免税备案申请后，应当审查确认所提交的申请材料是否齐全、有效，填报是否规范。减免税申请人的申请材料符合规定的，海关应当予以受理，海关收到申请材料之日为受理之日；减免税申请人的申请材料不齐全或者不符合规定的，海关应当一次性告知减免税申请人需要补正的有关材料，海关收到全部补正的申请材料之日为受理之日。不能按照规定向海关提交齐全、有效材料的，海关不予受理。海关受理减免税申请人的备案申请后，应当对其主体资格、投资项目等情况进行审核。经审核符合有关进出口税收优惠政策规定的，应当准予备案；经审核不予备案的，应当书面通知减免税申请人。

海关应当自受理之日起 10 个工作日内作出是否准予备案的决定。基于政策规定不明确或者涉及其他部门管理职责，须与相关部门进一步协商、核实有关情况等原因，在 10 个工作日内不能作出决定的，海关应当书面向减免税申请人说明理由。

有以上规定情形的，海关应当自情形消除之日起 15 个工作日内作出是否准予备案的决定。

减免税申请人要求变更或者撤销减免税备案的，应当向主管海关递交申请。经审核符合相关规定的，海关应当予以办理。变更或者撤销减免税备案应当由项目审批部门出具意见的，减免税申请人应当在申请变更或者撤销时一并提供。

5.2.2 减免税审批

1. 减免税审批申请

减免税审批申请人应当在货物申报进出口前，向主管海关申请办理进出口货物减免税审批手续，同时提交下列材料：

（1）"进出口货物征免税申请表"；

（2）企业营业执照或者事业单位法人证书、国家机关设立文件、社团登记证书、民办非企业单位登记证书、基金会登记证书等证明材料；

（3）进出口合同、发票以及相关货物的产品情况资料；

（4）相关政策规定的享受进出口税收优惠政策资格的证明材料；

（5）海关认为需要提供的其他材料。

减免税申请人按照以上规定提交证明材料的,应当交验原件,同时提交加盖减免税申请人有效印章的复印件。

2. 海关审核

海关收到减免税申请人的减免税申请审批后,应当审核确认所提交的申请材料是否齐全、有效,填报是否规范。对应当进行减免税备案的,还应当审核是否已经按照规定办理备案手续。

减免税申请人的申请材料符合规定的,海关应当予以受理,海关收到申请材料之日为受理之日;减免税申请人提交的申请材料不齐全或者不符合规定的,海关应当一次性告知减免税申请人需要补正的有关材料,海关收到全部补正的申请材料之日为受理之日。不能按照规定向海关提交齐全、有效材料的,或者未按照规定办理减免税备案手续的,海关不予受理。除国家政策调整等原因并经海关总署批准外,货物征税放行后,减免税申请人申请补办减免税审批手续的,海关不予受理。

海关受理减免税申请人的减免税审批申请后,应当对进出口货物相关情况是否符合有关进出口税收优惠政策规定,进出口货物的金额、数量等是否在减免税额度内等情况进行审核。对应当进行减免税备案的,还需要对减免税申请人、进出口货物等是否符合备案的情况进行审核。经审核符合相关规定的,应当作出进出口货物征税、减税或者免税的决定,并签发"中华人民共和国海关进出口货物征免税证明"(以下简称"征免税证明")。

海关应当自受理减免税审批申请之日起10个工作日内,做出是否准予减免税的决定。有下列情形之一,不能在受理减免税审批申请之日起10个工作日内做出决定的,海关应当书面向减免税申请人说明理由:

(1) 政策规定不明确或者涉及其他部门管理职责,需要与相关部门进一步协商、核实有关情况的;

(2) 需要对货物进行化验、鉴定以确定是否符合减免税政策规定的;

(3) 因其他合理原因不能在规定期限内作出决定的。

有以上规定情形的,海关应当自情形消除之日起15个工作日内作出是否准予减免税的决定。

减免税申请人申请变更或者撤销已签发的征免税证明的,应当在征免税证明有效期内向主管海关提出申请,说明理由,并提交相关材料。

经审核符合规定的,海关准予变更或者撤销。准予变更的,海关应当在变更完成后签发新的征免税证明,并收回原征免税证明。准予撤销的,海关应当收回原征免税证明。

5.2.3 减免税货物税款担保

1. 税款担保申请

有下列情形之一的,减免税申请人可以向海关申请凭税款担保先予办理货物放行手续:

(1) 主管海关按照规定已经受理减免税备案或者审批申请,尚未办理完毕的;

(2) 有关进出口税收优惠政策已经国务院批准,具体实施措施尚未明确,海关总署已确认减免税申请人属于享受该政策范围的;

(3) 其他经海关总署核准的情况。

减免税申请人需要办理税款担保手续的,应当在货物申报进出口前向主管海关提出申请,并按照有关进出口税收优惠政策的规定向海关提交相关材料。

2. 海关受理

主管海关应当在受理申请之日起7个工作日内,做出是否准予担保的决定。准予担保的,应当出具"中华人民共和国海关准予办理减免税货物税款担保证明"(以下简称"准予担保证明");不准予担保的,应当出具"中华人民共和国海关不准予办理减免税货物税款担保决定"。

进出口地海关凭主管海关出具的准予担保证明,办理货物的税款担保和验放手续。国家对进出口货物有限制性规定,应当提供许可证件而不能提供的,以及法律、行政法规规定不得担保的其他情形,进出口地海关不得办理减免税货物凭税款担保放行手续。

3. 税款担保期限的延期

税款担保期限不超过6个月,经直属海关关长或者其授权人批准可以予以延期,延期时间自税款担保期限届满之日起算,延长期限不超过6个月。因特殊情况仍需要延期的,应当经海关总署批准。海关依照规定延长减免税备案、审批手续办理时限的,减免税货物税款担保时限可以相应延长,主管海关应当及时通知减免税申请人向海关申请办理减免税货物税款担保延期的手续。

减免税申请人在减免税货物税款担保期限届满前,未取得"征免税证明",申请延长税款担保期限的,应当在"准予担保证明"规定期限届满的10个工作日以前向主管海关提出申请。主管海关应当在受理申请后7个工作日内,做出是否准予延长担保期限的决定。准予延长的,应当出具"中华人民共和国海关准予办理减免税货物税款担保延期证明"(以下简称"准予延期证明")；不准予延长的，应当出具"中华人民共和国海关不准予办理减免税货物税款担保延期决定"。

减免税申请人按照海关要求申请延长减免税货物税款担保期限的，比照以上规定办理。进出口地海关凭准予延期证明办理减免税货物税款担保延期手续。

减免税申请人在减免税货物税款担保期限届满前取得征免税证明的，海关应当解除税款担保，办理征免税进出口手续。担保期限届满，减免税申请人未按照规定申请办理减免税货物税款担保延期手续的，海关应当要求担保人履行相应的担保责任或者将税款保证金转为税款。

5.2.4 进出口货物征免税证明的使用

减免税申请人应当在征免税证明有效期内办理有关进出口货物的通关手续。不能在有效期内办理需要延期的，应当在征免税证明有效期内向海关提出延期申请。经海关审核同意，准予办理延长征免税证明有效期手续。

征免税证明可以延期一次，延期时间自有效期届满之日起算，延长期限不得超过6个月。海关总署批准的特殊情况除外。征免税证明有效期限届满仍未使用的，该征免税证明效力终止。减免税申请人需要减免税进出口该征免税证明所列货物的，应当重新向海关申请办理。

减免税申请人遗失征免税证明需要补办的，应当在征免税证明有效期内向主管海关提出申请。经核实原征免税证明尚未使用的，主管海关应当重新签发征免税证明，原征免税证明同时作废。原征免税证明已经使用的，不予补办。

进出口货物征免税证明实行"一批一证"、"一关一证"的原则，即一份征免税证明上的货物只能在一个进口口岸一次性进口。如果一批特定减免税货物需要分两个口岸或分两次进口则要分别申请。

例（多选题）：

下列关于特定减免税货物管理的表述正确的是： （　　）

A. 特定减免税的申请，首先是减免税的资格确认，然后是"进出口货物征免税证明"的申领

B. 国内投资项目和利用外资项目减免税资格确认的依据是由国务院有关部门或省市人民政府签发的"国家鼓励发展的内外资项目确认书"

C. 民政部门或中国残疾人联合会所属单位专用品、专用仪器、专用生产设备的减免税，海关凭民政部门或中国残疾人联合会的批准文件签发"进出

口货物征免税证明"

D. "进出口货物征免税证明"的有效期为 6 个月,且不得延期

答案：AB。解析：C 错，民政部门或中国残疾人联合会所属单位批量进口残疾人专用品的，应当向所在地直属海关申请，提交民政部门或中国残疾人联合会出具的证明函，海关凭以审核签发征免税证明。如果是残疾人在进口特定减免税专用品以前，向主管海关提交民政部门的批准文件，海关审核批准后，签发"进出口货物征免税证明"。D 不正确，经批准可以延期。

5.3 暂准进出口货物

5.3.1 使用 ATA 单证册的暂准进出境货物

1. ATA 单证册的适用范围

（1）适用的活动。

临时进出境，过境。

（2）适用的货类。

世界海关组织于 1961 年通过了《关于货物暂准进口的 ATA 单证册海关公约》，其后，又于 1990 年通过了《货物暂准进口公约》，从而建立并完善了 ATA 单证册制度。《货物暂准进口公约》把国际上通行的暂准进出口货物分为 12 大类，我国仅限于展览会、交易会、会议及类似活动项下的货物。第三章所列暂准进出境货物范围所包括的 12 个内容里面的第一种情况。剩下的 11 种情况我国不接受持 ATA 单证册办理进出口申报手续。

2. ATA 单证册制度

（1）ATA 单证册（CARNET）的定义。

ATA 单证册是暂准进口单证册的简称，是世界海关组织（W.C.O.）通过的《货物暂准进口公约》及其附约 A 和《关于货物暂准进口的 ATA 单证册海关公约》（简称《ATA 公约》）确定的，用于替代各缔约方暂准进口货物的报关单证和税费担保文书的国际性通关文件（俗称"货物通关护照"）。ATA 由法文 Admission Temporaire 与英文 Temporary Admission 的首字母组成，表示暂准进口，由其字面可知，使用 ATA 单证册的货物有别于普通进口货物，这类货物在国际流转时，其所有权不发生转移。ATA 单证册的封面如图 5-1 所示。

基本特点：因 ATA 单证册本身既是一种货物进出口的报关单，同时也是一份国际担保书，所以免填报关单和向海关提供担保。

图 5-1 ATA 单证册

目的：通过 ATA 单证册的使用，来实现对特定货物简化进出境通关程序，以促进国际经济、科技、文化的交流。

例（判断题——2002 年考题）：

ATA 单证册既是国际通用的暂准进口报关单证，又是具有国际效力的担保书，在我国目前仅适用于在展览会、交易会、会议及类似活动中供陈列或使用的货物。

答案：正确。

（2）ATA 单证册的格式。

去一个国家使用的 ATA 单证册中包括：绿色的封面和封底、黄色的出口和复进口单证、白色的进口和复出口单证各一张，以及两张蓝色的过境单证，因此一份 ATA 单证册最少应由 8 张彩色单证组成。如果货物拟去更多国家使用，彩色单的数目应当相应增加。

每张彩色单证由存根联和凭证（正联）两部分组成，签发时，凭证上应列明持证人名称、地址、授权使用人姓名、货物用途以及出证商会名称。

（3）ATA 单证册印刷文字与申报文字。

1）ATA 单证册必须使用英语或法语，如果需要可以同时使用第三种语言印刷。

2）我国只接受中文或英文的 ATA 单证册的申报。

（4）ATA 单证册的申办程序。

1）填写申请表。

填写申请表，并附申请人的身份证明文件。申请人为自然人的，提供身份证或护照复印件；申请人为企业法人的，提供企业法人营业执照的复印件；申请人为事业单位的，提供事业单位法人证书的复印件。申请表填写说明如下：

①申请人基本情况。

——申请人名称栏、地址栏中的英文应打印填写，并注明邮编。

——申请人为自然人的，身份证明文件指身份证或护照；申请人为法人的，身份证明文件指企业法人营业执照或者事业单位法人证书。

——授权代表是指代表申请人持 ATA 单证册办理国内外报关手续的人，可以是申请人的货运代理或报关代理。授权代表姓名的英文栏须打印填写。

——联系人指办理 ATA 单证册申请手续的人，可以是申请人的职员，也可以是申请人的报关代理或者货运代理。代理人须提供申请人的授权委托书。

②单证册基本情况。

——请选择货物在进口国的预定用途。由于各国接受的 ATA 单证册项下货物范围不同，此栏填写不妥可能导致货物无法获得暂准进口的许可。请预先咨询签证机构以确定你所选择的栏目。

——请填入从中国离境的日期，出口报关口岸的名称。

——选择运输方式。

——每份 ATA 单证册的有效期最长是 1 年，在有效期内，货物可以进口到多个国家，每个国家可以去多次。请按需要在拟去国家前填入预定进口次数。货物在离开一个国家去往另一个国家的途中，如需在其他国家过境，应使用蓝色过境单。例如：货物离开中国去美国（进出美国一次），途经日本。在表中美国前面横线处写"1"，在过境国家日本前面写"1T"，"1"代表过境次数。

③ATA 单证册的交付方式。

④选择 ATA 单证册的签发期限。

签证机构签发 ATA 单证册的正常时间是 5 个工作日，加急签发时间是 2 个工作日。

⑤填入担保金额，并选择你所提交的担保形式。

ATA 单证册既是货物的报关文件，也是进口各税及其他费用的担保凭证。当 ATA 单证册项下货物在暂准进口国被卖、被赠、被窃或其他原因没有复出口，需要支付进口税费时，ATA 单证册担保商会需要承担向进口国海关缴纳税款的义务。因此，申请人需要向签证机构提供货物可能支付进口税费的担保。

⑥仔细阅读保证条款的内容。

ATA 单证册一经签发，持证人将自动承担保证责任。

⑦申请人签字、盖章。

如果申请人是法人，由法人代表签字，并加盖申请人单位章；如申请人是自然人，在申请人签字处签字即可。

2）填写货物总清单。

货物总清单是 ATA 单证册的主要部分，请尽量详细填写，以确保顺利通关。总清单应用中英文打印填写，如总清单超过一页，请使用续页，并在第一页下面填入续页页数。单证册一经签发，就不得在总清单上做任何修改或增添，总清单上所列货物也不得再进行更换。样图如图 5-2 所示：

①第一栏——项号：货物品名、标记及编号完全一致的，可使用同一个项号。

②第二栏——货物品名、标记及编号：为保证海关顺利验货，这一栏内必须详尽、清楚、准确地填入货物的名称，以及序号和/或型号。"case"指箱，其后面的数字指第几箱，如只有一箱，可不必标明箱数。

③第三栏——件数：填入每一项货物的数量。

④第四栏——重量或体积：填入每一项货物的重量。

⑤第五栏——价值：填入每一项货物的总价值。货物价值指货物从我国出口时的真实商业价值，以人民币计价。

⑥第六栏——原产国：填入货物原产地国家编码。国家编码请参见申请表第二部分。

⑦汇总：在总清单最后一项货物下打横线，并在第三栏、第五栏下填入货物的总数量和总价值。用英文表述货物总价值。

⑧申请人在总清单左上方"持证人签字"栏内签字。如果申请人为法人，由法定代表人在"持证人签字"栏签字，如图 5-3 所示。

3）提供担保。

担保形式可以是押金、银行或保险公司保函或者出证协会认可的书面保证。担保金额为货物进口各税总额的 110%。担保期限为自 ATA 单证册签发之日起 33 个月。

一、申请人基本情况
1. 申请人名称、地址(中文)天辉纺织有限公司　　中国宁波市东渡路29号世界贸易中心13楼A-11室
　　　　　　　　(英文)SKYTEX CO.LTD　　UNITA 13, 13/F. 29 DONGDU ROAD, WORLD
　　　　　　　　　　TRADING CENTER, NINGBO, 315010, CHINA
2. 身份证明文件名称：营业执照　　　　　　号码：3302062800554
3. 授权代表：(中文)民航快递广州公司　　(英文) CHINA AIR EXPRESS GUANGZHOU CO.LTD
4. 联 系 人：黄成妹　　　电话：020-83510515/83510521　传真：020-83510520

二、单证基本情况
1.货物用途
　　√□展览会和交易会(名称、地址、组织者)　Hong Kong Fashion Week for Spring/Summer 2004
　　Unit 13. Expo Galkria Hong Kong Convention & Exhibition Centre   Hong Kong Trade Development Countil
　　　□专业设备　□商业样品　□其他
2.预定从中国离境日期：2003-7-4　　　　　出口报关口岸　广州白云机场海关
3.运输方式：√□货运　□随身携带
4.在拟暂准进口的国家和地区前面横线处注明预计进口的次数
　在拟过境的国家和地区前面横线处写"T"，并注明预计过境的次数

＿＿阿尔及利亚 (AL)	＿＿直布罗陀 (GI)	＿＿卢 森 堡 (LU)	＿＿斯洛伐克 (SK)
＿＿安 道 尔 (AD)	＿＿希 腊 (GR)	＿＿马 其 顿 (MK)	＿＿斯洛文尼亚 (SI)
＿＿澳大利亚 (AU)	＿＿香 港 (HK)	＿＿马来西亚 (MY)	＿＿南 非 (ZA)
＿＿奥 地 利 (AT)	＿＿匈 牙 利 (HU)	＿＿马 耳 他 (MT)	＿＿西 班 牙 (ES)
＿＿比 利 时 (BE)	＿＿冰 岛 (LS)	＿＿毛里求斯 (MU)	＿＿斯里兰卡 (LK)
＿＿保加利亚 (BG)	＿＿印 度 (IN)	＿＿摩 洛 哥 (MI)	＿＿瑞 典 (SE)
＿＿加 拿 大 (CA)	＿＿爱 尔 兰 (IE)	＿＿荷 兰 (NL)	＿＿瑞 士 (CH)
＿＿克罗地亚 (HR)	＿＿以 色 列 (IL)	＿＿新 西 兰 (NZ)	＿＿泰 国 (TH)
＿＿塞浦路斯 (CY)	＿＿意 大 利 (IT)	＿＿挪 威 (NO)	＿＿突 尼 斯 (TN)
＿＿捷 克 (CZ)	＿＿象 牙 海 岸 (CI)	＿＿波 兰 (PL)	＿＿土 耳 其 (TR)
＿＿丹 麦 (DX)	＿＿日 本 (JP)	＿＿葡 萄 牙 (PT)	＿＿英 国 (GB)
＿＿爱沙尼亚 (EE)	＿＿韩 国 (KR)	＿＿罗马尼亚 (RO)	＿＿美 国 (US)
＿＿芬 兰 (FI)	＿＿拉脱维亚 (LV)	＿＿俄 罗 斯 (RQ)	＿＿南斯拉夫 (YU)
＿＿法 国 (FR)	＿＿黎 巴 嫩 (LB)	＿＿塞内加尔 (SN)	
＿＿德 国 (DE)	＿＿立 陶 宛 (LT)	＿＿新 加 坡 (SG)	

三、单证册签发后交付办法
　1. √□自取　　2. □挂号　　3. □特快专递
四、签发单证册期限
　1. □五个工作日　　2. √□两个工作日(加急)
五、担保
　1.担保金额：　RMB243900
　2.担保形式：(1) □现金/支票　(2) √□信汇/电汇
　　　　　　　(3) □银行保函　(4) □保险公司保函
六、保证
　　我作为ATA单证册持有人，保证货物总清单上的内容真实无误，我承诺在任何暂准进口国海关规定的期限内将这些货物复出口，在中国海关规定的期限内将这些货物复进口回中国，并遵守《ATA公约》、《伊斯坦布尔公约》和有关公约/附约的规定，中国和其他国家的海关规章和要求，以及中国国际商会制定的使用ATA单证册的各项规定。
　　我承诺，接到中国国际商会的索赔请求后，在十个工作日内无条件支付因ATA单证册项下货物未在规定期限内复出口，或未遵守《ATA公约》、《伊斯坦布尔公约》和有关公约/附约的规定，中国或外国海关的有关部门规章或要求而产生的所有款项和其他费用，以及中国国际商会因签发和调整单证册所支付的任何专业费用或其他费用。我承诺对中国国际商会为此同有关商会、海关或其他组织运作协商或处理的结果承担全部责任。我同意，将交纳的担保用以赔付中国国际商会因上述情事而被要求支付的任何税款或费用。
　　我承诺，在旅行结束后十五天内，将ATA单证册退还给中国国际商会或其授权的签证机构，并留一份复印件存档。
　　我确认，如及时将使用过的ATA单证册交还给中国国际商会或其授权的签证机构，并且未违规使用正确，则中国国际商会或其授权的签证机构将及时有条件核销ATA单证册，并返还担保。

　　　　　　　　　　　　　　　　　　　申请人签字：
　　　　　　　　　　　　　　　　　　　申请日期：2003 年 5 月 29 日
　　　　　　　　　　　　　　　　　　　申请单位盖章：

图 5-2　中国国际商会 ATA 单证册申请表

```
------INTERNATIONAL GUARANTEE CHAIN------          ------INTERNATIONAL GUARANTEE CHAIN------
       国际联保系统                                          国际联保系统
```

GENERAL LIST / 总清单
May be used for Continuation Sheets 此页可用签发页

X_____X
       Signature of Holder 持证人签字

签发机构官方签字及盖章

VOUCHINA NO.	1/1	A.TA. C No. CN20/2003-0004
单证册凭证号码	总清单序页号	ATA 单证册号码

Item No./项号	Trade description of goods and marks and number. 货物品名 标记及号码	numbers, of Volume/ 件数	Weight or Volume/ 重量或体积	Value 价值	**Country origin/ 原产国	For Customs Use/ 由海关填写
1	2	3	4	5	6	7
1	Ladics'100% polycser woven wedding dress 100%化纤梭织女婚纱连衣裙	35pcs	87.5kgs	14,525.00	CN	
2	Gitl's 100% polycser woven dress 100%化纤梭织女童连衣裙	20pcs	14kgs	1,668.00	CN	
3	100% polycser woven lace 100%化纤梭织花边	340pcs	21kgs	2,000.00	CN	
4	Ladies'100% polycser woven dress 100%化纤梭织女连衣裙	26pcs	26kgs	4,316.00	CN	
5	Ladies'100% silk woven dress 100%真丝梭织女连衣裙	32pcs	25.6kgs	5,312.00	CN	
6	Ladies'72% soctate 28% polycser woven suit 人纤涤纶混纺布梭织女套装	14pcs	18.2kgs	2,905.00	CN	
	TOTAL SAY: TOTAL VALUE IN RMB IS THIRTY THOUSAND SEVEN HUNDRED AND TWENTY SIX ONLY	453pcs/ 148pcs		RMB30726.00		

0
总清单含续页数日 ___0___

TOTAL or CARRIED OVER/
总计或转下页

*Commercial value in country/Customs territory of issue and in its currency, unless stated differently./*指以单证册签发国/关境货币表示的商业价值, 除非标明为他国货币
**Show country of origin if different from country/Customs territory of issue of the Carnet, using ISO country codes./
**如果原产国非单证册签发国/关境, 请用国际标准化组织的国家编码标明原产国

图 5-3 货物总清单

4）缴纳 ATA 单证册申办手续费。

①基本手续费。

ATA 单证册的基本手续费包括办理货物去一个国家所需要的整套通关文件的费用，基本手续费根据货物总价值计算，收取人民币。基本手续费收费如下：

货物金额在 50 000 元以下收取手续费 500 元，货物金额在 50 001～100 000元收取手续费 700 元，货物金额在 100 001～500 000 元收取手续费 1 100元，货物金额在 500 001～1 000 000 元收取手续费 1 400 元，货物金额在1 000 001元以上收取手续费 1 900 元。

②附加费。

货物所去的国家在一个以上时，每多去一个国家，须增交基本手续费20%的附加费。

③保险费。

货物在暂准进口国或过境国未按要求复出口时，国外海关将对单证册提起进口各税索赔，如该索赔确证合理，中国贸促会/中国国际商会作为担保商会必须向外国海关赔付。为了确保持证人在申请ATA单证册时提交的保函或书面保证在索赔发生后能顺利执行，同时防范如进口国税率波动等因素所带来的风险，保证中国贸促会/中国国际商会为单证册支付的赔款能够得到及时充分的偿付，持证人应缴纳保险费。该保险由中国人保财产保险公司承保。保险费与保险金额以人民币计，具体计算方法如下：

——保险费率为3‰。

——如持证人提交的担保是押金、银行保函，则保险金额为货物总价值的20%。保险费＝保险金额×保险费率。

——如持证人提交的担保是保险公司出具的保函或保险单，则保险金额为货物总价值的20%加上保函或保险单的金额，保险费＝保险金额×保险费率。如出保公司是人保下属分公司，则保险费＝货物总价值的20%×保险费率。

——如持证人提交的担保是书面保证，则保险金额为货物总价值的20%加上书面保证的金额。保险费＝保险金额×保险费率。

④其他费用。

签证机构和代办机构应申请人要求提供其他服务的费用。

(5) ATA 单证册的使用。

在国际上，ATA单证册的担保协会和出证协会一般是国际商会国际局和各国海关批准的各国国际商会。在我国，中国国际商会（中国国际贸易促进委员会）是我国 ATA 单证册的担保协会和出证协会，负责签发出境ATA单证册，向海关报送所签发单证册的中文电子文本，协助海关确认ATA单证册的真伪，并且向海关承担 ATA 单证持证人因违反暂准进出境规定而产生的相关税费、罚款。ATA 单证册系统的运转靠的是 ATA/IBCC连环担保系统。

海关总署在北京海关设立有ATA核销中心。ATA核销中心对ATA单证册的进出境凭证进行核销、统计以及追索，应成员国担保人的要求，依据有关原始凭证，提供ATA单证册项下暂准进出境货物已经进境或者从我国复运出境的证明，并且对全国海关ATA单证册的有关核销业务进行协调和管理。

典型案例

我国某家企业要到巴黎参加巴黎博览会。企业向中国国际商会提出申请，并缴纳一定手续费，提供担保。我国的国际商会审核后，签发ATA单证册。企业凭着ATA单证册办理出口，在我国海关办理出境手续，海关在签发ATA单证册上盖章；货物经过运输，运到巴黎，企业的相关人员凭着签发的ATA单证册在巴黎办理进境手续，巴黎的海关在ATA单证册上盖章，货物进入巴黎参加展出，展览会结束后，企业按规定，在6个月内复运进境，在巴黎办理退运手续，巴黎海关在单证册上面盖章，然后这些展览品经过运输运回到我国的入境口岸，企业又凭着此张ATA单证册在我国的入境海关办理入境手续，海关也需在上面签章。经过以上这些步骤，货物又运回来了。持证人将使用过的经过各海关签注的ATA单证册交还给原出证的协会，取回担保金或者保函。

1) ATA单证册的正常使用。

ATA单证册的申请人，是居住地或注册地在中华人民共和国境内的货物所有人，或可自由处置货物的人。持证人向出证协会提出申请，缴纳一定的手续费，并按出证协会的规定提供担保。协会签发ATA单证册，持证人持证通关，货物完成特定目的，复运回原出口国，单证册交还协会。

2) ATA单证册的非正常使用。

包括未按规定期限复运出境要补税或持证人未遵守暂时进口国海关的有关规定被罚款。分如下两种情况：

一是没有在规定的期限内复运出境；

二是ATA单证册持证人未遵守暂时进境国的有关规定，海关对持证人予以罚款。

3. 延期审批

ATA单证册下货物延长复运出境、进境期限，ATA单证册持证人应当在规定期限届满的30个工作日前，向货物暂准进出境申请核准地海关提出延期申请，并提交"货物暂时出/进境延期申请书"以及相关申请材料。

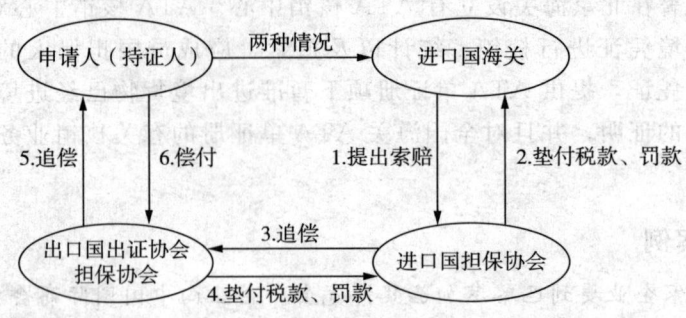

图 5-4　ATA 单证册的连环担保

直属海关受理延期申请的,应当于受理申请之日起 20 个工作日内,制发"中华人民共和国海关货物暂时出/进境延期申请批准决定书"或者"中华人民共和国海关货物暂时出/进境延期申请不予批准决定书"。

ATA 单证册下暂时进境货物申请延长期限超过 ATA 单证册有效期的,ATA 单证册持证人应当向原出证机构申请续签 ATA 单证册。续签的 ATA 单证册经主管地直属海关确认后可替代原 ATA 单证册。

续签的 ATA 单证册只能变更单证册有效期,其他项目均应当与原 ATA 单证册一致。续签的 ATA 单证册启用时,原 ATA 单证册失效。

ATA 单证册项下暂时进境未能按规定复运出境或者过境的,ATA 核销中心可以向中国国际商会提出追索。自提出追索之日起 9 个月内,中国国际商会向海关提供货物已经在规定期限内复运出境或者已经办理进口手续证明,ATA 核销中心可以撤销追索;9 个月期满后未能提供上述证明的,中国国际商会应当向海关支付税款和罚款。

5.3.2　不使用 ATA 单证册报关的展览品

1. 进出境展览品的范围

进出境展览品的海关监管有使用 ATA 单证册的,也有不使用 ATA 单证册直接按展览品填制进出口货物报关单报关的。

(1) 进境展览品的范围。

进境展览品包含在展览会中展示或示范用的货物、物品,为示范展出的机器或器具所需用的物品(展示设备),展览者设置临时展台的建筑材料及装饰材料,供展览品做示范宣传用的电影片、幻灯片、录像带、录音带、说明书、广告、光盘、显示器材等(宣传印刷品音像材料)。合理范围的散发品和消耗品免税使用。

下列在境内展览会期间供消耗、散发的用品(以下简称展览用品,即虽然在展览活动中使用,但不是展览品的货物),由海关根据展览会性质、参展商规模、观众人数等情况,对其数量和总值进行核定,在合理范围内的,按照有关规定免征进口关税和进口环节税:

1)展览活动中的小件样品,包括原装进口的或者在展览期间用进口的散装原料制成的食品或者饮料的样品;

2)为展示的机器或者器件进行操作示范被消耗或者损坏的物料;

3)布置、装饰临时展台消耗的低值货物;

4)展览期间免费向观众散发的有关宣传品;

5)供展览会使用的档案、表格及其文件。

上述货物、物品应当符合下列条件:

1)由参展人免费提供并在展览期间专供免费分送给观众使用或者消费的;

2)单价较低,做广告样品用的;

3)不适用于商业用途,并且单位容量明显小于最小零售包装容量的;

4)食品及饮料的样品虽未包装分发,但确实在活动中消耗掉的。

需要征税的情况如下:

1)展览会期间出售的小卖品,属于一般进出口货物范围,进口时应当缴纳进口关税和进口环节海关代征税,属于许可证件管理的商品,应当交验许可证件;

2)展览会期间使用的含酒精饮料、烟叶制品、燃料,虽然不按一般进出口货物管理,但是海关对这些商品一律征收关税;

3)其中属于参展商随身携带进境的含酒精饮料、烟叶制品,按进境旅客携带物品的有关规定管理。

(2)出境展览品的范围。

出境展览品的范围包括国内单位赴国外举办展览会或参加外国博览会、展览会而运出的展览品,与展览活动有关的宣传品、布置品、招待品及其他办公用物品。

与展览品货物有关的小卖品、展卖品,可以按展览品报关出境,不按规定期限复运进境的按一般出口货物办理报关。

2. 展览品的暂准进出境延期审批

展览品申请延长复运出境、进境期限,展览品收发人应当在规定期限届满的 30 个工作日前,向货物暂准进出境申请核准地海关提出延期申请,并提交"货物暂时出/进境延期申请书"以及相关申请材料。

直属海关受理延期申请的,应当于受理申请之日起 20 个工作日内制发

"中华人民共和国海关货物暂时出/进境延期申请批准决定书"或者"中华人民共和国海关货物暂时出/进境延期申请不予批准决定书"。

5.3.3 暂时进出口货物

1. 范围

暂准进出境货物一共有12项，除了第（1）项使用ATA单证册报关的展览会、交易会及类似会议活动项下的货物、第（1）项不使用ATA单证册报关的展览品，以及第（9）项盛装货物的容器（集装箱箱体）以外，其余的属于暂时进出口货物（2600）的范围。

例（多选题——2004年考题）：

下列暂准进出境货物应当按"暂时进出口货物"申报的是： （ ）

A. 马戏团演出用动物

B. 安装设备时使用的工具

C. 集装箱箱体

D. 国际车展展台用照明器具

答案：AB。解析：C集装箱箱体排除，不属于暂时进出口货物。D也排除，D国际车展展台用照明器具属于展览品的范围。A马戏团演出用动物，属于12项中第（2）项，文化交流活动中使用的货物。B安装设备时使用的工具，属于12项中第（8）项，其他内容大家也要掌握。

2. 暂时进出口货物的行政许可

其他暂准进出境货物进出境核准属于海关行政许可事项，应当按照海关行政许可的程序办理。

暂准进出境货物收发货人向海关提出货物暂准进出境申请时，应当按照海关要求提交"货物暂时出/进境申请书"、暂准进出境货物清单、发票、合同或者协议以及其他相关单据。

海关就暂准进出境货物的暂准进出境作出是否批准的决定后，应当制发"中华人民共和国海关货物暂时出/进境申请批准决定书"或者"中华人民共和国海关货物暂时出/进境申请不予批准决定书"。

暂准进出境货物申请延长复运出境、进境期限，收发货人应当在规定期限届满的30个工作日前，向货物暂准进出境申请核准地海关提出延期申请，并提交"货物暂时出/进境延期申请书"以及相关申请材料。直属海关作出决定并制发相应的决定书。申请延长超过18个月的由海关总署作出决定。

5.4 其他进出境货物

5.4.1 出料加工

经过前期的备案阶段—进出境申报—核销

1. 备案

到海关办理出料加工合同的备案申请手续。受理备案的应当核发"出料加工登记手册"。

2. 境外加工期限

出料加工货物自运出境之日起 6 个月内应当复运进境,经海关批准,可以延期,延长的期限不得超过 3 个月。

5.4.2 外包进口货物

服务外包企业在外包进口货物进口前,须向本企业所在地主管海关办理备案手续,并提供以下资料:

(1) 技术先进型服务企业资质证明;
(2) 企业法人营业执照;
(3) 与境外发包方签订的国际服务外包合同及合同所附的设备清单;
(4) 海关进出口货物收发货人《报关注册登记证书》;
(5) 海关需要的其他单证。

主管海关受理备案申请后,经审核符合要求的,核发手册。手册备案有效期为 1 年。如需延期的,服务外包企业应在到期前 30 天内提出申请。海关审核后同意的,每次延期不超过 1 年,最长不能超过服务外包合同期限。外包业务合同发生变更的,服务外包企业应持变更的合同等有关单证向海关办理变更手续。

企业在办理合同备案时,按以下规范填报手册:

(1) 预录入表头"批准文号"栏目填报"FW+4 位关区代码+4 位年";
(2) 表头"监管方式"栏目填报"加工贸易设备"(代码 0420);
(3) 表头"征免性质"栏目填报"加工设备"(代码 501);
(4) 表头"备注栏"注明:"服务外包专用手册";
(5) 表体商品项的"征免"栏目填报"全免";
(6) 其他栏目比照加工贸易设备手册规定填报。

5.5 报关单相关栏目

5.5.1 备案号

1. 定义

备案号是指进出口收发货人在海关办理加工贸易合同备案或征、减、免税备案审批等手续时,应向海关递交的备案审批文件,如加工贸易手册编号、加工贸易电子账册编号、征免税证明编号、实施优惠贸易协定项下原产地证书联网管理的原产地证书编号、适用ITA税率的商品用途认定证明编号等。

2. 分类

备案号长度为12位,其中第1位是标记代码。备案号的组成为:"标记代码"+"关区代码"+"顺序码"。

备案号的标记代码必须与"贸易方式"及"征免性质"、"征免"、"用途"栏目相协调,例如:贸易方式为来料加工,征免性质也应当是来料加工,备案号的标记代码应为"B"。

以下按标记代码分为:

B*:"加工贸易手册(来料加工)"。

C*:"加工贸易手册(进料加工)"。

D:"加工贸易设备手册"。

E*:"加工贸易便捷通关电子账册"。

F:"加工贸易异地进出口分册"。

G:"加工贸易深加工结转分册"。

H:出入海关特殊监管区的保税货物的电子账册备案号;出入海关特殊监管区的减免税货物、物品,应填报标记代码为"H"、第六位为"D"的电子账册备案号。

J:"保税仓库记账式电子账册"。

K:"保税仓库备案式电子账册"。

Q:"汽车零部件电子账册"。

P:一般贸易。

RB:减免税货物补税通知书代码。

RT:减免税进口货物同意退运证明代码。

RZ:减免税进口货物结转联系函代码。

Y*:原产地证书联网管理的货物,优惠贸易协定项下实行原产地证书联网管理的货物,应填报原产地证书代码"Y"和原产地证书编号;未实行原产地证书联网管理的货物,本栏目免予填报。

Z*:"进口货物征免税证明"。

3. 填报要求

(1) 一份报关单只允许填报一个备案号。无备案审批文件的报关单,本栏目免予填报。

(2) 加工贸易项下货物,除少量低值辅料按规定不使用"加工贸易手册"及以后续补税监管方式办理内销征税的除外,须填报"加工贸易手册"编号,不得为空。如"C57205711700"、"B577071700252"、"E09088322223"。

使用异地直接报关分册和异地深加工结转出口分册在异地口岸报关的,本栏目应填报分册号;本地直接报关分册和本地深加工结转分册限制在本地报关,本栏目应填报总册号。

(3) 涉及征、减、免税备案审批的报关单,须填报"征免税证明"编号,不得为空。如"Z22010870142"。

加工贸易成品凭"征免税证明"转为享受减免税或需审批备案形式办理形式进口的货物,进口报关单填报"征免税证明"等审批证件备案编号,出口报关单填报加工贸易手册编号。并在进口报关单备注栏填报加工贸易手册编号,在出口报关单备注栏填报征免税证明编号。

(4) 对减免税设备及加工贸易设备之间的结转,转入和转出企业分别填制进、出口报关单,在报关单"备案号"栏目分别填报"加工贸易手册"编号、"征免税证明"编号或免予填报。

(5) 涉及优惠贸易协定项下实行原产地证书联网管理(香港CEPA、澳门CEPA,下同)的报关单,填报原产地证书代码"Y"+11位原产地证书编号,如"Y3M03A000001";其他未实行原产地证书联网管理的优惠贸易协定项下进口货物均不在本栏目填报原产地证书编号。

(6) 减免税货物退运出口,填报"减免税进口货物同意退运证明"的编号;减免税货物补税进口,填报"减免税货物补税通知书"的编号;减免税货物结转进口(转入),填报"征免税证明"的编号;相应的结转出口(转出),填报"减免税进口货物结转联系函"的编号。

(7) 涉及构成整车特征的汽车零部件的报关单,填报备案的Q账册编号。

(8) 出口加工区企业维修、测试、检验、展览及暂准进出境货物运往区外,本栏可不需填报。

(9) 进出口ITA税率的商品填报用途认定证明的编号。

5.5.2 征免性质

1. 定义

征免性质指海关根据《海关法》、《关税条例》及国家有关政策对进出口货物实施征、减、免税管理的性质类别。国家公布的"征免性质代码表",列有现行所有的征免性质名称及对应的代码。海关审核报关单上所填写的征免性质,并根据征免性质来确定是否征税以及查验相关手续。

本栏目应根据实际情况按海关规定的"征免性质代码表",选择填报相应的征免性质简称及代码,持有海关核发的"征免税证明"的,应按照"征免税证明"中批注的征免性质填报。加工贸易货物报关单应按照海关核发的"加工贸易手册"中批注的征免性质简称及代码填报。

2. 分类

对于进出口货物来说,在进出口货物的国家税收方面不外乎就是征税和减免税。征税的货物就是按照国家的法律、法规的规定应该征税,也就是说,这样的进出口货物不符合国家减免税政策的条件。减免税货物,是指根据国家的法律、法规的规定享受某种减免税政策的货物。国家根据产业政策的需要及我国加入的国际组织的规定,以及考虑国家在科学、教育等社会发展其他方面的需要,对部分进出口货物给予减免税的待遇。国家根据进出口货物的性质、企业的性质、资金利用的情况等发布有各种减免税政策,海关实施的减免税管理的性质类别,主要是为了区别这些不同性质的减免税。因此征免税代码表所列的征免性质,多数都是减免税的性质。

征免性质共有41种。"征免性质代码表"中以代码首位作为标记将征免性质分为如下几大类:法定征税(1)、法定减免税(2)、特定减免税(3~7)、其他减免税(8)和暂定税率(9)五部分。其中特定减免税又分为按地区(3)和作用(4)、贸易性质(5)、企业性质(6)、资金来源(7)实施的税收政策四类。

(1) 法定征税:代码首位是"1",主要的征免性质名称是一般征税进出口货物,简称一般征税,代码101,是指海关依照《海关法》、《关税条例》、《税则》及其他法律、法规所规定的税率征收关税、增值税和其他税费的进出口货物。

(2) 法定减免税:代码首位是"2"。具体的征免性质主要有其他法定减免税进出口货物,简称其他法定,代码299。是指海关依照《海关法》、《关税条例》,对除无偿援助进出口物资外的其他实行法定减免税的进出口货物,以及根据有关规定非按全额货值征税的部分进出口货物。《海关法》第五十六条规定:"国家法律明确规定的可以享受减免税待遇的货物、物品。"适用范围:

1) 无代价抵偿进出口货物(除个别无代价抵偿进口货物对应的征免性质是"一般征税"外,适用贸易方式"无代价抵偿"的进出口货物其对应的征免性质是"其他法定");

2) 无商业价值的广告品和货样(如果适用贸易方式"货样广告品A"的货物符合无商业价值的条件,其征免性质就是"其他法定"。否则是"一般征税",其他特殊情况比较少);

3) 进出境运输工具装载的途中必需的燃料、物料和饮食用品;

4) 因故退还的境外进口货物;

5) 因故退还的我国出口货物;

6) 在境外运输途中或者在起卸时,遭受损坏或损失的货物;

7) 起卸后海关放行前,因不可抗力遭受损坏或损失的货物;

8) 海关查验时已经破漏、损坏或者腐烂,经证明不是保管不慎造成的货物;

[上面第(4~8)项对应的贸易方式主要是退运货物和直接退运]

9) 中华人民共和国缔结或者参加的国际条约规定减征、免征关税的货物、物品;

10) 暂时进出口货物;

11) 出料加工项下的出口料件及复进口的成品;

12) 进出境的修理物品;

13) 租赁期不满一年的进出口货物;

14) 边民互市进出境货物;

15) 非按全额货值征税的进口货物(如按租金、修理费征税的进口货物)。

属于法定减免税的还有无偿援助进出口物资,简称无偿援助,代码201。

(3) 特定减免税。

1) 特定区域,代码首位是"3",具体有:

特定区域(301):经济特区,如海南经济特区、上海浦东、苏州工业园区、三峡库区等;

保税区(307):适用于对保税区单独实施征减免税政策的进口自用物资,包括保税区用于基础设施建设的物资以及保税区内企业(外商投资企业除外)进口的生产设备和其他自用物资;

其他地区（399）：经济技术开发区、高新技术产业开发区、出口加工区、边贸地区、中西部开发区等。

2）特定用途，代码首位是"4"，主要有：

①科教用品（401）：适用于为促进科学研究和教育事业的发展，科学研究机构和学校按照有关征减免税政策，进口国内不能生产的、直接用于科学或教学的货物。

②国内投资项目减免税货物：

技术改造（403）：企业技术改造进口货物；

重大项目（406）：国家重点项目进口货物；

基础设施（412）：通信、港口、铁路、公路、机场建设进口设备。

③残疾人用品等：

残疾人用品（413）：残疾人专用品、残疾人组织和单位进口的货物；

远洋渔业（417）：远洋渔业自捕水产品；

国产化（418）：国家定点生产小轿车和摄录机进口散件。

④其他：

整车特征（419）、远洋船舶（420）、内销设备（421）、集成电路（422）、膜晶显（423）、ITA产品（499）。

例（单选题）：

根据现行海关规定，下列进口货物不属于海关减免税优惠范围的是：
（　　）

A. 保税区内自用的生产设备
B. 残疾人组织和单位进口的货物
C. 边境小额贸易进口货物
D. 沿海经济开放地区基建项目所需进口机械设备

答案：C。解析：边境小额贸易进口货物属于一般进出口货物的范围。

3）特定的贸易方式，代码首位是"5"，具体有：

加工设备（501），适用于加工贸易经营单位按照有关征减免税政策进口的外商免费（即不需经营单位付汇，也不需加工费和差价偿还）提供的加工生产所需设备。其贸易方式为"不作价设备"。对加工贸易外商提供的不作价设备在2008年12月31日及以前已经办理了加工贸易手册备案，并且在2009年6月30日及以前向海关申报进口的，在符合原有关免税规定范围内继续免征关税和进口环节增值税。自2009年1月1日起，海关办理不作价设备加工贸易手册备案或备案变更，一律征收进口环节增值税，在符合原有关免税规定范围内继续免征关税。涉及本次进口环节增值税政策调整的有关减免税货物，在 2008 年 12 月 31 日及以前已向海关申报进口的（已征税放行的除外），在符合原有关免税规定范围内继续免征关税和进口环节增值税。

来料加工（502），适用于来料加工装配和补偿贸易进口所需的料件等，以及经加工后出口的成品、半成品。

进料加工（503），适用于外贸公司、工贸公司等为生产外销产品用外汇购买进口和外商投资企业为履行出口合同而进口的料件，以及加工后返销出口的成品、半成品。

进料加工和来料加工按海关管理属于保税货物，但在填写报关单时暂按免税对待（不在报关的环节缴纳税款），即征免为"全免"。

边境小额（506）。

4）特定企业，代码首位是"6"，主要有：

中外合资（601）：适用于中外合资企业自产的出口产品。

中外合作（602）：适用于中外合作企业自产的出口产品。

外资企业（603）：适用于外商独资企业自产的出口产品。

海上石油、陆地石油（606、608）：勘探、开发海上/陆地石油进口货物。

贷款项目、贷款中标（609、611）。

5）资金来源，代码首位是"7"，具体有：

鼓励项目（789）：适用于按规定程序审批的国家鼓励发展的国内外投资进口项目，在投资总额内按照有关征减免税政策进口的，以及 1998 年 1 月 1 日后利用外国政府和国际金融组织贷款项目进口的设备、技术等。

我国对外商投资方向的管理——《外资投资产业指导目录》：分为鼓励、允许、限制和禁止四类，不要同加工贸易备案商品的分类混淆。其中对鼓励类项目，海关实行免征进口设备关税和进口环节增值税的优惠政策。

①《外资投资产业指导目录》鼓励类和《中西部地区外商投资优势产业目录》的产业条目；投资总额内，《外商投资项目不予免税的进口商品目录》以外进口的设备及技术配套件、备件；进口后由该外商投资项目自用。

比照外商投资项目按特定减免税制度办理通关手续的情况如下：

②外国政府贷款和国际金融组织贷款项目，在项目额度内进口的自用设备及随设备进口的技术、配套件和备件（《外商投资项目不予免税的进口商品目录》、《国内投资项目不予免税的进口商品目录》所列商品除外）；

③符合《当前国家重点鼓励发展的产业、产品和技术目录》的国内投资项目，在投资总额内进口的自用设备，除《国内投资项目不予免税的进口商品目录》所列商品外，免征关税和进口环节增值税。

自有资金（799）：适用于属于国家鼓励发展产业的外商投资企业（外国

投资者的投资比率不低于 25％）、外商投资研究开发中心、先进技术型和产品出口型外商投资企业，以及符合中西部利用外资优势项目目录的项目，利用投资总额外的自有资金（企业储备基金、发展基金、折旧和税后利润），在原批准的生产经营范围内进口国内不能生产或性能不能满足需要的自用设备，以及与上述设备配套的技术、配件、备件（《国内投资项目不予免税的进口商品目录》所列商品除外），用于本企业原有设备更新（不包括成套设备和生产线）或维修。

"鼓励项目"和"自有资金"项目的使用，须依程序取得海关核发的征免税证明并与"征免性质"栏批注内容相符。自 2009 年 1 月 1 日起，对按照或者比照《国务院关于调整进口设备税收政策的通知》（国发〔1997〕37 号，以下简称《通知》）规定享受进口税收优惠政策的下列项目和企业进口的自用设备，以及按照合同随上述设备进口的技术及配套件、备件，恢复征收进口环节增值税，但继续免征关税：

a. 国家鼓励发展的国内投资项目和外商投资项目；

b. 外国政府贷款和国际金融组织贷款项目；

c. 由外商提供不作价进口设备的加工贸易企业；

d. 中西部地区外商投资优势产业项目；

e.《海关总署关于进一步鼓励外商投资有关进口税收政策的通知》（署税〔1999〕791 号）中规定的外商投资企业和外商投资设立的研究开发中心利用自有资金进行技术改造项目（以下简称自有资金项目）；

f. 软件生产企业和集成电路生产企业；

g. 城市轨道交通项目；

h. 其他比照《通知》执行的企业和项目。

对上述国家鼓励发展的国内投资项目和外商投资项目、外国政府贷款和国际金融组织贷款项目、中西部外商投资优势产业项目及城市轨道交通项目，按照以下规定执行：

a. 项目投资主管部门在 2008 年 11 月 9 日及以前已经出具"项目确认书"，其项目项下进口的自用设备以及按照合同随设备进口的技术及配套件、备件于 2009 年 6 月 30 日及以前向海关申报进口的，在符合原有关免税规定范围内继续免征关税和进口环节增值税。

b. 项目投资主管部门在 2008 年 11 月 10 日至 2008 年 12 月 31 日期间出具"项目确认书"，其项目项下进口的自用设备以及按照合同随设备进口的技术及配套件、备件于 2009 年 1 月 1 日及以后向海关申报进口的，一律恢复征收进口环节增值税，在符合原有关免税规定范围内继续免征关税；海关根据上述"项目确认书"在2008年12月31日及以前出具的"进出口货物征免税证明"（以下简称征免税证明）予以作废，进口单位须重新向海关申请出具免征关税，照章征收进口环节增值税的征免税证明。因重新出具征免税证明而产生的滞报金，按规定予以免征。

对按照《通知》执行进口税收优惠政策的1997年12月31日及以前审批、核准或备案的国内投资项目（包括技术改造项目和基本建设项目）、外商投资项目及外国政府贷款和国际金融组织贷款项目，以及自有资金项目和经认定的软件生产企业、集成电路生产企业进口的自用设备及按照合同随设备进口的技术及配套件、备件，海关在2008年12月31日及以前出具的征免税证明在有效期内继续有效，但不得延期。

（4）其他减免税和暂定税率又合称临时减免货物：法律授予国务院的针对某一情况给予临时性的减免待遇。《海关法》第五十八条）

1）其他减免税，代码首位是"8"的救灾捐赠801以及国批减免898；

2）暂定税率，代码首位是"9"，包括内部暂定998，例外减免999。

表5-2 必须要记住的几种征免性质

征免性质简称	代码	含义及适用范围	备注
一般征税	101	按法律、法规所规定的税率征收关税、增值税和其他税费的进出口货物。	不享受任何的减免税政策和优惠的货物适用。
其他法定	299	见上面的15项适用范围。	多数是免税的情形，个别的属于非按全额货值征税。
科教用品	401	科学研究机构和学校按照有关征减免税政策进口国内不能生产的、直接用于科研或教学的货物。	须事先经过批准，并向海关备案领取"征免税证明"。
鼓励项目（内）	789	指自1998年1月1日起，按国家规定程序审批并出具确认书的国家鼓励发展的国内投资项目。	同上，须凭编号首位为Z的"征免税证明"申报。
自有资金	799	经批准的外商投资企业在投资总额外的自有资金（具体指企业储备基金、发展基金、折旧和税后利润），在原批准的生产经营范围内，对设备进行更新维修，按有关减免税政策进口国内不能生产或性能不能满足需要的自用设备及其配套的技术、配件、备件。	同上。原本就享受特定减免税的外商投资企业在完成投资后为继续发展经营而进口的，海关在监管上为有别于投资总额内进口，规定此贸易方式为一般贸易。
来料加工	502	来料加工装配和补偿贸易进口料件及出口成品。	申报时须提供编号首位为B的加工贸易手册，同时也适用于出口产品。

续表

征免性质简称	代码	含义及适用范围	备注
进料加工	503	进料加工贸易进口料件及出口成品。	申报时须提供编号首位为C的加工贸易手册，同时也适用于出口产品。
中外合资	601	指国内企业与境外企业在中国境内合资经营的企业在投资总额内，按照有关征减免税政策进口生产、管理设备，以及企业自产的出口产品等。	现只适用于中外合资企业出口自产产品。
中外合作	602	指境外公司与我国境内公司合作经营的企业，按照有关征减免税政策，作为外商投资进口的生产、管理设备，以及自产的出口产品。	现只适用于中外合作企业出口自产产品。
外资企业	603	指境外厂商在中国境内独资经营的企业在投资总额内，按照有关征减免税政策进口的生产、管理设备，以及自产的出口产品等。	现只适用于外资企业出口自产产品。
鼓励项目（外）	789	指按法定程序审批的、国家鼓励发展的外商投资项目在投资总额内进口的自用设备和随设备进口的技术及配套件、备件（在1998年以后国家调整了对外商投资企业的优惠政策，新成立的外商投资企业只有国家鼓励发展的项目才享受特定减免税政策）。	见注，须凭编号首位为Z的"征免税证明"申报。

注：现阶段新成立的外商投资企业如果要享受特定减免税政策，都要求是属于国家鼓励发展的项目，都要有相关政府部门签发的"国家鼓励发展的内外资项目确认书"，凭此办理"征免税证明"，其征免性质都是"鼓励项目"。

3．填报要求

一份报关单只允许填报一种征免性质。

（1）保税工厂经营的加工贸易，根据《加工贸易手册》填报"进料加工"或"来料加工"。

（2）外商投资企业为加工内销产品而进口的料件，属非保税加工的，填报"一般征税"或其他相应征免性质。

（3）加工贸易转内销货物，按实际应享受的征免性质填报（如一般征税、科教用品、其他法定等）。

（4）料件退运出口、成品退运进口货物填报"其他法定"（代码299）。

（5）加工贸易结转货物，本栏目免予填报。

5.5.3　征税比例/结汇方式

征税比例自2005年起不用填。

出口报关单应填报结汇方式,即出口货物的发货人或其代理人收结外汇的方式,也就是国际贸易中的货款支付、结算的方式。本栏目应按海关规定的"结汇方式代码表"选择填报相应的结汇方式名称或代码。结汇方式的名称、缩写、代码都可以单独填写在结汇方式栏,因此应熟记表 5-3 中结汇方式名称、英文缩写及对应代码。

表 5-3 结汇方式名称、英文缩写及对应代码

代码	结汇方式名称	缩写	英文名称
1*	信汇*	M/T*	Mail Transfer
2*	电汇*	T/T*	Telegraphic Transfer
3*	票汇*	D/D*	Remittance By Banker's Demand Draft
4*	付款交单*	D/P*	Documents against Payment
5*	承兑交单*	D/A*	Documents against Acceptance
6*	信用证*	L/C*	Letter of Credit
7	先出后结	—	
8	先结后出	—	
9	其他	—	

结汇方式通常体现在发票或装箱单中,如:

(1)"PAYMENT:"、"PAYMENT TERM:"、"paid by:"后面跟有结汇方式名称或者缩写。

(2)还有的在备注栏中表明,如:REMARKS:T/T(表示电汇 2)。

(3)有信用证号(L/C No.)的都说明结汇方式是信用证(6)。

(4)还有的用文字叙述,例如"L/C No.:DOCUMENTS AGAINST ACCEPTANCE"(D/A 表示承兑交单 5)。

另请注意,有些发票有固定格式,有专门的信用证号栏目,此时要注意看栏目内的具体内容。如果"Letter of Credit No."一项是:"T/T"或其他结汇方式的英文缩写,而非信用证编号,则结汇方式栏应填报为"电汇"或根据英文缩写判断为其他结汇方式。此栏目学习的重点在于从发票或者装箱单中查找和判断结汇方式。

例如:发票中描述:"L/C No.:DOCUMENTS AGAINST ACCEPT-ANCE",而所给已填写报关单结汇方式栏目填写 D/P。所以首先要知道"DOCUMENTS AGAINST ACCEPTANCE"是承兑交单,其次要知道承兑交单的缩写是 D/A,这样才能够判断出所给填写是错误的。

再如,2006 年报关员考试的出口报关单找错题。在发票中的 Payment

Terms栏内写有"T/T",而在已填的报关单结汇方式栏填写的是"1"。此题要求考生首先要知道"T/T"是结汇方式电汇的英文缩写,其次要知道电汇对应的代码是2。这样才能够判断出填写"1"是错的。

5.5.4 征免

征免是指海关依照《海关法》、《关税条例》及其他法律、行政法规,对进(出)口货物进行征税、减税、免税或特案处理的实际操作方式。同一份报关单上可以有不同的征减免税方式。

本栏目应按照海关核发的"征免税证明"或有关政策规定,对报关单所列每项商品选择填报海关规定的"征减免税方式代码表"中相应的征减免税方式。

加工贸易报关单应根据"登记手册"中备案的征免规定填报。加工贸易手册中备案的征免规定为"保证金"或"保函"的,不能按备案的征免规定填报,而应填报"全免"。

表5-4 征免代码表

代码	名称	含义
1*	照章征税*	对进出口货物依照法定税率计征各类税、费。
2	折半征税	依照主管海关签发的征免税证明或海关总署的通知,对进出口货物依照法定税率折半计征关税和增值税,但照章征收消费税。
3*	全免*	依照主管海关签发的征免税证明或海关总署的通知,对进出口货物免征关税和增值税,但照章征收消费税。
4	特案	依照主管海关签发的征免税证明或海关总署的通知规定的税率计征各类税、费。
5	随征免性质	对某些监管方式下进出口的货物按照征免性质规定的特殊计税公式或税率计征税、费。
6	保证金	经海关批准具保放行的货物,由担保人向海关缴纳现金的一种担保形式。
7	保函	担保人根据海关的要求,向海关提交的订有明确权利义务的一种担保形式。
8	折半补税	—
9	全额退税	—

 本章小结

本章介绍了进出口报关的前置报关手续,以及它在报关单上备案号的填报要求；保税加工货物在前期阶段要建立加工贸易电子化手册和电子账册；特定减免税货物需要申领征免税证明，使用 ATA 单证册的暂准进出口货物需要申领 ATA 单证册；重点放在加工贸易手册的建立上。

第6章 进出口报关阶段

关键术语

申报　配合查验　缴纳税费　ATA单证册　进出境报关　进出区报关

学习目标

- 熟悉外发加工手续和出区维修、测试、检验和展示手续；
- 熟悉深加工结转和出口加工区出区深加工结转报关；
- 掌握进出口报关阶段的四个环节；
- 掌握特殊海关监管区域和保税监管场所的进出境与进出区（场所）报关；
- 掌握申报前看货取样。

6.1 一般进出口货物

一般进出口货物报关程序没有前期阶段和后续阶段，只有进出口阶段，由四个环节构成，即进出口申报、配合查验、缴纳税费、提取或装运货物。

所有的进出境货物报关程序都有进出口阶段，因此一般进出口货物报关程序除缴纳税费环节外，也适用所有进出境货物的报关。

6.1.1 进出口申报（环节1）

1. 概述

（1）申报定义。

申报是指报关单位依照《海关法》以及有关法律、行政法规的要求，在规定的期限、地点，采用电子数据报关单和纸质报关单形式，向海关报告实际进出口货物的情况，并接受海关审核的行为；申请海关按其申报的内容放行进出口货物的一项法律行为或工作环节。

《海关法》第二十四至二十六条及第三十五条要求报关人如实申报，规定了申报的地点、期限、形式。在此基础上海关履行其基本任务：监管（审核、查验、放行）、征税、缉私（对申报不实等走私违规行为进行处罚）、统计。

（2）申报地点。

1）进出境地。

《海关法》规定通常进口货物应当在进境地海关申报，出口货物应当在出境地海关申报。这种在进出境地报关的情况称为口岸清关。

2）非进出境地。

经过收发货人申请，海关同意，进口货物可以在指运地申报；出口货物可以在起运地申报。前者称为进口转关，后者称为出口转关。如果申报地点和进出境地点不属于同一关区，则称跨关区清关或异地清关。这种报关模式目前已经演化为区域通关模式，就是在区域范围内，以快速通关为基础，以企业守法管理为核心，利用信息化手段，整合口岸和内地海关管理资源，倡导企业守法便利，简化海关手续，降低通关成本，提高通关效率，提升海关通关监管工作整体效能。

区域通关实行"3+1"通关模式："3"包括简化和规范转关运输监管，"属地申报、口岸验放"通关方式，"粤港澳快速通关"方式。"+1"是指积极探索区域虚拟审单作业机制或虚拟统一通关现场，即"多点报关、异地放行"通关监管模式，是指一个关区进出口货物的收、发货人或其代理人自主选择向关区内任一海关（申报地海关）办理报关、交单及缴纳税费手续，由在其他关区的货物实际进出口地海关（验放地海关）对货物实施验放的通关监管模式，实现关区内企业"一次申报、一次查验、一次放行"。"简化和规范转关运输监管"适用于所有企业；跨关区"属地申报、口岸验放"仅对经过海关批准的A类以上企业适用；"多点报关、异地放行"适用于B类以上企业，根据海关规定或国家进出口许可证件管理规定，需在属地或口岸进行申报并办理验放手续的进出口货物，如废旧货物、二手机械设备、直接退运货物、加工贸易内销补税及深加工结转货物、边境小额贸易货物等暂不适用该模式。

3)主管海关所在地。

各种监管货物在关境内互转或变更性质也要报关,如保税货物、特定减免税货物、暂准进境货物,因故改变使用目的从而使货物的性质变为一般进口货物时;深加工结转报关等。因为没有出进境地,企业进出口行为可称为形式进出口,原货物所有企业和接受货物的企业向企业所在地主管海关申报进出口。当货物仍是同一家企业所有,有时会产生关境内转关运输,则比照进口转关报关。

(3)补充申报。

是指进出口货物的收发货人、受委托的报关企业依照海关有关行政法规和规章的要求,在"中华人民共和国海关进(出)口货物报关单"之外采用补充申报单的形式,向海关进一步申报确定货物完税价格、商品归类、原产地等所需信息的行为。

有下列情形的,收发货人、报关企业应当向海关进行补充申报:

1)海关对申报时货物的价格、商品编码等内容进行审核时,为确定申报内容的完整性和准确性,要求进行补充申报的。

海关对申报货物的原产地进行审核时,为确定货物原产地的准确性,要求收发货人提交原产地证书,并进行补充申报的。

2)海关对已放行货物的价格、商品编码和原产地等内容进行进一步核实时,要求进行补充申报的。

收发货人、报关企业可以主动向海关进行补充申报,并在递交报关单时一并提交补充申报单。补充申报的申报单包括"中华人民共和国海关进出口货物价格补充申报单"、"中华人民共和国海关进出口货物商品归类补充申报单"、"中华人民共和国海关进出口货物原产地补充申报单"以及海关行政法规和规章规定的其他补充申报单。

收发货人、报关企业应按要求如实、完整地填写补充申报单,并对补充申报内容的真实性、准确性承担相应的法律责任。补充申报的内容是对报关单申报内容的有效补充,不得与报关单填报的内容相抵触。

根据规定需要进行补充申报的,海关应当书面通知收发货人、报关企业,收发货人、报关企业应当在收到海关书面通知之日起5个工作日内向海关办理补充申报手续,海关行政法规和规章另有规定的除外。收发货人、报关企业在规定时限内未能按要求进行补充申报的,海关可根据已掌握的信息,按照有关规定确定进口货物的完税价格、商品编码和原产地。

2. 步骤

※申报步骤：准备申报单证—申报前看货取样—申报。

(1) 准备申报单证。

准备申报单证是报关员开始申报工作的第一步，是整个报关工作能否顺利进行的关键一步。

(2) 申报前看货取样。

《海关法》第二十七条规定："进口货物的收货人经海关同意，可以在申报前查看货物或者提取货样。需要依法检疫的货物，应当在检疫合格后提取货样。"出口货物的发货人在出口货物运入海关监管区前，也应当确认货物。

1) 目的。

准确确定进口货物的品名、规格、型号，了解货物的状况，以便正确申报，即为了确认单货相符或缉私认定。

2) 程序。

收货人向海关提出查看货物或者提取货样的书面申请。海关审核同意的，派员现场监管。海关开具取样记录和取样清单，取样后到场监管的海关工作人员与进口货物的收货人，要在海关开具的取样记录和取样清单上签字确认。

如果出现单货不符，进口货物收货人可终止申报程序，按照海关关于直接退运的规定，向现场海关办理直接退运手续。已取得走私违法证据的货物，海关不同意申报前看货取样。

例（多选题）：

进口货物的收货人在申报前向海关申请提取货物样品，应具备下列哪几个条件： (　　)

A. 货物进境没有走私违法嫌疑

B. 通过外观无法确定货物的归类情况

C. 拟以保税方式向海关申报

D. 收货人为 A 类企业

答案：AB。解析：法律、法规的内容中，有详细的解释。通过外观无法确定货物的归类情况时，可向海关申请提取货物样品，但前提是该货物进境没有走私违法嫌疑。

(3) 申报。

申报是报关人对所申报的进出口货物的合法性承担相应法律责任的开始。详见第 7 章。

6.1.2 配合查验（环节2）

《海关法》第二十八条规定："进出口货物应当接受海关查验。海关查验货物时，进口货物的收货人、出口货物的发货人应当到场，并负责搬移货物，开拆和重封货物的包装。海关认为必要时，可以径行开验、复验或者提取货样。经收发货人申请，海关总署批准，其进出口货物可以免验。"

1. 海关查验

（1）定义。

海关查验，指海关依法确认进出口货物的物理或化学性质、货物状况、规格、数量、价格、原产地、存放场所、包装等真实情况是否与报关单证内容一致，或者为确定商品的归类、价格、原产地等，依法对进出口货物进行实际检查的行政执法行为。

目的：海关通过查验，检查报关单位是否伪报、瞒报、申报不实，查缉走私违规行为。同时也为审价、征税、统计、后续管理提供具体可靠的资料，即检查是否"单货相符"。

（2）查验地点。

查验应当在海关监管区实施。

因货物易受温度、静电、粉尘等自然因素影响，不宜在海关监管区实施查验，或者其他特殊原因，如大宗散货、危险品、鲜货、落驳货物、展品等，需要在海关监管区外查验的，经进出口货物收发货人或其代理人书面申请，海关可以派员到海关监管区外进行查验。

（3）查验时间。

当海关决定查验时，即将查验的决定以书面形式提前通知进出口货物收发货人或其代理人，约定查验的时间。查验时间一般约定在海关正常工作日。

在一些进出口业务繁忙的口岸，海关也可以接受进出口货物收发货人或其代理人的请求，在海关正常工作日以外实施查验，提前或延迟查验。

对于危险品或者鲜活、易腐、易烂、易失效、易变质等不宜长期保存的货物，以及因其他特殊情况需要紧急验放的货物，经进出口货物收发货人或其代理人申请，海关可以优先实施查验。

（4）查验方式。

主管海关根据报关单位所申报的进出境货物的具体情况、报关单位的资信情况等进行风险分析后确定是否查验、如何查验。海关实施查验可以彻底查验（A），也可以抽查［有选择的查验，包含彻底查验、全拆（B1）、半拆（B2）、四分之一拆（B3）］。彻底查验是指对一票货物逐件开拆包装、验核货物实际状况；抽查是指按照一定比例有选择地对一票货物中的部分货物验核实际状况。

查验操作可以分为：

1) 人工查验。

人工查验包括外形查验（C）、开箱查验。外形查验是指对外部特征直观、易于判断基本属性的货物的包装、运输标志和外观等状况进行验核；开箱查验是指将货物从集装箱、货柜车厢等箱体中取出，并拆除外包装后对货物实际状况进行验核。

2) 设备查验（D）。

设备查验或称透视检查、机检，是指以技术检查设备为主对货物实际状况进行的验核。

海关可以根据货物情况以及实际执法需要，确定具体的查验方式。比如，"D+P"的查验，即拖到码头进行外形核对，并过磅（P）和设备查验。

（5）复验。

海关可以对已查验的货物进行复验。有下列情形之一的，海关可以复验：

1) 经初次查验未能查明货物的真实属性，需要对已查验货物的某些性状做进一步确认的；

2) 货物涉嫌走私违规，需要重新查验的；

3) 进出口收发货人对海关查验结论有异议，提出复验要求并经海关同意的；

4) 其他海关认为必要的情形。

已经参加过查验的查验人员不得参加对同一票货物的复验。

（6）径行开验。

径行开验是指海关在报关单位不在场，对进出口货物进行开拆包装查验。可以径行开验的情形：

1) 进出口货物有违法嫌疑的；

2) 经海关通知查验，进出口货物收发货人或其代理人届时未到场的。

海关径行开验时，存放货物的海关监管场所经营人、运输工具负责人应当到场协助，并在查验记录上签名确认。

（7）免验。

免验包含不予查验（相对于准予查验的行政许可）、免予查验、直接免验（报关人不用申请）。

例（判断题）：

某企业向当地海关申报进口一批烤面包机，货物已运抵海关监管区内的仓库，海关根据情报，在没有通知该公司的情况下，由仓库管理人员陪同对这批货物进行了查验，发现该批货物是高档音响器材。该企业以海关查验时报关员不在场为由，拒绝承认查验结果。因此，当地海关不得以此对其进行处罚。

答案：错。解析：本题属于海关径行开验的情况，报关单位人员不在场，有见证人在场（仓库管理人员）等，海关可以依法进行处罚。

2. 配合查验

一般查验，海关查验货物时，进出口货物收发货人或其代理人应当到场，配合海关查验。

进出口货物收发货人或其代理人在向海关申报后，海关根据需要决定查验时，申报人接到通知，持"查验通知单"、报关单备用联、提单场站收据、海运提单、发票、装箱单（复印件），到现场海关查验受理部门办理查验，履行陪同、配合、确认查验结果的行为和义务。

进出口货物收发货人或其代理人配合海关查验应当做好如下工作：

（1）到场陪同，负责按照海关要求搬移货物，开拆和重封货物的包装。

（2）预先了解和熟悉所申报货物的情况，如实回答查验关员的询问以及提供必要的资料。

（3）协助海关提取需要作进一步检验、化验或鉴定的货样，收取海关开具的取样清单。

（4）查验结束后，认真阅读和核对查验关员填写的海关进出境货物查验记录单，注意以下情况的记录是否符合实际：

1) 开箱的具体情况；

2) 货物残损情况及造成残损的原因；

3) 提取货样的情况；

4) 查验结论。

查验记录准确清楚的，配合查验人员应签字确认查验结果。如不签名的，海关查验人员应在查验记录中予以注明，并由货物所在监管场所的经营人签名证明。

例（多选题）：

进出口货物收发货人或其代理人配合海关查验的工作主要包括：（　　）

A. 负责搬移货物，开拆和重封货物的包装

B. 回答查验关员的询问

C. 负责提取海关需要作进一步检验、化验或鉴定的货样

D. 签字确认查验记录

答案：ABD。

3. 货物损坏及赔偿

因进出口货物所具有的特殊属性，容易因开启、搬运不当等导致货物损毁，需要海关查验人员在查验过程中予以特殊注意的，进出口货物的收发货人或其代理人应当在海关实施查验前申明。

（1）海关的赔偿范围。

在查验过程中，证实海关在径行开验过程中，因为海关查验人员的责任造成被查验货物损坏的，进出口货物收发货人或其代理人可以要求海关赔偿。海关赔偿的范围仅限于实施查验的过程中，由于查验人员的责任造成被查验货物损坏的直接经济损失。该直接经济损失的金额根据被损坏货物及其部件的受损程度确定，或者根据修理费确定。

（2）不属于海关赔偿的范围。

1）进出口货物收发货人或其代理人搬移、开拆、封装货物或保管不善造成的损坏；

2）易腐、易失效的货物，在海关正常工作程序所需的时间内（含扣留或代管期间），发生变质失效的；

3）海关正常查验时产生的不可避免的磨损；

4）在海关查验之前已经损坏的或海关查验之后发生的损坏；

5）由于不可抗力的原因造成货物的损坏、损失。

进出口货物收发货人或其代理人在海关查验时，对货物是否受损坏未提出异议，事后发现损坏的，海关不负赔偿的责任。因为没办法确定是否在实施查验的过程中损坏的。

（3）索偿的程序。

进出口货物收发货人或其代理人发现货物在海关查验中被损坏时，应在查验结束之前或径行开验结束后立即提出异议，可要求海关出具"中华人民共和国海关查验货物、物品损坏报告书"，以确认损坏情况。

进出口货物收发货人或其代理人持该"报告书"向海关提出赔偿的请求，并确定赔偿的金额。有争议的可向法院起诉。

收取"中华人民共和国海关损坏货物、物品赔偿通知单"，在规定的期限（收到"通知单"之日起3个月）内向海关领取赔偿，逾期不领取视为放弃。

例（多选题）：

因海关关员的责任造成被查验货物损坏的，进出口货物收发货人或其代理人可以要求海关赔偿。但下列情况海关将不予赔偿：　　　　（　　）

A. 海关正常查验时所产生的不可避免的磨损

B. 由于不可抗拒的原因造成货物的损坏、损失

C. 由于海关关员的责任,造成被查验货物损坏的直接经济损失以外的其他经济损失

D. 海关查验时,进出口货物收发货人或其代理人对货物是否受损坏未提出异议,事后发现货物有损坏的

答案:ABCD。

6.1.3 缴纳税费(环节3)

进出口货物收发货人或其代理人将报关单及随附单证提交给进出境地指定海关,经海关审核报关单,并查验货物无误后,海关根据申报的货物计算税费,并打印纳税缴款书和收费票据。进出口货物收发货人或其代理人在规定时间内(收到缴款书后15日内),持缴款书和收费票据向指定银行缴纳税费;或进出口货物收发货人或其代理人,可以通过电子口岸接收海关发出的税缴款书和收费票据,在网上向指定银行进行电子支付税费。一旦收到银行缴款成功的信息,凭税单及复印件到通关科核税单,核完后取回正本,然后挂号申请海关办理货物放行。若无须查验,则到放行窗撕提(运)单及报关单。关于详细的税费缴纳问题,"中国关税实务"课程会有详细的解说。

海关总署的标准通关流程是查验在前,征收税费在后;原因是通过查验可以验证申报审单环节提出的疑点,为征税、统计和后续管理提供可靠的监管依据。但实际上近年来,由于企业对于缩短通关时间的呼声越来越高,不少海关对通关环节进行了前置后移的做法。这种通关改革已经在全国海关达成共识。

做法一(前置):把缴纳税费放在前面,查验和放行置后,直接转到放行岗,若不需查验直接放行,若需查验就再转到查验岗。流程如下:

海关接单环节审核报关单据是否单单相符,单据与计算机数据是否相符,报关单据填报是否规范,随附单据是否齐全,并验核各种书面单证(许可证、机电审、加工贸易手册、征免税证明、外汇核销单等)。对不符合要求或单单、单机内容有误的报关单,不予接单,并在报关单上注明退单原因。如需删单重报,则提出删单要求,注明理由后退单。

接单环节对有税费报关单据,打印税费单据,转至窗口或信箱,待报关员缴纳税费后,将报关单据转至放行环节。

放行环节核销税费,对不需查验的货物直接办理放行手续;对需要查验的货物,待查验完毕后办理放行手续。

当然对于商品价格或商品归类有争议的仍然是查验在前,海关征税在后。但是单证从接单岗转入验估岗不是查验岗。如图 6-1 所示:

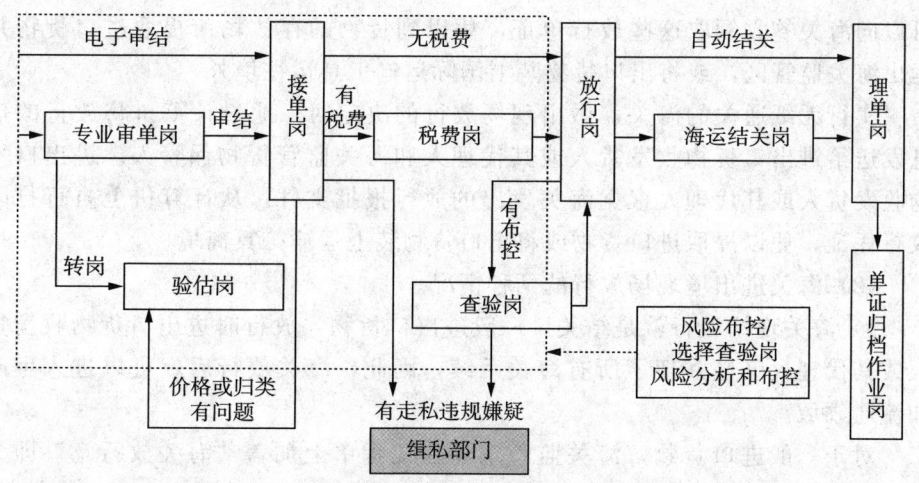

图 6-1 查验放行流程图

做法二（后移）：把缴纳税费放在后面，凡达到海关对企业分类管理 A 类和 B 类标准，并提供一定数额的银行担保的企业，便可向主管直属海关提出申请，仅在半个工作日内即可获得在主管直属海关全关区内通用的"进口货物先放后税凭证"。担保额由企业自定，只要企业进口货物的税额在担保额的范围内，经正常的报关、查验后，企业便可凭"先放后税凭证"先放行货物，在规定时间内缴纳税款。如果税额超过担保额，则海关的电脑会自动显示不予放行。这既大大加快了货物的通关速度，又能实现海关的有效监管。

6.1.4 提取或装运货物（环节 4）

《海关法》第二十九条规定："除海关特准的外，进出口货物在收发货人缴清税款或者提供担保后，由海关签印放行。"

1. 海关进出境现场放行和货物结关

（1）海关进出境现场放行。

海关进出境现场放行是指进出口货物经过上述进出境管理阶段报关程序申报、查验、征税三个基本环节的过程后，海关对进出口货物做出结束海关现场监管的决定，允许进出口货物离开海关监管场所的工作环节，即做出该项进出口货物"进出境合法"的行政决定。

方式：

进出口货物收发货人或其代理人依法完成了前三个基本环节，获得海关放行后，由海关在进出口货物报关单、提货凭证或出口装货凭证（运单、装货单、场站收据等）上加盖海关放行章。进出口货物收发货人或其代理人便可以向海关签收领取这些放行单证，凭以到货物的存放场所提取进口货物并运出海关监管区，或将出口货物装上国际运输工具运往境外。

实行无纸通关的海关，做出现场放行的决定时，通过计算机将放行的信息发送给进出口货物收发货人或其代理人和海关监管货物保管人。进出口货物收发货人或其代理人根据海关发出的放行报批文件，从计算机上自行打印放行凭证，凭以提取进口货物或将出口货物装上运输工具离境。

(2) 海关进出境现场放行的两种情况。

1) 海关现场放行就是结关。一般进出口货物，放行时进出口货物收发货人或其代理人已经办理了所有海关手续，因此，海关放行后就可以进入生产和流通领域。

对于一般进口货物，海关监管现场在提货单上加盖"海关放行章"即为"结关"，也就是结束海关监管，报关单位可以持盖有"海关放行章"的提货单，将货物运出海关监管区自行处置。

对于一般出口货物，海关监管现场在装货单上加盖"海关放行章"不等于"结关"，因为海关在出口货物的装货单上加盖"海关放行章"只证明该批货物出口"合法"，而货物并未装上运输工具运输出境。报关单位持盖有"海关放行章"的装货单到装运部门办理装货事宜，将货物装上运输工具，海关监管运输出境，结束海关监管即结关。

2) 海关现场放行并不等于结关。保税货物、暂准进出境货物、特定减免税货物、部分其他进出境货物放行时，进出口货物收发货人或其代理人并未办完所有海关手续，海关在一定时期内还需进行监管。

2. 提取或装运货物

(1) 进口货物收货人或其代理人签收加盖有海关放行章戳记的进口提货凭证（提单、运单、提货单等），凭以到货物进境地的港区、机场、车站、邮局等地的海关监管仓库办理提取进口货物的手续。

如发现封条、货柜、包装有问题不要轻易取回，要向承运人索取相关证明，以备索赔。

(2) 出口货物发货人或其代理人，签收加盖有海关放行章戳记的出口装货凭证，如装货单（舱单）码头联，凭以到货物出境地的港区、机场、车站、邮局等地的海关监管仓库办理将货物装上运输工具离境的手续。如到码头刷卡录入资料，并留下码头联，放行单证给船公司，船公司就可装船了。

例（单选题）：

某外贸公司以一般贸易方式从境外订购一批进口货物，在如实申报、接受查验、缴纳进口税费后由海关放行，该公司应凭下列哪种单据到海关监管

仓库提取货物： （ ）
   A. 由海关签发的"进（出）口货物证明书"
   B. 由海关加盖了"海关放行章"的货运单据
   C. 由海关签发的"税款缴纳证"
   D. 由海关签发的进口收汇核销专用报关单
   答案：B。

3. 申请签发证明联

进出口货物收发货人或其代理人，办理了提取进口货物或装运出口货物的海关手续以后，如需要海关签发有关货物的进口、出口报关单证明联或办理其他证明手续的，可以向海关提出申请，海关在签发证明的同时通过电子口岸执法系统向有关单位传送相关数据进行备案，常见两项其他证明如下：

（1）出口收汇核销单。

对于需要办理出口收汇核销的出口货物，出口货物的发货人或其代理人应当在申报时向海关提交由国家外汇管理部门核发的"出口收汇核销单"。海关放行货物后，在"出口收汇核销单"上签章。出口货物发货人凭出口货物报关单收汇证明联和"出口收汇核销单"办理出口收汇核销手续。

（2）进口货物证明书。

对进口汽车、摩托车，进口货物的收货人或其代理人应当向海关申请签发"进口货物证明书"，进口货物的收货人凭以向国家交通管理部门办理汽车、摩托车的牌照申领手续。海关放行汽车、摩托车后，签发"进口货物证明书"。同时，将"进口货物证明书"上的内容通过计算机发送给海关总署，再传输给国家交通管理部门。其他进口货物如需申领"进口货物证明书"，收货人或其代理人也可以向海关提出申请。

例1（多选题）：

进出口货物收发货人或其代理人在办理完毕提取进口货物或装运出口货物的手续后，如有需要，可以向海关申请签发有关货物的进口、出口证明。海关签发的常见证明主要有：
   A. 进口货物报关单（付汇证明联）和出口货物报关单（收汇证明联）
   B. 出口货物报关单（出口退税证明联）
   C. 进口货物报关单（进口货物证明联）
   D. 进口货物证明书
   答案：ABD。解释：报关单没有进口货物证明联。

例2（判断题）：

四川成都一家企业对外出口一批自行车，经转关至广州黄埔口岸装船出境，该笔业务对外收汇53万美元，根据我国现行的外汇管理规定，该企业应该向成都市外汇管理局申领"出口收汇核销单"，并按规定办理相应的出口收汇核销手续。

答案：对

例3（判断题）：

我国A公司给客户邮寄一批样品，该出口样品不需凭出口收汇核销单办理报关手续。

答案：对。解释：给客户邮寄一批样品，不涉及收取外汇的情形。

6.2 保税进出口货物

特殊监管区域和保税监管场所货物的进出境可以采用集中申报，保税仓库经营企业或区（中心）内企业少批量、多批次（批次频繁）进出货物的，企业提出书面申请并且经仓库或区（中心）主管海关批准，写明集中报关的商品名称、发货流向、发货频率、合理理由，可以办理定期集中报关手续，但法律、行政法规和规章另有规定的除外。根据企业资信状况和风险度，主管海关可以收取保证金，集中报关的时间根据出货频率和数量、价值合理设定。

——税率、汇率

实行集中申报的进出口货物，应当适用每次货物进出口时海关接受申报之日实施的税率、汇率。

——申报期限

保税仓库集中报关由主管海关的分管关长审批，为保证海关有效监管，企业当月出仓的货物最迟应在次月5个工作日前办理报关手续，并且不得跨年度申报。

实行集中申报的区内企业应当对1个自然月内的申报清单数据进行归并，填制进出口货物报关单，在下月底前向海关办理集中申报手续。集中申报的期限不得超过30日，并且不得跨年度办理。

6.2.1 保税加工货物

1. 非物理围网

进出境报关

对加工贸易保税货物进出境报关的时候，有下面几个方面的要求：

报关人可以是加工贸易经营企业本身，也可以是其代理。报关时也有四个环节，申报、配合查验、提取或装运货物三个环节与一般进出口货物一样，而缴纳税费环节因保税变为暂缓纳税。

加工贸易企业在主管海关备案的情况在计算机建立电子账册或电子化手册，有关电子数据通过网络传输到相应的口岸海关，联网企业备案的进口料件和出口成品等内容，是货物进出口时与企业实际申报货物进行核对的电子底账。因此申报数据及企业在口岸海关报关时所提供的有关单证内容与备案数据应当一致，即报关时的数据必须与备案时的数据完全一致，也即商品编码、名称、数量、规格、计量单位、币制种等应与备案时的完全一样，且字面相同。企业按实际进出口的"货号"（料件号和成品号）填报报关单，并按照加工贸易货物的实际性质填报监管方式。

申报过程要注意如下三点：

1）报关清单的生成。

使用"便捷通关电子账册"或电子化手册办理报关手续，企业应先根据实际进出口情况，使用企业内部的计算机从企业系统导出料号级数据生成归并前的报关清单或按规定格式录入当次进出口的料号级清单数据，出口报关还应选择每项成品所对应的单耗版本号，通过网络发送到电子口岸数据中心。报关清单应按照加工贸易合同填报监管方式，进口报关清单填制的总金额不得超过电子账册最大周转金额的剩余值，其余项目的填制参照报关单的填制规范。海关按照规定审核申报数据，进口报关单的总金额不得超过电子账册最大周转金额的剩余值。如果电子账册对某项下料件有数量限制的，报关单上该项商品的申报数量不得超过最大周转量的剩余值。

2）报关单的生成。

中国电子口岸数据中心按归并原则和其他合并条件进行自动归并后，将企业申报的报关清单分拆生成报关单发送回企业。企业通过联网监管系统的报关申报系统调出清单所生成的报关单信息后，将报关单上剩余各项填写完毕，即可生成完整的报关单，向海关进行申报。

如属跨关区报关的，本地企业将报关单补充完整后，将报关单上载，由跨关区报关单位下载报关单数据，进行修改、补充后向海关申报。

3）报关单的修改、撤销。

不涉及报关清单的报关单内容可以直接进行修改，涉及报关清单的报关单内容修改必须先修改报关清单，再重新进行归并。

报关单经海关审核通过后，一律不得修改，必须进行撤销重报。待报关清单的报关单撤销后，报关清单一并撤销，不得重复使用。

进口报关单放行或出口报关单办结前修改，内容不涉及报关单"表体"内容的，企业经海关同意可以直接修改报关单。涉及报关单"表体"内容的，企业必须撤销报关单重新申报。

跨关区报关的报关单被退单，且涉及修改表体商品信息的，应由本地企业从清单开始修改，并重新上载报关单，跨关区下载后重新申报；如仅需修改表头数据的，则可跨关区直接修改报关单表头信息后，直接向海关申报。

2. 物理围网

物理围网保税加工货物的联网监管企业采用电子账册模式，包含进出境报关、进出区报关、结转报关。物理围网区与境外之间进出境货物的报关，为进出境报关；物理围网区与境内、区外、其他非海关特殊监管地区之间进出货物的报关，为进出区报关；物理围网区与境内、区外、其他海关特殊监管地区之间流转货物的报关，为结转报关。

进出境简化手续采用备案制，进出区视为进出口。运输工具及人员进出区，应走指定通道，并向海关办理备案。

(1) 进出境报关（两个海关，一家企业）。

1) 出口加工区。

①申报形式。

出口加工区企业从境外运进货物或运出货物到境外，由收发货人或其代理人填写进、出境货物备案清单，向出口加工区海关报关，采用备案制管理。要注意跟"保税区"的情况区分开。保税区根据不同的情况，填写进出口报关单和进出境货物备案清单。

②申报地点。

按直通式报关办理：适用口岸海关与区域海关属于同一直属海关进出境的出口加工区货物。

按直转转关方式办理：适用口岸海关与区域海关不属于同一直属海关进出境的出口加工区货物。

下列情况可不按转关运输方式办理：出口加工区内企业跨关区进口车辆、邮递物品、个人随身携带物品；从保税区或保税仓库提取货物进区；出区在异地口岸拼箱出口货物。

典型案例1

北京A公司是设在北京出口加工区内的企业，从德国通过海洋运输方式进口一批裸管进行加工。这批裸管从天津口岸进境，再运往北京A公司的所在地。因为北京和天津属于两个不同的直属海关，属于跨关区，其转关报关可选择直转转关方式办理。这个流程如下：

在货物运达天津后，A 公司向天津海关录入转关申报数据，并持进口转关货物申报单和汽车载货登记簿，向天津海关物流监控部门办理转关手续。天津海关同意后，把申报的电子数据的内容向北京出口加工区的主管海关发送。使用海关监管车辆运输货物，海关对运输车辆进行加封（若为密封式则用关锁锁上，其他情况则贴上海关封条）。

这批裸管运抵北京出口加工区后，收货人或其代理人向北京出口加工区的海关办理转关的核销手续。出口加工区海关核销汽车载货登记簿，并向天津的海关发送电子回执。然后就可以在北京报关了。录入出口加工区进境货物备案清单，向出口加工区海关提交相关的单证办理报关手续。

海关审核有关单据，再确定是否需要查货，不需要查货的，直接就放行了；需要查验的，查完货后再放行。海关签发备案清单证明联。

典型案例 2

北京出口加工区的 A 企业要从天津出口一批苹果，采用直转转关出口。A 企业先向北京出口加工区的主管海关申报，海关把有关单据的内容传给天津海关，货物运抵天津后，办理核销手续，天津海关核销汽车载货登记簿，并且向北京的海关发一个电子回执。货物出境后，天津海关核销清洁载货清单并反馈到出口加工区海关，出口加工区海关凭以签发有关备案清单证明联。

2）珠海园区。
①申报形式。

海关对珠海园区与境外之间进出的货物实行备案制管理，但法律、行政法规另有规定的货物除外。珠海园区与境外之间进出的货物，由货物的收发货人或者代理人填写进出境货物备案清单，向海关备案。

②申报地点。

对于进出境口岸海关与园区主管海关，不是同一直属海关的进出境货物，区内企业应当按转关运输或异地报关等方式办理有关手续。

对于进出境口岸海关与园区主管海关，是同一直属海关的进出境货物，区内企业应当向珠海园区主管海关申报。

（2）进出区报关（一个海关，两家企业）。

1）出口加工区。
①出区报进口。

出口加工区货物运往境内区外的货物，由区外企业录入进口货物报关单，凭发票、相应的许可证件等单证，向出口加工区海关办理进口报关手续。进口报关结束后，区内企业填制"出口加工区出境货物备案清单"，凭发票、装箱单、电子账册编号等向出口加工区海关办理出区报关手续。即先由区外企业办理进口报关手续，再由区内企业办理出区报关手续，都是向出口加工区海关申请办理报关手续。

出口加工区海关放行货物后，向区外企业签发进口货物报关单付汇证明联，向区内企业签发"出口加工区出境货物备案清单"收汇证明联。

例（单选题）：

广州经济开发区黄埔加工贸易区内的 A 企业，进口一批原料加工成电脑芯片。大部分产品已经复出口，由于国外市场不景气，经有关主管部门的批准，将部分芯片销售给广州市天河区的 B 企业。下列描述正确的是（　　）。

A. 先由 A 企业向黄埔加工区海关办理出口报关手续，后由 B 企业向天河区海关办理进口报关手续

B. 先由 B 企业向黄埔加工区海关办理进口报关手续，后由 A 企业向黄埔加工区海关办理出区报关手续

C. 先由 A 企业向黄埔加工区海关办理进口报关手续，后由 B 企业向天河区办理出口报关手续

D. 先由 B 企业向黄埔加工区海关办理进口报关手续，后由 A 企业向天河区办理出口报关手续

答案：B。解析：先由区外企业（B公司）办理进口报关手续，再由区内企业（A公司）办理出区报关手续，都是向出口加工区海关申请办理报关手续。

——加工贸易方式出区

经主管海关批准，联网监管企业可按月度集中办理内销征税手续，并应在内销当月集中办理内销征税手续。按月度集中办理内销征税手续的联网监管企业，在每个核销周期结束前，必须办结本期内销征税手续。

——出区检测、维修

在区内使用的机器、设备、模具和办公用品等海关监管货物，区内企业或者珠海园区行政管理机构向珠海园区主管海关提出书面申请，并且经珠海园区主管海关核准、登记后，可以运往区外进行检测、维修。区内企业将模具运往区外进行检测、维修的，应当留存模具所生产产品的样品或者图片资料，以备海关对运回区内的模具进行核查。

②进区报出口。

由境内区外企业录入出口货物报关单，凭购销合同（协议）、发票、装箱单等单证向出口加工区海关办理出口报关手续。出口报关结束后，区内企业填制"出口加工区进境货物备案清单"，凭购销发票、装箱单、电子账册编号等，向出口加工区海关办理进区报关手续，即先由区外企业先办理出口报

手续,再由区内企业办理进区报关手续,两者都是向出口加工区海关申请办理报关手续。

出口加工区海关查验、放行货物后,向区外企业签发出口货物报关单收汇证明联,向区内企业签发"出口加工区进境货物备案清单"付汇证明联。

例(判断题):

广州市天河区的 A 企业将一批原料销售给广州经济开发区黄埔加工贸易区内的 B 企业,先由 A 企业办理出口报关手续,后由 B 企业办理进区报关手续。

答案:对。解析:由区外企业向出口加工区海关办理出口报关手续。出口报关结束后,区内企业填制"出口加工区进境货物备案清单",向出口加工区海关办理进区报关手续。

2)珠海园区。

①出区报进口。

珠海园区内货物运往区外的,由区内企业填制"出境货物备案清单",向珠海园区主管海关办理申报手续,区外收货人或者其代理人填制"进口货物报关单"向海关办理申报手续。

区内企业跨关区配送货物或者异地企业跨关区到珠海园区提取货物的,可以在珠海园区主管海关办理申报手续,也可以按照规定在异地企业所在地海关办理申报手续。

● CEPA 货物出区

以一般贸易方式经珠海园区进入区外,并且获得香港或者澳门签证机构签发的 CEPA 优惠原产地证书的货物,可以按照规定享受 CEPA 零关税优惠。

● 一般贸易和加工贸易货物出区

以一般贸易方式经珠海园区进入境内区外,或者经园区企业加工境内区外的货物,按出区的实际流向办理进口报关手续:

——用于加工贸易的,由加工贸易企业或其代理人按加工贸易货物的报关程序,办理进口报关手续;

——用于可以享受特定减免税的特定地区、特定企业和特定用途的,由享受特定减免税的企业或其代理人按特定减免税的报关程序,办理进口报关手续;

——进入国内市场或使用于境内其他方面,由收货人或其代理人按一般进口货物的报关程序,办理进口报关手续。

● 免税货物出区

从境外免税进入珠海园区的货物出区进入区外的,海关按照货物进口的有关规定办理手续；需要征税的，按照货物出区时的实际状态征税；属于配额、许可证件管理商品的，区内企业或者区外收货人还应当向海关出具进口配额、许可证件。

● 出区展示

经珠海园区主管海关批准，区内企业可以在区外进行商品展示，并且比照海关对暂时进出境货物的有关规定办理进出区手续。

● 出区检测、维修

——出区手续

在珠海园区内使用的机器、设备、模具和办公用品等海关监管货物，区内企业或者珠海园区行政管理机构向珠海园区主管海关提出书面申请，并且经珠海园区主管海关核准、登记后，可以运往区外进行检测、维修。区内企业将模具运往区外进行检测、维修的，应当留存模具所生产产品的样品或者图片资料。

——出区期限

运往区外进行检测、维修的机器、设备、模具和办公用品等，不得在区外用于加工生产和使用，并且应当自运出之日起60日内运回珠海园区。因特殊情况不能如期运回的，区内企业或者珠海园区行政管理机构应当在期限届满前7日内，以书面形式向海关申请延期，延长期限不得超过30日。

——运回手续

检测、维修完毕运回珠海园区的机器、设备、模具和办公用品等应当为原物。有更换新零件、配件或者附件的，原零件、配件或者附件应当一并运回区内。对于在区外更换的国产零件、配件或者附件，需要退税的，由区内企业或者区外企业提出申请，园区主管海关按照出口货物的有关规定办理手续，签发出口货物报关单证明联。

● 退运出区

需要退运到区外的货物，区内企业向珠海园区主管海关提出退运申请，提供注册地税务主管部门证明其货物未办理出口退税，或者所退税款已退还税务主管部门的证明材料和出口单证，并且经珠海园区主管海关批准的，可以办理退运手续；属于已经办理出口退税手续并且所退税款未退还税务主管部门的，海关按照货物进口的有关规定办理手续；需要征税的，按照货物出区时的实际状态征税；属于配额、许可证件管理商品的，区内企业或者区外收货人还应当向海关出具进口配额、许可证件。

②进区报出口。

● 进区不再出区的物资

从区外运到区内供区内企业自用并且不再出区的物资,区内企业应当向海关提供有关物资清单,经海关批准放行。

● 进区展示

经珠海园区主管海关批准,区内企业可以承接区外商品的展示,并且比照海关对暂时进出境货物的有关规定办理进出区手续。

表 6-1　出口加工区报关程序

报关情形	要求	具体步骤
进出境报关	报关单证	进出境货物备案清单
	跨关区进出境	直转转关方式办理转关报关
	同一直属关区进出境	直通式报关
进出区报关	加工区运往境内区外货物报关(出区)	1. 先区外企业录入进口报关单,向出口加工区海关办理进口报关,海关向区外企业签发"进口报关单"付汇证明联; 2. 后区内企业填制"出口加工区出境货物备案清单",向出口加工区海关办理出区报关,海关向区内企业签发"出口加工区出境货物备案清单"收汇证明联。
	境内区外运入加工区货物报关(进区)	1. 先区外企业录入出口货物报关单,向出口加工区海关办理出口报关,海关向区外企业签发"出口货物报关单"收汇证明联; 2. 后区内企业填制"出口加工区进境货物备案清单",向出口加工区海关办理进区报关,海关向区内企业签发"出口加工区进境货物备案清单"付汇证明联。
深加工结转报关（详见 9.1.1)	出口加工区结转货物报关	1. 加工区与其他特殊监管区域结转货物报关,转入企业凭其所在区管委会的批复办理结转手续,转出、转入企业分别在自己的主管海关办理结转手续; 2. 加工区转入特殊监管区域以外加工贸易企业结转货物报关,转入企业凭商务主管部门的批复办理结关手续,转出、转入企业都在转出地主管海关办理结转手续。

6.2.2　保税物流货物

1. 非物理围网

专库专用,不得转租、转借他人经营,不得下设分库。报关单位接到客户的单证,确定仓储电子账册的号码,按规定办理报关手续。

(1) 保税仓库。

1) 进仓报关。

入库签收(进口报关):报关放行后,货主或其代理人向保税仓库交单,仓库经理核对签收,其中一份报关单及入库单交回海关存查。

①仓库主管海关与口岸海关不是同一直属海关的。

经营企业可以按照提前报关转关方式,先到仓库主管海关申报,再到口岸海关办理转关手续,货物运到仓库,由主管海关验放入仓;经营企业也可以按照直接转关方式办理通关手续,先到口岸海关办理转关手续,货物运到保税仓库时到仓库主管海关办理申报手续,主管海关放行后,货物入仓。经海关批准,也可以按照"属地申报、口岸验放"模式,由企业在主管海关申报,口岸海关放行后,自行提取货物入仓。

②仓库主管海关与口岸海关是同一直属海关的。

经直属海关批准,可不按转关运输办理,由企业在口岸海关办理申报手续,口岸海关放行后,自行提取货物入仓。

2) 出仓报关。

保税仓库货物出仓根据情况可以逐一报关,也可以集中报关。按出库货物去向分为:

①出口报关。

保税仓库出仓复运出口(转口或退运)应当按照转关运输方式办理出仓手续,由仓库的经理人或其代理人按照出口货物报关程序办理出口报关,免纳出口税,免交验出口许可证。如果仓库主管海关与口岸海关是同一直属海关的,经直属海关批准,可不按转关运输办理,由企业自行提取货物到口岸海关办理出口报关手续。

经海关批准,也可以按照"属地申报、口岸验放"模式,由企业在主管海关申报,口岸海关放行出境。

②进口报关。

经主管海关保税监管部门同意,进入国内(4种情况):

——出库用于加工贸易:加工贸易企业或其代理人按保税加工货物的报关程序,办理进口报关手续。

——出库用于可以享受特定减免税的特定地区、特定企业和特定用途的:按特定减免税的报关程序办理进口报关手续。

——出库进入国内市场或使用于境内其他方面的货物,包括保修期外维修:由保税仓库经营企业按一般进口货物的报关程序办理进口报关手续。

——保税仓库内的寄售维修零配件申请以保修期内免税出仓:由保税仓库经营企业办理进口报关手续,填制进口货物报关单,贸易方式填"无代价抵偿货物",并确认免税出仓的维修件在保税期内且不超过原设备进口之日起3年,维修件由外商免费提供,更换下的零部件合法处理。保税仓库经营企业办理保修期内免税出仓零配件申报手续时应提供以下单证：

——保税仓库内寄售维修零配件保修期内免税申请表；

——原进口设备进口货物报关单；

——原设备进口税款缴纳证明或减免税证明；

——商品检验机关出具的原进口货物品质不良的检验证明书或买卖双方签订的索赔协议；

——维修记录单；

——其他有关证明。

保税仓库出仓转为正式进口的同一批货物，要填制两张报关单，一张办结出仓保管手续，填制出口货物报关单，监管方式填写"保税间货物（1200）"；另一张办理进口申报手续，按照实际进口监管方式，填制进口货物报关单。

（2）出口监管仓库。

1）进仓报关。

出口货物存入出口监管仓库，发货人或其代理人填制"出口货物报关单"向主管海关办理出口报关手续。

发货人或其代理人按照海关规定，提交报关必需单证和仓库经营企业填制的"出口监管仓库货物入仓清单"。

2）出仓报关。

分出口报关和进口报关两种情况。

①出口报关。

仓库经营企业或其代理人按照海关规定，提交报关必需单证和仓库经营企业填制的"出口监管仓库货物出仓清单"。

出仓货物出境口岸不在仓库主管海关的，经海关批准，可以在口岸所在地海关办理相关手续，也可以在主管海关办理相关手续。

②进口报关。

离开出口监管仓库转进口的，进入我国国内市场，要办理的进口报关手续，跟保税仓库的情况是一样的。

——出库用于加工贸易：加工贸易企业或其代理人按保税加工货物的报关程序办理进口报关手续。

——出库作为特定减免税货物：由享受特定减免税的企业或其代理人按特定减免税的报关程序办理进口报关手续。

——出库进入国内市场或使用于境内其他方面的货物：由收货人或其代理人按一般进口货物的报关程序办理进口报关手续。

2. 物理围网

从"进出境报关和进出区（中心）报关"两方面来学习。

(1) 保税物流中心。

在保税物流中心的报关情况主要分为保税物流中心与境外之间的报关、保税物流中心与境内之间的报关两种情况。

1) 进出境报关。

物流中心与境外之间进出的货物，应当在物流中心主管海关办理相关手续。物流中心与口岸不在同一主管海关的，经主管海关批准，可以在口岸海关办理相关手续。

物流中心与境外之间进出的货物，除中国参加或缔结的国际条约及国家另有明确规定的以外，不实行进出口配额、许可证件管理。

从境外进入物流中心内的货物，凡属于规定存放范围内的货物予以保税；属于物流中心企业进口自用的办公用品、交通运输工具、生活消费品等，以及物流中心开展综合物流服务所需进口的机器、装卸设备、管理设备等（不属于保税或免税的范围），按照进口货物的有关规定和税收政策办理相关手续。

2) 进出中心报关。

①出中心进口。

按照货物实际贸易方式和实际状态办理进口报关手续；货物属许可证件管理商品的，企业还应当向海关出具有效的许可证件。

②进中心出口。

办理出口报关手续。如需缴纳出口关税的，应当按照规定纳税；属许可证件管理商品的，还应当向海关出具有效的出口许可证件。

③申报地点。

物流中心内货物运往所在关区外，或者跨关区提取物流中心的货物，可以在物流中心主管海关办理手续，也可以按照境内监管货物转关运输的方式办理相关手续。

物流中心经营企业不得在中心内直接从事保税仓储物流的经营活动。保税物流中心内的货物可以在中心内的企业之间转让、转移，并办理相关海关手续。

(2) 保税物流园区。

1) 进出境报关。

——申报形式

海关对园区和境外之间进出货物，实行备案管理制度（园区自用的免税进口货物、国际中转货物或者法律、行政法规另有规定的货物除外)。填写进、出境货物备案清单。

——申报地点

园区与境外之间进出货物应当向园区主管海关申报。园区货物的进出境口岸不在园区主管海关管辖区域的,经主管海关批准,可以在口岸海关办理申报手续。

园区内开展整箱进出、二次拼箱等国际中转业务的,由开展此项业务的企业向海关发送电子舱单数据,园区企业向园区主管海关申请提箱、集运等,提交舱单等单证,办理进出境申报手续。

①境外运入园区。

境外货物到港后,园区企业或其代理人可以先提交舱单将货物直接运到园区,再提交"进境货物备案清单"向园区主管海关办理申报手续。

②园区运往境外。

进境货物未经流通性简单加工,需原状退运出境的,园区企业可以向园区主管海关办理退运手续。

2)进出园区报关。

园区与区外之间进出的货物,由区内企业或者区外的收发货人或其代理人在园区主管海关办理申报手续。

园区企业在区外从事进出口贸易且货物不实际进出园区的,可以在收发货人所在地的主管海关或者货物实际进出境口岸的海关办理申报手续。

①出区报进口。

园区货物运往区外,视同进口。园区企业或者区外收货人或其代理人按照进口货物的有关规定向园区主管海关申报,海关按照货物出园区的实际监管方式的有关规定办理:

——用于加工贸易:按保税加工货物的报关程序办理进口报关手续,提供电子化手册,继续保税。

——作为特定减免税货物:由享受特定减免税的企业或其代理人按特定减免税的报关程序办理进口报关手续。

——进入国内市场或使用于境内其他方面的货物:由收货人或其代理人按一般进口货物的报关程序办理进口报关手续。

园区企业跨关区配送货物或者异地企业跨关区到园区提取货物的,可以在园区主管海关办理申报手续,也可以按照海关规定办理进口转关手续。

——出区检测、维修

供区内行政管理机构及其经营主体与区内企业使用的机器、设备和办公用品等需要运往区外进行检测、维修的,应当向园区主管海关提出申请,经主管海关核准、登记后可以运往区外,并自运出之日起 60 日内运进区内。特殊情况不能如期运回,于期满前 10 日内向主管海关提出申请,延长期限不得超过 30 日。

检测、维修完毕运回园区的机器、设备等应当为原物。有更换新零配件或者附件的,原零配件或者附件应当一并运回园区。

对在区外更换的国产零配件或者附件,如需退税,由园区企业或者区外企业提出申请,园区主管海关按照出口货物的有关规定办理,并签发出口货物报关单证明联。

——退换

除已经进行流通性简单加工的货物外,区外进入园区的货物,因质量、规格型号与合同不符等原因,需原状返还出口企业进行更换的,园区企业应当在货物申报进入园区之日起 1 年内向园区主管海关申请办理退换手续。海关按照《中华人民共和国海关进出口货物征税管理办法》的有关规定办理。

更换的货物进入园区时,可以免领出口许可证件,免征出口关税,但海关不予签发出口货物报关单证明联。

②进区报出口。

区外货物运入园区,视同出口,由园区企业或者区外的发货人或其代理人向园区主管海关办理出口申报手续。属于应当缴纳出口关税的商品,应当照章缴纳;属于许可证件管理的商品,应当同时向海关出具有效的许可证件。

3) 其他情况报关。

——展示

经主管海关批准,园区企业可以在园区综合办公区专用的展示场所举办商品展示活动。展示的货物应当在园区主管海关备案,并接受海关监管。

园区企业在区外其他地方举办商品展示活动的,应当比照海关对暂时进口货物的管理规定办理相关手续。

(3) 保税区。

1) 进出境报关。

采用报关制和备案制相结合的运行机制:属自用的,采取报关制,填写进出口报关单;非自用的(如加工出口、转口和仓储),采取备案制,填写进出境备案清单,即保税区内企业的加工贸易料件、转口贸易货物、仓储货物进出境,由收货人或其代理人填写进出境备案清单向海关报关;对保税区内企业进口自用合理数量的机器设备、管理设备、办公用品及工作人员所需自用合理数量的应税物品以及货样,由收货人或其代理人填写进口货物报关单向海关报关。

2）进出区报关。

从非保税区进入保税区的货物，按照出口货物办理手续。企业在办结海关手续后，可办理结汇、外汇核销、加工贸易核销等手续。出口退税必须在货物实际报关离境后才能办理。

①保税加工货物进出区。

保税进口料件以及用保税进口料件生产的成品、半成品和其他货物进出区，采取报关制。可以比照保税仓库进出库的情况。

进区，报出口，要有加工贸易电子化手册或电子账册（需要时），填写出口货物报关单，提供有关许可证件、出口应当征收出口关税商品的，应当缴纳出口关税；海关不签出口货物报关单退税证明联，待实际出境后退税。

出区，报进口，按不同流向填写不同的进口货物报关单。

——用于加工贸易：按加工贸易货物报关，填制加工贸易进口货物报关单，提供加工贸易电子化手册或电子账册；

——用于可以享受特定减免税的特定地区、特定企业和特定用途的：提供"进出口货物征免税证明"和应当提供的许可证件，免缴进口关税；

——进入国内市场或使用于境内其他方面：按一般进口货物报关，填写进口货物报关单，提供有关的许可证件。

关于保税加工货物内销征税的完税价格由海关按以下规定审查确定：

——保税区内的加工企业内销的进口料件或者其制成品（包括残次品），海关以接受内销申报的同时或者大约同时进口的相同或者类似货物的进口成交价格为基础审查确定完税价格。

——保税区内的加工企业内销的进料加工制成品中，如果含有从境内采购的料件，海关以制成品所含从境外购入的料件原进口成交价格为基础审查确定完税价格。料件原进口成交价格不能确定的，海关以接受内销申报的同时或者大约同时进口的与料件相同或者类似货物的进口成交价格为基础审查确定完税价格。

——保税区内的加工企业内销的来料加工制成品中，如果含有从境内采购的料件，海关以接受内销申报的同时或者大约同时进口的与制成品所含从境外购入的料件相同或者类似货物的进口成交价格为基础审查确定完税价格。

保税区内的加工企业内销加工过程中产生的边角料或者副产品，以海关审查确定的内销价格作为完税价格。

②外发加工：采取备案制和报关制。

保税区企业货物外发到区外加工，或区外企业货物外发到保税区加工，需经主管海关核准。

到区内加工：凭外发加工合同报保税区海关备案，加工出区后核销，不进入报关程序。

到区外加工：由区外加工企业在加工企业所在地海关办理备案手续，进入加工贸易合同备案程序，备案进入出区报关程序。期限为6个月，可延期6个月。

③设备进出区。

备案制，不管是施工还是投资设备，进出区均需向保税区海关凭清单备案，设备进区不填写报关单，不缴纳出口税，海关不签发出口货物报关单退税联，设备系从国外进区已征进口税，不退进口税；设备退运出区外，也不必填写报关单申报，但要报保税区海关凭清单销案。如表6-2所示：

表6-2 保税区进出境报关与进出区报关的区别

进出境报关	1. 与境外之间进出境货物，属自用的	报关制：填写进出口报关单	
	2. 与境外之间进出境货物，属非自用的	备案制：填写进出境备案清单	
进出区报关	1. 保税加工货物进出区	进区	报出口：填写出口报关单
		出区	报进口：根据货物不同流向，填写不同的进口报关单
	2. 进出区外发加工	进区加工	凭外发加工合同向保税区海关备案，加工出区后核销
		出区加工	由区外加工企业向其所在地海关办理加工贸易备案手续，加工贸易货物出区进行报关
	3. 设备进出区	进出区	向保税区海关备案

例（单选题——2005年考题）：

向海关报关时适用保税区进境货物备案清单的是（　　）。

A. 保税区从境外进口的加工贸易料件

B. 保税区销往国内非保税区的货物

C. 保税区区内企业从境外进口自用的机器设备

D. 保税区管理机构从境外进口的办公用品

解析：A、C、D属于保税区进出境报关，采用报关制与备案制相结合的运行机制。属自用的：采用报关制，填写进出口报关单。属非自用的：采用备案制，填写进出境备案清单（如加工贸易料件、转口贸易货物、仓储货物进出境）。因此A加工贸易料件，采用进出境备案清单，A是正确的。C和D

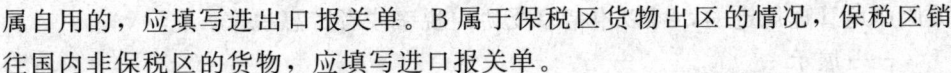

属自用的，应填写进出口报关单。B属于保税区货物出区的情况，保税区销往国内非保税区的货物，应填写进口报关单。

（4）保税港区和综合保税区。

实行保税区政策＋出口加工区政策。

1）进出境报关。

——申报形式

保税港区和境外之间进出货物，实行备案制管理，对境外进入保税港区的货物予以保税。货物的收发人或者代理人应当如实填写进、出境货物备案清单，向海关备案。

——申报地点

保税港区与境外之间进出货物，应当向港区主管海关申报。港区货物的进出境口岸不在港区主管海关管辖区域的，经港区主管海关批准，可以在口岸海关办理申报手续。

2）进出区报关。

——申报地点

保税港区与区外之间进出的货物，区内企业或者区外收发货人按照进出口货物的有关规定向保税港区主管海关办理申报手续。需要征税的，区内企业或者区外收发货人按照货物进出区时的实际状态缴纳税款。

区内企业在区外从事对外贸易业务且货物不实际进出保税港区的，可以在收发货人所在地或者货物实际进出境口岸地海关办理申报手续。

——出区报进口

海关监管货物在保税港区与区外之间进出的，保税港区主管海关可以要求提供相应的担保。

——用于加工贸易

区内企业在加工生产过程中产生的边角料、废品，以及加工生产、储存、运输等过程中产生的包装物料，区内企业提出书面申请并且经海关批准的，可以运往区外，海关按出区时的实际状态征税。属于进口配额、许可证件管理商品的，免领进口配额、许可证件；属于列入《禁止进口废物目录》的废物以及其他危险废物需出区进行处置的，有关企业凭保税港区行政管理机构以及所在地的市级环保部门批件等材料，向海关办理出区手续。

区内企业在加工生产过程中产生的残次品、副产品出区内销的，海关按内销时的实际状态征税。属于进口配额、许可证件管理的，企业应当向海关出具进口配额、许可证件。

——经保税港区运往区外的优惠贸易协定项下的货物，符合海关总署相关原产地管理规定的,可以申请享受协定税率或者特惠税率。

——展示

经保税港区主管海关批准,区内企业可以在保税港区综合办公区专用的展示场所举办商品展示活动。展示的货物应当在海关备案,并接受海关监管。

区内企业在区外其他地方举办商品展示活动的,应当比照海关对暂时进境货物的管理规定办理有关手续。

——出区检测、维修

保税港区内使用的机器、设备、模具和办公用品等海关监管货物,可以比照进境修理货物的有关规定,运往区外进行检测、维修。区内企业将模具运往区外进行检测、维修的,应当留存模具所生产产品的样品或者图片资料。

运往区外进行检测、维修的机器、设备、模具和办公用品等,不得在区外用于加工生产和使用,并且应当自运出之日起60日内运回保税港区。因特殊情况不能如期运回的,区内企业或者保税港区行政管理机构应当在期限届满前7日内,以书面形式向海关申请延期,延长期限不得超过30日。

检测、维修完毕运回保税港区的机器、设备、模具和办公用品等应当为原物。有更换新零件、配件或者附件的,原零件、配件或者附件应当一并运回保税港区。对在区外更换的国产零件、配件或者附件,需要退税的,由区内企业或者区外企业提出申请,保税港区主管海关按照出口货物的有关规定办理手续,并签发出口货物报关单证明联。

——外发加工

区内企业需要将模具、原材料、半成品等运往区外进行加工的,应当在开展外发加工前,凭承揽加工合同或者协议、承揽企业营业执照复印件和区内企业签章确认的承揽企业生产能力状况等材料,向保税港区主管海关办理外发加工手续。区内企业需要缴纳保证金或提交银行保函。

委托区外企业加工的期限不得超过6个月,加工完毕的货物应当按期运回保税港区。在区外开展外发加工产生的边角料、废品、残次品、副产品不运回保税港区的,海关应当按照实际状态征税。区内企业凭出区时委托区外加工申请书以及有关单证,向海关办理验放核销手续。

6.3 特定减免税货物

进口货物收货人或其代理人持减免税证明、许可证件等相关证件参照一般进出口货物办理报关手续。与一般进出口货物报关有所不同的具体手续如下:

(1) 特定减免税货物进口报关时,进口货物收货人或其代理人除了向海关提交报关单及随附单证外,还应当向海关提交进出口货物征免税证明。海关在审单时从计算机查阅征免税证明的电子数据,核对纸质进出口货物征免税证明。

(2)特定减免税货物进口,填制报关单时,报关单上的备案号一栏填写进出口货物征免税证明的 12 位编码,不要填写错误。写错将不能通过海关计算机的逻辑审核,或者在提交纸质报关单证时无法顺利通过海关审单。

6.4 暂准进出境货物

6.4.1 使用 ATA 单证册的暂准进出境货物

持 ATA 单证册向海关申报进出境货物,不需向海关提交进出口许可证件,也不需另外提供担保。但如果进出境货物受公共道德、公共安全、公共卫生、动植物检疫、濒危野生动植物保护、知识产权保护等限制的,展览品收发货人或者其代理人应当向海关提交相关的进出口许可证件。

1. 暂准进境货物进口申报(从外国进口)

进境货物收货人或者其代理人持 ATA 单证册向海关申报进境展览品时,先在海关核准的出证协会中国国际商会以及其他商会,将 ATA 单证册上的内容预录入到与商会联网的 ATA 单证电子核销系统上,然后向展览会主管海关提交纸质 ATA 单证册、提货单等单证。

海关在白色进口单证上签注,并留存白色进口单证(正联),将存根联和 ATA 单证册其他各联退还给进境货物收货人或其代理人。

在白色进口单证(正联)中列明暂准进口货物的项号,进境货物收货人或其代理人将单证册提交进口地海关关员,海关关员在存根联上列明暂准进口货物项号,在存根联和凭证(正联)上分别签注盖章,撕下凭证(正联)存档。

2. 暂准出境货物出口申报(从中国出口)

出境货物收货人或者其代理人持 ATA 单证册向海关申报出境展览品时,向出境地海关提交国家主管部门的批准文件、纸质 ATA 单证册、装货单等单证。

海关在绿色封面单证和黄色出口单证上签注,并留存黄色出口单证(正联),将存根联和 ATA 单证册其他各联退还给出境货物发货人或其代理人。

出境货物发货人或其代理人在黄色出口单证(正联)中列明暂准出口货物的项号,将单证册提交出口地海关关员,海关关员在存根联上列明出口货物项号,在存根联和凭证(正联)上分别签注盖章,撕下凭证存档。单证册首次使用时,海关关员还应同时在绿色封面上签注盖章。

3. 复运出境、进境申报

使用ATA单证册进出境的货物异地复运出境、进境申报，ATA单证册持证人应当持主管海关签章的海关单证向复运出境、进境地海关办理手续，货物复运出境、进境后，主管海关凭复运出境、进境地海关签章的海关单证办理核销结案手续。

向外国复出口：使用白色复出口单证，在凭证（正联）中列明复出口货物的项号，将单证册提交复出口地海关关员，海关关员在存根联上列明复出口货物项号，在存根联和凭证（正联）上分别签注盖章，撕下凭证存档。

在中国复进口：使用黄色复进口单证，在凭证（正联）中列明复进口货物的项号，将单证册提交复进口地海关关员，海关关员在存根联上列明复进口货物项号，在存根联和凭证（正联）上分别签注盖章，撕下凭证存档。

4. 过境申报

过境货物承运人或其代理人持ATA单证册向海关申报将货物通过我国转运至第三国参加展览会的，不必填制过境货物报关单。海关在两页蓝色过境单证上分别签注后，留存过境单证（正联），将存根联和ATA单证册其他各联退还给运输工具承运人或其代理人。过境时应在两页蓝色过境单证上同时列明过境货物项号后将单证册提交进境地海关关员，海关关员在存根联上列明过境货物项号，在两页蓝色过境单证上签注盖章后撕下第一张凭证（正联）存档，出境时出境地海关关员在第二张蓝色过境单证上签注盖章后撕下第二张凭证（正联）。

6.4.2 不使用ATA单证册报关的展览品

1. 进境申报

展览品进境20个工作日前，境内展览会办展人或者参加展览会的办展人、参展人（以下简称办展人、参展人），应当将举办展览会的有关部门备案证明或者批准文件连同展览品清单等相关单证一起送展出主管地海关办理备案登记手续。

展览会不属于有关部门行政许可项目的，办展人、参展人应当向主管地海关提交展览会邀请函、展位确认书等其他证明文件以及展览品清单办理备案手续。

展览品进境申报手续可以在展出地海关办理。从非展出地海关进境的，可以申请在进境地海关办理转关运输手续，将展览品在海关监管下由进境口岸转运至展览会举办地主管地海关办理申报手续。

展览会主办单位或者其代理人应当向海关提交报关单、展览品清单、提货单、发票、装箱单等。展览品中涉及检验检疫等管制的，还应当向海关提交有关许可证件。

展览会主办单位或者其代理人应当向海关提供担保。在海关指定场所或者海关派专人监管的场所举办展览会的，经主管地直属海关的批准，参展的展览品可以免予向海关提供担保。

查验：一般采用向海关递交开箱计划通知海关，以备在开箱前海关查验。海关一般在展览会举办地对展览品进行开箱查验。展览品开箱前，展览会主办单位或其代理人应当通知海关。海关查验时，展览品所有人或其代理人应当到场，并负责搬移、开拆、封装货物。

展览会展出或使用的宣传印刷品、音像制品及其他需要审查的物品，还要经过海关的审查，才能展出或使用。对我国政治、经济、文化、道德有害的以及侵犯知识产权的印刷品、音像制品，不得展出，由海关没收、退运出境或责令更改后使用。

2. 出境申报

展览品出境20个工作日前，境内展览会办展人或者参加展览会的办展人、参展人（以下简称办展人、参展人），应当将举办展览会的有关部门备案证明或者批准文件连同展览品清单等相关单证一起送展出主管地海关办理备案登记手续。

展览会不属于有关部门行政许可项目的，办展人、参展人应当向主管地海关提交展览会邀请函、展位确认书等其他证明文件以及展览品清单办理备案手续。

展览品出境申报手续应当在出境海关办理。在境外举办展览会或参加国外展览会的企业应当向海关提交国家主管部门的批准文件、报关单、展览品清单（一式两份）等单证。展览品属于应当缴纳出口关税的，向海关缴纳相当于税款的保证金；属于核用品、核两用品及相关技术的出口管制商品的，还应当向海关提交有关出口许可证。小卖品、展卖品，按一般出口申报，属于许可证管理的，提交出口许可证。

查验：海关对展览品进行开箱查验，核对展览品清单。查验完毕，海关留存一份清单，另一份封入"关封"交还给发货人或其代理人，凭以办理展览品复运进境申报手续。

6.4.3 集装箱箱体

暂准进出境的集装箱箱体报关有以下两种情况：

（1）境内生产的集装箱及我国营运人购买进口的集装箱投入国际运输前，

营运人应当向其所在地海关办理登记手续。对向海关办理注册登记手续的集装箱，由海关在集装箱适当部位刷贴"中国海关"标志。再次进出口时，可凭以免办有关手续。

海关准予登记并符合规定的集装箱箱体，无论是否装载货物，海关准予暂时进境和异地出境，营运人或者其代理人无须就箱体单独向海关办理报关手续，进出境时，也不受规定的期限限制。

（2）境外集装箱箱体暂准进境，无论是否装载货物，承运人或者其代理人应当对箱体单独填写进、出口货物报关单并向海关申报，并致函保证应当于入境之日起 6 个月内复运出境。因特殊情况不能复运出境的，向暂准进境的海关提出延期申请，经海关核准后，可以延期，但是延期不得超过 3 个月。逾期应当按规定向海关办理进口报关纳税手续。

6.4.4 暂时进出口货物

1. 暂时进口货物进境申报

收货人或其代理人应当向海关提交主管部门允许货物为特定目的而暂时进境的批准文件、进口货物报关单、商业及货运等相关的单据，向海关办理暂时进境申报手续。

2. 暂时出口货物出境申报

发货人或其代理人应当向海关提交主管部门允许货物为特定目的而暂时出境的批准文件、进口货物报关单、商业及货运等相关的单据，向海关办理暂时出境申报手续。

3. 异地复运出境、进境申报

异地复运出境、进境的暂准进出境货物，收发货人应当持主管海关签章的海关单证向复运出境、进境地海关办理手续。货物异地复运出境、进境后，主管海关凭复运出境、进境地海关签章的海关单证办理核销结案手续。

4. 采访器材进出境

外国常驻新闻机构、外国常驻记者所用采访器材进出境，海关按照《中华人民共和国海关对常驻机构进出境公用物品监管办法》（海关总署令第 115 号）办理相关手续。

对外国国家元首、政府首脑和外交部长等国宾团随行记者所用采访器材，进境地海关凭中国外交部新闻司出具的"国宾随行记者器材证明信"和器材清单办理手续。国宾代表团访问结束后，随行记者应及时将采访器材复运出境。

外国短期来华采访记者携采访器材暂时进境，如邀请单位经海关认可具备出具担保函资质，应向进境地海关提交邀请单位担保函、器材清单，并出示记者 J-2 签证;如邀请单位不具备出具担保函资质,或外国记者无邀请单位自行来华采访,应向进境地海关提交经海关认可的银行或非银行金融机构的担保函或相当于税款的保证金、器材清单,并出示记者 J-2 签证,海关据以办理相关手续。采访活动结束后,记者应及时将采访器材复运出境,并在原进境地海关办理担保函或保证金结案手续。

外国常驻新闻机构、外国记者因采访报道需要暂时进口无线电通信设备的,还应向进境地海关提交有关主管部门的批准文件。

来大陆采访的台湾记者携带采访器材进境时,进境地海关凭中华全国新闻工作者协会或各省(自治区、直辖市)及深圳市、新疆生产建设兵团台办开具的"器材通关批准书"和担保函、采访器材清单办理暂时进境手续。采访活动结束后,记者应及时将采访器材复运出境,并在原进境地海关办理担保函结案手续。台湾记者因采访报道需要暂时进口无线电通信设备的,还应向进境地海关提交有关主管部门的批准文件。

6.5 过境、转运、通运货物

1. 过境货物

(1) 过境货物的进出境报关。

1) 进境:经营人或报关企业应当向进境地海关递交过境货物报关单及其他单证(如运单、转载清单、载货清单、发票、装箱清单等),办理过境手续。

进境地海关审核查验无误后,进境地海关在提运单上加盖"海关监管货物"戳记。并将过境货物报关单和过境货物清单制作关封后,加盖"海关监管货物"专用章,连同提运单交经营人或报关企业。

过境货物经营人或承运人应当将上述单证及时交出境地海关验核。

2) 出境:过境货物出境时,经营人或报关企业应当及时向出境地海关申报,并递交进境地海关签发的关封和其他单证。

出境地海关审核有关单证、"关封"和货物,确认无误后,加盖"放行"章,在海关的监管下出境。

(2) 在境内暂存和运输。

1) 指定的场所:过境货物进境后因换装运输工具等需卸货储存时,应当经海关批准并在海关监管下存入海关指定或同意的仓库或场所;

2) 指定的路线:按运输主管部门规定的路线运输,运输部门没有规定,由海关指定;

3) 提供押运关员的便利:海关可根据情况需要派员押运过境货物。

2. 转运货物

(1) 报关步骤。

1) 装有转运货物的运输工具进境后,承运人在进口载货清单上列明转运货物的名称、数量、起运地和到达地,并向主管海关申报。

2) 经海关同意后,在海关指定地点换装运输工具。

3) 在规定时间内运送出境。

(2) 监管要点。

1) 目的:防止货物在换装过程中误进口或误出口。

2) 境内暂存或运输:指定的地点换装、规定的时间出境、暂存期间不得做任何处理如开拆、换包装或进行加工。

3) 在3个月内办理海关有关手续并转运出境,超出规定期限3个月仍未转运出境或办理其海关手续的,海关将提取并依法变卖处理。

4) 海关有权对外国货物进行查验,一般采用外形查验。

3. 通运货物

(1) 运输工具进境时,运输工具的负责人应凭注明通运货物名称和数量的船舶进口报告单或飞机进口载货舱单申报。

(2) 海关接受申报,在货物进境和离境时核查,监管货物实际离境。

表 6-3 过境货物、转运货物、通运货物的异同

类别\货物	经过路线	运输工具	起运地	指运地(目的地)
过境	境内陆路	不规定		
转运	不经过境内陆路	换装	境外	境外
通运	不经过境内陆路	原装运输工具(航空器、船舶)		

4. 内贸货物跨境运输(9600)

系指国内贸易货物由我国关境内一口岸起运,通过境外运至我国关境内另一口岸的业务,对他国而言就是其过境、转运、通运货物。

6.6 其他未办结海关手续的货物

1. 快件

(1) 申报。

1) 申报时间。

进出境快件通关应当在海关正常办公时间内进行,如需在海关正常办公时间以外进行的,需事先征得所在地海关同意。

2）申报格式。

采用纸质文件方式和电子数据交换方式向海关办理进出境快件的报关手续。

3）申报期限。

进境快件应当自运输工具申报进境之日起14日内，出境快件在运输工具离境3小时之前，向海关申报。

4）申报单证。

不同的进出境快件申报时需要提供不同的单证。

①文件类进出境快件报关，运营人向海关提交"中华人民共和国进出境快件KJ1报关单"、总运单（副本）和海关需要的其他单证。

②个人物品类进出境快件，运营人向海关提交"中华人民共和国进出境快件个人物品报关单"，每一进出境快件的分运单、进出境快件收件人和发件人身份证复印件与海关需要的其他单证。

③货物类进境快件，按如下情况办理：

——对关税税额在人民币50元以下的货物和海关准予免税的货样、广告品，向海关提交"中华人民共和国进出境快件KJ2报关单"，每一进出境快件的分运单、发票和海关需要的其他单证。

——对应予征税的货样、广告品（法律行政法规中规定实行许可证管理的，以及需进口付汇的除外）应提交"中华人民共和国快件KJ3报关单"，每一进境快件的分运单、发票和海关需要的其他单证。

——其他货物类进境快件及应予征税并需要许可证需进口付汇的，一律按进口货物的报关程序提交"进口货物报关单"及其他必备单证向海关报关。

④货物类出境快件，按如下情况办理：

——对货样、广告品（法律、行政法规规定，实行许可证管理的，应征出口税的，需进出口收汇的，需出口退税的除外），应提交"中华人民共和国进出境快件KJ2报关单"，每一出境快件的分运单、发票及海关需要的其他单证。

——其他货物类出境快件及法律、行政法规规定，实行许可证管理的，应征出口税，需出口收汇的，需出口退税的货样、广告品，一律按出口货物的报关程序提交"出口货物报关单"及其他必备单证向海关报关。

例（多选题——2005年试题）：

下列关于进境快件适用报关单证的表述，正确的是（　　）。

A. 文件类应当适用KJ1报关单

B. 个人物品类应当适用快件个人物品报关单

C. 海关规定准予免税的货样、广告品应当适用 KJ2 报关单
D. 其他货物类应当适用 KJ3 报关单

答案：ABC

(2) 进出境快件的查验。

海关查验进出境快件时，运营人应派员到场，并负责进出境快件的搬移、开拆、封装。

海关对进出境快件中的个人物品实施开拆查验时，运营人应通知进境快件的收件人或出境快件的发件人到场，收件人或发件人不能到场的，运营人应向海关提交其委托书，代理其履行义务，并承担相应的法律责任。

海关认为必要的，可对进出境快件径行开验、复验或者提取货样。

2. 货样、广告品

进出口货样、广告品的报关程序除暂准进出境的货样、广告品外只有进出口报关阶段的 4 个环节，即申报、配合查验、缴纳税费、提取或装运货物。

3. 租赁货物

根据《关税条例》的规定，租赁进口货物的纳税义务人对租赁进口货物应当按照海关审查的租金作为完税价格缴纳进口税款，租金分期支付的可以选择一次性缴纳税款或者分期缴纳税款。选择一次性缴纳税款的可以按照海关审查确定的货物的价格作为完税价格，也可以按照海关审查的租金总额作为完税价格。

租赁进口货物的报关程序显然要根据纳税义务人对缴纳税款的完税价格的选择来决定。

(1) 金融租赁进口货物。

金融租赁进口货物由于租金大于货价，纳税义务人会选择一次性按货价缴纳税款或者选择按租金分期缴纳税款，不可能选择按租金总额一次性缴纳税款。这样，金融租赁进口货物的报关就可能出现下面两种情况：

1) 按货物的完税价格缴纳税款。

收货人或代理人在租赁货物进口向海关提供租赁合同，按进口货物的实际价格向海关申报，提供相关的进口许可证件和其他单证，海关审查确定货物的完税价格计算税款数额，缴纳进口税费后放行。放行后，不再对货物进行监管。

2) 按租金分期缴纳税款。

收货人或其代理人在租赁货物进口向海关提供租赁合同，按照第一期应当支付的租金和按照进口货物的实际价格分别填制报关单向海关申报，提供相关的进口许可证件和其他单证，海关审查确定货物的完税价格，并审查确

定第一期租金的完税价格,计算税款数额,缴纳有关的税费,海关按照货物的实际价格统计。

对于按租金分期缴纳税款的货物,海关放行后,还需要对货物进行监管。纳税义务人在每次支付租金后 15 日(含第 15 日)按支付租金额向海关申报,并缴纳相应的进口关税和进口环节海关代征税,直到最后一期租金支付完毕。

需要后续监管的金融租赁进口货物在租赁期届满之日起 30 日内,纳税义务人应当向海关办结海关手续,将租赁进口货物退运出境,如不退运出境,以残次转让,则应当按照转让的价格审查确定完税价格计征进口关税和进口环节海关代征税。

(2)经营租赁。

经营租赁租金小于货价,货物在租赁期满应当返回出境,所以纳税义务人只会选择按租金缴纳税款,不会选择按货物的实际价格缴纳税款。因此经营租赁进口货物的报关程序只有下面一种:

收货人或其代理人在租赁货物进口向海关提供租赁合同,按照第一期应当支付的租金或者租金总额和按照进口货物的实际价格分别填制报关单向海关申报,提供相关的进口许可证件和其他单证,海关审查确定货物的完税价格,并审查确定第一期租金或租金总额的完税价格计算税款数额,缴纳有关的税费,海关按照货物的实际价格统计。

海关现场放行后,对货物继续进行监管。

分期缴纳税款的,纳税义务人在每次支付租金后 15 日(含第 15 日)按支付租金额向海关申报,并缴纳相应的进口关税和进口环节海关代征税,直到最后一期租金支付完毕。

经营租赁进口货物在租赁期届满之日起 30 日内,纳税义务人应当向海关办结海关手续,将租赁进口货物复运出境或办理留购、续租的申报纳税手续。

4. 无代价抵偿

无代价抵偿大体上可分为两种:一种是短少抵偿,另一种是残损、品质不良抵偿或规格不符的抵偿。这两种抵偿引起的无代价抵偿进出口货物在报关程序上有所区别。

短少抵偿——补充(不需要办理前期阶段)。

(1)残损、品质不良抵偿或规格不符的抵偿。

抵偿形式:

残损——补偿备价(供自行修理)、修理(境外修理)、替换、贬值(削价补偿);

品质不良——替换、贬值(削价补偿)。

残损、品质不良抵偿或规格不符引起的无代价抵偿货物，进出口前应当先办理被更换原进出口货物中残损、品质不良抵偿或规格不符货物的有关海关手续，有下面几种情形：

1) 退运进出境。

原进口货物的收货人或其代理人应当办理被更换的原进口货物残损、品质不良抵偿或规格不符货物的退运出境的报关手续。被更换的原进口货物退运出境时不征收出口关税。

原出口货物的收货人或其代理人应当办理被更换的原出口货物残损、品质不良抵偿或规格不符货物的退运进境的报关手续。被更换的原出口货物退运进境时不征收进口关税和进口环节海关代征税。

2) 放弃交由海关处理。

被更换的原进口货物残损、品质不良抵偿或规格不符货物不退运出境，但原进口货物的收货人愿意放弃，交由海关处理的，海关应当依法处理并向收货人提供依据，凭以申报进口无代价抵偿货物。

3) 不退运出境，也不放弃或不退运进境的。

被更换的原进口货物残损、品质不良抵偿或规格不符货物不退运出境且不放弃交由海关处理的，或者被更换的原出口货物残损、品质不良抵偿或规格不符货物不退运进境，原进出口货物的收发货人应当按照海关接受无代价抵偿货物申报进出口之日适用的有关规定申报出口或进口，并缴纳出口关税或进口关税和进口环节海关代征税，属于许可证件管理的商品还应当交验相应的许可证件。

（2）申报单证。

收发货人向海关申报无代价抵偿货物进出口时除应当填制报关单和提供基本单证外，还应当提供特殊单证。

1) 进口要提供的特殊单证：

①原"进口货物报关单"；

②原进口货物退运出境的"出口货物报关单"，或者原进口货物交由海关处理的货物放弃处理证明，或者已经办理纳税手续的单证（短少抵偿的除外）；

③原进口货物税款缴纳书或者"进出口货物征免税证明"；

④买卖双方签订的索赔协议、抵偿协议或备忘录。

海关认为需要时，纳税义务人还应当提供具有资质的商品检验机构出具的原进口货物残损、品质不良抵偿或规格不符的检验证明或者其他有关相关证明文件。

2）出口要提供的特殊单证：
①原"出口货物报关单"；
②原出口货物退运进境的"进口货物报关单"，或者已经办理纳税手续的单证（短少抵偿的除外）；
③原出口货物税款缴纳书；
④买卖双方签订的索赔协议、抵偿协议或备忘录。

海关认为需要时，纳税义务人还应当提供具有资质的商品检验机构出具的原出口货物残损、品质不良抵偿或规格不符的检验证明或者其他相关证明文件。

例（单选题）：
关于无代价抵偿货物的税、证管理规定中，下列表述中错误的是： （　　）
A. 如属国家限制进口商品，与原货品名、数量、价值、贸易方式一样，无论原货是否退还境外，均可免予另办许可证件
B. 对外商同意因残损而削价并补偿进口的同品名、同规格货物，如价格未超过削价金额的，可免税
C. 对于车辆、家电的无代价抵偿货物，进口时可免税，但其留在国内的原货应视其残损程度估价纳税
D. 抵偿货物进口申报时，除进口货物报关单外，应随附原进口货物报关单、税款缴纳证、商检证书或索赔协议书
答案：A

5. 修理货物
（1）进境修理货物。
货物进境后，收货人或其代理人持维修合同或者含有保修条款的原出口合同及申报进口需要的所有单证办理货物进口申报手续，并提供进口税款担保。

修理货物复出境申报时应当提供原修理货物进口申报时的报关单（留存联或复印件）。

（2）出境修理货物。
发货人在货物出境时，向海关提交维修合同或含有保修条款的原进口合同以及申报出口需要的所有单证，办理出境申报手续。

6. 出料加工
（1）出境申报。
出料加工货物出境，发货人或其代理人应当向海关提交手册、出口货物报关单、货运单据及其他海关需要的单证申报出口，属于许可证件管理的，

免交许可证件；属于应征出口税的，应提供担保。

为实现有效监管，海关可以对出料加工出口货物附加标志、标记或留取货样。

（2）进境申报。

出料加工货物复运进口，发货人或其代理人应当向海关提交手册、进口货物报关单、货运单据及其他海关需要的单证申报进口，海关对出料加工复进口货物以境外加工费、材料费、复运进境的运输及其相关费用与保险费审查确定完税价格征收进口关税和进口环节海关代征税。

7. 溢卸或者误卸

属于溢卸或误卸货物报关程序的适用应根据对该货物的处置来决定的，大体有以下几种情况：

（1）退运境外。

属于溢卸或误卸货物，能够提供发货人或承运人书面证明文书的，当事人可以向海关申请办理直接退运手续。

（2）溢短相补。

运输工具负责人或其代理人要求将溢卸货物抵补短卸货物的，应与短卸货物的原收货人协商同意，并限于同一运输工具、同一品种的货物。

非同一运输工具或同一运输工具非同一航次之间抵补的，只限于同一运输公司、同一发货人、同一品种的进口货物。

上述两种情况都应由短卸货物原收货人或代理人按照无代价抵偿货物的报关程序办理进口手续。

（3）物归"原主"。

指运境外港口、车站的误卸货物，运输工具负责人或其代理人要求运往境外时，海关核实后按照转运货物的报关程序办理海关手续，转运至境外。

指运境内其他港口、车站的误卸货物，可由原收货人或其代理人就地向进境地海关办理进口申报手续，也可经进境地海关同意办理转关运输手续。

（4）就地进口。

溢卸货物由原收货人接受的，原收货人或其代理人应按一般进口货物报关手续办理进口手续，填写进口货物报关单，向进境地海关办理进口申报手续，并提供相关的溢卸货物证明。如属于许可证件管理商品的，应提供有关的许可证件，海关征收进口关税和进口环节海关代征税，放行货物。

（5）境内转售。

原收货人不接受溢卸货物、误卸货物，或不办理溢卸货物、误卸货物的退运手续的，运输工具负责人可以要求在国内进行销售，由购货单位向海关办理相应的进口手续。

8. 退运货物

(1) 一般退运货物。

1) 退运进口。

一般退运进口货物的报关分以下两种情况：

①原出口货物已收汇。

原出口货物退运进境时，若该批出口货物已收汇、已核销，退运进境。收货人或其代理人应填制进口货物报关单向进境地海关办理进口申报手续，并提交如下单证办理退运手续，同时签发一份进口货物报关单：

——原货物出口时的出口报关单；

——加盖有已核销专用章的外汇核销单出口退税专用联（正本）；

——税务部门出具的出口商品退运已补税证明；

——保险公司证明或承运人溢装、漏卸的证明等有关资料。

②原出口货物未收汇。

原出口货物退运进境时，若该批出口货物未收汇，退运进境。收货人或其代理人应填制进口货物报关单向进境地海关办理进口申报手续，并提交如下单证办理退运手续，同时签发一份进口货物报关单：

——原货物出口时的出口报关单；

——出口收汇核销单；

——报关单退税证明联。

若出口货物部分退运进口，海关应在原出口货物报关单上批准退运的实际数量、金额后退回企业并留存复印件，海关核实无误后，验放有关货物进境。

③税收。

因品质或者规格原因，出口货物自出口之日起 1 年内原状退货复运进境的，海关核实后，不予征收进口税。原出口时，已征收的出口税，自缴纳出口税款之日起 1 年内准予退还。

2) 退运出口。

①手续。

因故退运出口的进口货物，原收货人或其代理人应填制出口货物报关单向出境地海关办理出口申报手续，并提交如下单证办理退运手续，经海关核实无误后，验放有关货物进境。

——原货物进口时的进口报关单；

——保险公司证明或承运人溢装、漏卸的证明等有关资料。

②税收。

由于品质或者规格原因，进口货物自进口之日起 1 年内原状退货复运出境的，海关核实后，可以免征出口关税。已征收的进口关税和进口环节海关代征税，自缴纳进口税款之日起 1 年内准予退还。

(2) 直接退运货物。

当事人向海关申请直接退运手续，应当按照海关要求提交"进口货物直接退运申请书"、证明进口实际情况的合同、发票、装箱清单、已报关货物的原报关单、提运单或者载货清单等相关单证、符合申请条件的相关证明文书以及海关要求当事人提供的其他文件。海关按行政许可程序受理或者不予受理，受理并批准直接退运的，制发"准予直接退运决定书"。

进口货物直接退运的，应当按照《中华人民共和国海关进出口货物报关单填制规范》填制进出口货物报关单，并符合下列要求：

1) "备注"栏填写准予直接退运决定书或者责令直接退运通知书的编号；

2) "监管方式"栏均填写"直接退运（4500）"。

当事人办理进口货物直接退运的申报手续时，除另有规定外，应当先填写出口报关单向海关申报，再填写进口报关单，并在进口报关单"关联报关单"（备注）栏填写出口报关单号。

因进口货物收发货人或者承运人的责任造成货物错发、误卸或者溢卸，经海关批准直接退运的，当事人免予填制报关单，凭准予直接退运决定书向海关办理直接退运手续。

经海关批准直接退运的货物不需要交验出口许可证件，不必缴纳税费及滞报金，不列入海关统计。

对货物进境申报后经海关审批同意直接退运的货物，在办理进口货物直接退运出境申报手续前，海关应当将原进口货物报关单或者转关单数据予以撤销。

进口货物直接退运应当从原进境地口岸退运出境。对运输原因需要改变运输方式或者由另一口岸退运出境的，应当经由原进境地海关批准后，以转关运输方式出境。

9. 退关货物

(1) 出口货物的发货人及其代理人应当在得知出口货物未装上运输工具，并决定不再出口之日起 3 日内，向海关申请退关；

(2) 经海关核准且撤销出口申报后方能将货物运出海关监管场所；

(3) 已缴纳出口税的退关货物，可以在缴纳税款之日起 1 年内，提出书面申请，向海关申请退税；

(4) 出口货物的发货人及其代理人办理出口货物退关手续后，海关对所有单证予以注销，并删除有关报关电子数据。

10. 外包进口货物

手册项下货物进口时，进口报关单有关栏目按以下规范填报：

(1) 报关单"备案号"栏目填报对应的 D 手册编号；

(2) "监管方式"栏目填报"加工贸易设备"（代码 0420）；

(3) "征免性质"栏目填报"加工设备"（代码 501）；

(4) "标记号码及备注"栏目填报"国际服务外包进口货物"；

(5) 表体商品项的"征免"栏目填报"全免"；

(6) 其他栏目按规定填报。

海关特殊监管区域内企业从境外进口用于本公告规定的外包业务的设备，海关按照现行特殊监管区域有关规定办理。

本章小结

本章介绍进出口报关阶段的四个环节，不同的监管货物在四个环节上的操作规程是不一样的。特殊监管区域和保税监管场所是视同"关境"外的区域，所以其进出口报关阶段从进出境报关、进出区报关和结转报关三方面去说明。暂准进出口货物则突出了 ATA 单证册的报关程序，最后本章还介绍了其他海关监管货物在报关时的注意事项。

第7章 监管货物的通关特征

关键术语

许可证件管理　滞报金　税收征管　时效管理　结关方式　申报期限　监管期限　报核期限

学习目标

- 熟悉各种海关监管方式（贸易方式）；
- 熟悉海关特殊监管区域、保税监管场所之间结转报关的出口退税；
- 熟悉滞报天数和滞报金的计算；
- 熟悉特殊监管区域进出境货物的许可证件管理、税收征管；
- 熟悉实际进区货物出口退税；
- 掌握实际进出区货物的许可证件管理、税收征管。

在对外经济贸易活动中，每一项进出口交易活动都是通过一定的贸易方式来进行的。所谓贸易方式，亦称货物的贸易性质，即买卖双方将商品所有权转让所采取的方式。国际贸易方式是指营业地在不同国家或地区的当事人之间进行货物买卖所取得的具体交易方法和商品流通渠道。贸易方式主要有：一般贸易、易货贸易、补偿贸易、加工贸易、寄售代销贸易、租赁贸易、招标、拍卖等。

海关监管方式是以贸易方式为基础结合对海关进出口货物监督管理综合设定的管理方式。第1章谈到通关制度是根据有关进出口货物的货物性质、贸易方式、贸易目的的不同，海关给予不同进出口货物在通关环节不同的政策待遇。这个政策待遇就是该类货物的通关特征，海关根据这个特征所采取相应的监管方式，在报关单中以"贸易方式"来表现。所谓综合管理的需要包括海关监管的需要、征税的需要、统计的需要，为了满足不同的需要设定有不同的贸易方式，这样就可以方便海关的监管、征税和统计。海关根据报关单上填写的贸易方式（监管方式）就能够确定进出口货物的性质，明确监管要求。

通关特征所体现的一系列政策待遇中最主要的是许可证件管理、税收征管、时效管理和结关方式。海关的时效管理包括：申报期限（进出口日期、申报日期）、监管期限（保税期限、减免税监管年限等）、报核期限（报核日期、结关日期）、核销期限。这里重点谈监管期限。

海关对进出口货物实施监管的起讫时间就是海关对监管货物的监管期限。即进口货物自进境起至办结海关手续止，出口货物自向海关申报出境起至办结海关手续止，过境、转运和通运货物自进境起至复运出境或最终办结海关手续止；其他未办结海关手续的进境货物自进境起至复运出境或最终办结海关手续止，其他未办结海关手续的出境货物自出境申报起至复运进境或最终办结海关手续止。

7.1 一般进出口货物

7.1.1 许可证件管理

货物进出口应受国家法律、行政法规管制的，进出口货物收发货人或其代理人应当向海关提交相关的进出口许可证件。

7.1.2 税收征管

一般进出口货物的收发货人应当按照《海关法》和其他有关法律、行政法规的规定，在货物特定进出境时向海关缴纳应当缴纳的进出口税费。

7.1.3 时效管理

1. 申报期限

（1）进口货物：自装载进口货物的运输工具申报进境之日起 14 日内（不含当天，次日起算，期限的最后一天是法定节假日或星期日的，顺延到节假日或星期日后的第一个工作日）。

（2）出口货物：除海关特准外，货物运抵海关监管区后、装货的 24 小时以前。由于产地发货或运输途中发生问题等未能在装货 24 小时以前运到监管区的，报关人申请，海关特准。出境货物、物品运抵海关监管场所时，海关监管场所经营人应当以电子数据方式向海关提交运抵报告,电子口岸设定在出口申报环节检查运抵报告,没有运抵报告的货物海关不接受申报。

(3) 经海关批准允许集中申报,进口货物自装载进口货物的运输工具申报进境之日起 14 日内,出口货物除海关特准外,货物运抵海关监管区后、装货的 24 小时以前,按"中华人民共和国海关进出口货物集中申报清单"(以下简称"集中申报清单")格式录入电子数据向海关申报,自海关审结"集中申报清单"电子数据之日起 3 日内,持"集中申报清单"及随附单证到货物所在地海关办理交单验放手续,在次月 10 日(保税货物在下月底)之前,对一个月内以"集中申报清单"申报的数据进行归并,填制进出口货物报关单到海关办理集中申报手续。

(4) 特殊货物,经电缆、管道或其他方式进出境的货物,按照海关规定定期申报。

(5) 进口货物自装载进口货物的运输工具申报进境之日起超过 3 个月仍未向海关申报的,货物由海关提取并依法变卖。对属于不宜长期保存的货物,海关可以根据实际情况提前处理。

(6) 提前申报——预申报。

进口货物起运后、抵港前或出口货物运入海关监管场所前 3 日内。这种非转关运输的提前申报,海关目前只允许 AA 类、A 类企业在快速通关中使用。

承运人或其代理人提前录入进口舱单电子数据,海关确认舱单数据,适用"担保验放"的 AA 类企业可以不用提前录入舱单。进口运输工具抵港前或出口货物运入海关监管场所可以提前办理申报、现场递单和缴纳税费等环节。海关确认进口运输工具抵港后对舱单数据再确认,企业直接到通关科申请放行;出口时承运人或其代理人在查验后(如有的话)到现场海关物流监控科申请签发"出口货物准装通知书",接着录入舱单电子数据,然后到现场海关物流监控科申请签发"出境运输工具通关单",货物实际离境后对报关单证进行核销。

进出口货物许可证件有效期以海关接受申报之日为准。

例1(多选题):

下列关于进、出口货物申报期限的表述正确的是: ( )

A. 进口货物的收货人应当自货物进境之日起 14 日内,向海关申报

B. 进口货物的收货人应当自装载货物的运输工具申报进境之日起 14 日内,向海关申报

C. 出口货物的发货人除海关特准的外,应当在货物运抵海关监管区后、装货的 24 小时以前向海关申报

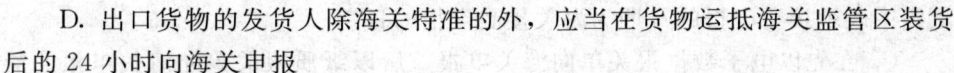

D. 出口货物的发货人除海关特准的外，应当在货物运抵海关监管区装货后的 24 小时向海关申报

答案：BC。

例 2（判断题）：

对于经电缆、管道等方式输送进出口的货物，如水、原油、电力、天然气等，应该由经营人按主管海关的要求，定期向海关申报。

答案：对。

1）进出口日期。

进口货物的进口日期为装载进口货物的运输工具申报进境之日；出口货物的出口日期为装载出口货物的运输工具实际离境之日。

2）申报日期。

进出口货物收发货人或其代理人的申报数据自被海关接受之日起，其申报的数据就产生法律效力，即进出口货物收发货人或其代理人应当向海关承担"如实申报"、"如期申报"等法律责任。因此，海关接受申报数据的日期非常重要。

申报日期指申报数据被海关接受的日期。

①无论以电子数据报关单方式申报，还是以纸质报关单方式申报，海关接受申报数据的日期即为申报日期。

②电子申报经过海关计算机检查被退回，视为海关不接受申报，进出口货物收发货人或其代理人应当按照要求修改后重新申报，申报日期为海关接受重新申报的日期。海关已接受申报的报关单电子数据，送人工审核后，需要对部分内容修改的，进出口货物收发货人或其代理人应当按照要求修改后重新发送，申报日期仍为海关原接受申报的日期。

③先采用电子数据报关单申报，后提交纸质报关单申报的情况，海关接受申报的时间以接受电子数据报关单申报的日期为准，即以海关计算机系统接受申报数据时记录的日期为申报日期，该日期将反馈给原数据发送单位，或公布于海关作业现场，或通过公共信息系统发布。

④先提供纸质报关单，后补报电子数据，或只提供纸质报关单申报的，海关关员在报关单上签字表示接受申报的日期为海关接受申报的日期。

例（多选题）：

关于海关接受申报的时间，下列表述正确的是：　　　　　　（　　）

A. 经海关批准单独以电子数据报关单形式向海关申报的，以海关计算机系统接受申报时记录的日期为申报日期

B. 经海关批准单独以纸质报关单形式向海关申报的，海关关员在报关单

上签字表示接受申报的日期为海关接受申报的日期

C. 在先以电子数据报关单向海关申报,后以纸质报关单向海关申报的情况下,海关接受申报的时间以海关接受纸质报关单申报的时间为准

D. 在采用电子和纸质报关单申报的一般情况下,海关接受申报的时间以海关接受电子数据报关单申报的时间为准

答案:ABD。

3)滞报金。

进口货物收货人未按规定期限向海关申报产生滞报的,由海关按规定征收滞报金。

进口货物滞报金按日计征。起始日和截止日均计入滞报期间。

滞报期间(滞报天数,简称滞期):申报期限到期次日起,到申报日(含申报日当天)止;计征起始日如遇法定节假日,则顺延至其后第一个工作日。

关于进口货物滞报金和进出口货物税款滞纳金的计算问题:根据海关的实际操作,《海关法》第二十四条和第六十条法条规定的"之日起"应理解为不包括运输工具申报进境和海关填发税款缴款书的当天。

①进口货物收货人在向海关传送报关单电子数据申报后,未在规定的期限或核准的期限内提交纸质报关单,海关予以撤销电子数据报关单处理,进口货物收货人因此重新向海关申报产生滞报的,滞报金的征收,以自运输工具申报进境之日起第15日为起始日,以海关重新接受申报之日为截止日。

②进口货物收货人申报并经海关依法审核,必须撤销原电子数据报关单重新申报,产生滞报的,经进口货物收货人申报并经海关审核同意,滞报金的征收,以撤销原电子数据报关单之日起第15日为起始日,以海关重新接受申报之日为截止日。

③进口货物因收货人在运输工具申报进境之日起超过3个月未向海关申报,被海关提取作变卖处理后,收货人申报发还余款的,要扣除相关的费用,如仓储费、滞报金等。滞报金的征收,以自运输工具申报进境之日起第15日为起始日,以该3个月期限的最后一日为截止日。

滞报金征收率=0.5‰

滞报金=完税价格×滞报金征收率×滞报期间

起征点:人民币50元。

以人民币"元"为计征单位,不足人民币1元的部分免予计收。

根据海关法律规定,因不可抗拒力等特殊情况产生的滞报可以向海关申请减免滞报金。

例（单选题）：

某批进口货物，自载运货物的运输工具申报进境之日起，已超过3个月，收货人或其代理人仍未向海关申报。这种情况海关应采取下列选项中的何种方式处理： （　　）

A. 将货物提取变卖，价款扣除各项费税后，余款保存一年，经收货人申请可以发还，逾期无人申请的上缴国库

B. 将货物扣留，待收货人或其代理人报关时罚款处理

C. 将货物没收，全部变价上缴国库

D. 将货物扣留，待收货人或其代理人报关时，除按日征收滞报金外，加处罚款

答案：A。

2. 监管期限

一般进口货物自进境之日起至办结海关手续提取货物止，一般出口货物自向海关申报起至办结海关手续放行出境止。

3. 结关日期

一般进口货物放行日期即为结关日期，一般出口货物在货物实际离境海关核销装载舱单之日为结关日期。

7.1.4　结关方式

海关放行就意味着海关手续已经全部办结，海关不再监管，可以直接进入生产和消费领域流通。海关征收了全额税费，审核了相关的进出口许可证件，并对货物进行实际查验（或做出不予查验的决定）以后，按规定签章放行。这时，进出口货物收发货人或其代理人才能办理提取进口货物或者装运出口货物的手续。

7.2　保税进出口货物

7.2.1　保税加工货物

1. 许可证件管理

（1）非物理围网。

料件进口时除国家另有规定以外（限制类商品），其他商品进口时免交许可证件；成品出口时凡属于国家规定应交验许可证件的，出口报关时必须交验许可证件。

经批准转内销的加工贸易保税货物属于许可证件管理的，补交许可证件；

如申请内销的剩余料件，如果金额占该加工贸易合同项下实际进口料件总额3‰及以下且总值在人民币1万元以下（含1万元），免予审批，免交许可证。

(2) 物理围网。

1) 进出境报关。

与境外之间进出的货物，除国家另有规定以外，不实行进出口配额、许可证件管理。

2) 进出区报关。

①出区报进口。

运往区外的货物，如属于配额、许可证件管理商品，还应向海关出具有效的进口配额、许可证件。

制成品、边角料、残次品、废品的内销、销毁要求如下：

区内企业的加工产品和在加工生产过程中产生的边角料、残次品、废品以及加工生产、储存、运输等过程中产生的包装物料等应复运出境。因特殊情况需要运往区外时，由区内企业提出书面申请，经主管海关核准后，按内销时的状态确定归类并征税。如属于进口配额、许可证件管理商品，免领配额、进口许可证件；如属于《限制进口类可用做原料的废物目录》所列商品，应按现行规定向环保部门申领进口许可证件。对无商业价值的边角料和废品，属于列入《禁止进口废物目录》的废物以及其他危险废物需出区进行处置的，有关企业凭区行政管理机构以及所在地的市级环保部门批件等材料，向主管海关办理出区手续。

②入区报出口。

货物从区外进入珠海园区视同出口，海关按照货物出口的有关规定办理手续。属于出口应税商品的，按照有关规定进行征税；属于配额、许可证件管理商品的，区内企业或者区外发货人还应当向海关出具出口配额、许可证件。

2. 税收征管

(1) 非物理围网。

1) 料件进口。

准予保税加工贸易进口料件，进口时暂缓纳税。

2) 成品出口。

①生产成品出口时，全部使用进口料件生产，除另有规定以外无须缴纳关税。

加工贸易项下应税商品，如果部分使用进口料件，部分使用国产料件加工的产品，则按海关核定的比例缴纳关税。

计算公式如下：

出口关税＝出口货物完税价格×出口关税税率×出口产（成）品中使用的国产料件和全部料件的价值比例

也就是说，假如一套设备，80％是用进口料件生产，20％用的是国内料件，那么这个产品出口的时候，按20％的国内料件来征收关税。

出口货物完税价格由海关根据《中华人民共和国海关审定进出口货物完税价格办法》的规定审核确定。

②加工贸易出口的特殊商品，应征出口关税的，按照有关规定征收。

——加工贸易出口未锻铝，不论是否有国产料件投入，一律按一般贸易出口货物从价计征出口关税；

——加工贸易出口属于148种列名征收出口关税的服装，不论是否有国产料件投入，从量计征出口关税。

例（多选题）：

关于加工贸易进出口货物的税收征管措施，下列哪一项符合现行规定：
（　　）

A. 准予保税的加工贸易料件的进口，暂缓纳税

B. 全部使用进口料件生产而得的成品出口时，不征收关税

C. 生产成品出口时，部分使用进口料件生产，则按海关核定的比例征收出口关税

D. 加工贸易出口未锻铝按一般贸易出口货物从量计征出口关税

答案：ABC。解析：D应按从价税征收，不是按从量税征收。

3）内销。

内销征税，应遵循的规定：

①关于征税的数量。

——剩余料件和边角料内销：直接按申报数量计征进口税；

——制成品和残次品：根据单耗关系折算出料件耗用数量计征税款；

——副产品：按报验状态计征进口税。

②关于征税的完税价格。

按照国家关于对加工贸易货物内销征税审价的规定：

——进料加工（进口料件、制成品、残次品）内销时，根据料件的原进口成交价格为基础确定完税价格；料件的原进口成交价格不能确定的，以接受内销申报的同时或大约同时进口的与料件相同或者类似的货物的进口成交价格为基础确定完税价格。

——来料加工（料件、制成品、残次品）内销时，以接受内销申报的同

时或大约同时进口的与料件相同或者类似的货物的进口成交价格为基础确定完税价格。

——加工贸易企业内销加工过程中产生的副产品或者边角料：以内销价格作为完税价格。

③关于征税的税率。

经批准正常的转内销征税，使用海关接受申报办理纳税手续之日实施的税率。如内销商品属关税配额管理而在办理纳税手续时没有配额证的，应当按该商品配额外适用的税率缴纳进口税。

④关于征税的缓税利息。

保税加工货物包括加工贸易保税料件或制成品及剩余料件、残次品、副产品和受灾保税货物，经批准内销，海关除依法征收税款外，还应加征缓税利息。边角料内销不加征缓税利息。缓税利息具体征收办法如下：经审核准予内销的，海关应当做出准予内销的决定，签发"加工贸易货物内销征税联系单"（以下简称联系单）并批注相关意见，同时，选择征收缓税利息的适用利率种类为"活期存款"，交经营企业办理通关手续。经营企业凭联系单纸质或电子数据办理通关手续。在填制内销报关单时，企业需在备注栏注明"活期"字样。海关核对联系单纸质或电子数据内容和内销报关单数据内容并确认无误后，按现行有关规定办理内销货物审单、征税、放行等海关手续。加工贸易保税货物在规定的有效期限内（包括经批准延长的期限）全部出口的，由海关通知中国银行将保证金及其活期存款利息全部退还。

缓税利息的利率参照中国人民银行公布的活期存款利率执行，海关将根据中国人民银行公布的活期存款利率即时调整并执行。海关根据填发税款缴款书时的利率计征缓税利息。加工贸易缓税利息应根据填发海关税款缴款书时海关总署调整的最新缓税利息率按日征收。缓税利息计算公式如下：

$$应征缓税利息＝应征税额×计息期限×缓税利息率/360$$

加工贸易保税料件或制成品经批准内销的，缓税利息计息期限的起始日期为内销料件或制成品所对应的加工贸易合同项下首批料件进口之日；加工贸易 E 类电子账册项下的料件或制成品内销时，起始日期为内销料件或制成品所对应电子账册的最近一次核销之日（若没有核销日期的，则为电子账册的首批料件进口之日）。对上述货物征收缓税利息的终止日期为海关填发税款缴款书之日。

加工贸易保税料件或制成品未经批准擅自内销，违反海关监管规定的，缓税利息计息期限的起始日期为内销料件或制成品所对应的加工贸易合同项下首批料件进口之日；若内销涉及多个合同，且内销料件或制成品与合同无法——对应的，则计息的起始日期为最近一个合同项下首批料件进口之日；若加工贸易 E 类电子账册项下的料件或制成品擅自内销的，则计息的起始日期为内销料件或制成品所对应电子账册的最近一次核销之日（若没有核销日期的，则为电子账册的首批料件进口之日）；按照前述方法仍无法确定计息的起始日期的，则不再征收缓税利息。

违规内销计息的终止日期为保税料件或制成品内销之日。内销之日无法确定的，终止日期为海关发现之日。加工贸易保税料件或制成品等违规内销的，还应根据《关税条例》的有关规定按海关总署 2004 年第 39 号公告第二条的规定征收滞纳金。加工贸易保税货物需要后续补税，但海关未按违规处理的，缓税利息计息的起止日期比照上述规定办理。

对于实行保证金台账实转（包括税款保付保函）管理的加工贸易手册项下的保税货物，在办理内销征税手续时，如果海关征收的缓税利息大于对应台账保证金的利息，应由中国银行在海关税款缴款书上签注后退单，由海关重新开具两份缴款书，一份将台账保证金利息全额转为缓税利息，另一份将台账保证金利息不足部分单开海关税款缴款书，企业另行缴纳。

（2）物理围网。

1）进出境报关。

进境：

①保税——非自用的。

从境外运入区内的加工贸易货物，即区内企业为加工出口产品所需的原材料、零部件、元器件、包装物件；在珠海园区储存的货物和展览品、样品、转口货物。

②免税——自用的。

从境外进口的区内自用的生产性基础设施建设项目所需的机器、设备和其他物资，区内企业自用的生产、管理设备和自用合理数量的办公用品及其所需的维修零配件，建设生产厂房、仓储设施所需的物资、设备，区行政管理机构自用合理数量的管理设备和办公用品及其所需的维修零配件（交通车辆、生活用品除外），均属于特定减免税货物的范围。

③照章征税。

保税和免税范围外的货物或者物品（主要指交通车辆和生活用品）从境外进入区内，除法律、行政法规另有规定以外，按规定征收进口关税和进口环节税。

出境：

出区运往境外的货物免征出口关税，但法律、行政法规另有规定的除外。

见非物理围网。

2）进出区报关。

出区报进口：

照章征税，由区外企业缴纳进口关税和进口环节海关代征税，免予交付缓税利息。

——一般贸易出区

区内货物运往区外视同进口，海关按照货物进口的有关规定办理手续。需要征税的，按照货物出区时的实际状态征税，缴纳进口关税、增值税、消费税，免交付缓税利息；属于配额、许可证件管理商品的，区内企业或者区外收货人还应当向海关出具进口配额、许可证件。

——加工贸易方式出区

出口加工区加工企业内销的制成品（包括残次品），以接受内销申报的同时或大约同时进口的相同货物，或者类似货物的进口成交价格为基础确定完税价格。出口加工区内或保税区的加工企业内销加工过程中产生的边角料或副产品，以海关审查确定的内销价格作为完税价格。

保税区的加工企业内销的进口料件内销比照制成品方法确定完税价格。

出口加工区内或保税区的加工企业内销制成品（包括残次品）、边角料或副产品的完税价格按照上述规定不能确定的，由海关按照合理的方法审查确认。

进区报出口：

关于签发出口货物报关单退税证明联的规定如下：

①区外进入加工区供区内企业使用的国产机器、设备、原材料、零部件、元器件、包装物料以及建造基础设施、加工企业和行政管理部门生产、办公用房所需合理数量的基建物资等，海关按照对出口货物的有关规定办理报关手续，并签发出口货物报关单退税证明联（除不予退税的基建物资外）。区外企业凭出口货物报关单退税证明联向税务部门申请办理出口退税手续。

②从区外进入加工区供区内企业和行政管理机构使用的生活用品、交通运输工具等，海关不予签发出口货物报关单退税证明联。

③从区外进入加工区的原进口机器、设备、原材料、零部件、元器件、包装物料、基建物资等，区外企业应当向海关提供上述货物或物品的清单，并办理出口报关手续，经海关查验后放行，不签发出口货物报关单退税证明联。上述货物或物品，已经缴纳的进口环节税，不予退还。

④到区内加工：因国内技术无法达到产品要求、需将国家禁止出口运至出口加工区内进行某项工序加工的，应报经商务主管部门批准，海关比照出

料加工管理办法进行监管，其运入加工区的货物，不予签发出口货物报关单退税证明联。

⑤到区外加工：区内企业运往区外进行外发加工的货物，加工生产过程中使用国内料件并且属于出口应税商品的，加工产品运回区内时，所使用的国内料件应当按规定缴纳出口关税。

3. 时效管理

（1）监管期限。

监管期限除表7-1涉及的保税加工期限外，监管期限还需注意以下几点：

1）出区外发加工。

区内企业在确有需要时，可将有关模具、原材料（出口加工区不可）、半成品等运往区外进行加工。应当在开展外发加工前，凭承揽加工合同或者协议、承揽企业营业执照复印件和区内企业签章确认的承揽企业生产能力状况等材料，向区主管海关办理外发加工手续，经主管海关关长批准，由接受委托的区外企业向区主管海关缴纳货物应征关税和进口环节增值税等值保证金或保函后办理出区手续。货物加工完毕后应按期（比照暂准进口货物的管理规定，期限为6个月）运回区内，不得延期。区内企业凭出区时填写的委托区外加工申请书及有关单证，向区主管海关办理验放核销手续。主管海关在办理验放核销手续后，应及时退还保证金或保函。

2）出区测试、检验、展示、维修。

运往区外进行检测、维修的机器、设备、模具和办公用品等，不得在区外用于加工生产和使用，应自运出之日起60日内运回加工区。因特殊情况不能如期运回的，区内企业应于期限届满前7日内，以书面形式向主管海关说明情况，并申请延期。申请延期以1次为限，延长期不得超过30日。

运回时，要以海关能辨认其为原物或同一规格的新零件、配件或附件为限，但更换新零件、配件或附件的，原零件、配件或附件应一并运回加工区。

（2）报核期限与核销期限。

1）电子化手册。

核销期限：海关自受理企业报核之日起20个工作日内核销完毕，特殊情况下，可以由直属海关的关长批准或者由直属海关的关长授权的隶属海关关长批准延长10个工作日。

2）电子账册。

海关对采用电子账册管理模式的联网企业的报核期限，一般规定180日为一个报核周期。首次报核期限，从电子账册建立之日起180日后的30日内；以后报核期限，从上次报核之日起 180 日后的 30 日内。

企业必须在规定的期限内完成报核手续，确有正当理由不能按期报核的，经主管海关批准可以延期，但延长期限不得超过 60 日（见表 7-1）。

表 7-1 保税加工贸易监管期限

种类	期限	保税加工期限	报核期限
非物理围网的监管模式	电子化手册管理	原则上不超过 1 年，可延长的最长期限原则上也是 1 年。具体执行要根据合同期限、加工期限和其他情况有所变化。	经营企业应在规定的时间内完成合同，并自加工贸易手册项下最后一批成品出口或者加工贸易手册到期之日起 30 日内向海关申请报核；因故提前终止的合同，自合同终止之日起 30 日内向海关报核。
	电子账册管理	从企业电子账册记录第一批料件进口之日起，到该电子账册被撤销止。	以 180 日为一个报核周期，满 180 日后的 30 日内报核。
物理围网的监管模式	出口加工区保税加工货物（电子账册管理）	从料件进区起，到成品出区办结海关手续止。	每 180 日向海关申报一次进出境、进出区的实际情况，电子账册滚动累加、扣减。
	珠海园区保税加工货物	从料件进区起，到成品出区办结海关手续止。	每年主管海关应当自受理报核申请之日起 30 日内予以核销。区内企业有关账册、原始单证应当自核销结束之日起至少保留 3 年。

例（单选题）：

某医药进出口公司与外商签订一项血液透析机来件装配合同，该合同已于 4 月 20 日执行完毕，装配成品已全部出口。该企业办理该合同的海关和银行保证金台账核销手续的时间是（该企业采用的是电子化手册）（   ）。

A. 6 月 20 日以前

B. 5 月 20 日以前

C. 7 月 5 日以前

D. 10 月 20 日以前

答案：B。解析：题目没有问原话，但是要理解知识点"最后一批成品出运后 30 日内报核"才能选出正确的答案。

4. 结关方式

区内企业在区外开展外发加工产生的边角料、废品、残次品、副产品不运回区内的，海关应当按照实际状态征税。区内企业凭出区时委托区外加工申请书以及有关单证,向海关办理验放核销手续。

7.2.2 保税物流货物

1. 许可证件管理

进出境时除国家另有规定以外免予交验进出口许可证件。

(1) 货物在保税仓库所在地进境入仓时,除特殊商品(易制毒化学品、监控化学品、消耗臭氧层物质等)外,无须许可证件。

(2) 出口货物存入出口监管仓库,按照国家规定应当提交出口许可证件的,发货人或其代理人必须提交许可证件。

(3) 除法律、行政法规另有规定以外,境外运入保税物流园区或园区运出境外的货物不实行许可证件管理。

(4) 保税区除特殊商品(易制毒化学品、监控化学品、消耗臭氧层物质等)外,不实行许可证件管理。保税区企业开展加工贸易,进口易制毒化学品、监控化学品、消耗臭氧层物质等要提供进口许可证件,生产激光光盘要主管部门批准,其他加工贸易料件进口免予交验许可证件。

(5) 保税港区与境外之间进出的货物,不实行进出口配额、许可证件管理,但法律、行政法规和规章另有规定的除外。

对于同一配额、许可证件项下的货物,海关在进区环节已经验核配额、许可证件的,在出境环节不再要求企业出具配额、许可证件原件。

保税港区与区外之间进出的货物,属于配额、许可证件管理商品的,区内企业或者区外收货人应当向海关出具配额、许可证件。对于同一配额、许可证件项下的货物,海关在进境环节已经验核配额、许可证件的,在出区环节不再要求企业出具配额、许可证件原件。

2. 税收征管

(1) 非物理围网。

进境时暂缓缴纳进口关税及进口环节海关代征税,复运出境免税,内销应当缴纳进口关税及进口环节海关代征税,不征收缓税利息。

1) 保税仓库自用的设备、装置和用品不属于保税货物。

2) 出口货物存入出口监管仓库按照国家规定应当缴纳出口关税,发货人或其代理人必须缴纳出口关税。

对经批准享受入仓即退税政策的出口监管仓库,海关在货物入仓办结出口报关手续后予以签发出口货物报关单退税证明联;对不享受入仓即退税政策的出口监管仓库,入仓没有签发出口货物报关单退税证明联的,出仓货物实际离境后海关按规定签发出口货物报关单退税证明联。

3）保税物流中心。

①从境内运入物流中心的原进口货物，境内发货人应当向海关办理出口报关手续，经主管海关验放。已经缴纳的关税和进口环节海关代征税，不予退还。

②从境内运入物流中心已办结报关手续或者从境内运入物流中心供中心内企业自用的各种国产设备以及转关出口货物，海关签发出口退税报关单证明联。

③从境内运入物流中心的下列货物，海关不签发出口退税报关单证明联：

——供中心企业自用的生活消费品、交通运输工具；

——供中心企业自用的各种进口设备；

——物流中心之间，物流中心与出口加工区、保税物流园区和已实行国内货物入仓环节出口退税政策的出口监管仓库等海关特殊监管区域或者海关保税监管场所之间往来的货物。

④从物流中心进入境内用于在保修期限内免费维修的外国产品并符合无代价抵偿货物有关规定的零部件或者用于国际航行船舶和航空器的物料或者属于国家规定可以免税的货物，免征关税和进口环节海关代征税。

（2）物理围网。

1）进出境报关。

进境：

①保税——非自用的。

为保税加工、保税仓储、转口贸易、展示而进口进入特殊监管区的货物均可以保税。

例如，境外运入保税物流园区的下列货物保税：

- 园区企业为开展业务所需的货物及其包装物料；
- 加工贸易进口货物；
- 转口贸易货物；
- 外商暂存货物；
- 供应国际航行船舶和航空器的物料、维修用零部件；
- 进口寄售货物；
- 进境检测、维修货物及其零配件；
- 看样订货的样品、展览品；
- 未办结海关手续的一般贸易货物；
- 经海关批准的其他进境货物。

②免税——自用的。

免税进入特殊监管区的进口货物，海关按照特定减免税货物进行监管。

——区内生产性的基础设施建设项目所需的机器、设备和建设生产厂房、仓储设施所需的基建物资；

——区内企业生产所需的机器、设备、模具及其维修用零配件或开展业务所需要的机器、装卸设备、仓储设施、管理设备及其维修用消耗品、零配件及工具；

——区内企业和区行政管理机构及其经营主体自用合理数量的办公用品。

③照章征税——自用的。

供区内企业和区行政管理机构及其经营主体自用的交通运输工具、生活消费用品，按一般进口货物的有关规定和程序办理申报手续。

出境：

区内加工企业加工的制成品及其在加工过程中产生的边角余料运往境外时，应当按照国家有关规定向海关办理手续；除法律、行政法规另有规定外，免征出口关税。

保税物流园区运往境外的货物免征出口关税。

保税港区运往境外的货物免征出口关税。

2）进出区。

出口退税

保税物流中心：

——从境内运入物流中心已办结报关手续或者从境内运入物流中心供中心内企业自用的各种国产设备以及转关出口货物，海关签发出口退税报关单证明联。

——从境内运入物流中心的下列货物，海关不签发出口退税报关单证明联：

①供中心企业自用的生活消费品、交通运输工具；

②供中心企业自用的各种进口设备；

③物流中心之间，物流中心与出口加工区、保税物流园区、物流中心（B型）和已实行国内货物入仓环节出口退税政策的出口监管仓库等海关特殊监管区域或者海关保税监管场所往来的货物。

——从境内运入物流中心的原进口货物，境内发货人应当向海关办理出口报关手续，已经缴纳的关税不予退还。

保税物流园区：

用于办理出口退税的出口货物报关单出口退税证明联的签发手续，按照下列规定办理：

——从区外进入园区供园区企业开展业务的国产货物及其包装物料，由园区企业或者区外发货人（或者其代理人）填写出口货物报关单，海关按照对出口货物的有关规定办理,签发出口货物报关单证明联;货物转关出口的,起运地海关在收到园区主管海关确认转关货物已进入园区的电子回执后,签发出口货物报关单证明联;

——从区外进入园区供园区行政管理机构及其经营主体和园区企业使用的国产基建物资、机器、装卸设备、管理设备等,海关按照对出口货物的有关规定办理,并签发出口货物报关单证明联;

——从区外进入园区供园区行政管理机构及其经营主体和园区企业使用的生活消费用品、办公用品、交通运输工具等,海关不予签发出口货物报关单证明联;

——从区外进入园区的原进口货物、包装物料、设备、基建物资等,区外企业应当向海关提供上述货物或者物品的清单,按照出口货物的有关规定办理申报手续,海关不予签发出口货物报关单证明联,原已缴纳的关税、进口环节增值税和消费税不予退还。

保税区:

区外货物进入保税港区的,按照货物出口的有关规定办理缴税手续,目前只有天津关区可以签发用于出口退税的出口货物报关单证明联,其他地方只有离境才能退税。

区内加工企业将区内加工贸易料件及制成品,在加工过程中产生的副产品、残次品、边角料运往非保税区时,应当按照国家有关规定向海关办理进口报关手续,并依法纳税,免予交付缓税利息。

用含有境外保税料件加工的制成品销往非保税区时,海关对其制成品按照所含进口料件数量征税;对所含进口料件的品名、数量、价值申报不实的,海关按照进口制成品征税。

保税港区:

区外货物进入保税港区的,按照货物出口的有关规定办理缴税手续,并按照下列规定签发用于出口退税的出口货物报关单证明联:

——从区外进入保税港区供区内企业开展业务的国产货物及其包装物料,海关按照对出口货物的有关规定办理,签发出口货物报关单证明联。货物转关出口的,起运地海关在收到保税港区主管海关确认转关货物已进入保税港区的电子回执后,签发出口货物报关单证明联。

——从区外进入保税港区供保税港区行政管理机构和区内企业使用的国产基建物资、机器、装卸设备、管理设备、办公用品等,海关按照对出口货物的有关规定办理,签发出口货物报关单证明联。

——从区外进入保税港区供保税港区行政管理机构和区内企业使用的生

活用品和交通运输工具，海关不予签发出口货物报关单证明联。

——从区外进入保税港区的原进口货物、包装物料、设备、基建物资等，区外企业应当向海关提供上述货物或者物品的清单，按照出口货物的有关规定办理申报手续，海关不予签发出口货物报关单证明联，原已缴纳的关税、进口环节海关代征税不予退还。

3. 时效管理

保税物流货物监管期限如表7-2所示。

表7-2 保税物流货物监管期限

类型	保税储存期限	报核与核销期限
保税仓库	1年。可申请延长，延长的时间，最长1年；特殊情况下，延期后存储时间超过2年的，由直属海关审批。保税仓库货物超过存储期限未申请延期或海关不批准延期申请的，经营企业应当办理超期货物的退运、征税、放弃、销毁等手续。	定期逐批核销，仓库经营企业应于每月前5个工作日内列表，并随附有关单证（报关单、领料核准单、维修报告书、签收凭证等）或电子数据向主管海关申报上一个月的入、出、转、存、退等情况，由主管海关核销。
出口监管仓库	储存期限为6个月，特殊情况经批准可以延长不得超过6个月。货物存储期满前，仓库经营企业应当通知发货人或其代理人办理货物的出境或进口手续。	定期核销，仓库经营企业应当如实填写有关单证、仓库账册，真实记录并全面反映其业务活动和财务状况，编制仓库月度入、出、转、存等情况和年度财务会计，并定期报送主管海关。
保税物流中心	2年，可申请延长，延长的时间，最长1年。	—
保税物流园区	没有限制。	园区企业自开展业务之日起，应当每年向园区主管海关办理报核手续。园区主管海关应当自受理报核申请之日起30日内予以盘点核库。企业有关账册、原始数据应当自盘点核库结束之日起至少保留3年。园区企业编制月度货物入、出、转、存等情况和年度财务会计，并定期报送主管海关。
保税区	没有限制。	离境退税（天津关区可以入区即退税）。
保税港区/综合保税区	没有限制，但存储期限超过2年的，区内企业应当向海关备案。	入区即退税。

4. 结关方式

适用于进境海关监管现场放行不是结关，进境后必须进入海关保税监管场所或特殊监管区域的货物。

7.3 减免税货物

7.3.1 许可证件管理

减免税货物是实际进口货物应接受各项国家管制，其流向确定所以不豁免许可证件。若进口货物需要提交许可证件的，提交许可证件义务不能免除，另有规定除外如外商投资企业在投资总额内进口涉及机电产品自动进口许可管理的货物或进入特殊监管区域或监管场所的属于自动进口许可管理的货物可以豁免有关许可证件，外商投资企业在投资总额内进口旧机电产品须交验自动进口许可证。按照国家有关规定在进口时免予提交许可证件的进口减免税货物，减免税申请人向海关申请进行转让、抵押、质押、移作他用或者其他处置时，按照规定需要补办许可证件的，应当补办有关许可证件。详见第一章。

7.3.2 税收征管

特定条件下减免进口关税，即一次性无偿向符合条件的进口货物使用企业提供的关税优惠，而非暂时。减免税货物转让给进口同一货物享受同等减免税优惠待遇的其他单位的，不予恢复减免税货物转出申请人的减免税额度，减免税货物转入申请人的减免税额度按照海关审定的货物结转时的价格、数量或者应缴税款予以扣减。

减免税货物由于品质或者规格原因原状退运出境，减免税申请人以无代价抵偿方式进口同一类型货物的，不予恢复其减免税额度；未以无代价抵偿方式进口同一类型货物的，减免税申请人在原减免税货物退运出境之日起 3 个月内向海关提出申请，经海关批准，可以恢复其减免税额度。对于其他提前解除监管的情形，不予恢复减免税额度。

减免税货物由于转让或者其他原因需要补征税款的，补税的完税价格以海关审定的货物原进口时的价格为基础，按照减免税货物已进口时间与监管年限的比例进行折旧，其计算公式如下：

$$补税的完税价格 = 海关审定的货物原进口时的价格 \times \left[1 - \frac{减免税货物已进口时间}{监管年限 \times 12}\right]$$

减免税货物已进口时间自减免税货物的放行之日起按月计算。不足 1 个月但超过 15 日的，按 1 个月计算；不超过 15 日的，不予计算。

按照以上规定计算减免税货物补征税款的，已进口时间的截止日期按以下规定确定：

（1）转让减免税货物的，应当以海关接受减免税申请人申请办理补税手续之日作为计算其已进口时间的截止之日；

（2）减免税申请人未经海关批准，擅自转让减免税货物的，应当以货物实际转让之日作为计算其已进口时间的截止之日；转让之日不能确定的，应当以海关发现之日作为截止之日；

（3）在海关监管年限内，减免税申请人发生破产、撤销、解散或者其他依法终止经营情形的，已进口时间的截止日期应当为减免税申请人破产清算之日或者被依法认定终止生产经营活动的日期。

减免税申请人将减免税货物移作他用，应当补缴税款的，税款的计算公式为：

补缴税款＝海关审定的货物原进口时的价格×税率×［需补缴税款的时间÷监管年限×12×30］

上述计算公式中的税率，应当按照《关税条例》的有关规定，采用相应的适用税率；需补缴税款的时间是指减免税货物移作他用的实际时间，按日计算，每日实际生产不满 8 小时或者超过 8 小时的均按 1 日计算。

7.3.3 监管期限

减免税货物自货物进入关境起至海关监管期满解除海关监管或办结纳税手续止。进口后在特定的海关监管期限内接受海关监管，货物进口后必须在特定范围内使用，除海关总署另有规定外，在海关监管年限内，减免税申请人应当按照海关规定保管、使用进口减免税货物，并依法接受海关监管。

进口减免税货物的监管年限为：

（1）船舶、飞机：8 年；

（2）机动车辆：6 年；

（3）其他货物：5 年。

监管年限自货物进口放行之日起计算。

例 1（单选题）：

享受特定减免税优惠进口的钢材，必须按照规定用途使用，未经海关批准不得擅自出售、转让、移作他用，按照现行规定，海关对其的监管年限为：

(   )

A. 8 年　　　　B. 6 年　　　　C. 5 年　　　　D. 3 年

答案：C。

例2（判断题——2001年考题）：

外商投资企业享受特定减免税优惠进口的机器设备自进口之日起超过5年的，可以向海关申请解除监管。

答案：对。

7.4 暂准进出口货物

7.4.1 许可证件管理

暂准进出口货物不是实际进出口货物，只要按照暂准进出口货物的有关法律、行政法规办理进出境手续，就可以免受一般国家管制，即免予交验进出口许可证件。但是涉及公共道德、公共安全、公共卫生所实施动植物检疫、濒危野生动植物保护、知识产权保护等的进出境管制制度的暂准进出口货物（如动植物、药品、食品、枪支弹药等）提交进出口许可证件的义务不能免除。

具体来说，暂准出口货物除易制毒化学品、监控化学品、消耗臭氧层物质、有关核出口、核两用品及相关技术的出口管制条例管制的商品以及其他国际公约管制的商品除外，不需交验出口许可证件。

7.4.2 税收征管

有条件的暂免进出口税费（须向海关提供担保），仅限列明的12项。

7.4.3 时效管理

暂准进口货物自货物进入关境起至复运出境，或转为实际进口办结海关手续核销止；暂准出口货物自货物出境申报起至复运进境，或转为实际出口办结海关手续核销止。

《海关法》第三十一条规定："经海关批准暂时进口或者暂时出口的货物，应当在六个月内复运出境或者复运进境；在特殊情况下，经海关同意，可以延期。"

国际公约规定ATA单证册的有效期是1年，但是我国根据《海关法》的规定ATA单证册的有效期只能是6个月，所以除集装箱箱体外的所有暂准进境货物的暂准进境期限都是6个月，即自货物进境之日起6个月内复运出境；除集装箱箱体外的所有暂准出境货物的暂准出境期限都是6个月，即自货物出境之日起6个月内复运进境。超过6个月的，经直属海关批准，延期最多不超过3次，每次延长期限不超过6个月。参加展期在24个月以上展览会的展览品或国家重点工程、国家科研项目使用的暂准进出境货物，在18个月延长期届满后仍需要延期的，由主管地直属海关报海关总署审批。延长期届满应当复运出境、进境或者办理进出口手续。

集装箱箱体的时效管理第六章已经介绍了。

7.4.4 核销结关

根据货物实际使用情况向海关办理核销结关手续。如改变特定进出境目的，可按实际使用情况办结海关手续。如改变为一般进出口货物、保税进出口货物或特定减免税货物。

7.5 过境货物

1. 监管目的

（1）防止过境货物在运输过程中滞留在国内；

（2）防止国内货物混入过境货物出境；

（3）防止禁止过境货物从我国过境。

2. 对过境货物经营人的要求——承运条件

（1）过境运输经营人：应当持主管部门的批准文件和工商行政管理部门颁发的营业执照，向海关主管部门办理注册登记手续，即为国际货运代理企业，拥有过境货物代理业务经营范围。

（2）可监管运输工具：应具备密封装置和加封条件。运输工具应当具有海关认可的加封条件或装置。必要时，对过境货物及其装置进行加封。

（3）运输部门及过境货物经营人应当负责保护海关封志的完整，不得擅自开启或损毁。

注意和转关运输的承运条件比较。

3. 对过境货物监管的其他规定

（1）限制货物：民用爆炸品、医用麻醉品报海关总署商有关部门批准，方可过境；

（2）伪报货名或国别，借以运输我国禁止过境货物的，以及其他违反我国法律、行政法规情事的，海关可依法将货物扣留处理；

（3）查验：海关可以对过境货物实施查验，海关在查验过境货物时，经营人或承运人应当到场，负责搬移货物，开拆、封装货物；

（4）纳税：过境货物在境内发生损毁或者灭失（除不可抗力原因造成以外），经营人应当负责向出境地海关补办进口纳税手续。

例1（判断题）：

过境货物自入境时起至出境时止属于海关监管货物，未经海关许可不得开拆、提取、交付、发送、掉换、转让、更换标记或是移作他用,但允许在海关监管下在边境换装运输工具。

答案:对。解析:过境货物是可以换装运输工具的。

例2(判断题):

由非不可抗力的原因造成过境货物在境内发生损毁或灭失的,由于该批货物为过境货物,因此无须缴纳进口税费。

答案:错。解析:由于非不可抗力的原因造成过境货物在境内发生损毁或灭失的,经营人应当负责向出境海关补办进口纳税手续。

4. 监管期限

自进境之日起6个月,特殊原因可以向海关申请延长3个月。超期未报:3个月,如果过境货物超过规定的期限3个月仍未过境的,海关依法提取变卖,变卖后的货款按有关规定处理。

滞留的处理:《海关行政处罚实施条例》第十八条规定,未按照规定期限将过境、转运、通运货物运输出境,擅自留在境内的,处货物价值5%以上30%以下罚款,有违法所得的,没收违法所得。

例(多选题):

下列关于海关对进出境货物监管期限的表述正确的是: ( )

A. ATA单证册项下的展览品自货物进境之日起6个月内应当复运出境,但经海关批准后可以延期,延长的期限最长不得超过3个月

B. 境外集装箱箱体暂准进境,应当于进境之日起6个月内复运出境,但经海关批准后可以延期,延长的期限最长不得超过3个月

C. 过境货物的过境期限为6个月,但经海关批准后可以延期,延长的期限最长不得超过3个月

D. 出料加工货物自出境之日起6个月内应当复运进境,但经海关批准后可以延期,延长的期限最长不得超过3个月

答案:BCD。解析:A项ATA单证册项下的展览品自货物进境之日起6个月内应当复运出境,但经海关批准后可以延期,延长的期限根据教材中的规定。

7.6 其他进出境货物

7.6.1 无代价抵偿货物

1. 许可证件管理

免交进出口许可证件。

2. 税收征管

进口无代价抵偿货物，不征收进口关税和进口代征税；出口无代价抵偿货物，不征收出口关税。

假如进出口与原货物或合同规定不完全相符的无代价抵偿货物，应当按规定计算与原进出口货物的税款差额。

(1) 高出原征收税款的，应当征收超出部分的税款。

(2) 低于原征收税款的，原进出口的发货人、承运人或者保险公司同意补偿货款的，应当退还补偿货款部分的税款，未补偿货款的，不予退还。

《进出口关税条例》第四十四条规定："因残损、短少、品质不良或者规格不符原因，由进出口货物的发货人、承运人或者保险公司免费补偿或者更换的相同货物，进出口时不征收关税。被免费更换的原进口货物不退运出境或者原出口货物不退运进境的，海关应当对原进出口货物重新按照规定征收关税。"

3. 监管期限

向海关申报进出口无代价抵偿货物应当在原进出口合同规定的索赔期限内且不超过原货物进出口之日起 3 年。

4. 结关

现场放行后，海关不再进行监管。

7.6.2 进出境修理货物

1. 许可证件管理

免交许可证件。

2. 税收征管

(1) 进境维修货物免纳进口关税和进口环节海关代征税，但要向海关提供担保，并接受海关的后续监管。

(2) 货物复运进境时应当向海关申报在境外实际支付的修理费和材料费，由海关审查确定完税价格，计征进口关税和进口环节海关代征税。

出境维修货物进境时，在保修期内并由境外免费维修的：免征进口关税和进口环节海关代征税，在保修期外（或虽然是保修期内但境外维修收费的），应当按境外修理费和料件费审定完税价格，计征进口关税和进口环节海关代征税。

超过海关规定期限复运进境的，海关按一般进口货物计征进口关税和进口环节海关代征税。

3. 监管期限

进境修理货物在货物进口后,在境内维修的期限为进口之日起6个月,可以申请延长,延长的期限最长不超过6个月。境内维修期间受海关监管。

出境修理货物在货物出境后,在境外维修的期限为出境之日起6个月,可以申请延长,延长的期限最长不超过6个月。

7.6.3 货样、广告品

1. 许可证件管理

(1) 有进出口经营权的企业,在其经营范围内进口非许可证件管理的货样、广告品(不论价购、价售或免费提供),凭经营权,向海关申报。

没有进出口经营权的单位进口数量合理且价值在人民币1 000元以下的非许可证件管理的货样、广告品,凭其主管市级以上单位证明向海关申报。数量不合理或价值在人民币1 000元以上的,凭省级商务主管部门的审批证件向海关申报。

(2) 进口属于许可证件管理的货样、广告品,凭进口许可证件向海关申报。

(3) 进口货样、广告品属自动进口许可管理的机电产品和一般商品,每批次价值人民币5 000元以下免领自动进口许可证。进口的货样、广告品属旧机电产品,需按程序审批并按有关旧机电产品进口的规定申报。

(4) 出口货样每批次货值在人民币3万元以下免领出口许可证,运出境外的两用物项和技术的货样或实验用样品,按规定办理两用物项和技术出口许可证,凭两用物项和技术出口许可证向海关申报。

(5) 列入《法检目录》范围内的进出口货样、广告品,凭货物报关地出入境检验检疫局签发的出入境货物通关单向海关申报。

2. 税收征管

进出口货样、广告品经海关审核数量合理且每次总值在人民币400元及以下的,免征关税和进口环节海关代征税。

7.6.4 溢卸或者误卸

经海关审定,由原运输工具负责人或者货主自该运输工具卸货之日起3个月内,办理退运或进口手续;必要时,经海关批准,可以延期3个月。逾期未办,按超期处理。

7.6.5 退运货物

1. 税收征管

已缴纳进口税的退运货物自纳税之日起一年内提出书面申请退税。

2. 时效管理

应领许可证件的进口货物,自运输工具申报进境之日起14日;

误卸、溢卸经海关审定,自卸货之日起3个月内提出书面申请。

7.7 报关单相关栏目

7.7.1 进口日期/出口日期、申报日期、填制日期

日期填报格式为8位数字连着,中间不用逗点隔开,如20100206,顺序为年(4位)、月(2位)、日(2位)。

1. 进口日期

指运载所申报货物运输工具申报进境的日期。本栏目填报的日期必须与相应的运输工具进境日期一致。进口申报时无法确认相应运输工具的实际进境日期时,本栏目免予填报。

2. 出口日期

指运载所申报货物运输工具办结出境手续的日期。本栏目供海关打印报关单证明联时使用,在申报时免予填报。

无实际进出境的,进出口日期的填报按办理申报手续的日期填写,以海关接受申报的日期为准。

3. 申报日期

申报日期指海关接受进出口货物收发货人、受委托的报关企业申报数据的日期。以电子数据报关单方式申报的,申报日期为海关计算机系统接受申报数据时记录的日期;以纸质报关单方式申报的,申报日期为海关接受纸质报关单并对报关单进行登记处理的日期。(进口申报日期一般晚于进口日期,预申报除外;出口申报日期早于出口日期。)

预录入及EDI报关单填报向海关申报的日期,与实际情况不符时,由审单关员按实际日期修改批注。本栏目在申报时免予填报。

4. 填制日期

填制日期指报关单的填制时间。电子数据报关单的填制日期由计算机自动生成。

7.7.2 监管方式

海关的监管方式是以国际贸易实务中的贸易方式为依据来设计的，根据海关监管制度的要求加以细化。海关发布的《监管方式代码表》，里面设有现行的监管方式共 87 个，每个监管方式都有对应的代码。这 87 个监管方式中绝大多数都是不经常用到的，而需要特别学习的是书中标注 * 号的监管方式，这些贸易方式（监管方式）占我国进出口贸易量的绝大部分。

1. 一般进出口货物的主要监管方式（参见 3.4.1）

（1）一般贸易（0110）。

一般贸易是指我国境内有进出口经营权的企业单边进口或单边出口的贸易，但海关另外设定监管方式的单边进出口货物除外。在海关管理中，海关对许多单边进出口贸易出于监管、征税、统计的需要另外规定监管方式，这些方式就不属于一般贸易了。比如，享受国家特定减免税政策外商投资企业进口的投资设备物品，虽然也是单边进口，但因为需要特别办理海关审批手续才能享受减免税待遇，因此，海关另外设有监管方式。在 87 个监管方式中多数都是针对特殊的进出口货物，海关对它们有特别的监管或统计的需要。这些特殊的货物有的需要特别的批准、有的是保税、减免税的，等等。而多数没有特别监管需求的货物，也不享受保税、特定减免税（有特例情况）的货物都属于一般贸易。除特殊情况外，一般贸易的货物都是照章征税的。

符合一般贸易定义按一般进出口货物监管的进出口货物。这类货物无须办理进出境前的海关备案手续，进口时照章征税，进口放行后既结关也无须海关后续的监管。其对应的征免性质为一般征税，征免为照章征税。

①以正常交易方式成交的进出口货物。

②来料养殖、来料种植进出口货物。

③保税仓库进口供应中国国籍国际航行运输工具使用的燃料、物料等保税货物。

④境内企业在境投资作为实物投资运出的设备、物资。

⑤外商投资企业用国产原材料加工产品出口或经批准自行收购国内产品出口的货物。

这类货物主要是指外商投资企业非加工贸易下出口的产品，因此，监管方式属于一般贸易。其对应的征免性质要看企业的经济类型，根据企业类型对应有中外合资、中外合作、外资企业，而征免都是照章征税。

⑥贷款援助的进出口货物（包括我方利用贷款项目自行采购进口的物资）。

⑦外商投资企业进口供加工内销产品的进口料件。

进口料件是供加工内销产品的,因此,不属于加工贸易,不是保税料件。不是投资总额内进口的设备物品,不享受特定减免税待遇,没有前期备案手续,也无须后续监管,所以,监管方式是一般贸易。外商投资企业这种情形下进口的料件监管方式为一般贸易,而对应的征免性质为一般征税,征免为照章征税。

⑧国内经营租赁业务的企业购进供出租用的货物。

⑨经营保税仓库业务的企业购进供自用的货物。

⑩经营免税品和免税外汇商品的企业购进供自用的手推车、货架等货物。

⑪供应外籍船舶、飞机等运输工具在我国境内添加的国产燃料、物料及零配件。

(2) 易货贸易 (0130)。

本方式不包括:对台小额贸易中签订易货合同的贸易,其他贸易 (9739);边境小额贸易中签订易货合同的贸易,边境小额 (4019)。

(3) 补偿贸易 (0513)。

本方式包括补偿贸易中对方有偿或免费提供的机器设备、工模具等,不包括补偿贸易合同订有来料加工合同的,来料加工合同部分的监管方式为来料加工。

(4) 寄售、代销贸易 (1616)。

寄售、代销贸易是指寄售人把货物运交事先约定的代销人,由代销人按照事先约定或根据寄售代销协议规定的条件,在当地市场代为销售,所得货款扣除代销人的佣金和其他费用后,按协议规定方式将余款付给寄售人,主要包括寄售、代销贸易进出口的货物及进口货物的增发部分。征免性质为"一般征税",不包括:

1) 经营寄售、代销业务的企业接受国外免费提供的样品、货样广告品 B (3039)。

2) 委托我驻港澳机构代销的鲜活商品。

3) 用于外国商品维修寄售代销的零配件。

(5) 对外承包出口 (3422)。

对外承包工程出口的货物,是指商务部的对外经贸主管部门批准有对外承包工程经营权的公司为承包境外建设工程和开展劳务合作等对外合作项目而出口的设备、物资。不包括:我方劳务人员带出的自用生活物资;边境地区经商务部批准对外技术合作经营权的企业与毗邻国家开展承包工程和劳务合作项下出口的工程设备,边境小额贸易 (4019);援外成套项目出口的货物应根据无偿援助或贷款援助分别选用"无偿援助物资（3511）"或"一般贸易（0110）"。

（6）陈列样品（2939）：驻华商业机构不复出口的进口陈列样品。

（7）其他进出口免费＊（3339）。

除已列明的礼品、无偿援助和赠送物资、捐赠物资、无代价抵偿进出口货物、境外免费提供的货样、广告品等归入列名监管方式的免费提供货物以外，其他免费提供进口货物。

包括：外商在经贸活动中赠送的物品，外国人捐赠品，驻外中资机构向国内单位赠送的物资，经贸活动中外商免费提供的试车材料、消耗性物品等。

不包括：一般贸易（0110）中保税仓库中由外商免费提供的机械设备、手工工具、运输车辆、办公用品等，免税店由外商免费提供的货架、柜台、手推车等。

2. 保税进出口货物的主要贸易（监管）方式

（1）保税加工。

加工贸易，俗称"两头在外"的贸易，即料件从境外进口在境内加工装配后成品运往境外的贸易。保税加工可以利用我国过剩的产能、引进技术、利用外资、增加就业。加工贸易的形式包含来料加工、进料加工、出料加工、补偿贸易等。下面谈谈两种主要形式：

1）来料加工（0214）（Processing with Supplied Materials）。

来料加工全称是来料加工装配贸易进口料件及加工出口，是指境外企业提供料件，经营企业不需付汇进口，按照境外企业的要求进行加工或装配，只收取工缴费，制成品由境外企业销售的经营活动。

海关对这种加工贸易形式发放标记码为 B 的加工贸易手册，料件进口和成品出口时都是免税的。报关时报关单上的监管方式栏填写"来料加工"或0214。其对应的征免性质为"进料加工"，征免为"全免"，备案号栏目要填写加工贸易手册的编号（编号第一位标记码是 B）。

2）进料加工（Processing with Imported Materials）。

进料加工是指经营企业用外汇购买料件进口，制成成品后外销出口的经营活动。

进料加工和来料加工相同点和区别：

相同点：均为"两头在外"，即料件来自境外，制成品又销往境外。

区别：业务运作流程、交易性质、货物所有权、风险承担、我国厂商收益的形式不同。

来料加工中料件由境外企业提供，不需要通过外汇购买。在加工过程中均未发生所有权的转移，料件运进和制成品运出属于同一笔交易，料件供应者即是制成品接受者。经营企业不承担销售风险，不负盈亏，只收取工缴费。

进料加工中，经营企业自己花外汇从境外购买料件。料件进口和制成品出口是两笔不同的交易，均发生了所有权的转移，料件供应者和制成品购买者之间也没有必然的联系。经营企业赚取从料件到制成品的附加价值，要自筹资金、自寻销路、自担风险、自负盈亏。

特别提示

在加工贸易中存在两类合同。

对口合同是指料件进口合同，与加工制成品出口合同相对应，同时在海关备案。如支用外汇的对口合同、不同客户的对口联号合同、对开信用证的对口合同。

非对口合同是指加工贸易经营企业对外签订单边进口料件合同时，只备案进料合同，还没签订出口合同。

由此可见，来料加工原则上只有一个加工合同，如果出现两个合同也只是不付款的对口合同，即不动用外汇、也不对开信用证的各作各价的对口合同，而不会出现非对口合同。进料加工虽然有进料非对口，但近年来，海关已不用这种监管方式了。凡是经海关批准进料加工的加工贸易，海关一律以进料对口管理，进口料件全额保税。

例1（判断题）：

保税业务中，进料加工和来料加工的相同之处在于料件都需要进口，加工成品都需要出口。

答案：对。进料对口（0615）。海关对这种加工贸易形式发放标记码为C的手册，料件进口和成品出口时都是免税的，报关单上的监管方式栏填写"进料对口"或0615，其对应的征免性质为"进料加工"，征免为"全免"。

3）其他。

如表7-3所示：

表 7-3 其他监管方式代码表

	代码	简称	代码	简称
保税加工货物的后续处理	0214*	来料加工*	0615*	进料对口*
	0314	专用油（国有企业代理来料加工企业进口柴油）	0815	低值辅料*
内销	0245	来料料件内销	0644	进料料件内销
	0845	来料边角料内销	0844	进料边角料内销
	0445	保区来料成品	0444	保区进料成品
	0545	保区来料料件	0544	保区进料料件
	0446	加工设备内销		
以产顶进			0642	进料以产顶进
复出	0265	来料料件复出	0664	进料料件复出
	0865	来料边角料复出	0864	进料边角料复出
退换	0300	来料料件退换	0700	进料料件退换
	4400	来料成品退换	4600	进料成品退换
放弃	0200	料件放弃		
	0400	成品放弃		
减免	0345	来料成品减免	0744	进料成品减免
深加工	0255	来料深加工	0654*	进料深加工*
结转	0258	来料余料结转	0657	进料余料结转
	0456	加工设备结转		
退运	0466	加工设备退运		
保税物流	5014	区内来料加工进出区	5015	区内进料加工进出境
	1200	保税间货物	1233	保税仓库货物
	5000	料件进出区	1234	保税区仓储转口
	5100	成品进出区	5010	特殊区域研发货物
			5034	区内物流货物
	5300	设备进出区	5335	境外设备进区
			5361	区内设备退运
			6033	物流中心进出境货物

监管方式进料深加工没有对应的征免性质，也就是征免性质栏免填。

3. 减免税进出口货物的主要监管方式

（1）法定减免。

1）无代价抵偿（3100）。

监管方式为"无代价抵偿"的进出口货物属于法定减免税（见《进出口关税条例》44条），进出口时免税，征免性质对应其他法定，征免为全免。不属于法定减免税的"无代价抵偿"进出口时照章征税，征免性质对应一般征税。其对应的原进出口货物退运出进境时，监管方式栏填"其他（9900）"。

2）货样、广告品。

进出口货样是指进出口专供订货参考的货物样品；进出口广告品是指进出口用以宣传有关商品内容的广告宣传品，还包括寄售代销贸易的中外商免费提供的货样广告品。进出口货样和广告品，不论是否免费提供，均应由在海关注册登记的进出口收发货人或其代理人向海关申报，由海关按规定审核验放。进出口货样和广告品属于国家禁止进出口或者进出口实行许可证件管理的商品，应按照国家有关管理规定办理。进出口无商业价值的货样和广告品准予免征关税和进口环节海关代征税，其他进出口货样和广告品一律照章征税。

货样广告品A（3010）：经批准有进出口经营权的企业进出口（价购或售出）的供订货参考的货样广告品。所说的有经营权单位，就是指在海关注册的进出口货物收发货人（不包括临时取得的）。

货样广告品B（3039）：无进出口经营权的单位进出口及国外免费提供的供订货参考的货样广告品。

（2）特定减免税。

1）一般贸易。

某些特定减免税货物，符合海关设定的监管方式为一般贸易的定义（单边进口），而且海关并没有为这些特定减免税货物设定专门的监管方式，因此，他们的监管方式仍然是"一般贸易"，但因为是特定减免税货物，有进口前的前期备案手续和进口后的后续管理。这些特定减免税货物主要包括：

①科教用品：科研机构、学校进口为促进科学研究和教育事业发展，按照有关征减免税政策进口国内不能生产的、直接用于科研或教学的货物。属于按特定减免税进口的科教用品必须是经过事先批准在海关备案并取得"征免税证明"的，其对应的征免性质是"科教用品"，征免是"全免"。

②鼓励项目（内资企业适用）：符合《当前国家重点鼓励发展的产业、产

品和技术目录》的国内投资（包括利用国外商业贷款，但不是外商投资企业）的基建或技改项目，在投资总额内进口的自用设备和随设备进口的技术及配套件、备件，必须是经过事先批准在海关备案并取得"征免税证明"的。其对应的征免性质是"鼓励项目"，征免是"全免"。

③自有资金：外商投资企业、外商投资研究开发中心、先进技术型和产品出口型外商投资企业以及符合中西部省、自治区、直辖市利用外资优势产业和优势项目目录的项目，利用投资总额以外的自有资金（具体是指企业储备基金、发展基金、折旧和税后利润），在原批准的生产经营范围内，对设备进行更新维修，进口国内不能生产或性能不能满足需要的自用设备及其配套的技术、配件、备件。

上述情形下进口的货物都必须事先经过国家有关部门的批准并向海关备案取得"进出口货物征免税证明"，进口报关时报关单备案号栏目要填写标记代码为 Z 的征免税证明编号，监管方式栏填写"一般贸易"。除此之外，还有残疾人用品、企业技术改造进口货物、国家重大项目进口货物等都属类似情形。

本监管方式不包括：

①加工贸易项下外商提供的进口设备和不作价进口设备。

加工贸易设备（0420）：加工贸易项下外商作价提供的进口设备，和虽不作价但在《外资投资项目不予免税的商品目录》中列名的设备。

不作价设备（0320）：与加工贸易经营单位开展加工贸易（包括来料加工、进料加工及外商投资企业从事的加工贸易）的外商，以免费既不需经营单位付汇进口、也不需用加工费或差价的偿还方式，向经营单位提供的加工生产所需的设备（《外资投资项目不予免税的商品目录》中列名的设备除外）。

②承包工程进口（3410）：运回境内对外承包工程其间在境外获取的机器、设备；境外劳务合作项目，对方以实物产品抵偿我方劳务人员工资所进口的货物（如钢材、木材、化肥、海产品等）。

③外商投资企业作为投资进口的设备、物品。

外商投资企业以投资（包括中方投资）总额内的资金所进口的机器设备、零部件和其他物料（指建厂或场以及安装、加固机器所需物料），以及根据国家规定进口本企业自用合理数量的交通工具、生产用车辆、办公用品和设备。投资总额，是指经我国政府批准的开办企业所需资金总额，即按企业生产规模需要投入的基本建设资金和生产流动资金的总和。外商投资企业在我国设立是要经过我国的相关管理部门批准的，其项目的确认、可行性以及投资总额都要经过审批。

合资合作设备（2025）：合资、合作企业进口上述货物。对于属于减免税的海关发放标记代码为Z的"征免税证明"，进口时免税，报关单上的监管方式栏填写"合资合作设备"或2025。报关时要提供征免税证明，报关单备案号栏目填写征免税证明的编号，征免性质是"鼓励项目"。

外资设备物品（2225）：外资企业进口上述货物。对于此类减免税海关发放标记代码为Z的"征免税证明"，进口时免税，报关单上的监管方式栏填写"外资设备物品"或2225。报关时要提供征免税证明，报关单备案号栏目填写征免税证明的编号，征免性质的是"鼓励项目"。

参加报关员资格考试时需要根据资料提供的经营单位编码的第6位来确定监管方式的填写。在提供首位是Z的"征免税证明"编号的情况下，如果在投资总额内进口投资设备物品，经营单位编码第6位是"2"、"3"的，则监管方式应该填"合资合作设备"，如果第6位是"4"，则监管方式应该填"外资设备物品"。

外商投资企业以投资（包括中方投资）总额外的自有资金所进口的自用机器设备仍然是"一般贸易"。

④保税仓库储存的一般进口货物、进料加工进口货物等。

2）援助物资（3511）。

国家间或国际组织的无偿援助物资是指我国根据两国政府的协议或临时决定，对外提供无偿援助的物资、捐赠品或我国政府、组织接受国际组织、外国政府或组织无偿援助的物资、捐赠或赠送的物资。本监管方式不包括：

①贷款援助的进出口货物（我方利用贷款或援助款项目自行采购进口的货物），一般贸易（0110）；

②来（出）访的团体和人员相互馈赠的礼品，其他（9900）；

③属经济贸易往来关系赠送进口的货物，其他进出口免费（3339）。

3）捐赠物资（3621）。

华侨、港澳台同胞、外籍华人捐赠物资是指华侨、港澳台同胞、外籍华人自愿捐赠物资、设备，直接用于工农业生产、发展科学技术、文化教育、医药卫生以及兴办各种公益福利事业。公益福利事业是指直接用于建设少儿活动设施、幼儿园、敬老院和孤儿院等的物资及生活用品，为安排残疾人就业专门设立的生产企业受赠的生产资料和直接用于残疾人康复、生活专用物品，直接用于修葺古迹文物的物资，直接用于环保、拯救濒危动物、筑路及修桥等公共设施的物资及其他公益事业。城乡个体工商户接受国外或港、澳、台亲友赠送的小型生产工具。不包括：外商在经贸往来中赠送的物品、外国人捐赠品、我驻外（包括驻港、澳）中资机构向国内单位赠送的物资等，其他进出口免费（3339）。

4. 暂准进出口货物的主要贸易（监管）方式

暂时进出境货物（2600），暂时进出口的货样广告品。

本方式不包括：

1）进出境展览品（2700）。

进出境展览品是指外国为来华或我国为到国外举办经济、文化、科技展览或参加博览会而进出口的展览品及与展览品有关的宣传品、布置品、招待品、小卖品和其他物品。不包括复运出入境而留在境内外销售的进出口展览品，这种展览品应按实际监管方式填报。

2）陈列样品、对外承包工程（进出口物资）、修理物品、租赁贸易进出口货物。

5. 其他进出口货物的主要贸易（监管）方式

（1）租赁贸易。

1）租赁不满1年（1500）：属于法定减免。

2）租赁贸易（1523）：租赁期在1年及以上的进出口货物不征税时。

3）租赁征税（9800）：租赁期在1年及以上的进出口货物按租金征税时。

不包括：

①经营租赁业务的企业进口自用的设备、办公用品，一般贸易（0110）；

②用于加工装配的租赁进口的机器设备，加工贸易设备（0420）；

③租赁期满复运进口的货物，退运货物（4561）。

（2）边境小额（4019）。

边境小额贸易是指沿陆地边境线经国家批准对外开放的边境县（旗）、边境城市辖区内经批准有边境小额货物经营权的企业，通过国家指定的陆地边境口岸，与毗邻国家边境地区的企业或其他贸易机构之间进行贸易活动，包括易货贸易、现汇贸易等种类的贸易形式。不包括：边境小额贸易和未经批准经营边境小额贸易的企业所从事的边境小额贸易，一般贸易（0110）。

（3）后续退补税（9700）。

后续退补税是指各种无法获得原始报关单的后续退补税货物，包括缉私、稽查补税及审价、归类等各种原因的后续退补税货物。

（4）其他贸易（9739）及相关监管方式及代码（见表7-4）。

其他贸易是指除监管方式代码表说明具体列名的监管方式以外的进出口货物，如无进出口经营权的单位经批准临时进出口货物。

表 7-4 其他贸易及相关监管方式及代码

代码	简称	
0139	旅游购物商品	旅游者5万美元以下的出口小批量订单
1139	国轮油物料	本国籍运输工具境内添加的保税油料、物料
2400	外航公务货	外国航空公司进口公务货
2439	常驻机构公用	外国常驻机构进口办公用品
4200	驻外机构运回	我驻外机构运回旧公用物品
4239	驻外机构购进	我驻外机构境外购买运回国的公务用品
9639	海关处理货物	海关变卖处理的超期未报货物，走私违规货物
9839	留赠转卖物品	外交机构转售境内或国际活动留赠放弃特批货
9900	其他	除具体列名的监管方式外其他不计入海关统计的进出境货物、物品
1741	免税品	免税品
1831	外汇商品	免税外汇商品

2. 填报要求

监管方式栏目的填写是需要分析判断的，判断的依据就是各种监管方式的定义以及进出口实际情况。在定义的基础上，某些监管方式可以根据备案文件的编号和企业类型来判断。另外，监管方式栏目和备案号、征免性质、征免、用途栏目有对应的关系。

（1）一份报关单只允许填报一种贸易（监管）方式。如果一票货物中一些适用一种监管方式，另一些适用另外的监管方式则应该分别填制报关单申报。

如：某合资公司进口布料10 000米，其中6 000米用于加工服装出口（持有手册C××××××××××），另外4 000米用于加工服装在国内销售。

显然6 000米符合进料加工范围，监管方式应该填：进料对口0615。而另外4 000米是属于一般贸易的货物，应该另外填写报关单，监管方式栏应填：一般贸易0110。

（2）本栏目应根据实际情况，并按海关规定的《贸易（监管）方式代码表》选择填报相应的监管方式简称或代码。因为只填代码也是正确的，所以，一定要记住标有*号的监管方式代码。

例如：2004年报关员考试的考题"中外合资沈阳贝沈钢帘有限公司（210123××××）使用自有资金，委托上海新元五矿贸易公司（310591××××）进口镀黄铜钢丝"。题目要求是根据资料选择正确选项填写"监管方式"栏：A.0110 B.0101 C.1110 D.3010，答案选A。此题若不知道一般贸易的代码是 0110 就无法解答。因此，重要的监管方式的代码一定要牢记。

(3) 出口加工区内企业填制的《出口加工区进（出）境货物备案清单》应选择填报适用于出口加工区货物的监管方式简称或代码。

3. 加工贸易特殊情况填报要求

(1) 少量低值辅料（即 5 000 美元以下，78 种以内的低值辅料）按规定不使用"加工贸易手册"的，辅料进口报关单填报"低值辅料"。使用"加工贸易手册"的，按"加工贸易手册"上的监管方式填报。使用加工贸易手册是指已在加工贸易手册中备案的，如果是进料加工的加工贸易手册，则监管方式应该填：进料对口。如果使用的是来料加工的加工贸易手册，则监管方式填写：来料加工。

对外商提供的金额在 5 000 美元以上、1 万美元（含 1 万美元）以下进海关核准的 78 种辅料，以及金额在 1 万美元（含 1 万美元）以下不属于 78 种辅料，均不纳入保证金台账管理。由主管海关根据出口成品合同，核定辅料耗用量，核发加工贸易手册，并对其进口辅料、出口成品进行监管核销。

(2) 外商投资企业为加工内销产品而进口的料件，进口报关单填报"一般贸易"。外商投资企业为加工出口产品全部使用国内料件的出口合同，成品出口的报关单填报"一般贸易"。征免性质根据企业的性质填中外合资、中外合作、外资企业。

(3) 备料"加工贸易手册"中的料件结转转入加工出口"加工贸易手册"的，填报"来料加工"或"进料加工"。

7.7.3 用途/生产厂家

进口货物填报用途，应根据进口货物的实际用途按海关规定的"用途代码表"选择填报相应的用途名称或代码。

生产厂家是指出口货物的境内生产企业，填写时写入企业的名称，本栏目供必要时手工填写。

表 7-5　用途代码表

代码	名称	含义
01*	外贸自营内销*	国内外贸企业以一般贸易进口。
02	特区内销	
03	其他内销	加工贸易（进料、来料、外商作加工贸易）转内销产品或进口料件生产内销产品。
04*	企业自用*	进口供本单位（企业）自用的货物，如外商投资企业以及特殊区域的企业、事业和机关单位进口自用的机器设备等。

续表

代码	名称	含义
05*	加工返销*	加工贸易（进料、来料、外商作加工贸易）中的进口料件生产出口产品。
06	借用	从境外租借进口，在规定的使用期满后退运出境外的进口货物，如租赁贸易进口货物。
07	收保证金	由担保人向海关缴纳现金的一种担保形式。
08	免费提供	免费提供的进口货物，如无偿援助、捐赠、礼品等进口货物。
09	作价提供	我方与外商签订合同协议，规定由外商作价提供进口的货物，事后由我方支付或从我方出口货物款中，或出口加工成品的加工费中扣除，如来料加工贸易进口设备等。
10*	货样广告品*	
11	其他	
13	以产顶进	

7.7.4 备案号、监管方式、征免性质、征免、用途的关系

一票货物海关通关制度涉及报关单主要栏目之间的关系：

货物范围：货物性质、监管方式、贸易目的（用途、原产国、生产厂家、最终目的国）详见第三、四、七章。

许可证件管理：许可证号、批准文号、随附单据。详见第二章。

税收征管：备案号、征免性质、征免比例（现已不用）、征免详见第五章。征免性质是整批货物的通关税收政策待遇，征免则是每项货物的计税办法，即具体的税收操作。

征免性质需要分析判断来确定，根据对备案号、监管方式和征免性质含义的学习，可以发现，它们之间有着逻辑对应关系。下面的表格给出了几种主要备案号、监管方式和征免性质的对应关系，凭此可判断征免性质：

表 7-6 备案号、监管方式和征免性质等栏目的对应关系

企业类型	进口报关单			出口报关单		
	监管方式	征免性质	用途			
外商投资企业进口内销产品的料件	一般贸易	一般征税	其他内销	无		
外商投资企业出口产品全部使用国内料件（自产）	无			监管方式	征免性质	生产厂家
				一般贸易	中外合资 中外合作 外资企业	

续表

企业类型	进口报关单			出口报关单		
	监管方式	征免性质	用途	监管方式	征免性质	生产厂家
内资企业出口产品使用进口料件＜20%	进料对口	进料加工	加工返销	一般贸易	一般征税	
备案号	监管方式	征免性质	用途	征免		
没有备案号	一般贸易	一般征税	外贸自营内销	照章征税		
	合资合作设备外资设备物品	一般征税	企业自用	在外商投资企业投资总额内进口自用设备以及数量合理的配套件、备件，但属《外商投资项目不予免税的进口商品目录》所列商品		
	补偿贸易	一般征税	企业自用	以所产产品返销，分期偿返价款的进口设备		
备案号"B"	来料加工	来料加工	加工返销	全免		
备案号"C"	进料对口	进料加工	加工返销	全免		
备案号"D"	加工贸易设备	一般征税	企业自用	来料加工外商提供的进口设备，或投资总额外外商进口自用		
	不作价设备	加工设备	企业自用	加工贸易外商提供的不作价进口设备（进料加工）		
备案号"E"	来料加工	来料加工	加工返销	使用便捷通关电子账册		
	进料对口	进料加工	加工返销	使用便捷通关电子账册		
备案号"Z"	一般贸易	科教用品征免为"全免"	企业自用	科教单位凭征免税证明进口的直接用于科研和教学的货物		
	一般贸易（内资企业）	鼓励项目征免为"全免"	企业自用	国内投资项目，进口报关时提交征免性质栏批注为"鼓励项目"的征免税证明		
	合资合作设备外资设备物品	鼓励项目征免为"全免"	企业自用	①属于国家鼓励发展产业的外商投资项目，并转让技术的外商投资项目（包括基建或技术改造项目），在投资总额内进口自用设备以及数量合理的配套件、备件（除《外商投资项目不予免税的进口商品目录》所列商品外）		

续表

企业类型	进口报关单		出口报关单
备案号"Z" 合资合作设备外资设备物品	鼓励项目征免为"全免"	企业自用	②外国政府贷款和国际金融组织贷款项目在项目额度内进口的自用设备及随设备进口的技术、配套件和备件（除《外商投资项目不予免税的进口商品目录》、《国内投资项目不予免税的进口商品目录》所列商品外） ③《当前国家重点鼓励发展的产业、产品和技术目录》内的国内投资项目下进口的自用设备、技术、配套件和备件（除《国内投资项目不予免税的进口商品目录》所列商品外）
一般贸易	自有资金征免为"全免"	企业自用	属于国家鼓励发展产业的外商投资企业、外商研究开发中心、先进技术型、产品出口型的外商投资企业及符合中西部利用外资优势产业和优势项目目录的项目，在企业投资总额外自有资金内，进口国内不能生产或性能不能满足需要的设备，以及与上述设备配套的技术、配件、备件（除《国内投资项目不予免税的进口商品目录》所列商品外）

1. 文字说明资料中有备案号信息的情形

（1）如果备案号是B打头，则监管方式为"来料加工"。

例如："所申报商品位列B52084400153号加工贸易手册……"，则监管方式应该填"来料加工或0214"。

（2）如果备案号是C打头，则监管方式为"进料对口"。

例如："万威微型电机大连有限公司持C09033401543加工贸易手册进口第一项塑料垫圈"。备案号首位字母C表示的是"进料加工"，因此，监管方式栏应填"进料对口或0615"，而征免性质应填"进料加工"或"503"。

再如，"经海关备案并办理相关手续，某公司从境外购进一批进口料件加工成品出口"。根据描述可以确定其监管方式为"进料对口"；相应的，可以确定该批货物报关单上的征免性质应该为"进料加工"或"503"。

（3）如果备案号是Z打头的"征免税证明"编号，则需进一步根据对进口货物的描述判断是合资合作设备或外资设备物品或一般贸易（要根据征免税证明中的征免性质判断或者根据"投资总额内"字样及经营单位编码判断）。需仔细看资料中描述的是否是投资总额内进口的设备。若是，再根据经营单位编码的第6位判断企业性质。编码第6位是"2"、"3"，则监管方式应该填"合资合作设备"，如果第6位是"4"，则监管方式应该填"外资设备物品"。

例如：2005年报关员考试的改错题，文字说明资料如下："天津华海勘测服务有限公司（120722××××）在投资总额内进口泥浆泵，向海关申请取得Z02024A50706号征免税证明（海关签注的征免性质为"鼓励项目"）。泥浆泵随其他设备同批进口，单独向海关作出申报"。

根据备案号标识代码Z可以判断申报商品是特定减免税设备，而根据描述"在投资总额内进口"可确定是外商投资企业进口的设备、物品。根据经营单位编码120722××××的第6位是"2"，可以确定该企业是中外合作企业，那么，中外合作企业在投资总额内进口的设备物品监管方式应填"合资合作设备"或"2025"，征免性质为"鼓励项目"。或者先根据经营单位编码第6位是"2"和征免税证明先确定可能的监管方式是"合资合作设备"或"一般贸易"，再根据海关签注的征免性质是"鼓励项目"来最后确定监管方式是"合资合作设备"，因为外商投资企业只有在征免性质是"自有资金"时监管方式才能是"一般贸易"。而该题的征免性质资料中已经提示说明是"鼓励项目"，应该按征免税证明中的批注填写。栏目中需填写的是代码，如果考生不清楚"鼓励项目"的代码是什么，就无法判断填写得是否正确。

假如上面例子中的天津华海勘测服务有限公司的经营单位编码改为120724××××（第6位由"2"改为"4"），由于经营单位编码第6位"4"表示该企业是外商独资企业，那么，该进口商品报关单监管方式栏应该填写："外资设备物品"或"2225"，征免性质依然填"鼓励项目"或者"789"。

如果上面例子中的天津华海勘测服务有限公司的经营单位编码是120721××××（第6位由"2"改为"1"），说明经营单位是国有企业（内资企业），则监管方式应该为一般贸易。

2. 如果文字说明资料中没有备案号信息或者不能根据备案号判断的情形

（1）在考试给出的资料中没有备案号的信息，就需要仔细研读对进出口情况的说明。根据描述来确定符合哪一个监管方式的定义。

例1：2005年报关员考试的报关单填制题："中国矿产钢铁有限责任公司订购进口一批热拔合金无缝钢管（属法定检验检疫、自动进口许可管理商品），委托辽宁抚顺锅炉厂有限责任公司制造出口锅炉。辽宁龙信国际货运公司持经营单位登记手册和相关单证向大连大窑海关申报进口"。

虽然题目中没有给出备案号，但说明中提到"订购……制造出口……"，并特别提到"持经营单位登记手册和相关单证向大连大窑海关申报进口"经营单位登记手册只有加工贸易情况下才有，因此，可以确定申报的商品是加工贸易进口的料件。而根据"订购"可以排除是"来料加工"，因此，它是"进料加工"，那么，监管方式栏应该填"进料对口"或"0615"。

说明：从2005年开始所有的加工贸易的手册名称统一使用了"加工贸易手册"，不再有过去的"登记"字样。

例2：2004年报关员考试的考题：中外合资沈阳贝沈钢帘有限公司（210123××××）使用自有资金，委托上海新元五矿贸易公司（310591××××）进口镀黄铜钢丝。

题目中没有给出备案号，也没有提到加工贸易应有的情形，且使用的是自有资金而不是在投资总额内进口，因此，可以确定该商品报关单监管方式栏目应该填"一般贸易"或"0110"。

即使该进口货物是经批准享受特定减税的货物，但因为是使用自有资金进口的，监管方式也应该是"一般贸易"。

（2）如果题目中给出的备案号是Y打头，只能说明该进口货物是享受CEPA香港地区或澳门地区优惠政策的进口货物，只在税率上享受相关的税率，不足以确定监管方式。监管方式的确定仍然要根据各种监管方式的定义来判断。一般使用原产地证书享受CEPA香港地区或澳门地区优惠政策的进口货物不会是加工贸易货物，也不会是特定减免税货物，多数情况下的监管方式是一般贸易。

对特定减免税中不同类型企业监管方式的确定，需要考生根据题目中的资料首先确定是特定减免税，再根据所给经营单位的编码第6位来确定具体的监管方式。需要注意的是，监管方式是"一般贸易"而货物属于特定减免税货物的情形，即一般贸易含义中的几种特殊情况，分别属于科教用品、自有资金、内资鼓励项目的情形。

在出口货物不使用手册的情况下，监管方式多为一般贸易，可根据经营单位编码确定是否是外商投资企业使用国产料件生产的产品出口。在此情况下，不同类型的外商投资企业填报的征免性质不同。如果：

经营单位编码第6位是"2"，征免性质填"中外合作"；

经营单位编码第6位是"3"，征免性质填"中外合资"；

经营单位编码第6位是"4"，征免性质填"外资企业"。

虽然三资企业在一般贸易下出口产品并不享受特殊的减免税待遇，但国家为统计的需要要求这样填写。

例如，2003年报关员考试的一道改错题："上海华柔丝袜有限公司（3119035123）采用国产原料生产袜品凭319403360号外汇核销单出口"。

根据经营单位的编码第6位是"3"可以确定，该经营单位是一家中外合资企业，因此，使用国产料件出口产品的监管方式是"一般贸易"（或填写0110），征免性质应该填"中外合资"或"601"。

本章小结

本章介绍了通关制度的核心内容，许可证件管理、税收征管、时效管理和结关方式。海关如何来界定一票货物适用的通关制度呢？监管方式（贸易方式）就是用来标识这票货物所适用的政策待遇，而这些政策待遇通过以上四个通关特征体现出来。

第8章 纸质申报与电子申报

关键术语

申报形式　基本单证　特殊单证　单证相符　单货相符　纸质申报　电子申报　电子口岸

学习目标

- 了解申报成功信息的获得、申报方式选择、电子数据申报的方式；
- 了解电子报关、通关系统和基本程序的关系；
- 掌握申报单证（报关单、随附单证、准备申报单证的原则）；
- 掌握提交纸质报关单及随附单证的期限；
- 掌握修改申报内容或撤销申报（原则、理由、单证）。

《海关法》第二十五条规定："办理进出口货物的海关申报手续，应当采用纸质报关单和电子数据报关单的形式。"

8.1 申报形式

一般情况下，报关的申报方式采用电子数据申报和提交纸质报关单申报相结合。接受申报的时间以接受电子数据报关单的申报为准，特殊情况下，经海关许可采用其中一种。

联网企业可根据需要和海关规定分别选择采用有纸报关和无纸报关方式

申报。

——如果采用无纸报关,海关凭同时盖有申报单位和其代理企业的提货专用章的放行通知书办理"实货放行"手续,报关单位凭同时盖有申报单位、报关单位和报关员印章的纸质单证由报关单位办理"事后交单事宜"。

——进行纸质报关的,由本企业的报关员办理现场申报手续。

例(判断题——2002年考题):

一般情况下,办理进出口货物的海关申报手续,报关人可自行选择采用纸质报关单或电子数据报关单的形式。两种形式均属法定申报,具有同等法律效力。

答案:错。

解析:一般情况下应采用电子数据申报和提交纸质报关单申报相结合。两种形式均属法定申报,具有同等法律效力。

8.1.1 电子数据申报

进出口货物的收发货人或其代理人可以选择终端申报方式、委托 EDI 申报方式、自行 EDI 方式、网上申报方式四种电子申报方式中适用的一种,将报关单内容录入海关电子计算机系统,生成电子数据报关单。申报结果有如下两种:

1. 接受申报

报关单位收到海关反馈的"接受申报"的报文和"现场交单"或"放行交单"通知,表示申报成功。一旦海关接受申报,该申报数据即产生法律效力,报关单位需对该申报负有法律责任。

2. 不接受申报

报关单位收到海关反馈的不接受申报的报文后,表示申报不成功;应根据报文提示的问题进行修改,并重新申报。

8.1.2 提交纸质报关单和随附单证

1. 交单

进出口货物收发货人或其代理人应当自接到海关"现场交单"或"放行交单"通知之日起10日内,持打印的纸质报关单,备齐规定的随附单证并签名盖章,到货物所在地海关提交书面单证并办理相关手续。海关关员在报关单上作登记处理。

例(判断题——2004年考题):

在一般情况下,进出口货物收发货人或其代理人应当先以电子数据报关单形式向海关申报,海关接受并审结电子数据报关单后,进出口货物收发货

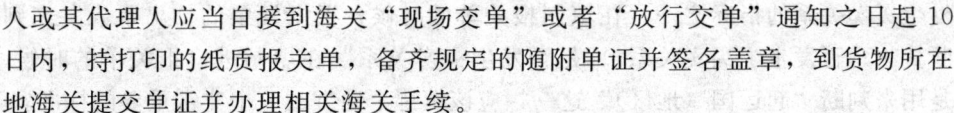

人或其代理人应当自接到海关"现场交单"或者"放行交单"通知之日起10日内，持打印的纸质报关单，备齐规定的随附单证并签名盖章，到货物所在地海关提交单证并办理相关海关手续。

答案：对。

2. 申报单证的分类

申报单证可分为报关单、随附单证两大类。随附单证是指随进（出）口货物报关单一并向海关递交的单证或文件，包括基本单证、特殊单证。报关单的介绍详见本章第二节。

进出口货物收发人或其代理人应向报关员提供基本单证、特殊单证，报关员审核这些单证后据此填报关单。在实际操作中，一票货的这些单证连同报关单、代理报关委托书或存仓委托书（或监管仓库入仓清单、入仓申请书）、代理报关授权书等单证订成一份并签上报关员的姓名提交给现场海关，交单时要出示报关员证。

（1）基本单证。

基本单证（必备的随附单据）是进口货物的货运单据和商务单据，主要有进口提货单据（提货单、运单等）、提单、出口装货单据（舱单第二联、场站收据等）、商业发票、装箱（清）单等。对于实施"提前报关、实货放行"通关模式的空运货物无法提供正本运单的，可随附运单的复印件。

1）装箱单和提运单。

根据装箱单和提运单查找的报关单栏目内容一般有：运输方式、运输工具名称、航次号、提运单号、起运国（地区）/运抵国（地区）、装货港/指运港、件数、包装种类、毛重、净重、标记唛码及备注。

2）商业发票。

根据发票查找的报关单栏目内容一般有：经营单位、收/发货单位、结汇方式、成交方式、运费、保险费、杂费、商品名称、规格型号、数量及单位、原产国（地区）/最终目的国（地区）、单价、总价、币制、合同协议号、集装箱号等。

发票由出口企业自行拟制，无统一格式，但基本栏目大致相同。一般标明"发票"或"商业发票"字样，用粗体字印刷在单据的明显位置。发票的主要栏目内容如下：

——出票人的名称和地址

发票的出票人，即卖方一般为出口人，其名称和地址相对固定，故出口人通常将此项内容事先印制在发票的正上方或右上方；同出票人也就是发票的落款，所以，也可在发票的最右下方查找。这个栏目是判断进口货物中转时是否发生买卖关系的指标之一。在填制报关单的时候,根据发票的"出票人"来判断货物是否发生了买卖关系。"是否发生买卖关系"在填制进口报关单的时候,是用来判断"起运国(地区)"这一栏应该填哪个地方的一个非常重要的标准。

例如,在发票上面有这样的内容:

From New York To Tianjian Via Hongkong 说明货物"从纽约经香港到达天津"。也就是说,货物在香港进行了中转。在本例题中,如果说发票的出票人是香港的公司,则说明货物在香港中转时发生了买卖关系。货物是由香港的公司卖给我国进口方的。如果说发票的出票人仍然是美国的公司,则说明货物在香港中转时只是进行转运,货物在香港并没有发生买卖关系,仍然是由美国的公司把货物卖给我国。

——起运及目的地

该栏标明了货物运输的实际起止地点。如果货物需要转运,则注明转运地。有的还需注明运输方式。

——抬头

即买方,一般为货物进口人、收货人。此栏通常注明买方的名称和地址。例如:

TO WINNING TEXTILE CO. LTD.

UNIT H,6/F WORLD TECH CTR,

95 HOW MING ST.,TOKYO,JAPAN

这个栏目是判断出口货物中转时是否发生买卖关系的指标之一。如果收货人的地址与出口货物运输的目的地一致,则说明出口货物中转时没有发生买卖关系;如果收货人的地址与出口货物运输的中转地一致,则说明出口货物中转时发生了买卖关系。

——唛头及编码

该栏目注明包装的运输标记以及包装的件数。例如:

MADE IN CHINA(产地)

PORT:LOS ANGELES(指运地)

C/No.:1~117(件数)

——品名和货物描述

注明具体装运货物的名称、品质、规格及包装状况等内容。例如:

FOOTWEAR(货物名称)

COL:WHITE SZ:5—10(规格型号)

TOTAL PACKED IN 117 CARTONS ONLY(包装状况)

——数量、单价和总价

数量为实际装运的数量。单价包括计价货币、具体价格数、计价单位、贸易术语四部分。总价一般由大小写组成。如合同含有佣金或折扣,发票上一般也会注明。有时发票上还列明运费、保险费以及杂费等。

常用单证英文名称和简写如表 8-1 所示:

表 8-1 常用单证英文名称和简写

NO.	中文	英文名称	英文简写
1	商业发票	Commercial Invoice	—
2	发票	Invoice	INV.
3	单价	Unit Price	U/P
4	数量	Quantity	—
5	佣金	Commission	—
6	折扣	Rebate/Allowance/Discount	—
7	总额	Amount/Total Amount	AMT
8	总计	Total/Say	TTL.
9	规格、型号	Model/Specification	—
10	商品名称	Description of Goods/Product and Description/Goods Description/Name and Commodity/Material	—
11	商品编码	HS Code	—
12	合同号	Contract No. /Order No. /Confirmation No.	CONT. ,S/C No.
13	空运单	Air Way Bill(Master Air Way Bill, House Air Way Bill)/ Air Freight Bill	A. W. B(M. A. W. B. ,H. A. W. B.)/ A. F. B.
14	发货单位(发货人)(托运人)	Consignor/Shipper/Consignor/Exporter	—
15	收货单位(抬头人)	To/Sold to Messrs/For Account and Risk of/ Consignee/Sold to	—
16	被通知人	Notify Party	—
17	提单	Bill of Lading	B/L
18	船名	Ocean Vessel	S/S
19	船运	Vessel	—
20	航程(航次)	Voyage No.	Voy. No.
21	收货地点	Place of Receipt by Pre-carriage(若需转运,则填收货港口名称;若不需转运此栏不填)	—
22	装货(运)港	Port of Loading/Port of Shipment	P. O. L
23	停靠港	Port of Call	P. O. C

续表

NO.	中文	英文名称	英文简写
24	转运港	Port of Transfer	P.O.T
25	经由	By way of	Via
26	转运到	In Transit to	—
27	在……转船	With Transshipment at	W/T
28	卸货港	Port of Discharge（若货物直达目的港，则卸货港为指运港）	P.O.D
29	指运港	Port of Destination	P.O.D.
30	到达港	Port of Arrival	P.A.
31	最终目的地	Place of Delivery（若货物目的地就是目的港，则本栏目为空）	P.O.D
32	目的国	Destination Country	—
33	原产国	Made In/Country of Origin	—
34	运费	Freight	F.
35	保险费	Insurance/Premium	I.
36	杂费	Extras	—
37	集装箱号	Container No.	CTNR No.
39	标记唛码	Marks	—
40	件数	Packages	PKGS
41	件数和包装种类	Number and Kind of Packages	—
42	包装	Packing	—
43	尺寸	Size	—
44	净重	Net Weight	N.W./NWT./NT.WT.
45	毛重	Gross Weight	G.W./GWT./GR.WT

（2）特殊单证。

特殊单证（涉及外贸管制、外汇管制、税率优惠等政策证明文件，海关审单、征税时可能需调阅或者收取备案的）主要有进出口许可证件（监管证件）、备案文件/凭证（加工贸易登记手册、征免税证明、担保申请、出口收汇核销单等）、作为有些货物进出境证明的原进出口货物报关单证、货物原产地证明、仓储合同、贸易合同、信用证、加工贸易的单耗资料、委托单位的工商营业执照、证书等有关进出口企业的证明文件等。某些货物的申报，必须有特殊单证，比如，租赁贸易货物进口申报，必须有租赁合同，别的货物进口申报则不一定需要贸易合同。所以，贸易合同对于租赁贸易货物申报来说是一种特殊单证。

3. 准备申报单证的基本原则

进出境货物的收发货人或其代理人向海关申报时，必须填写并向海关递交进出口货物报关单。申报人在填制报关单时，应当依法如实向海关申报，对申报内容的真实性、准确性、完整性和规范性承担相应的法律责任。

（1）报关人必须按照《海关法》、《进出口货物申报管理规定》和《报关单填制规范》的有关规定和要求，向海关如实申报。

（2）申报单证的填报必须真实，要做到"四个相符"。一是单、单相符，即一票货物所有的商业单据和货运单据必须是相符的；二是单、证相符，即所填报关单各栏目的内容必须与合同、发票、装箱单、提单以及批文等随附单证相符；三是单、货相符，即所填报关单各栏目的内容必须与实际进出口货物的情况相符，不得伪报、瞒报、虚报；四是单、机相符，即电子数据报关单与提交的纸质报关单的内容必须是相符的。

（3）报关单的填报要准确、齐全、完整、清楚，报关单各栏目的内容要逐项详细准确填报，字迹清楚、整洁、端正，不得用铅笔或红色复写纸填写；若有更正，必须在更正项目上加盖校对章。随附单证（基本单证、特殊单证）必须齐全、有效、合法。电子数据报关单在填报时涉及尖括号（＜＞）、逗号（,）、连接符（－）、冒号（:）等标点符号及数字的，填报时都必须使用非中文状态下的半角字符。

（4）实行分单填报的原则。

拥有唯一的报关单编号为一份报关单。

不同批文或合同的货物、同一批货物中不同贸易方式的货物（如租赁贸易中一年以上的货物）、不同备案号的货物、不同提运单号的货物、不同征免性质的货物、不同运输方式或相同运输方式但不同航次的货物等，均应分单填报。不同原产地证书、不同口岸、不同发票、不同手册、商品超出 20 项（纸质报关单填报最多不超过 5 项；电子报关单则达 20 项）、保证金不足（转税料件、补税料件）的内容不得填制在同一份报关单上。同一份报关单上的商品不能同时享受协定税率和减免税。在一批货物中，对于实行原产地证书联网管理的，如涉及多个原产地证书或含非原产地证书商品，亦应分单填报。

（5）实行分项填报的原则。

在反映进出口商品情况的项目中，须分项填报的主要有下列几种情况：商品编号不同的；商品名称不同的；原产国（地区）/最终目的国（地区）不同的、征免不同的。

一份电子数据报关单的表体共有 20 项商品，最多可对应 4 张纸质报关单,组成一份纸质报关单。

(6) 注意分行填报。

报关单表体中的项号栏目商品的顺序号填第一小行,备案文件商品的项号填第二小行(如有的话);商品名称的规范中文名称填第一小行,商品的规格型号则填第二小行;报关单表体中的数量及单位栏第一小行填法定第一计量单位及其数量;第二小行填法定第二计量单位及其数量;第三小行填成交单位及其数量。

8.1.3 修改申报内容或撤销申报

《海关法》第二十六条规定:"海关接受申报后,报关单证及其内容不得修改或者撤销;确有正当理由的,经海关同意,方可修改或撤销。"已向海关申报的进出口货物报关单,如原填报内容与实际进出口货物不一致而又有正当理由的,申报人应向海关递交书面更正申请,经海关核准后,对原填报的内容进行更正或撤销。修改或撤销申报的正当理由有两种情况:

1. 进出口货物收发货人要求修改或撤销

进出口货物收发货人或其代理人确有如下正当理由的,可以向原接受申报的海关申请修改或者撤销进出口货物报关单:

(1) 报关人员操作或书写错误造成申报差错,但未发现有走私违规或者其他违法嫌疑的;

(2) 出口货物放行后,由于装运、配载等造成原申报货物全部或部分退关的;

(3) 进出口货物在装载、运输、存储过程中因溢短装、不可抗力的灭失、短损等造成原申报数据与实际货物不符的;

(4) 根据国际惯例先行采用暂时价格成交、实际结算时按商检品质认定或国际市场实际价格付款方式需要修改原申报内容的;

(5) 由于计算机、网络系统等导致电子数据申报错误的;

(6) 其他特殊情况经海关核准同意的。

进出口货物收发货人或其代理人申请修改或撤销进出口货物报关单,应当向海关提交"进出口货物报关单修改/撤销申请表",并相应提交可以证明进出口实际情况的合同、发票、装箱单等相关单证,外汇管理、国税、检验检疫、银行等有关部门出具的单证,应税货物的"海关专用缴款书"、用于办理收付汇和出口退税的进出口货物报关单证明联等海关出具的相关单证。

因修改或撤销进出口货物报关单导致需要变更、补办进出口许可证件的,进出口货物收发货人或其代理人应当向海关提交相应的进出口许可证件。

2. 海关发现报关单需要进行修改或撤销

海关发现进出口报关单需要进行修改或撤销,进出口货物收发货人或其代理人未提出申请的,海关应当通知进出口货物收发货人或其代理人。海关在进出口货物收发货人或其代理人填写"进出口货物报关单修改/撤销确认书"对进出口货物报关单修改/撤销的内容进行确认后,对进出口货物报关单进行修改或者撤销。

同样,因修改或撤销进出口货物报关单导致需要变更、补办进出口许可证件的,进出口货物收发货人或其代理人应当向海关提交相应的进出口许可证件。

3. 无正当理由的情况

海关已经决定布控、查验的进出口货物,以及涉及有关案件的进出口货物的报关单在"办结"前不得修改或撤销。

申报错误违规者,接受处罚后,方可修改数据或撤销申报、重新申报;构成走私被海关没收处罚的不得修改或撤销。

例(多选题):

进出口货物申报后确有正当理由的,经海关同意可修改或撤销申报。下列表述中哪些情况可以修改或撤销货物报关单。( )

A. 由于计算机技术而导致的电子数据错误的

B. 海关在办理出口货物的放行手续后,由于装运、配载造成原申报货物部分或全部退关的

C. 海关已经决定布控、查验的进出口货物

D. 发送单位或申报单位有关人员在操作或书写上的失误,且未发现有走私违规或者其他违法嫌疑的

答案:ABD。

8.2 纸质申报

8.2.1 报关单概述

1. 定义与分类

报关单是由报关员按照海关规定格式填报的申报单,是指《海关进出口货物报关单填制规范》(以下简称《报送单填制规范》)所规定的进(出)口货物报关单或者带有进出口货物报关单性质专用于特定区域、特定货物以及特定运输方式的单证,比如,特殊监管区域进出境备案清单,过境货物报关单,快件报关单,ATA 单证册等。它们的性质、效能及填制方式基本一致。任何货物的申报,都必须有报关单。

2. 进（出）口货物报关单

（1）定义。

进出口货物报关单是进出口货物的收发货人或其代理人，按照海关规定的格式对进出口货物的实际情况作出的书面说明，以此要求海关对其货物按照适用的海关业务制度办理报关手续的法律文书。

进（出）口货物报关单是海关对进出口货物进行全面监控处理的主要依据，海关统计的原始资料。进出口货物报关单是报关员代表报关单位向海关办理货物进出境手续的主要单证。按照《中华人民共和国进出口货物申报管理规定》和《报关单填制规范》的要求，完整、准确、真实地填制进出口货物报关单是报关员执业所必备的基本技能。

（2）类别。

1）按用途分类。

①报关单录入凭单：指申报单位按海关规定的格式填写的凭单，用作报关单预录入的依据（可将现行报关单放大后使用）。习惯上称为原始报关单。

②预录入报关单：指预录入公司录入、打印，并联网将录入数据传送到海关，由申报单位向海关申报的报关单。

③报关单证明联：指海关在核实货物实际入、出境后按报关单格式提供的证明，用作企业向税务、外汇管理部门办结有关手续的证明文件。

2）按进出口货物的流向分类。

①进口报关单；

②出口报关单。

3）按介质分类。

①纸质报关单；

②电子数据报关单。

4）按货物流转状态、企业性质、贸易性质和海关监管方式的不同分类。

①一般贸易及其他贸易进（出）口货物报关单（内资：白色；外商：浅蓝色）；

②进料加工进（出）口货物报关单（内资：粉红色；外商：浅蓝色）；

③来料加工及补偿贸易进（出）口货物报关单（内资：浅绿色；外商：浅蓝色）；

④需国内退税的出口货物，另增填一份浅黄色报关单。

除白色报关单外，其他带有颜色的报关单的右上角标明"××××专用"，用于标明何种贸易性质或企业性质专用此种报关单，报关员在打印纸质报关单时要注意辨认颜色。

(3) 进(出)口货物报关单各联的用途。

纸质进口报关单一式四联，分别是海关作业联、企业留存联、海关核销联、进口付汇证明联；纸质出口报关单一式五联，两者第一联到第四联基本上是一样的，这五联分别是海关作业联、企业留存联、海关核销联、出口收汇证明联、出口退税证明联（浅黄色）。前三联为基本联，其余为证明联。

1) 海关作业联的用途。

进出口货物报关单海关作业联是报关员配合海关查验、缴纳税费、提取或装运货物的重要单据，也是海关查验货物、征收税费、编制海关统计以及处理其他海关事务的重要凭证。海关作业联是统计部门收集整理进出口统计数据的原始凭证。

2) 企业留存联。

企业留存联可作为经营企业备案、申领车牌等用途。

3) 加工贸易核销联。

进出口货物报关单海关核销联是指接受申报的海关对已实际申报进口或出口的货物所签发的证明文件，是海关办理加工贸易合同核销、结案手续的重要凭证。加工贸易货物出口后，申报人应向海关领取进出口货物报关单海关核销联，并凭以向主管海关办理加工贸易合同核销手续。

4) 收付汇证明联。

进口货物报关单付汇证明联和出口货物报关单收汇证明联，是海关对已实际进出境的货物所签发的证明文件，是银行和国家外汇管理部门办理售汇、付汇和收汇及核销手续的重要依据之一。

对需在银行或国家外汇管理部门办理进口付汇核销或出口收汇核销的货物，进出口货物的收、发货人或其代理人应当在海关放行货物或结关以后，向海关申领进口货物报关单付汇证明联和出口货物报关单收汇证明联（白色），凭以向主管海关办理加工贸易合同核销手续。海关经审核，对符合条件的，即在进出口货物报关单付收汇证明联上签章。同时，通过电子口岸执法系统向银行和国家外汇管理部门发送证明联电子数据。

5) 出口退税证明联。

对需要在国家税务机构办理出口退税的出口货物，出口货物的发货人或其代理人应当在报关时增附一份出口退税专用报关单。装运货物后向海关领取该份盖有"验讫章"及海关审核出口退税负责人印章的出口货物报关单退税证明联，凭以向税务机关申请退税。海关经审核，对符合条件的，在盖有"验讫章"的出口货物报关单退税证明联上签章。同时，通过电子口岸执法系统向国家税务机构发送证明联电子数据。出口退税是指国家税务部门退还出口货物在国内生产环节和流通环节依法缴纳的增值税税额。

出口货物报关单出口退税证明联原本是海关对已实际申报出口并已装运离境的货物所签发的证明文件，现在海关对进入一些特殊海关监管区并打算出口的货物采取入区即签出口退税证明联的政策。出口退税证明联是国家税务部门办理出口货物退税手续的重要凭证之一。办理出口退税证明联需要准备下列单证：

存入出口监管仓库的货物：监管货物入仓清单（正本）、入仓报关单（正本）、监管货物出仓清单、出仓时的出口货物报关单。如发生出口退运则要补税（已退的），向税务局申请"出口商品退运已补税证明"连同出口货物退税专用报关单交还海关。

例（判断题——2003年试题）：

出口货物报关单的"出口退税证明联"是海关对已办理出口申报的货物所签发的证明文件。

答案：错。

(4) 进出口货物报关单的法律效力。

进出口货物报关单及其进出境报关单（证）在对外经济贸易活动中具有十分重要的法律效力，是货物的收、发货人向海关报告其进出口货物实际情况及适用海关业务制度、申请海关审查并放行货物的必备法律文件。它既是海关对进出口货物进行监管、征税、统计以及开展稽查、调查的重要依据，又是出口退税和外汇管理的重要凭证，也是海关处理进出口货物走私、违规案件及税务、外汇管理部门查处骗税、逃套汇犯罪活动的重要书证。因此，申报人对所填报的进出口货物报关单的真实性和准确性应承担法律责任。

3. 保税区进出境货物备案清单

保税区进出境货物备案清单是海关规定的统一格式，由保税区内企业或其代理人填制，并向保税区海关提交的申请货物进出保税区的法律文书，是海关依法对出、入保税区货物实施监管的重要凭证。

保税区进出境货物备案清单适用于保税区从境外进口的货物（包括加工贸易料件、转口货物、仓储货物）和保税区运往境外的出口货物；不包括保税区与国内非保税区之间进出口的货物，区内企业从境外进口自用的机器设备、管理设备、办公用品以及区内工作人员自用的应税物品。

保税区进出境货物备案清单为一式五联，分别为：进（出）地海关存查联，海关统计联，主管海关存查联，备案单位存查联及进境付汇核销、出境结汇专用联。

保税区备案清单的填制格式、内容及填制要求与报关单基本相同。

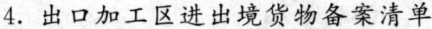

4. 出口加工区进出境货物备案清单

出口加工区进出境货物备案清单是海关统一规定的格式，出口加工区内企业或其代理人填制，并向出口加工区海关提交的申请货物运入或运离出口加工区的法律文书，是海关依法对出入出口加工区货物实施监督管理的重要凭证。

出口加工区进出境货物备案清单主要适用于出口加工区实际进出境货物、加工区与国内其他地区之间的非实际进出境货物、同一出口加工区或不同出口加工区之间的企业结转（调拨）货物。

出口加工区进出境货物备案清单的填制，除个别栏目外，与报关单的填制相同。对出口加工区备案清单中的栏目应按以下规定填报：

（1）进出口口岸。对加工区进出境货物，应按货物实际进出境的口岸海关名称及代码填报；对加工区进出区货物，应填报本出口加工区海关名称及代码；对属同一区内结转（调拨）货物，应填报本出口加工区海关名称及代码；对不同加工区之间结转（调拨）的货物，应填报对方出口加工区海关名称及代码。

（2）备案号。对出入出口加工区的保税货物，应填报标记代码为"H"的电子账册备案号；对出入出口加工区的征免税货物，应填报标记代码为"H"、第 6 位为"D"的电子账册备案号；对出口加工区企业的维修、测试、检验、展览及暂时进出口货物运往区外的，不需填报备案号。

（3）运输方式。对加工区进出境货物，其填报与进出口报关单的要求相同；对加工区进出区的货物，应填报"Z"；对加工区结转（调拨）货物，应填报"9"。

（4）运输工具名称。对不同加工区结转（调拨）货物，应填报转入方关区代码（前两位）和进口货物报关单（备案清单）号，即"转入××（关区代码）××××××××××（进口货物报关单/备案清单号）"。

5. 过境货物报关单

过境货物报关单是指由过境货物经营人向海关递交申请过境货物进（出）境的法律文书，是海关依法监管货物过境的重要凭证。

6. 进（出）境快件报关单

进（出）境快件报关单是指进出境快件经营人向海关提交的申报以快件运输方式进出口货物、物品的报关单证。包括 KJ1 报关单、KJ2 报关单、KJ3 报关单，其适用范围见本书第六章第五节。按照快件 KJ2 报关单申报的进、出境快件，进、出境快件运营人向海关提交快件 KJ2 报关单时，应当申报经营单位名称、经营单位编码和商品编码；按照快件 KJ3 报关单申报的进境快件，进境快件运营人向海关提交快件 KJ3 报关单时，应当申报经营单位名称、经营单位编码，在"货物名称"栏应当申报规格、型号、数量和计量单位等内容。

7. 暂准进口单证册

暂准进口单证册（以下简称 ATA 单证册）是指由世界海关组织通过的《货物暂准进口公约》及其附约 A 和《ATA 公约》中规定的，用于替代各缔约方海关暂准进出口货物报关单和税费担保的国际统一通用的海关报关单证。

由于我国目前只加入了展览品的暂准进口使用 ATA 单证册的有关国际公约，因此，我国目前只接受属于展览品范围的 ATA 单证册。有关单位向海关提交 ATA 单证册时，应提交中文或英文填报的 ATA 单证册。如提交英文本单证册时，应提供中文译本；用其他文字填写的，必须同时提交忠实于原文的中文或英文译本。

8. 内贸货物跨境运输进（出）境备案清单

中华人民共和国海关内贸货物跨境运输进（出）境备案清单是指经营企业或其代理人向海关递交申请内贸货物跨境运输的法律文书，是海关依法监管内贸货物跨境的重要凭证。备案清单一式四联，分别为：海关存查联、海关统计联、海关作业联、企业存查联。填写内容包括：

1) 进（出）境口岸：按照试点期间限定的进出境口岸填报；
2) 经营单位：填报开展内贸货物跨境运输业务的经营企业；
3) 备案日期：填报申报日期；
4) 监管方式：填报 9600；
5) 启运国（运抵国）：进出口均填报中国；
6) 随附单据：进口时填报"联系单"预录入号；
7) 收（发）货单位、成交方式、运费、保费、杂费、单价、总价、币制均为空；
8) 集装箱号，电子数据录入在"集装箱数"项下。

除上述栏目外，其他栏目按照《中华人民共和国海关进出口货物报关单填制规范》的要求填报。

8.2.2 进出口货物报关单表头

进出口货物报关单表头部分包括 30 个栏目，其中进口口岸/出口口岸、备案号、许可证号、批准文号、随附单据、经营单位、收/发货单位、境内目的地/境内货源地、起运国（地区）/运抵国（地区）、装货港/指运港、原产国（地区）/最终目的国（地区）、运输方式（运输工具名称、航次号）、提运单号、集装箱号、征免性质、征税比例/结汇方式、进口日期/出口日期、申报日期、填制日期、贸易方式、用途/生产厂家等在前面的章节已介绍过了。以下重点介绍与国际贸易合同主要条款相关的栏目：

1. 成交方式

（1）定义。

成交方式是指在进出口贸易中进出口商品的价格构成和买卖双方各自应承担的责任、费用和风险，以及货物所有权转移的界限。成交方式在国际贸易中称为贸易术语，又称价格术语，在我国习惯称价格条件。成交方式包括两方面的内容：一方面表示交货条件；另一方面表示成交价格的构成因素。

（2）填报要求。

本栏目应根据进出口货物实际成交价格条款，按海关规定的"成交方式代码表"（见表8-2）选择填报相应的成交方式名称或代码，在所给出的单证能直接找到。无实际进出境的报关单，进口填报CIF，出口填报FOB。

表8-2 成交方式代码表

代码	名称	代码	名称
1*	CIF	4	C&I
2*	CFR（C&F/CNF）	5	市场价
3*	FOB	6	垫仓

代码表中成交方式只有CIF、CFR、FOB，并不局限于水路而适用于任何运输方式，主要体现成本、运费、保险费等成交价格构成因素，目的在于方便海关税费的计算。与国际贸易术语对应关系如表8-3：

表8-3 成交方式与国际贸易术语对应关系

	E组	F组			C组				D组			
《2000年通则》	EXW	FCA	FAS	FOB	CFR	CPT	CIF	CIP	DAF	DES	DEQ	DDU	DDP
《2010年通则》	EXW	FCA	FAS	FOB	CFR	CPT	CIF	CIP	DAT	DAP	—	—	DDP
报关单		FOB			CFR				CIF				

CIF价包括货价，加上货物运抵中华人民共和国关境内输入地点起卸前的包装费、运费、保险费和其他劳务费用。

FOB价不包括货物离开中华人民共和国关境后的运费、保险费和其他费用。

2. 运费

（1）定义。

本栏目填报进口货物运抵我国境内输入地点起卸前的运输费用，出口货物运至我国境内输出地点装载后的运输费用。进口货物成交价格包含前述运输费用或者出口货物成交价格不包含前述运输费用的，本栏目免予填报。

(2) 填报要求。

运费可按运费单价、总价或运费率三种方式之一填报，注明运费标记（运费标记"1"表示运费率，"2"表示每吨货物的运费单价，"3"表示运费总价），并按海关规定的"货币代码表"选择填报相应的币种代码。

运保费合并计算的，填报在本栏目。

3. 保险费

(1) 定义。

保险费是指被保险人因保险人允予承保某种损失、风险而支付给保险人的对价或报酬。进出口货物报关单所列的保险费专指进出口货物在国际运输过程中，由被保险人付给保险人的保险费用。

本栏目填报进口货物运抵我国境内输入地点起卸前的保险费用，出口货物运至我国境内输出地点装载后的保险费用。进口货物成交价格包含前述保险费用或者出口货物成交价格不包含前述保险费用的，本栏目免予填报。

(2) 填制要求。

保险费可按保险费总价或保险费率两种方式之一填报，注明保险费标记（保险费标记"1"表示保险费率，"3"表示保险费总价），并按海关规定的货币代码表选择填报相应的币种代码。

运保费合并计算的，本栏目免予填报，填报方法见表8-4。

表8-4 运保费填报方法

	成交方式	运费	保费
进口	CIF	×	×
	CFR	×	√
	FOB	√	√
	FOB	√（运保费合并计算）	×
出口	FOB	×	×
	CFR	√	×
	CIF	√	√
	CIF	√（运保费合并计算）	×

"√"表示要填，"×"表示不填。

1) 进口报关单。

①货物的成交方式为CIF进口的，则运费、保费栏不填（也就是说，CIF成交价格中，已经包括运费和保险费了，因此，不用再填写此栏目）。

②成交方式为 CFR 进口的,则运费栏不填,保险费栏要填(也就是说,CFR 成交价格中,已经包括有运费,因此,运费栏不用填写,但 CFR 没有包括保险费,因此,保险费栏要填写)。

③成交方式为 FOB 进口的,则运费栏、保险费栏要填。

2)出口报关单。

①货物以 FOB 成交方式出口的,运费、保费栏目不填。

②货物以 CFR 成交方式出口的,运费栏填,保费栏不填。

③货物以 CIF 成交方式出口的,运费、保费栏都要填。

4. 杂费

(1)定义。

本栏目填报成交价格以外的、按照《中华人民共和国进出口关税条例》相关规定应计入完税价格或应从完税价格中扣除的费用,如手续费、佣金、折扣等。

(2)填报要求。

可按杂费总价或杂费率两种方式之一填报,注明杂费标记(杂费标记"1"表示杂费率,"3"表示杂费总价),并按海关规定的货币代码表选择填报相应的币种代码。

应计入完税价格的杂费填报为正值或正率,应从完税价格中扣除的杂费填报为负值或负率(见表 8-5)。

表 8-5 运费、保费、杂费填写例表(币种/价格/标记)

项目	率(1)	单价(2)	总价(3)
运费	10%→10/1	50 英镑→303/50/2	9 000 日元→116/9 000/3
保费	0.5%→0.5/1		8 000 美元→502/8 000/3
杂费	1%→1/1		8 000 美元→502/8 000/3
杂费	1%→−1/1		8 000 美元→502/−8 000/3

5. 合同协议号

合同协议号是指进出口贸易,买卖双方或数方当事人根据国际惯例或国家的法律、法规,自愿按照一定的条件买卖某种商品所签署就交易事项、确定各自的权利和义务而订立的共同遵守的合同(包括协议或订单)编号。

单证中能直接找到:S/N、P/O No.、Order No.、Sales Confirmation、Agreement、Contract No. 后面所对应的全部字头和号码。

6. 件数

(1) 定义。

本栏目填报有外包装的进出口货物的实际件数,货物可以单独计数的一个包装称为一件。

(2) 填报要求。

1) 舱单件数为集装箱的,填报集装箱个数。即仅列明集装箱个数,未列明托盘或者单件包装件数的,填报集装箱个数。

2) 舱单件数为托盘的,填报托盘数。即有关单据列明托盘件数的,或者既有托盘数又有单件件数的填托盘数,例如,"2 PALLETS 100 CTNS",件数填报为"2";有关单据既有集装箱数,又列明托盘数、单件件数的填托盘数。

3) 本栏目不得填报为"0",散装、裸装货物填报为"1"。

4) 混合包装的情况,如 2001 年的报关员资格考试中,在 INVOICE 中下部分就曾经出现过,原文是这样的:"DELIVERY OF CIF DALIAN CHINA OF 3 UNIT & 6 P' KGS"。那么,件数栏应该填"9",种类则填"件"。

7. 包装种类

(1) 商品的包装是指包裹和捆扎货物用的内部或外部包装和捆扎物的总称。一般情况下,应以装箱单或提运单据所反映的货物处于运输状态时的最外层包装或称运输包装作为"包装种类"向海关申报,并相应计算件数。有关单据既有集装箱数,又列明托盘数、单件件数的填集装箱内的最大运输包装。

(2) 本栏目应根据进出口货物的实际外包装种类,填报相应的包装种类名称(见表 8-6)。

表 8-6 包装种类代码表

代码	名称	代码	名称
1*	木箱 case/wooden case	5*	托盘 pallet
2*	纸箱 carton, CTN., Ctn.	6	包 bale, BLS=bales(含袋 bag)
3*	桶装 drum/ barrel /cask/ keg/ pail(含铁桶 steel drum 等)	7	件 package, pkg(仅列集装箱或混合包装、捆 bundle 等)
4*	散装 unpacked /in bulk(含裸装 in nude 等)		

8. 毛重(千克)

(1) 定义。

本栏目填报进出口货物及其包装材料的重量之和,在原始单据中,找到

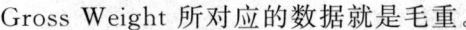

Gross Weight 所对应的数据就是毛重。

(2) 填报要求。

1) 计量单位为千克，不足1千克的填报为"1"。

2) 如货物的毛重在1千克以上且非整数，其小数点后保留4位，第5位及以后略去。如毛重9.56789千克填报为"9.5678"，毛重1229.567千克填报为"1229.567"。

9. 净重（千克）

(1) 定义。

本栏目填报进出口货物的毛重减去外包装材料后的重量，即货物本身的实际重量，部分商品的净重还包括直接接触商品的销售包装物料的重量（如罐头装食品）。在原始单据中，找到 Net Weight 所对应的数据就是净重。

(2) 填报要求。

1) 计量单位为千克，不足1千克的填报为"1"。

2) 如货物的净重在1千克以上且非整数，其小数点后保留4位，第5位及以后略去。

3) 以毛重作为净重计价的，可填毛重。

4) 按照国际惯例以公量计价的货物，如未脱脂羊毛、羊毛条等，填报公量重。

5) 合同、发票等有关单证不能确定净重的货物，可以估重填报。

10. 标记唛码及备注

(1) 定义。

标记唛码是运输标志的俗称。备注是指填制报关单时需要备注的事项，即除按报关单固定栏目申报进出口货物有关情况外，需要补充或特别说明的事项，包括关联备案号、关联报关单号等。

(2) 填报要求。

1) 标记唛码中除图形以外的文字、数字，没有唛头，标记唛码栏填 N/M，指的就是没有唛头的意思。

标记唛码英文表示为：Marks、Marking、MKS、Marks&No.、Shipping Marks 等。它通常是由一个简单的几何图形和一些字母、数字及简单的文字组成，一般分列为收货人代号、合同号和发票号、目的地、原产国（地区）[包括最终目的国（地区）、目的港或中转港]和件数号码等项。

2) 受外商投资企业委托代理其进口投资设备、物品的进出口企业名称。格式为："委托××公司进口"。

3) 与本报关单有关联关系的，同时在业务管理规范方面又要求填报的备案号,填报在电子数据报关单中"关联备案"栏。

加工贸易结转货物及凭征免税证明转内销货物,其对应的备案号应填报在"关联备案"栏。

减免税货物结转进口(转入),报关单"关联备案"栏应填写本次减免税货物结转所申请的《减免税进口货物结转联系函》的编号。

减免税货物结转出口(转出),报关单"关联备案"栏应填写与其相对应的进口(转入)报关单"备案号"栏中征免税证明的编号。

4)与本报关单有关联关系的,同时在业务管理规范方面又要求填报的报关单号,填报在电子数据报关单中"关联报关单"栏。

加工贸易结转类的报关单,应先办理进口报关,并将进口报关单号填入出口报关单的"关联报关单"栏。

办理进口货物直接退运手续的,除另有规定以外,应当先填写出口报关单,再填写进口报关单,并将出口报关单号填入进口报关单的"关联报关单"栏。

减免税货物结转出口(转出),应先办理进口报关,并将进口(转入)报关单号填入出口(转出)报关单的"关联报关单"栏。

5)办理进口货物直接退运手续的,本栏目填报准予直接退运决定书或者责令直接退运通知书编号。

6)多个监管证件的,除第一个监管证件以外,其余监管证件和代码。格式为:"监管证件代码"+"/"+"监管证件编号"。

7)所申报货物涉及多个集装箱的,除第一个集装箱号以外的其余集装箱号。格式为:"集装箱号"+"/"+"规格"+"/"+"自重"。

8)申报时,其他必须说明的事项填报在本栏目,如来料加工出口成品报关单须在备注栏目注明料件费与加工缴费金额。

8.2.3 进出口货物报关单表体

进出口货物报关单表体部分包括9个栏目,其中原产国(地区)/最终目的国(地区)、征免栏在第四章已介绍过了。这里介绍其他7个栏目。

1. 项号

(1)定义。

项号是指申报货物在报关单中的商品排列序号及该项商品在加工贸易手册、征免税证明等备案单证中的顺序编号。

(2)填报要求。

本栏目分两行填报及打印。第一行填报报关单中的商品顺序编号如01、

02、03；第二行专用于加工贸易、减免税和实行原产地证书联网管理等已备案、审批的货物，填报和打印该项货物在加工贸易手册或"征免税证明"或对应的原产地证书上等备案、审批单证中的顺序编号。

加工贸易项下进出口货物的报关单，第一行填报报关单中的商品顺序编号，第二行填报该项商品在加工贸易手册中的商品项号，用于核销对应项号下的料件或成品数量。其中第二行特殊情况填报要求如下：

——深加工结转货物，分别按照加工贸易手册中的进口料件项号和出口成品项号填报。

——料件结转货物（包括料件、制成品和半成品折料），出口报关单按照转出加工贸易手册中进口料件的项号填报；进口报关单按照转进加工贸易手册中进口料件的项号填报。

——料件复出货物（包括料件、边角料、来料加工半成品折料），出口报关单按照加工贸易手册中进口料件的项号填报；如边角料对应一个以上料件项号时，填报主要料件项号。料件退换货物（包括料件、不包括半成品），进出口报关单按照加工贸易手册中进口料件的项号填报。

——成品退换货物，退运进境报关单和复运出境报关单按照加工贸易手册原出口成品的项号填报。

——加工贸易料件转内销货物（以及按料件办理进口手续的转内销制成品、半成品、残次品）应填制进口报关单，填报加工贸易手册进口料件的项号；加工贸易边角料、副产品内销，填报加工贸易手册中对应的进口料件项号。如边角料或副产品对应一个以上料件项号时，填报主要料件项号。

——加工贸易成品凭征免税证明转为减免税货物进口的，应先办理进口报关手续。进口报关单填报征免税证明中的项号，出口报关单填报加工贸易手册中原出口成品项号，进、出口报关单货物数量应一致。

——加工贸易料件放弃或成品放弃，本栏目应填报加工贸易手册中的进口料件或出口成品项号。半成品放弃的应按单耗折回料件，以料件放弃申报，本栏目填报加工贸易手册中对应的进口料件项号。

——加工贸易副产品退运出口、结转出口或放弃，本栏目应填报加工贸易手册中新增的变更副产品的出口项号。

——经海关批准实行加工贸易联网监管的企业，按海关联网监管要求，企业需申报报关清单的，应在向海关申报进出口（包括形式进出口）报关单前，向海关申报"清单"。一份报关清单对应一份报关单，报关单上的商品由报关清单归并而得。加工贸易电子账册报关单中项号、品名、规格等栏目的填制规范比照加工贸易手册。

2. 商品编号

（1）定义。

本栏目应填报由《中华人民共和国进出口税则》确定的进出口货物的税则号列和《中华人民共和国海关统计商品目录》确定的商品编码，以及符合海关监管要求的附加编号组成的10位商品编号。

（2）填报要求。

商品编号（H. S. CODE）在单证中都能找到。找到 H. S. CODE，或者是 H. S. 后面的8位数字就是商品的编码。加工贸易手册中商品编码与实际商品编码不符的，应按实际商品编号填报。

3. 商品名称、规格型号

（1）定义。

商品名称即商品品名，是指国际贸易缔约双方同意买卖的商品的名称。商品名称一般取自主要用途、主要材料、主要成分或者商品的外观、制作工艺等。报关单中的商品名称，是指进出口货物规范的中文名称。为了规范进出口企业申报行为，提高申报数据质量，促进贸易便利化，海关制定了《规范申报目录》，进出口货物收发货人及其代理人在报关时应当严格按照《规范申报目录》中关于规范申报商品品名、规格型号的要求，认真填制报关单并依法办理通关手续。

商品的规格型号是指反映商品性能、品质和规格的一系列指标，如品牌、等级、成分、含量、纯度、大小、长短、粗细等。

发票中"Description of Goods"、"Product and Description"、"Goods Description"、"Quantities and Description"后面所对应的内容则为商品名称及规格。

（2）填报要求。

1）本栏目分两行填报及打印。第一行填报进出口货物规范的中文商品名称，如果发票中的商品名称为非中文名称，则需翻译成规范的中文名称填报，仅在必要时加注原文。第二行填报规格型号。

2）商品名称及规格型号应据实填报，并与进出口货物收发货人或受委托的报关企业所提交的合同、发票等相关单证相符。

3）商品名称应当规范，规格型号应当足够详细，以能满足海关归类、审价及许可证件管理要求为准，可参照《中华人民共和国海关进出口商品规范申报目录》中对商品名称、规格型号的要求进行填报。

4）减免税货物、加工贸易等已备案的进出口货物，填报的内容必须与备案登记中同项号下货物的商品名称一致。

5）对需要海关签发货物进口证明书的车辆，商品名称栏应填报"车辆品牌＋排气量（注明 cc）＋车型（如越野车、小轿车等）"。进口汽车底盘不填报排气量。车辆品牌应按照进口机动车辆制造厂名称和车辆品牌中英文对照表中"签注名称"一栏的要求填报。规格型号栏可填报"汽油型"等。

6）由同一运输工具同时运抵同一口岸并且属于同一收货人、使用同一提单的多种进口货物，按照商品归类规则应当归入同一商品编号的，应当将有关商品一并归入该商品编号。商品名称填报一并归类后的商品名称；规格型号填报一并归类后商品的规格型号。

7）加工贸易边角料和副产品内销，边角料复出口，本栏目填报其报验状态的名称和规格型号。

8）进口货物收货人以一般贸易方式申报进口属于需要详细列名申报的汽车零部件清单（海关总署 2006 年第 64 号公告）范围内的汽车生产件的，应按以下要求填报：

——商品名称填报进口汽车零部件的加注详细中文商品名称和品牌，中文商品名称与品牌之间用"/"相隔，必要时加注英文商业名称；进口的成套散件或者毛坯件应在品牌后加注"成套散件"、"毛坯"等字样，并与品牌之间用"/"相隔。

——规格型号填报汽车零部件的完整编号。在零部件编号前应当加注"S"字样，并与零部件编号之间用"/"相隔，零部件编号之后应当依次加注该零部件适用的汽车品牌和车型。

汽车零部件属于可以适用于多种汽车车型的通用零部件的，零部件编号后应当加注"TY"字样，并用"/"与零部件编号相隔。

与进口汽车零部件规格型号相关的其他需要申报的要素，或者海关规定的其他需要申报的要素，如"功率"、"排气量"等，应当在车型或"TY"之后填报，并用"/"与之相隔。

汽车零部件报验状态是成套散件的，应当在"标记唛码及备注"栏内填报该成套散件装配后的最终完整品的零部件编号。

9）进口货物收货人以一般贸易方式申报进口属于需要详细列名申报的汽车零部件清单（海关总署 2006 年第 64 号公告）范围内的汽车维修件的，填报规格型号时，应当在零部件编号前加注"W"字样，并与零部件编号之间用"/"相隔；进口维修件的品牌与该零部件适用的整车厂牌不一致的，应当在零部件编号前加注"WF"字样，并与零部件编号之间用"/"相隔。其余申报要求同上条执行。

4. 数量及单位

(1) 定义。

报关单上的"数量及单位"栏指进出口商品的实际成交数量及计量单位,以及海关法定计量单位和按照海关法定计量单位换算的数量。

(2) 填报要求。

本栏目分三行填报及打印。

1) 第一行应按进出口货物的法定第一计量单位填报数量及单位,法定计量单位以《中华人民共和国海关统计商品目录》中的计量单位为准。

2) 凡列明有法定第二计量单位的,应在第二行按照法定第二计量单位填报数量及单位。无法定第二计量单位的,本栏目第二行为空。

3) 成交计量单位及数量应填报并打印在第三行。

4) 法定计量单位为"千克"的数量填报,特殊情况下填报要求如下:

——装入可重复使用的包装容器的货物,应按货物扣除包装容器后的重量填报,如罐装同位素、罐装氧气及类似品等。

——使用不可分割包装材料和包装容器的货物,按货物的净重填报(即包括内层直接包装的净重重量),如采用供零售包装的罐头、化妆品、药品及类似品等。

——按照商业惯例以公量计价的商品,应按公量填报,如未脱脂羊毛、羊毛条等。

——采用以毛重作为净重计价的货物,可按毛重填报,如粮食、饲料等大宗散装货物。

——采用零售包装的酒类、饮料,按照部分液体的重量填报。

5) 成套设备、减免税货物如需分批进口,货物实际进口时,应按照实际报验状态确定数量。

6) 根据《商品名称及编码协调制度》归类规则,零部件按整机或成品归类的,法定计量单位是非重量的,其对应的法定数量填报"0.1"。

7) 具有完整品或制成品基本特征的不完整品、未制成品,根据《商品名称及编码协调制度》归类规则,应按完整品归类的,按照构成完整品的实际数量填报。

8) 加工贸易等已备案的货物,成交计量单位必须与加工贸易手册中同项号下货物的计量单位一致,加工贸易边角料和副产品内销、边角料复出口,本栏目填报其报验状态的计量单位。

9) 优惠贸易协定项下进出口商品的成交计量单位必须与原产地证书上对应商品的计量单位一致。

10)法定计量单位为立方米的气体货物,应折算成标准状况(即摄氏零度及1个标准大气压)下的体积进行填报。

5. 单价、总价、币制

(1)定义。

进出口商品价格是指商品价格的货币表现。在国际贸易进出口商品的价格中,除了要表明每计量单位的价格金额外,还需要表现买卖双方在货物交接(或称货物所有权转移)过程中的有关费用、风险及责任的划分。合同价格的基本内容,包括单价条款、计价单位、计价货币、成本方式四个方面。

1)单价。

是指商品的一个计量单位以某一种货币表示的价格。商品的单价一般应包括:单位商品价格金额、计量单位、计价货币、价格术语四个方面,若有佣金和折扣,佣金、折扣的大小也应在价格术语中注明。例如:

USD	400	per M/T	CIF NEW YORK
计价货币	价格金额	计量单位	价格术语

2)总价。

进出口货物实际成交的商品总价。例如:

Total Amount:JPY4 000 000 CIF Kobe

总额:400万日元 CIF 神户

3)币制。

进出口货物实际成交价格的计价货币的名称。

(2)填报要求。

单价、总价栏目,如果非整数的时候,其小数点后保留4位,第5位及以后略去。

1)"单价"栏。

本栏目填报同一项号下进出口货物实际成交的商品单位价格。无实际成交价格的,本栏目填报单位货值。一般情况下,原始单据中的 Unit Price 所对应的数据就是单价,如果分列运费、保险费的 CIF 价,有时需要用总价来除以成交数量求单价。

2)"总价"栏。

本栏目填报同一项号下进出口货物实际成交的商品总价格。无实际成交价格的,本栏目填报货值。在给出的原始单据中,找到 Total Amount,Total Value 所对应的数据就是总价。

3)"币制"栏。

本栏目应按海关规定的货币代码表(见表8-7)选择相应的货币名称及代

码填报，如货币代码表中无实际成交币种，需将实际成交货币按申报日外汇折算率折算成货币代码表列明的货币填报。

表 8-7 常用货币代码表

代码	符号	名称	代码	符号	名称	代码	符号	名称
110 *	HKD	港币	116 *	JPY	日元	132	SGD	新加坡元
142 *	CNY	人民币	133	KRW	韩元	300 *	EUR	欧元
302	DKK	丹麦克朗	303 *	GBP	英镑	330	SEK	瑞典克朗
331	CHF	瑞士法郎	344	SUR	俄罗斯卢布	501	CAD	加拿大元
502 *	USD	美元	601	AUD	澳元	609	NZD	新西兰元

8.2.4 进出口货物报关单其他栏目

本书的第二章介绍过录入员、录入单位、申报单位栏目，第三章介绍了放行日期栏目。这里介绍余下的几个栏目：

1. 预录入编号

指预录入单位预录入报关单的编号，用于申报单位与海关之间引用其申报后尚未接受申报的报关单。

预录入编号由接受申报的海关决定编号规则。报关单录入凭单的编号规则由申报单位自行决定。预录入报关单及 EDI 报关单的预录入编号由接受申报的海关决定编号规则，计算机自动打印。

2. 海关编号

(1) 定义。

本栏目填报海关接受申报时给予报关单的编号，一份报关单对应一个海关编号，应标注在报关单的每一联上。海关编号由各直属海关在接受申报时决定编号规则，由计算机自动打印，不需填写。

(2) 编号规则。

报关单海关编号为18位，其中第1～4位为接受申报海关的编号（海关规定的"关区代码表"中相应海关代码），第5～8位为海关接受申报的公历年份，第9位为进出口标志（"1"为进口，"0"为出口；集中申报清单"I"为进口，"E"为出口），后9位为顺序编号。在海关 H883/EDI 通关系统向 H2000 通关系统过渡期间，后9位的编号规则同 H883/EDI 通关系统的要求，即1～2位为接受申报海关的编号（海关规定的"关区代码表"中相应海关代码的后2位），第3位为海关接受申报公历年份4位数字中的最后1位，后6位为顺序编号。

例如：

5302	2008	1	215514049
罗湖海关	年份	进口	报关单顺序编号

3. 税收征收情况

本栏目供海关批注进（出）口货物税费征收及减免情况。

4. 海关审单批注放行日期

本栏目供海关作业时签注（签章）。共分为审单、审计、征税、统计、查验、放行六项，是海关内部作业时签注的总栏目，由上述各项的经办海关人员完成本项任务后将本人姓名或代码手工填制在报关单上。其中，"放行"栏一般填写（签注）海关对接受申报的进出口货物完成上述各项任务作出放行决定的日期（包括经办人员的姓名、日期）。

8.3 电子申报

中国海关高度重视信息技术的发展，信息技术对海关现代化进程发挥着至关重要的作用。经过十年的建设，以计算机技术和电信技术为基础的海关信息技术系统已经初步形成：250台主控电脑、3500台个人电脑、5800台终端机和60个卫星站。基于UN/EDIFACT（联合国/管理商务和运输的电子数据交换）的通关系统已投入使用并获得成功，目前在全国的报关工作中广泛应用；EDI（电子数据交换）一致通关系统也成功开发并投入使用，中国已经成为世界上首个使用CUSEXP（海关快递货物报关报文）信息系统的国家。海关H883系统的建立，使海关实现了从手工处理到计算机时代的变革，报关数据电子化是实现这一变革的基础；海关通关作业改革则是以海关对报关的报关处理方式为核心进行的海关管理体系和管理职能的重新设定与调整；海关H2000工程的建设也与报关方式的转变有着密切关系，海关在2003年11月开始用H2000更新原来的H833系统。2010年海关全面建设H2010海关统一数据交换平台。

8.3.1 电子报关

电子报关是指申报单位通过电子计算机系统，按照《中华人民共和国进出口货物报关单填制规范》的有关要求，向海关传送报关单电子数据，并备齐随附单证的申报方式。向海关申报的电子报文形式的报关单就是电子数据报关单（如EDI报关单）。

8.3.2 电子通关系统

我国海关已经在进出境货物通关作业中全面使用计算机进行信息化管理，

成功地开发运用了多个电子通关系统。

1. 海关 H833/EDI 通关系统

海关 H833/EDI 通关系统源自 1988 年 3 月启动的中国海关报关自动化系统的简称，是我国海关利用计算机对进出口货物进行全面信息化管理，实现监管、征税、统计三大海关业务一体化管理的综合性信息用项目。

2. 海关 H2000 通关系统

H2000 通关系统是对 H833/EDI 通关系统的全面更新换代项目。

H2000 通关系统是在集中式数据库的基础上建立了全国统一的海关信息作业平台，不但提高了海关管理的整体效能，而且使进出口企业真正享受到简化报关手续的便利。进出口企业可以在办公场所办理加工贸易登记备案、特定减免税证明申领、进出境报关等各种海关手续。

3. 新一代海关电子政务信息系统 H2010

H2010 对应大监管体系，由决策管理、企业管理、通关管理及物流监控四个模块构成。为加快风险分析，提高海关统计时效，增加情报及实际数据来源，H2010 在通关管理模块中，由 H2000 以每批货物为单元变到 H2010 以企业为单元进行管理；同时在物流监控模块引入物联网，硬件上使用卡口组合的服务器，采用 RFID、DC、地磅配 WSN＋无线 IP 阅读器等设备采集数据，实现由 H2000 的静态数据库向 H2010 动态数据库转换。

4. 中国电子口岸系统

中国电子口岸系统（WWW.CHINAPORT.GOV.CN）又称口岸电子执法系统，目前已升级到 QuickPass（便捷通关）版。由与进出口有关的 12 个国务院有关部委（海关总署、商务部、国家税务总局、国家外汇管理局等主要的部委）利用计算机和互联网技术，在电信公网上，联合共建公共数据中心，用于存放进出口业务信息流、资金流、货物流电子底账数据，将本来各自管理的进出口业务信息电子底账数据集中存放到口岸公共数据中心，向政府管理机关提供跨部门、跨行业联网数据核查，实现政府部门间数据交换和数据共享，并作为口岸管理与服务的门户网站，同时方便企业与行政管理部门及中介服务机构联网办理进出口手续。

中国电子口岸是一个公众数据中心和数据交换平台，依托国家电信公网，实现工商、税务、海关、外汇、外贸、质检、银行等部门以及进出口企业、加工贸易企业、外贸中介服务企业、外贸货主单位的联网，将进出口管理流信息、资金流信息、货物流信息集中存放在一个集中式的数据库中，随时为国家各行政管理部门提供跨部门、跨行业、跨地区的数据交换和联网核查，并向企业提供应用互联网办理报关、结付汇核销、出口退税、网上支付等实时在线服务。

电子口岸和 H2010 通关系统连接起来，构成了覆盖全国的进出口贸易服务和管理的信息网络系统。进出口企业在其办公室就可以通过网络与海关及国家其他有关管理机关，办理与进出口有关的各种手续；与进出口贸易有关的海关及国家其他有关管理机关，也能在网上对进出口贸易进行有效管理。

8.3.3 中国电子口岸

1. 电子口岸核心功能

（1）门户网站功能。

通过中国电子口岸平台，政府部门与政府部门、政府部门与企业、企业与企业、企业与中介之间，可实现数据交换和共享。数据交换对象包括国家行政管理机关、社会团体、事业单位、国内外企业、驻华使领馆、个体工商户等；连接方法有：PSTN、ISDN、ADSL、DDN、FR、ATM 等有线或 GPRS、CDMA 等无线接入方式；交换格式包括 EDIFACT、XML、HTML、WML、SWIFT 等。

（2）数据交换功能。

电子口岸起到了数据源的作用，及时准确地采集信息，安全可靠地管理信息，方便灵活地使用信息，高效快捷地交换信息。由总署信息中心和口岸数据中心收集的海关及有关部门的进出口业务信息数据作为海关总署和直属海关领导决策支持，同时也是执法评估系统、风险布控系统和业务分析系统的数据支持。

（3）事务处理功能。

中国电子口岸可为政府部门和企业办理核销单审批、加工贸易合同审批、减免税审批、报关单申报、进出口许可证件和外汇核销单的申领、结付汇核销、保税区台账申请、ATA 单证申请等提供实时在线服务。

（4）身份认证功能。

电子政务网上操作谁也见不到谁，不仅要解决安全问题，更要解决信任问题，否则发生法律纠纷难以判定法律责任。中国电子口岸入网用户都要经过工商、税务、质检、外贸、海关、外汇 6 个部门严格的入网资格审查，才能取得入网 IC 卡开展网上业务，从而有效解决网上业务信任关系和法律责任问题。身份认证包括：对工商、税务、海关、外汇、外贸、技术监督局等政府部门的身份认证；对进出口企业、加工贸易企业、外贸工业服务企业、外贸附属企业的身份认证；对个体工商户的身份认证。

(5) 存证举证功能。

根据国家行政管理机关的授权以及中国电子口岸数据中心与各用户单位之间签订的协议，中国电子口岸数据中心针对部分联网应用项目承担存证举证的责任，电子数据存证期为 20 年。

(6) 标准转换功能。

按照国家行政管理机关各部门以及企业用户的需要，由中国电子口岸数据中心对交换数据进行代码转换，如组织机构代码转换，业务单证代码转换，参数数据代码转换。

(7) 查询统计功能。

根据提供共享业务数据主管部门或单位的授权，有控制地开放数据查询和统计服务。共享数据包括进出口报关单数据、企业经济户口档案数据、外汇核销单数据、海陆空铁邮及快件等货运数据、知识产权数据等。

(8) 网上支付功能。

针对用户支付税费和货款的需求，由中国银行、工商银行、农业银行、交通银行、招商银行等商业银行在中国电子口岸设立网上银行，为用户开设电子账户，提供资金支付、信用担保、账务管理等多种金融服务。

2. 系统安全保证

电子口岸是安全、可靠、高效的信息平台，表现在以下几个方面：

(1) 严格内外网隔离。

企业及个人与政府部门的联网通过电子口岸实现"一点接入"，使电子口岸成为政府网关，并实现政府网与互联网的逻辑隔离，从而确保政府网络的安全性。"一点接入"的方式把每一个行政管理机关与其他行政管理机关和企业的连接通道全部进行逻辑隔离，在公共数据中心加装多重防护措施，以保证有效主运行系统和网络的安全。多重防护设施主要包括：电子门卫，负责身份认证；电子警犬，负责 24 小时侦查、报警；电子侦察，对非法入侵者进行跟踪。

(2) 完善的多重备用系统。

鉴于中国电子口岸在国家进出口管理中所承担的重要任务，因此，在系统总体设计中特别注重多重备份。目前，除主运行系统外还建有同城备份系统，并且在异地建有受灾备份中心。网络方面通过电信部门提供的远程拨号接入和迂回通信等方式，进一步加强网络安全、可靠性。

(3) 严密的用户入网资格审查。

企业申请成为电子口岸用户，上网办理报关、外汇核销、出口退税等业务，必须经过工商、税务、质检、商务主管部门、海关、外汇 6 个部门的资格审查和申请业务授权，企业使用 IC 卡上网办理业务时，系统将自动进行身份检查和授权操作检查,确保用户的所有业务操作都在严密的管理和监控之下进行。

电子口岸入网 IC 卡分企业 IC 卡和政务 IC 卡两类。其中,企业 IC 卡又分法人卡(公章卡)和操作员卡,政务 IC 卡又分管理员卡和操作员卡。企业法人卡用于以法人名义授权签字和对本企业操作卡进行管理等,操作员卡用于企业联网办理通关、收汇、退税业务等。政务管理卡用于对本部门操作 IC 卡的发放和管理,操作员卡用于办理网上审批和审核业务等。

8.4 转关申报单的填报

为统一各海关转关数据的填制标准,保证跨关区快速通关作业系统在全国的顺利实施,转关运输货物申报单电子数据填制的规范,电子数据填制要求详细阐述如下。

8.4.1 转关申报单表头

1. 境内运输方式

输入转关货物的境内运输方式代码:1 为监管仓库,2 为水路,3 为铁路,4 为公路,5 为空运,6 为邮运,9 为其他(如自带)。

2. 境内运输工具编号

境内运输方式为水路、公路的,必须输入运输工具海关 10 位编号(旧系统切换到新系统的运输工具沿用 8 位编号),其他运输方式为空。

3. 境内运输工具名称

境内运输方式为水路、公路的,根据"境内运输工具编号"栏输入的运输工具海关 10 位编号,自动提取备案的运输工具名称;境内运输方式为铁路的输入车厢编号;如果没有运输工具海关 10 位编号的,输入境内运输工具实际名称。

4. 境内运输工具航次

境内运输方式为水路的,必须输入船舶的实际航次,其他境内运输方式为空。

5. 承运单位编号

境内运输方式为水路、公路的,必须输入承运企业 9 位组织机构代码(国家标准代码),其他运输方式为空。

6. 承运单位名称

境内运输方式为水路、公路的,根据"承运单位编号"栏输入的承运企业 9 位组织机构代码,自动提取备案的承运企业名称,其他运输方式可输入实际承运企业的名称。

7. 申报单位编号

必须输入申请人在海关注册的10位数编码。

8. 申报单位名称

根据"申报单位编号"输入的10位数编码，自动提取企业备案数据库中的申报单位名称。

9. 转关方式

1为提前报关，2为直转，3为中转，8为过境，9为沿海内支线。

出口转关中转指出境运输方式为水路。

10. 集装箱总数（指自然箱①）

11. 标箱数

12. 空箱数（指自然箱）

有集装箱的输入实际数量，无集装箱的为"0"。

13. 总件数

由表体自动累加回填。

14. 总重量

有小数的，小数部分进1计算，由表体自动累加回填。出口中转货物由表体自动累加回填；出口提前报关转关货物从报关单中自动提取。

15. 预计运抵指运地/出境地日期

可输入预计运抵指运地/出境地海关监管场所的日期。

进口提前报关的转关货物在指运地海关预录入表头时，无法确定的数据（件数、重量除外），可以为空，但在进境地海关转关审核前，须按以上填制要求补录入电子数据。

起运地预录入出口转关货物，报关时未确定运输工具的，可以为空（件数、重量除外），但在起运地海关转关审核前须按以上规定补录入电子数据。

出口中转货物船名、航次必须与"RTX"运输工具参数库中备案的船名、航次相符。

对出境运输方式为水路的中转货物：境内运输方式为铁路的，船名输入4位关别代码＋"TRAIN"，航次输入6位起运日期（年年月月日日）；境内运输方式为公路的，船名输入4位关别代码＋"TRUCK"，航次输入6位起运日期（年年月月日日）。境内运输工具须在"RTX"运输工具参数库中备案。

---

① 又称实物箱，相对于标准箱而言。

8.4.2 转关申报单表体

1. 进境/出境运输工具及提运单

（1）进出境运输。

①进口转关。

0 为非保税区，1 为监管仓库，2 为水路，3 为铁路，4 为公路，5 为空运，6 为邮运，7 为保税区，8 为保税仓库，9 为其他。

②出口转关。

1 为监管仓库，2 为水路，3 为铁路，4 为公路，5 为空运，6 为邮运，7 为保税区，8 为保税仓库，9 为其他。

（2）运输工具编号。

①进口转关。

水路：录入船舶编号。铁路：录入车厢编号。汽车：录入载货清单号。邮运：录入包裹单号。其他进出境运输方式为空。

②出口转关。

公路录入载货清单号（13 位），其他进出境运输方式为空。

（3）船舶名称。

水路：录进境/出境船舶名称（英文船名，最长 19 位字符，包括字母之间的空格，对超过 19 位的取最前 19 位），其他运输方式为空。

（4）航次。

①进口转关。

水路录入进境船舶航次号码（最长 6 位字符，超过 6 位的取最后 6 位）；铁路：进境日期（8 位日期：年年年年月月日日）。空运：录总运单号（11 位，中间不得以"—"连接。例如，不应为 781—45678912，应录入 78145678912），公路、邮运为空。

②出口转关。

水路录入出境船舶航次号码（最长 6 位字符，超过 6 位的取最后 6 位），空运录入总运单号（11 位，中间不得以"—"连接），其他运输方式为空。

（5）提单号。

①进口转关。

水路：录入正本水路提单号（最长 17 位字符，超过 17 位的取最后 17 位）。铁路：录运单号。空运：录分运单号（8 位字符，无分运单为空，超出 8 位字符时，从后向前截取，即取后 8 位），进出境运输方式为 0、1、6、7、8、9 的进口提前报关转关货物，为空（非实际进出境的转关货物填海关单证号)。

②出口转关。

水路录入正本水路提单号(最长17位字符,超过17位的取最后17位)。空运录入分运单号(8位字符,超出8位时,从后向前截取,即取后8位)或由出境地海关自编顺序号,进出境运输方式为1、3、5、6、7、8、9的出口转关货物,为空(非实际进出境的转关货物填海关单证号)。

(6)进出境日期。

①进口转关。

输入货物实际进口日期,进口提前报关可以免填,对于前1~5项填报正确的进口中转、直转货物,从进口舱单库中自动提取。

②出口转关。

出口转关为空。

(7)件数。

指提运单列明的件数。

(8)重量。

指提运单列明的重量。进口提前报关从报关单中自动提取,对于前1~5项填报正确的进口中转、直转货物,从进口舱单库中自动提取。出口提前报关从报关单中自动提取,出口中转录入该提单货物的包装件数、毛重。

(9)商品项数。

为空。

(10)集装箱数。

输入该提单的实际自然箱数,拼箱货物或无集装箱的输"0"。

(11)收货人/发货人。

进口可按提单上的收货人录入。出口可输入实际境内发货单位名称。

出口中转货物"2运输工具编号"项必须为空。

出口提前报关转关货物,须货物运抵出境口岸方办理出口定舱的,起运地报关单预录入时,"3船舶名称"、"4航次"、"5提单号"可以不录,但在出境地海关办理转关结关前,须在出境地按以上规定补录。

2.集装箱及境内运输工具

(1)集装箱号。

输入集装箱号。如果没有集装箱,境内运输方式为水路、公路的输入"♯"＋"运输工具海关编号";境内运输方式为铁路的输入"♯"＋"车厢编号"。

(2)规格。

输入集装箱规格:S—20英尺及以下,L—40英尺及以上,N—非集装箱。

(3) 封志（关锁）号。

预录入为空。

(4) 封志（关锁）个数。

预录入为空。

(5) 境内运输工具名称。

境内运输方式为水路、公路的输入运输工具海关10位编号，境内运输方式为铁路的输车厢编号，如果没有运输工具海关10位编号的，输境内运输工具实际名称。

(6) 运输工具实际重量（车重）。

境内运输方式为公路的由运输工具库自动回填，其他境内运输方式为空。

对于特殊情况下，经海关批准的非集装箱、监管运输工具的运输，且不需施加关锁的，此栏可以为空。

对进口提前报关的转关货物，如在指运地海关预录入时无法确定境内运输工具，预录入时此栏可以为空，但在进境地海关须按以上规定补录电子数据。

进出境运输方式为水路的直转、中转货物，录入表体的船名、航次、提单号后，集装箱号和规格从舱单数据库中自动提取。

3. 商品

(1) 商品编码，输入商品10位数海关编码。

(2) 品名及规格，输入商品实际名称及相应的规格型号。

(3) 包装，输入商品实际外包装：1－木箱，2－纸箱，3－桶装，4－散装，5－托盘，6－包，7－件。

(4) 件数，输入商品实际外包装件数。

(5) 数量，输入商品实际数量。

(6) 单位，输入商品实际数量的单位名称。

(7) 重量，输入商品实际净重（单位：KG）。

(8) 成交价格，输入商品实际成交价格。

(9) 币制，输入成交价格币制代码。

4. 集装箱及商品

这个部分只有出口货物转关申报单有。

(1) 集装箱，该商品对应的集装箱号。

(2) 件数，该商品在该集装箱中的包装件数。

(3) 重量，该商品在集装箱中的毛重。

本章小结

报关程序中进出口报关阶段的第一环节就是申报,申报按申报地点可分为报关申报和转关申报,按申报形式可分为纸质申报和电子申报。重点介绍报关单证的填制。报关单证的填制是一项技术性很强的工作,其填报的正确与否关系到报关员的考核管理,也关系到企业的评级。

第9章 后续报关阶段

关键术语

报核 核销 受灾货物 内销 结转 退运 放弃

> **学习目标**
>
> - 了解非正常合同报核;
> - 熟悉加工贸易剩余料件、残次品、边角料、副产品的含义与处理;
> - 熟悉受灾保税加工货物的含义与处理;
> - 掌握报核和核销的含义、期限(正常报核和合同终止报核的时间)、核销处理;
> - 熟悉暂准进出境货物的核销结关。

进出境管理现场"放行"不是"结关"。上述货物海关进出境监管现场放行后,仍是海关监管货物,海关继续进行监管,进入海关后续管理阶段,对应报关单位的后续报关阶段。保税货物办理了核销手续才结关,暂准进出口货物办理了销案手续才结关,特定减免税货物办理了海关解除监管手续才结关。

9.1 保税进出口货物

9.1.1 保税加工货物

1. 保税加工货物的后续处理报关

对于履行加工贸易合同所涉及的料件、成品、半成品、残次品、边角料、副产品、余料、受灾保税货物等,联网监管企业处理保税加工货物方式包含内销、复出(退运)、退换、放弃、销毁、转减免税货物、余料结转、深加工结转等(海关为此设计了相应的监管方式,详见 7.6.2 的表 7-3)。以合同为单元的企业必须在电子化手册有效期内处理完毕。以企业为单元使用电子账册的企业在报核周期内的对保税加工货物的后续处理报关手续与电子化手册管理的报关手续一样。

(1) 内销报关。

保税加工货物(含料件、成品、半成品、残次品等)因故需转内销的,应经商务主管部门审批。加工贸易企业凭"加工贸易保税进口料进内销批准证"办理内销料件正式进口报关手续,缴纳进口税、缓税利息和相应的许可证件。进口报关单监管方式栏填:"来料(进料)料件内销"。

保税加工货物(含边角料、副产品等)因故需转内销的,进口报关单监管方式栏填:"来料(进料)角料内销"。

海关特殊监管区按料件征税的加工成品转内销货物,进口报关单监管方式栏填:"保区来料(进料)料件";海关特殊监管区按成品征税的加工成品转内销货物,进口报关单监管方式栏填:"保区来料(进料)成品"。

(2) 复出(退运)报关。

加工贸易企业因故将剩余料件、残次品、边角料、副产品等退运出境的,以及进口料件因品质、规格等退运出口且不再更换同类货物进口的,凭加工贸易手册等向口岸海关报关,办理出口手续,留存有关报关单以备查。出口报关单(剩余料件、残次品)监管方式栏填:"来料(进料)料件复出";出口报关单(边角料、副产品)监管方式栏填:"来料(进料)边角料复出"。

(3) 退换报关。

加工贸易出口成品因故退运进口及复出口,以及复运出境的原进口料件因换料退运出口后复运进口的,进出口货物报关单填报与加工贸易手册备案相应的退换监管方式简称或代码,如来料(进料)料件退换、来料(进料)成品退换。

(4) 放弃报关。

企业申请放弃加工贸易货物,除按现行规定提交有关单证、材料外,还需提供经政府价格主管部门认定资质的价格评估机构出具的关于拟放弃的加工贸易货物的价值证明。由海关按规定作变卖处理的加工贸易放弃货物，企业应当在海关作出准予放弃之日起15日内，将加工贸易放弃货物全部运至海关指定的仓库，并与该指定仓库的经营者办理放弃货物的交接入库手续。企业完成加工贸易放弃货物交接入库、销毁或者经海关批准自行处理后5个工作日内，凭相关证明材料办理加工贸易放弃货物的进口报关手续。向海关提出书面申请，经批准并开具放弃加工贸易货物交接单，企业凭交接单将货物运到海关指定仓库，并办理货物报关手续。进口报关单监管方式栏填："料件（成品）放弃"。未得到海关批准的，该货物则只能按退运、征税内销、销毁处理。有三种情形不能够放弃报关：

1）申请放弃的货物属于国家禁止或限制进口的货物；
2）申请放弃的货物属于对环境造成污染的货物；
3）法律、行政法规、规章规定不予以放弃的其他情形。

但是，企业进口保税料件不属于国家禁止或限制进口的废物，在国内加工过程中产生的边角料、残次品、副产品属国家禁止或限制进口的废物，海关应当依企业申请作出准予放弃的决定。

企业放弃半成品、残次品、副产品的，应按单耗关系折成料件，按"料件放弃"报关。企业放弃进口料件、半成品、残次品、副产品的，按照或折成原进口料件价格申报；放弃成品的，按照合同备案价格申报。企业放弃半成品、残次品、副产品的，应在报关单备注栏注明"半成品"、"残次品"、"副产品"相关字样。

（5）销毁。

由于不能办理结转或不能放弃或涉及知识产权等，企业要求销毁的加工贸易货物，所属货物企业可以申请销毁，经海关核实同意销毁，有企业按规定销毁，必要时海关可以派员监督销毁。货物销毁后，企业收取海关出具的销毁证明材料，已被报核。按照规定需要进行销毁处理的加工贸易放弃货物，企业应当在实施销毁3个工作日前向主管海关报送销毁方案，并自海关作出准予放弃之日起15日内完成全部放弃货物的销毁工作。

企业应当向主管海关提供放弃货物的销毁清单、销毁报告以及销毁过程的全程录像光盘。其中，需要销毁的加工贸易放弃货物为原进口料件或成品的，应当在海关认可的销毁机构实施销毁，并提供销毁机构出具的接收单据和处置证明等销毁证明材料。海关可以派员监督加工贸易放弃货物的交接入库和销毁工作，企业及有关销毁机构应当给予配合。加工贸易放弃货物通过销毁处理的，企业应在报关单备注栏注明"销毁"字样；经海关批准由企业自行处理的,应在报关单备注栏注明"自行处理"字样,如放弃半成品并销毁处理,应注明"半成品/销毁"。企业凭加工贸易放弃货物的报关单及其他有关单证向海关办理放弃货物的报核手续。

(6) 受灾货物的报关。

加工贸易企业在受灾后 7 日内向主管海关书面报告,并提供如下材料,海关可视情况派员核查取证。

——商务主管部门的签注意见;

——有关主管部门出具的证明文件;

——保险公司出具的保险赔款通知书或检验检疫部门出具的有关检验检疫证明文件。

1) 不可抗力。

受灾保税加工货物灭失或失去使用价值,可由海关审定、免税。需销毁的受灾货物,同其他保税货物销毁处理一样。如受灾保税加工货物虽失去原使用价值但可再利用的,根据海关审定的保税货物价格,按照对应的税率交纳进口税和缓税利息。其对应进口料件属关税配额管理的,按照关税配额税率计征税款。

因不可抗力造成的受灾保税货物处理时,对应的原进口料件内销征税,属于许可证管理的,免交许可证。

2) 非不可抗力。

对非不可抗力因素造成的受灾保税加工货物,海关按照原进口货物成交价格审定完税价格,照章征税。属关税配额管理而在办理纳税手续时没有配额证的,应当按该商品配额外适用的税率缴纳进口税。

因非不可抗力造成的受灾保税货物处理时,对应的原进口料件内销征税,属于许可证管理的,应当交验进口许可证。

(7) 转减免税货物。

加工贸易成品凭征免税证明转为享受减免税进口货物的,应分别填制进口报关单和出口报关单,出口报关单监管方式栏填:"来料(进料)成品减免",进口报关单监管方式栏按实际监管方式填。

(8) 深加工结转报关。

深加工结转俗称转厂,是指加工贸易企业将保税进口料件加工的产品转至另一加工贸易企业进一步加工后复出口的经营活动。加工贸易保税货物跨关区深加工结转是指加工贸易企业将保税进口料件加工的产品转至另一直属海关关区内的加工贸易企业进一步加工后复出口的经营活动。

特别提示

跨关区加工贸易（异地加工贸易）、加工贸易外发加工、加工贸易保税货物跨关区深加工结转的区别：

跨关区加工材料直接运到关区以外备案加工贸易合同的其他企业进行加工。比如，上海的一家加工贸易经营企业进口料件，不是自己加工，而是把这些料件委托给了苏州的一家加工企业，让苏州的这家企业来加工，加工成成品后回收，由上海的加工贸易经营企业组织出口的加工贸易。

加工贸易外发加工，即将某道工序或全部工序委托没有进行加工贸易合同备案的其他企业进行加工。比如，上海的一家企业所进行的是服装的加工贸易，将裁剪这道工序，交给了上海的另外一家企业来加工，或者是委托给苏州的某一家企业进行加工。这种情况就属于加工贸易外发加工。

跨关区加工贸易，两家企业是在不同的关区，而加工贸易外发加工可以是同一个关区，也可以是两个不同的关区。

加工贸易保税货物跨关区深加工结转，两个加工贸易企业不在同一个关区，要办理结转手续。两家企业不在一个关区，其中一家加工贸易企业完成加工后转给下一家加工贸易企业完成加工后出口。

例（选择题）：

某企业购进一批生产原料，其中80%的加工产品直接返销境外，20%加工产品结转给另一关区其他加工贸易企业继续加工后返销境外，那么，某企业将20%加工产品结转给另一关区其他加工贸易企业继续加工后返销的做法，在海关管理中，称为：

A. 跨关区异地加工
B. 跨关区深加工结转
C. 跨关区委托加工
D. 跨关区外发加工

解释：根据前面提到的概念，答案应选 B。

1) 非物理围网深加工结转报关程序要经过三个环节：

计划备案（计划申报）
↓
收发货登记
↓
结转报关（办理报关手续）

第一个环节：计划备案（计划申报）

转出企业、转入企业向各自的主管海关提交加工贸易保税货物深加工结转申请表，申报结转计划。

①转出企业填写申报表（一式四联）、签章，向主管海关备案；

②转出地海关备案后，留存一联，其余三联退转出企业交转入企业；

③转入企业在转出企业备案后20日内，持申请表的其余三联，填写本企业相关内容后签章，向转入地海关备案（超期或申报内容不符合手续，未被海关批准，则该申请表作废）。

④转入地海关审核后，将申请表第二联留存，第三联和第四联交转入、转出企业凭以办理结转收发货登记及报关手续。

在计划备案环节中，简单地说，先是转出企业办理，后是转入企业办理。与第三个结转报关环节的程序要区分开。

例（单选题）：

北京加工贸易企业A进口料件生产半成品后转给南京加工贸易企业B继续深加工，最终产品由B企业出口。A、B企业都需要向海关提交加工贸易保税深加工结转申请表，办理计划备案。下列哪项办理计划备案的手续是正确的（　　）。

A. 先由A企业向转出地海关申请备案，后由B企业向转入地海关备案

B. 先由A企业向转入地海关申请备案，后由B企业向转入地海关申请备案

C. 先由B企业向转入地海关申请备案，后由A企业向转出地海关申请备案

D. 先由B企业向转出地海关申请备案，后由A企业向转入地海关申请备案

答案：A

解释：A是转出企业，B是转入企业。步骤是应该先由A企业向转出地海关申请备案，后由B企业向转入地海关备案。

第二个环节：收发货登记

转出、转入企业在海关备案申请保税货物深加工结转后，应该按照海关核准的计划进行实际收发货，并在"保税货物实际结转情况登记表"上如实登记，并加盖企业结转专用章。

如遇退货，也应在结转情况登记表上如实填写，并注明"退货"，加盖企业结转专用章。

第三个环节：结转报关

转出、转入企业实际收发货后，应当按照规定办理结转报关手续。

①转出、转入企业应当分别在转出地、转入地海关办理结转报关手续。转出、转入企业可以凭一份"申请表"分批或者集中办理报关手续。

转出(入)企业每批实际发(收)货后,应当在 90 日内办结该批货物的报关手续。

②转入企业凭"申请表"、"登记表"等单证向转入地海关办理结转进口报关手续,并在结转进口报关后的第 2 个工作日内将报关情况通知转出企业。

③转出企业自接到转入企业通知之日起 10 日内,凭"申请表"、"登记表"等单证向转出地海关办理结转出口报关手续。

(从②③得知,在结转报关环节:转入企业先报关,转出企业后报关。)

④结转进口、出口报关的申报价格为结转货物的实际成交价格。

⑤一份结转进口报关单对应一份结转出口报关单,两份报关单之间对应的申报序号、商品编号、数量、价格和手册号应当一致。

⑥结转货物分批报关的,企业应当同时提供"申请表"和"登记表"的原件及复印件。

深加工结转要注意几个问题。一般的报关程序是:先报关,再收发货。但是深加工结转的程序是:先计划申报,再办理收发货登记,最后办理报关手续。在计划申报中:先转出企业办理,后转入企业办理。在办理报关手续中:先转入企业办理,后转出企业办理。

例 1(单选题):

北京加工贸易企业 A 进口料件生产半成品后转给南京加工贸易企业 B 继续深加工,最终产品由 B 企业出口。下列哪项结转报关手续是正确的:

A. 先由 A 企业报进口,后由 B 企业报出口
B. 先由 A 企业报出口,后由 B 企业报进口
C. 先由 B 企业报进口,后由 A 企业报出口
D. 先由 B 企业报出口,后由 A 企业报进口

答案:C。先由 B 企业报进口,后由 A 企业报出口

解释:在办理深加工结转报关的手续中,先由转入企业办理结转进口报关手续,然后由转出企业再办理结转出口报关手续。B 公司是转入企业,因此,应由 B 企业报进口,再由转出企业 A 报出口。要注意看题目问的是结转报关环节,还是计划备案环节。

例 2(多选题):

下列关于加工贸易深加工结转程序的表述正确的是:

A. 先进行加工贸易深加工结转的计划申报,再办理发货登记,最后办理报关手续

B. 先进行加工贸易深加工结转的计划申报，再办理报关手续，最后再收发货

C. 先由转出企业向转出企业所在地海关进行计划申报，再由转入企业向转入企业所在地海关进行计划申报

D. 先由转出企业向转出企业所在地海关办理结转出口报关手续，再由转入企业向转入企业所在地海关办理结转进口报关手续

答案：A、C

解释：办理深加工结转的程序是：先计划备案，再办理收发货登记，最后办理报关手续。在计划备案中，先由转出企业办理，后由转入企业办理。D中先由转出企业向转出企业所在地海关办理结转出口报关手续，再由转入企业向转入企业所在地海关办理结转进口报关手续，错在办理报关手续中，先转入企业报关、后转出企业报关。

电子账册管理模式的联网企业深加工结转报关与电子化手册管理下的保税加工货物深加工结转报关一样，参照电子化手册的相关内容执行。

2）出口加工区的深加工结转报关。

出口加工区的深加工结转报关是指出口加工区、珠海园区区内企业按有关规定，将本企业加工生产的产品直接或通过保税仓库企业转入其他海关特殊监管区域内，及区外加工贸易企业进一步加工后复出口的经营活动。

——转入企业在其他海关特殊监管区内

对转入特殊监管区域的，转出、转入企业分别在自己的主管海关办理结转手续。转出企业凭区管委会批复，向所在区海关备案后，方可开展货物的实际结转；对转入其他出口加工区、保税区等海关特殊监管区域的，转入企业凭其所在区管委会的批复办理结转手续。

对转入特殊监管区域的深加工结转除特殊情况外，比照转关运输方式办理结转手续；不能比照转关运输方式办理结转手续的，在向主管海关提供相应的担保后，由企业自行运输。

——转入企业为海关特殊监管区域外的加工贸易企业

对转入出口加工区、保税区等海关特殊监管区域外的加工贸易企业，转入企业凭商务主管部门的批复办理结转手续。海关按照对保税加工进口货物的有关规定办理手续，结转产品如果属于加工贸易项下进口许可证管理商品的，企业应当向海关提供相应的有效进口许可证件。

转出、转入企业在转出地主管海关办理结转手续。

转出企业为区内企业，转入企业是特殊监管区域以外的区外企业，其深加工结转报关要经过三个环节，具体步骤如下：

第一个环节：计划备案（先转入再转出），转入企业在"中华人民共和国出口加工区内深加工结转申请表"（一式四联）中填写本企业的转入计划，凭申请表向转入地海关备案。备案后，留存申请表第一联，其余三联退还转入企业，由转入企业送交区内转出企业。

转出企业自转入地海关备案之日起 30 日内，持申请表其余三联，填写本企业的相关内容后，向主管海关办理备案手续。转出地海关审核后，留存申请表第二联，将第三、四联分别交给转出企业、转入企业。

第二个环节：发货、收货。转出企业、转入企业办理结转备案手续后，凭双方海关核准的申请表进行实际收发货。转出企业的每批次发货记录应在一式三联的"出口加工区（珠海园区）货物实际结转情况登记表"上如实登记，转出地海关在卡口签注登记表后，货物即可出区。

第三个环节：结转报关（先转入再转出）。转出企业、转入企业每批实际发、收货后，可以凭申请表和转出地卡口海关签注的登记表分批或集中办理海关手续。转出企业、转入企业每批实际发、收货后，应当在收发货登记后 30 日内报关。转入企业填报结转进口报关单，转出企业填报结转出口备案清单。一份结转进口报关单对应一份结转出口备案清单。

区内转出的货物因质量不符等发生退运、退换的，转入企业为特殊监管区以外的加工贸易企业的，按退运货物或退换货物办理相关手续。

当转出企业、转入企业都不是区内企业，即前面谈到的非物理围网深加工结转，下面就这两种深加工结转做比较：

相同点：都是经过三个环节。不同点也有三个：
- 计划申报的顺序不一样：
非海关特殊监管区深加工结转：先转出，再转入；
海关特殊监管区深加工结转：先转入，再转出。
- 备案的时间不一样：
非海关特殊监管区：转出备案后 20 日内，转入企业备案；
海关特殊监管区：转入备案后 30 日内，转出企业备案。
- 办结报关手续的时间期限不同：
非海关特殊监管区：实际发货、收货之日起 90 日内；
海关特殊监管区：实际发货、收货之日起 30 日内。

（9）余料结转报关。

料件结转（余料结转）是加工合同履行完毕或因故终止余下的料件，转到同一企业另一合同的手册。加工企业可以向海关申请将剩余料件结转到另一个加工贸易合同生产出口，但必须在同一经营单位、同一加工厂、同样的进口料件和同一加工监管方式的情况下结转。

例（多选题）：

加工贸易剩余料件结转至另一个加工贸易合同出口时，必须符合一定的条件。下列选项中属于这些条件的是：

A. 同一经营单位

B. 同一加工厂

C. 同样的进口料件

D. 同样的产品

答案：ABC。

加工贸易企业可以向海关提出申请，并提交有关的书面材料、清单。海关将依法对企业结转申请予以审核，对不符合规定的会作出不予以结转的决定，并告知企业按照规定将不予以结转的料件退出境外、征税内销、放弃或销毁处理；对符合规定的会作出准予结转决定剩余料件的决定，并对准予结转企业将剩余料件结转到另一加工厂的，收取相当于拟结转料件应缴税款金额的保证金或银行保函（对海关收取担保后备案的手册或者已实行银行保证金台账实转的手册，担保金额或者台账实转金额不低于拟结转保税料件应缴纳金额的，可免予收取保证金或银行保函），向企业签发加工贸易剩余料件结转联系单，由企业在转出手册的主管海关办理出口报关手续，在转入手册的主管海关办理进口报关手续。

由于加工贸易企业因合同变更、外商毁约等无法履行出口合同，申请将尚未加工的剩余料件结转到另一个加工贸易合同项下加工复出口的，可以比照上述剩余料件结转的办法办理报关手续。

2. 加工贸易企业报核

（1）电子化手册。

加工贸易合同报核是指加工贸易企业在加工合同履行完毕或终止后，按照规定处理完剩余货物，在规定的时间内，按照规定的程序向该企业主管海关申请核销结案的行为。分为两个步骤：预报核和正式报核。

1) 预报核。

预报核是企业在合同履约后，及时将进出口报关单进行收集、整理、核对；以电子报文形式向海关申请报核。

海关通过计算机将企业的预报核报关单与电子化手册数据进行比对，对比对结果完全相同，海关的计算机反馈"同意报核"的，企业应向海关递交相关单证，可以进入正式报核。

企业通过电子口岸数据中心向主管海关传送报核表头、报关单、进口料件、出口成品、单损耗五方面的报核数据。

(2) 电子账册。

电子账册报核是指加工贸易企业在一个报核周期届满后,在规定的时间内,按照规定的程序向该企业主管海关申请核销结案的行为。分为两个步骤:预报核和正式报核。

1) 预报核。

预报核是加工贸易联网企业报核的组成部分。企业在向海关正式申报核销前,在电子账册本次核销周期到期之日起 30 日内,将本核销期内申报的所有的电子账册进出口报关数据按海关要求的内容,包括报关单号、进出口岸、扣减方式、进出标志等以电子报文形式向海关申请报核。

海关通过计算机将企业的预报核报关单与电子账册数据进行比对,比对结果完全相同,海关的计算机反馈"同意报核"的,企业应向海关递交下列单证,可以进入正式报核:

——企业核销期内的财务报表;

——纸质报关单;

——已征税的税款缴纳证复印件;

——企业电子账册报核总体情况表;

——企业保税进口料件盘点资料;

——归并参数表纸质文本(本期核销内有变更的);

——其他海关认为需要的单证。

2) 正式报核。

正式报核是指企业预报通过海关审核后,以预报核海关核准的报关数据为基础,填报本期保税进口料件应当留存数量、实际留存数量等内容,以电子数据向海关正式申请报核。

海关认为必要时可以要求企业进一步报送料件的实际进口数量、耗用数量、内销数量、结转数量、边角料数量、放弃数量、实际损耗等内容,对不相符且属于企业填报有误的可以退单,企业必须重新申报。

经海关认定企业实际库存多于应存数,有合理正当理由的,可以计入电子账册下期核销,对其他原因造成的,依法处理。

3. 海关受理报核和核销

海关审核报核企业的申请,不符合规定的,要求企业重新报核;符合规定的,海关受理企业的报核。海关对报核的电子化手册或电子账册进行数据核算,核对企业报核的料件、成品进出口数据与海关底账数据是否相同,核实企业申报的成品单损耗与实际耗用是否相符,企业内销征税情况与实际内销情况是否一致。海关核销除了对书面数据进行必要的核算外，还会根据实际情况采取盘点核库的方式进行核对。

海关核销的基本目的是掌握企业的某个电子化手册或电子账册在某个时段下所进口的各项加工贸易保税料件的使用、流转、损耗的情况，确认是否符合以下平衡关系：

期初数量＋进口保税料件（含深加工结转进口）＝出口成品折料（含深加工结转出口）＋内销成品折料（含成品减免）＋内销料件－复出料件＋剩余料件＋损耗（含料件或成品放弃）

注：

—期初数量：电子化手册——余料结转，电子账册——上期期末结转；

—成品退换、料件退换由于存在等量的一进一出，所以，不体现在上面的平衡公式中；

—以上各项数据所涉及的报关单"监管方式"的填报可参考7.7.2。

（1）电子化手册。

加工贸易合同核销是指加工贸易经营企业加工复出口并对未出口的货物办妥有关海关手续后，凭规定的单证向海关申请解除监管，海关经审查、核查属实且符合有关法律、行政法规的规定，以予办理申请解除监管手续的海关行政许可事项。

海关根据加工贸易合同的有效期限确定核销日期，对实际电子化手册管理的联网企业进行核销管理，即对电子化手册按对应的合同（订单）项下加工贸易进出口情况进行平衡核算。

（2）电子账册。

电子账册采用的是以企业为单元的管理方式，一个企业只有一本电子账册，因此，对电子账册模式的核销实行滚动核销的形式，即对电子账册按照时间段进行核销，将某个确定时间段内企业的加工贸易进出口情况进行平衡核算。如果联网企业不再使用电子账册的，也应当向海关申请核销。海关对电子账册核销完毕，予以注销。

海关对报核的电子账册进行数据核算，企业报核数据与海关底账数据及盘点数据相符的，海关通过正式报核审核，打印核算结果，系统自动将本期结余数转为下期期初数。企业实际库存量多于电子底账核算结果的，海关会按照实际库存量调整电子底账的当期结余数转；企业实际库存量少于电子底账核算结果且可以提供正当理由的，对短缺部分，联网企业按照内销处理；企业实际库存量少于电子底账核算结果且联网企业不能提供正当理由的，对于短缺部分，海关将移交缉私部门处理。

4. 结案

经过核销情况正常，未开设台账的，海关应当签发"核销结案通知书"；开设台账的，海关应当签发"银行保证金台账核销联系单"，到银行销台账，并领取"银行保证金台账核销通知单"，凭此向海关领取核销结案通知书。海关对通过核销核算的电子化手册或电子账册进行结案处理，并打印结案通知书交付企业。

9.1.2 保税物流货物

1. 非物理围网——两仓

（1）保税仓库。

1）受灾货物。

货物在仓库储存期间发生损毁、短少或灭失，除不可抗力原因外，保税仓库应当依法向海关缴纳损毁、短少或灭失货物的税款，并承担相应的法律责任。

2）结转报关。

保税仓库与海关特殊监管区域或者其他海关保税场所往来流转的货物，按转关运输的有关规定办理相关手续。

保税仓库与海关特殊监管区域或者其他海关保税场所在同一直属海关内的，经直属海关批准，可不按转关运输办理。

保税仓库货物转往其他保税仓库的，应当各自在仓库主管海关报关，报关时应先办理进口报关，再办理出口报关。

（2）出口监管仓库。

1）受灾货物。

储存期间发生损毁或灭失，除不可抗力原因外，仓库应向海关缴纳损毁、灭失货物的税款，并承担相应的法律责任。

2）退换（更换）报关。

对于已经存入出口监管仓库，因质量问题要求更换的，经仓库所在地主管海关批准，可以更换货物。被更换货物出仓之前，更换货物应当先行入仓。应当与原货物的商品编码、品名、规格型号、数量、价值相同。

3）结转报关。

出口监管仓库与海关特殊监管区域或者其他海关保税场所往来流转的货物，按转关运输的有关规定办理相关手续。

2. 物理围网——海关特殊监管区

(1) 保税物流中心。

1) 无代价抵偿货物。

从物流中心进入境内,用于在保修期限内免费维修有关外国产品,并符合无代价抵偿货物有关规定的零部件或者用于国际航行船舶和航空器的物料,或者属于国家规定可以免税的货物,免征关税和进口环节海关代征税。

2) 受灾货物。

保税仓储货物在存储期间发生损毁或者灭失的,除不可抗力外,物流中心内货物的经营企业应当依法向海关缴纳损毁、灭失货物的税款,并承担相应的法律责任。

(2) 保税物流园区。

园区企业应当依照《中华人民共和国会计法》及有关法律、行政法规的规定,规范财务管理,设置符合海关监管要求的账簿、报表,记录本企业的财务状况和有关进出园区货物、物品的库存、转让、转移、销售、简单加工、使用等情况,如实填写有关单证、账册,凭合法、有效的凭证记账和核算。

园区企业应当编制月度货物进、出、转、存情况表和年度财务会计报告,并定期报送园区主管海关。

1) 退运。

已办理出口退税的货物或者已经流通性简单加工的货物(包括进境货物)如果退运,按照进出口货物的有关规定办理海关手续。

2) 放弃。

除法律、行政法规规定不得声明放弃的货物外,园区企业可以申请放弃货物。

放弃货物由园区主管海关依法提取变卖,变卖收入由海关按照有关规定处理。依法变卖后,企业凭放弃该批货物的申请和园区主管海关提取变卖该货物的有关单证办理核销手续;确因无使用价值无法变卖并经海关核准的,由企业自行处理,园区主管海关直接办理核销手续。放弃货物在海关提取变卖前所需的仓储等费用,由企业自行承担。

对按照规定应当销毁的放弃货物,由企业负责销毁,园区主管海关可以派员监督。园区主管海关凭有关主管部门的证明材料办理核销手续。

3) 受灾货物。

①不可抗力。因不可抗力造成园区货物损坏、损毁、灭失的,园区企业应当及时书面报告园区主管海关,说明理由并提供保险、灾害鉴定部门的有

关证明。经园区主管海关核实确认后，按照下列规定处理：

——货物灭失，或者虽未灭失但完全失去使用价值的，海关予以办理核销和免税手续；

——进境货物损坏、损毁，失去原使用价值但可以再利用的，园区企业可以向园区主管海关办理退运手续。如不退运出境并要求运往区外的，由园区企业提出申请，并经园区主管海关核准，根据受灾货物的使用价值进行估价、征税后运出园区外；

——区外进入园区的货物损坏、损毁，失去原使用价值但可以再利用，且需向出口企业进行退换的，可以退换为与损坏货物同一品名、规格、数量、价格的货物，并向园区主管海关办理退运手续。

需退运到区外的，如属于尚未办理出口退税手续的，可以向园区主管海关办理退运手续；如属已经办理出口退税手续的，按照进境货物运往区外的有关规定办理。

②非不可抗力。因保管不善等非不可抗力造成货物损坏、损毁、灭失的，按下列规定办理：

——对于从境外进入园区的货物，园区企业应当按照一般贸易进口货物的规定，以货物进入园区时海关接受申报之日适用的税率、汇率，依法向海关缴纳损毁、灭失货物原价值的关税、进口环节增值税和消费税；

——对于从区外进入园区的货物，园区企业应当重新缴纳因出口而退还的国内环节有关税收，海关据此办理核销手续。

4）结转报关。

海关对于园区与海关特殊监管区域或者保税监管场所之间往来的货物，继续实行保税监管，不予以签发出口货物报关单证明联。但货物从未实行国内货物入区（仓）环节出口退税制度的海关特殊监管区域或者保税监管场所转入园区的，按照货物实际离境的有关规定办理申报手续，由转出地海关签发出口货物报关单证明联。

园区与其他海关特殊监管区域、保税监管场所之间的货物交易、流转，不征收进出口环节和国内流通环节的有关税收。

（3）保税区。

在保税区内设立的企业，应当向海关办理注册手续。区内企业应当依照国家有关法律、行政法规的规定设置账簿、编制报表，凭合法、有效凭证记账并进行核算，记录有关进出保税区货物和物品的库存、转让、转移、销售、加工、使用和损耗等情况。区内货物备案即可转让、转移，区内展览应受海关监管。

（4）保税港区和综合保税区。

海关对保税港区企业不实行单耗标准管理。区内企业应当自开展业务之日起，定期向海关报送货物的进、出区和储存情况。

1）受灾货物。

①不可抗力。因不可抗力造成保税港区或综合保税区货物损坏、损毁、灭失的，保税港区或综合保税区企业应当及时递交书面报告给保税港区或综合保税区主管海关，说明理由并提供保险、灾害鉴定部门的有关证明，如保险赔款通知书、商务部门的签证意见、主管部门意见及检验检疫证明文件等。经保税港区或综合保税区主管海关核实确认后，按照下列规定处理：

——货物灭失，或者虽未灭失但完全失去使用价值的，海关予以办理核销和免税手续；

——进境货物损坏、损毁，失去原使用价值但可以再利用的，保税港区或综合保税区企业可以向主管海关办理退运手续。如不退运出境并要求运往区外的，由区内企业提出申请，并经保税港区或综合保税区主管海关核准，根据受灾货物的使用价值进行估价、征税后运出保税港区或综合保税区外；

——区外进入保税港区或综合保税区的货物损坏、损毁，失去部分使用价值，且需向出口企业进行退换的，可以退换为与损坏、损毁货物相同或类似的货物，并向保税港区或综合保税区主管海关办理退运手续。

需退运到区外的，如属于尚未办理出口退税手续的，可以向保税港区或综合保税区主管海关办理退运手续；如属已经办理出口退税手续的，按照进境货物运往区外的有关规定办理。

②非不可抗力。因保管不善等非不可抗力造成货物损坏、损毁、灭失的，区内企业应当及时以书面形式报告主管海关，说明情况。经主管海关核实确认后，按下列规定办理：

——对于从境外进入保税港区或综合保税区的货物，保税港区或综合保税区企业应当按照一般贸易进口货物的规定，以货物损毁、灭失之日适用的税率、汇率，依法向海关缴纳损毁、灭失货物原价值的关税、进口环节增值税和消费税；

——对于从区外进入保税港区或综合保税区的货物，保税港区或综合保税区企业应当重新缴纳因出口而退还的国内环节有关税收，海关据此办理核销手续。

2）结转报关。

保税港区内货物可以自由流转。区内企业转让、转移货物的，双方企业应当及时向海关报送转让、转移货物的品名、数量、金额等电子数据信息。

海关对于保税港区与其他海关特殊监管区域或者保税监管场所之间往来的货物，实行保税监管，不予以签发用于办理出口退税的出口货物报关单证明联。但货物从未实行国内货物入区（仓）环节出口退税制度的海关特殊监管区域，或者保税监管场所转入保税港区的，视同货物实际离境，由转出地海关签发用于办理出口退税的出口货物报关单证明联。

保税港区与其他海关特殊监管区域或者保税监管场所之间的流转货物，不征收进出口环节的有关税收。

承运保税港区与其他海关特殊监管区域或者保税监管场所之间往来货物的运输工具，应当符合海关监管要求。

▶ 9.2 减免税货物

减免税货物的后续报关阶段是减免税货物的处置和申请解除监管。监管期间，货主定期或不定期呈报使用报表，海关抽查账册和实存。

9.2.1 减免税货物的处置

在进口减免税货物的海关监管年限内，未经海关许可，减免税申请人不得擅自将减免税货物转让、抵押、质押、移作他用或者进行其他处置。

1. 减免税货物结转

在海关监管年限内，减免税申请人将进口减免税货物转让给进口同一货物，享受同等减免税优惠待遇的其他单位的，应当按照下列规定办理减免税货物结转手续：

（1）减免税货物的转出申请人持有关单证向转出地主管海关提出申请，转出地主管海关审核同意后，通知转入地主管海关。

（2）减免税货物的转入申请人向转入地主管海关申请办理减免税审批手续。转入地主管海关审核无误后签发"征免税证明"。

（3）转出、转入减免税货物的申请人应当分别向各自的主管海关申请办理减免税货物的出口、进口报关手续。转出地主管海关办理转出减免税货物的解除监管手续。结转减免税货物的监管年限应当连续计算。转入地主管海关在剩余监管年限内对结转减免税货物继续实施后续监管。

转入地海关和转出地海关为同一海关的，按照（1）规定办理。

在海关监管年限内，减免税申请人将进口减免税货物转让给不享受进口税收优惠政策或者进口同一货物不享受同等减免税优惠待遇的其他单位的，应当事先向减免税申请人主管海关申请办理减免税货物补缴税款和解除监管手续。

2. 减免税货物移作他用

在海关监管年限内，减免税申请人需要将减免税货物移作他用的，应当事先向主管海关提出申请。经海关批准，减免税申请人可以按照海关批准的使用地区、用途、企业将减免税货物移作他用。

以上所称移作他用包括以下情形：

（1）将减免税货物交给减免税申请人以外的其他单位使用，如出售、转让等；

（2）未按照原定用途、地区使用减免税货物；

（3）未按照特定地区、特定企业或者特定用途使用减免税货物的其他情形。

除海关总署另有规定外，按照（1）中规定将减免税货物移作他用的，减免税申请人还应当按照移作他用的时间补缴相应税款；移作他用时间不能确定的，应当提交相应的税款担保，税款担保不得低于剩余监管年限应补缴的税款总额。

3. 减免税货物办理贷款抵押

在海关监管年限内，减免税申请人要求以减免税货物向金融机构办理贷款抵押的，应当向主管海关提出书面申请。经审核符合有关规定的，主管海关可以批准其办理贷款抵押手续。减免税申请人不得以减免税货物向金融机构以外的公民、法人或者其他组织办理贷款抵押。

减免税申请人以减免税货物向境内金融机构办理贷款抵押的，应当向海关提供下列形式的担保：

（1）与货物应缴税款等值的保证金；

（2）境内金融机构提供的相当于货物应缴税款的保函；

（3）减免税申请人、境内金融机构共同向海关提交"进口减免税货物贷款抵押承诺保证书"，书面承诺当减免税申请人抵押贷款无法清偿需要以抵押物抵偿时，抵押人或者抵押权人先补缴海关税款，或者从抵押物的折（变）价款中优先偿付海关税款。

减免税申请人以减免税货物向境外金融机构办理贷款抵押的，应当向海关提交第（1）项或者第（2）项规定形式的担保。海关在收到贷款抵押申请材料后，应当审核申请材料是否齐全、有效，必要时可以实地核查减免税货物情况，了解减免税申请人的经营状况。经审核同意的，主管海关应当出具《中华人民共和国海关准予进口减免税货物贷款抵押通知》。

海关同意以进口减免税货物办理贷款抵押的，减免税申请人应当于正式签订抵押合同、贷款合同之日起 30 日内将抵押合同、贷款合同正本或者复印件交海关备案。提交复印件备案的,减免税申请人应当在复印件上标注"与正本核实一致",并予以签章。抵押合同、贷款合同的签订日期不是同一日的,按照后签订的日期计算以上规定的备案时限。

贷款抵押需要延期的,减免税申请人应当在贷款期限届满前 20 日内向主管海关申请办理贷款抵押的延期手续。经审核同意的,主管海关签发准予延期通知,并出具《中华人民共和国海关准予办理进口减免税货物贷款抵押延期通知》。

9.2.2 海关监管年限内申请解除监管

减免税货物海关监管年限届满的,自动解除监管。在海关监管年限内的进口减免税货物,减免税申请人书面申请提前解除监管的,应当向主管海关申请办理补缴税款和解除监管手续。按照国家有关规定在进口时免予提交许可证件的进口减免税货物,减免税申请人还应当补交有关许可证件。

减免税申请人需要海关出具解除监管证明的,可以自办结补缴税款和解除监管等相关手续之日或者自海关监管年限届满之日起 1 年内,向主管海关申请领取解除监管证明。海关审核同意后出具"中华人民共和国海关进口减免税货物解除监管证明"。

1. 定期报核

在海关监管年限内,减免税申请人应当自进口减免税货物放行之日起,在每年的第 1 季度向主管海关递交"减免税货物使用状况报告书",报告减免税货物使用状况。减免税申请人未按规定向海关报告其减免税货物状况,向海关申请办理减免税备案、审批手续的,海关不予以受理。

2. 改变使用地点

在海关监管年限内,减免税货物应当在主管海关核准的地点使用。需要变更使用地点的,减免税申请人应当向主管海关提出申请,说明理由,经海关批准后方可变更使用地点。

减免税货物需要移出主管海关管辖地使用的,减免税申请人应当事先持有关单证以及需要异地使用的说明材料向主管海关申请办理异地监管手续,经主管海关审核同意并通知转入地海关后,减免税申请人可以将减免税货物运至转入地海关管辖地,转入地海关确认减免税货物情况后进行异地监管。

减免税货物在异地使用结束后,减免税申请人应当及时向转入地海关申请办结异地监管手续,经转入地海关审核同意并通知主管海关后,减免税申请人应当将减免税货物运回主管海关管辖地。

3. 主体变更

在海关监管年限内，减免税申请人发生分立、合并、股东变更、改制等变更情形的，权利义务承受人（以下简称"承受人"）应当自营业执照颁发之日起 30 日内，向原减免税申请人的主管海关报告主体变更情况，及原减免税申请人进口减免税货物的情况。经海关审核，需要补征税款的，承受人应当向原减免税申请人主管海关办理补税手续；可以继续享受减免税待遇的，承受人应当按照规定申请办理减免税备案变更或者减免税货物结转手续。

在海关监管年限内，因破产、改制或者其他情形导致减免税申请人终止，没有承受人的，原减免税申请人或者其他依法应当承担关税及进口环节海关代征税缴纳义务的主体，应当自资产清算之日起 30 日内向主管海关申请办理减免税货物的补缴税款和解除监管手续。

4. 退运出境或者出口的

在海关监管年限内，减免税申请人要求将进口减免税货物退运出境或者出口的，应当报主管海关核准。减免税货物退运出境或者出口后，减免税申请人应当持出口报关单向主管海关办理原进口减免税货物的解除监管手续。减免税货物退运出境或者出口的，海关不再对退运出境或者出口的减免税货物补征相关税款。

9.2.3 特殊监管区内企业免税进口货物申请解除监管

特殊监管区内企业免税进口货物未满海关监管年限，申请提前解除海关监管，应按规定缴纳进口税，完税价格的确定同区外；其中涉及国家许可证件管理的商品还需向海关提交有效的许可证件。

9.2.4 后续管理环节中的进出口申报行为

为规范进口减免税货物在后续管理环节中的进出口申报行为，保证企业顺利办理已进口减免税货物的有关通关手续，根据海关通关作业规范化需要和海关减免税后续管理业务计算机管理系统（H2000 减免税后续管理系统）在报关单填制方面的要求，海关对减免税货物后续管理的报关单填制要求如下：

（1）减免税货物退运出口，报关单的"备案号"栏目应填写"减免税进口货物同意退运证明"的编号；"监管方式"栏目应填写"4561（退运货物）"。

"减免税进口货物同意退运证明"编号规则为：RT＋4 位现场海关代码＋2 位年份代码＋4 位顺序号。"RT"为"减免税进口货物同意退运证明代码"。

(2) 减免税货物补税进口，报关单的"备案号"栏目应填写"减免税货物补税通知书"的编号；"监管方式"栏目应填写"9700（后续补税）"。

"减免税货物补税通知书"编号规则为：RB＋4位现场海关代码＋2位年份代码＋4位顺序号。"RB"为"减免税货物补税通知书代码"。

(3) 减免税货物结转进口（转入），报关单"备案号"栏目应填写"进出口货物征免税证明"的编号；"监管方式"栏目按现行规范填写；"关联备案号"栏目应填写本次减免税货物结转所申请的"减免税进口货物结转联系函"的编号。

相应的结转出口（转出），报关单"备案号"栏目应填写"减免税进口货物结转联系函"的编号；"监管方式"栏目应填写"0500（减免设备结转）"；"关联备案号"栏目应填写与该出口（转出）报关单相对应的进口（转入）报关单"备案号"栏目所填写的"进出口货物征免税证明"编号；"关联报关单"栏目应填写对应的进口（转入）报关单号。

"减免税进口货物结转联系函"编号规则为：RZ＋4位现场海关代码＋2位年份代码＋4位顺序号。"RZ"为"减免税进口货物结转联系函代码"。

9.3 暂准进出口货物

9.3.1 使用ATA单证册报关的暂准进出境货物

1. 正常核销结关

持证人在规定的期限内将进境展览品和出境展览品复运出境或复运进境，海关在白色复出口单证和黄色复进口单证上分别签注，留存单证正联，存根联随ATA单证册其他各联退持证人，正式核销结关。

例（多选题）：

下列关于ATA单证册的表述正确的是：

A. 是用于替代各缔约方海关暂准进出口货物报关单和税费担保的国际性通关文件

B. 是国际统一通用的海关申报单证

C. 一般由公约的各缔约方海关机构签发

D. 必须使用英语或法语，如果需要，也可以同时用第三种语言印刷

答案：ABD。

解析：ATA单证册由国际商会签发。

2. 非正常核销结关

ATA单证册项下暂时进境货物复运出境时，因故未经我国海关核销、签

注的，ATA核销中心凭由另一缔约国的海关在ATA单证册上签注的该批货物从该国进境或者复运进境的证明，或者我国海关认可的能够证明该批货物已经实际离开我国境内的其他文件，作为已经从我国复运出境的证明，对ATA单证册予以核销。

发生上述情况的，ATA单证册持证人应当按照规定向海关缴纳调整费。在我国海关尚未发出"ATA单证册追索通知书"前，如果持证人凭其他国海关出具的货物已运离我国关境的证明要求予以核销单证册的，海关免予收取调整费。

使用ATA单证册暂准进出境货物因不可抗力受损，无法原状复运出境、进境的，ATA单证册持证人应当及时向主管海关报告，可以凭有关部门出具的证明材料办理复运出境、进境手续；因不可抗力灭失或失去使用价值的，经海关核实后可以视为该货物已经复运出境、进境。

使用ATA单证册暂准进出境货物因非不可抗力灭失或受损，ATA单证册持证人应当按照货物进出口的有关规定办理海关手续。

9.3.2 不使用ATA单证册报关的展览品

按最终（实际）去向处理有如下销案方式：

1. 复运进出境

进境展览品按规定期限复运出境、出境展览品按规定期限复运进境后，海关分别签发报关单证明联，展览品所有人或其代理人凭此向主管海关办理核销结关手续。

异地复运进出境的展览品，进出境展览品的收发货人应当持主管海关签章的海关单证向复运进境、出境地海关办理手续。货物复运进境、出境后，主管海关凭复运进境、出境地海关签章的关单证办理核销结关手续。

展览品未能按规定期限复运进出境的，展览会主办单位或出国举办展览会的单位应当向主管海关申请延期，在延长期内办理复运进出境手续。

2. 转为实际（正式）进出口

进境展览品在展览期间被人购买，由展览会主办单位或代理人向海关办理进口申报、纳税手续，其中属于许可证件管理的，还应当提交进口许可证件。

出境展览品在境外参加展览会后被人销售的，由海关核对展览品清单后要求企业补办正式出口手续。

3. 展览品放弃或赠送

展览会结束后，进境展览品的所有人决定将展览品交由海关处理的，由海关依法变卖后将款项上缴国库。

展览品的所有人决定将展览品赠送的,受赠人应当向海关办理进口手续,海关根据进口礼品或经贸往来赠送品的规定办理。

4. 受灾展览品

(1) 非不可抗力。

进出境展览品因不可抗力以外导致的灭失或受损,进出境展览品收发货人应当按照货物进出口的有关规定办理海关手续。进境展览品因毁坏、丢失、被窃等不能复运出境的,展览会主办单位或代理人应向海关报告。对于毁坏的展览品,海关根据毁坏的程度估价征税;对于丢失或被窃的展览品,海关按照进口同类货物征收进口税。

(2) 不可抗力。

进出境展览品因不可抗力受损,无法原状复运出境、进境的,进出境展览品收发货人应当及时向主管海关报告,可以凭有关部门出具的证明材料办理复运出境、进境手续;因不可抗力灭失或失去使用价值的,经海关核实后可以视为该货物已经复运出境、进境。

9.3.3 其他暂准进出境货物

1. 复运进出境

其他暂准进境货物复运出境,其他暂准出境货物复运进境后,进出口货物收发货人或其代理人必须留存由海关签章的复运进出境报关单,准备报核。

2. 转为实际（正式）进出口

其他暂准进出境货物因特殊情况,改变特定的暂准进出境目的转为正式进出口,收发货人应当在货物复运出境、进境期限届满30个工作日前向主管地海关申请,经主管地直属海关批准后,按照规定提交有关许可证件,办理货物的正式进口或出口的报关纳税手续。

3. 放弃

其他暂准进境货物在境内完成暂时进境的特定目的后,如货物所有人不准备将货物运出境的,可以向海关申请将货物放弃,海关按放弃货物的有关规定处理。

4. 不可抗力

因不可抗力受损,无法原状复运出境、进境的,收发货人应当及时向主管海关报告,可以凭有关部门出具的证明材料办理复运出境、进境手续;因不可抗力灭失或失去使用价值的,经海关核实后可以视为该货物已经复运出境、进境。因不可抗力以外导致的灭失或受损,进出境展览品收发货人应当按照货物进出口的有关规定办理海关手续。

其他暂准进出境货物复运出境或进境,或者转为正式进出口,或者放弃后,收发货人向海关提交经海关签注的进出口货物报关单,或者处理放弃货物的有关单据,以及其他有关单证,申请报核。海关经审核,情况正常的,退还保证金或办理其他担保销案手续,予以结关。

> **特别提示**
>
> 特定减免税货物、保税货物、暂准进出境货物的区别:
>
> (1) 性质不同
>
> 特定减免税货物是以进口为目的的实际进口货物,针对三个特定,在符合条件(特定的区域、特定的企业、特定的用途)的情况下给予的税收优惠措施;保税货物是针对进境又复运出境的特点简化了海关税、证手续的一种制度,经海关批准,暂时不办理进境纳税手续、在境内存储、加工、装配后复运出境;暂准进出境货物在有担保的情况下,免纳关税、免许可证暂时进境货物,此担保直至货物复运出境(进境)后核销。
>
> (2) 前期准备不同
>
> 特定减免税货物——申领减免税证明,保税加工货物——向海关备案,由海关核发加工贸易登记手册等,暂准进出境货物中的展览品展览前需要报批备案。
>
> (3) 后续监管不同
>
> 特定减免税货物——监管期满解除监管,保税货物及暂准进出境货物——根据去向不同分别办理相应的手续。

▲ 9.4 其他进出境货物

9.4.1 修理货物

1. 进境修理货物

修理货物复运出境后应当申请销案,正常销案的,海关应当退还保证金或撤销担保。未复出境部分货物应当办理进口申报纳税手续。

2. 出境修理货物

超过海关规定期限复运进境的,海关按一般进口货物计征进口关税和进口代征税。

9.4.2 出料加工

出料加工的后续报关阶段为核销。

1. 按期复运进境

出料加工货物全部复运进境后，经营人应当向海关报核，海关进行核销，提供担保的，应当退还保证金或者撤销担保。

2. 转为一般进口货物

出料加工货物未按海关允许期限复运进境的，海关按照一般进出口货物办理，将货物出境时收取的税款担保金转为税款，货物进境时按照一般进口货物征收进口关税和进口环节海关代征税。

9.4.3 退运货物

舱单数据由海关凭直接退运货物审批件进行人工核销。

9.4.4 外包进口货物

1. 退运

外包进口货物在外包业务的合同执行完毕后应退运出境。手册项下货物退运时，出口报关单有关栏目按以下规范填报：

（1）报关单"备案号"栏目填报对应的D手册编号；
（2）报关单"监管方式"栏目填报"0466（加工设备退运）"；
（3）其他栏目按规定填报。

2. 内销

外包进口货物如销往国内或到期不退运境外的，须经海关批准后按规定办理进口征税手续，涉及许可证件的，还须提供许可证件。手册项下货物内销时，报关单有关栏目按以下规范填报：

（1）报关单"备案号"栏目填报对应的D手册编号；
（2）报关单"监管方式"栏目填报"0446（加工设备内销）"。
（3）其他栏目按规定填报。

3. 核销

服务外包企业不再具备技术先进型服务企业资质的，新手册不予以备案，已备案手册不予以延期，已备案未进口的货物不再予以保税进口。服务外包企业的管理类别降为C、D类的，手册不予延期，已备案未进口的货物不再予以保税进口，已进口的货物海关征收全额风险担保金。手册到期后，服务外包企业应在30天内持申请核销报告、手册、进出口报关单及相关单证等向海关申请核销。

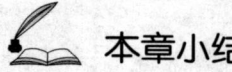 本章小结

　　本章介绍了各种监管货物的后续报关阶段，海关后续管理的中心在于如何结关。海关通过核销进出货物的平衡来结束监管，对报关单位尚未履行的海关监管义务进行追索，主要表现在监管证件的提交和税费的补交，其中保税加工货物的报核、核销是最为复杂的。后续报关阶段还涉及不同监管货物之间的互相转化。

参考文献

[1] 路遥. CD 该不该免税 [J]. 中国海关. 北京：中国海关出版社，2008 (7)：43.

[2] 许可，夏斯顺. 海关通关实务 [M]. 第1版. 北京：对外经济贸易大学出版社，2001.

[3] 葛燕峰等. 2008年贸管政策调整导读 [J]. 中国海关. 北京：中国海关出版社，2008（3）：21－27.

[4] 余根生，盛新阳，张俊榕. 报关行业捷达通 [M]. 第1版. 北京：中国海关出版社，2004.

[5] 中华人民共和国商务部网站 www.mofcom.gov.cn.

[6] 李太恩，徐晨. 海关行政法概论 [M]. 北京：中国对外经济贸易出版社，2002.

[7] 海关总署报关员资格考试教材编写委员会. 2008年版报关员资格全国统一考试教材 [M]. 北京：中国海关出版社，2008.

[8] 海关总署报关员资格考试教材编写委员会. 2005年版报关员资格全国统一考试辅导教材 [M]. 北京：中国海关出版社，2005.485－488.

[9] 赵宏. 海关实务系列习题及讲解（四十一）[J]. 中国海关. 北京：中国海关出版社，2008（7）：65－66.

[10] 赵宏. 海关实务系列习题及讲解（四十二）[J]. 中国海关. 北京：中国海关出版社，2008（8）：65－66.

[11] 赵宏. 海关实务系列习题及讲解（四十三）[J]. 中国海关. 北京：中国海关出版社，2008（8）：65－66.

[12] 郑俊田. 中国海关通关实务 [M]. 新编本. 北京：中国对外经济贸易出版社，2002.

[13] 崔鑫生，徐晨. 进出口货物报关单填制指南 [M]. 第1版. 北京：中国对外经济贸易出版社，2002.

[14] 郑俊田，崔鑫生. 报关员资格全国统一考试应试指南（上、下册）[M]. 北京：中国档案出版社，2002.

[15] 谢国娥. 海关报关实务［M］. 2版修订. 上海：华东理工大学出版社，2001.

[16] 陶明，杨永康，刘国华，赵优诊. WTO与海关实务［M］. 上海：上海人民出版社，2002.

[17] 廖力平，廖庆薪. 进出口业务与报关［M］. 第4版. 广州：中山大学出版社，2000.

[18] 徐伟. 报关实务［M］. 第2版. 北京：中国商务出版社，2004.

[19] 孙跃兰. 海关报关实务［M］. 北京：机械工业出版社，2006.

[20] 罗兴武，文妮佳. 通关实务［M］. 北京：机械工业出版社，2006.

[21] 宋兰芬，杜扬. 报关与报检实务［M］. 北京：机械工业出版社，2007.

[22] 百度贴吧 ＞ 圣家族吧吧主：圣家族ATA单证册制度简介 http：//tieba.baidu.com/f？kz＝63406760.

[23] 中华人民共和国黄埔海关 http：//huangpu.customs.gov.cn/Default.aspx？tabid＝6612.

书目介绍

乐贸系列

书名	作者	定价	书号	出版时间

📖 外贸操作实务子系列

1. 外贸全流程攻略
   ——进出口经理跟单手记　　温伟雄　　33.00 元　978-7-5175-0015-5　2014 年 5 月第 1 版
2. 出口营销实战（第三版）　　黄泰山　　45.00 元　978-7-80165-932-3　2013 年 1 月第 3 版
3. 外贸实务疑难解惑 220 例　　张浩清　　38.00 元　978-7-80165-853-1　2012 年 1 月第 1 版
4. 外贸高手客户成交技巧　　毅　冰　　35.00 元　978-7-80165-841-8　2012 年 1 月第 1 版
5. 外贸纠纷处理实务
   ——案例与技巧　　熊志坚　　35.00 元　978-7-80165-789-3　2011 年 1 月第 1 版
6. 报检七日通　　徐荣才　朱瑾瑜　22.00 元　978-7-80165-715-2　2010 年 8 月第 1 版
7. 实用外贸技巧助你轻松拿订单　　王陶（波锅涅）　25.00 元　978-7-80165-724-4　2010 年 4 月第 1 版
8. 外贸业务经理人手册（第 2 版）　　陈文培　　39.00 元　978-7-80165-671-1　2010 年 1 月第 1 版
9. 外贸会计实务精要　　疏　影　　28.00 元　978-7-80165-633-9　2009 年 5 月第 1 版
10. 外贸实用工具手册　　本书编委会　32.00 元　978-7-80165-558-5　2009 年 1 月第 1 版
11. 外贸实务经验分享 33 例　　沱沱网中文站　28.00 元　978-7-80165-560-8　2009 年 1 月第 1 版
12. 外贸实务案例精华 80 篇　　刘德标　吴珊红　29.80 元　978-7-80165-561-5　2009 年 1 月第 1 版
13. 快乐外贸七讲　　朱芷萱　　22.00 元　978-7-80165-373-4　2009 年 1 月第 1 版
14. 危机生存
    ——十位经理人谈金融危机下的经营之道　　本书编委会　22.00 元　978-7-80165-586-8　2009 年 1 月第 1 版
15. 外贸七日通（最新修订版）　　黄海涛（深海鱿鱼）　22.00 元　978-7-80165-397-0　2008 年 8 月第 3 版
16. 金牌外贸业务员找客户
    ——17 种方法·案例·评析　　陈念祥　张思羽　35.00 元　978-7-80165-543-1　2008 年 8 月第 2 版
17. 出口营销策略（《出口营销实战》升级版）　　黄泰山　冯斌　35.00 元　978-7-80165-459-5　2008 年 5 月第 1 版
18. 进口实务操作指南
    ——步骤·实例·经验技巧　　中国进口网　55.00 元　978-7-80165-493-9　2008 年 5 月第 1 版

📖 出口风险管理子系列

1. 轻松应对出口法律风险　　韩宝庆　　39.80 元　978-7-80165-822-7　2011 年 9 月第 1 版
2. 出口风险管理实务（第二版）　　冯　斌　　48.00 元　978-7-80165-725-1　2010 年 4 月第 2 版
3. 50 种出口风险防范　　王新华　陈丹凤　35.00 元　978-7-80165-647-6　2009 年 8 月第 1 版

| 书名 | 作者 | 定价 | 书号 | 出版时间 |

📖 外贸单证操作子系列

书名	作者	定价	书号	出版时间
1. 跟单信用证一本通	何源	35.00元	978-7-80165-849-4	2012年1月第1版
2. 信用证审单有问有答280例	李一平 徐珺	37.00元	978-7-80165-761-9	2010年8月第1版
3. 外贸单证经理的成长日记	曹顺祥	38.00元	978-7-80165-716-9	2010年3月第1版
4. 外贸单证解惑280例	龚玉和 齐朝阳	38.00元	978-7-80165-638-4	2009年7月第1版
5. 信用证6小时教程	黄海涛（深海鱿鱼）	25.00元	978-7-80165-624-7	2009年4月第2版
6. 跟单高手教你做跟单	汪德	32.00元	978-7-80165-623-0	2009年4月第1版
7. 外贸单证处理技巧（第3版）	屈韬	42.00元	978-7-80165-516-5	2008年5月第1版
8. 进出口单证实务案例评析	袁永友 柏望生	33.00元	978-7-80165-371-8	2006年8月第1版

📖 福步外贸高手子系列

书名	作者	定价	书号	出版时间
1. 巧用外贸邮件拿订单	刘裕	45.00元	978-7-80165-966-8	2013年8月第1版
2. 小小开发信 订单滚滚来——外贸开发信写作技巧及实用案例分析	薄如骢	26.00元	978-7-80165-551-6	2008年8月第1版
3. 外贸技巧与邮件实战	刘云	28.00元	978-7-80165-536-3	2008年7月第1版

📖 国际物流操作子系列

书名	作者	定价	书号	出版时间
1. 货代高手教你做货代——优秀货代笔记（第二版）	何银星	33.00元	978-7-5175-0003-2	2014年2月第2版
2. 国际物流操作风险防范——技巧·案例分析	孙家庆	32.00元	978-7-80165-577-6	2009年4月第1版
3. 集装箱运输与海关监管	赵宏	23.00元	978-7-80165-559-2	2009年1月第1版

📖 通关实务子系列

书名	作者	定价	书号	出版时间
1. 外贸企业轻松应对海关估价	熊斌 赖芸 王卫宁	35.00元	978-7-80165-895-1	2012年9月第1版
2. 报关实务一本通（第2版）	苏州工业园区海关	35.00元	978-7-80165-889-0	2012年8月第2版
3. 如何通过原产地证尽享关税优惠	南京出入境检验检疫局	50.00元	978-7-80165-614-8	2009年4月第3版
4. 海关进出口商品归类基础与训练	温朝柱	36.00元	978-7-80165-496-0	2009年1月第1版
5. 最新报关单填制实用辅导	盛新阳 彭飞	38.00元	978-7-80165-497-7	2008年10月第1版
6. 最新商品归类技巧	赵宏	38.00元	978-7-80165-520-2	2008年9月第1版

书名	作者	定价	书号	出版时间

📖 **彻底搞懂子系列**

书名	作者	定价	书号	出版时间
1. 彻底搞懂信用证（第二版）	王腾 曹红波	35.00 元	978-7-80165-840-1	2011 年 11 月第 2 版
2. 彻底搞懂中国自由贸易区优惠	刘德标 祖月	34.00 元	978-7-80165-762-6	2010 年 8 月第 1 版
3. 彻底搞懂贸易术语	陈岩	33.00 元	978-7-80165-719-0	2010 年 2 月第 1 版
4. 彻底搞懂海运航线	唐丽敏	25.00 元	978-7-80165-644-5	2009 年 7 月第 1 版
5. 彻底搞懂提单	张敏 赵通	29.80 元	978-7-80165-602-5	2009 年 6 月第 1 版
6. 彻底搞懂关税	孙金彦	29.00 元	978-7-80165-618-6	2009 年 6 月第 1 版

📖 **外贸英语实战子系列**

书名	作者	定价	书号	出版时间
1. 十天搞定外贸函电	毅冰	38.00 元	978-7-80165-898-2	2012 年 10 月第 1 版
2. 外贸高手的口语秘籍	李凤	35.00 元	978-7-80165-838-8	2012 年 2 月第 1 版
3. 外贸英语函电实战	梁金水	25.00 元	978-7-80165-705-3	2010 年 1 月第 1 版
4. 外贸英语口语一本通	刘新法	29.00 元	978-7-80165-537-0	2008 年 8 月第 1 版
5. 英汉物流词汇精析——结合实务操作	应海新	68.00 元	978-7-80165-517-2	2008 年 5 月第 1 版

📖 **外贸谈判子系列**

书名	作者	定价	书号	出版时间
1. 外贸英语谈判实战	王慧 吴旻 张海军 蒋晓杰 仲颖	32.00 元	978-7-80165-767-1	2010 年 9 月第 1 版
2. 外贸谈判策略与技巧	赵立民	26.00 元	978-7-80165-645-2	2009 年 7 月第 1 版

📖 **国际商务往来子系列**

书名	作者	定价	书号	出版时间
国际商务礼仪大讲堂	李嘉珊	26.00 元	978-7-80165-640-7	2009 年 12 月第 1 版

📖 **贸易展会子系列**

书名	作者	定价	书号	出版时间
外贸参展全攻略——如何有效参加 B2B 贸易商展（第二版）	钟景松	33.00 元	978-7-80165-779-4	2010 年 10 月第 2 版

📖 **区域市场开发子系列**

书名	作者	定价	书号	出版时间
中东市场开发实战	刘军 沈一强	28.00 元	978-7-80165-650-6	2009 年 9 月第 1 版

📖 **国际结算子系列**

书名	作者	定价	书号	出版时间
1. 国际结算函电实务	周红军 阎之大	40.00 元	978-7-80165-732-9	2010 年 5 月第 1 版
2. 出口商如何保障安全收汇——L/C、D/P、D/A、O/A 精讲	庄乐梅	85.00 元	978-7-80165-491-5	2008 年 5 月第 1 版

书名	作者	定价	书号	出版时间

📖 **国际贸易金融工具子系列**

书名	作者	定价	书号	出版时间
1. 出口信用保险——操作流程与案例	中国出口信用保险公司	35.00元	978-7-80165-522-6	2008年5月第1版
2. 福费廷	周红军	26.00元	978-7-80165-451-9	2008年1月第1版

📖 **加工贸易操作子系列**

书名	作者	定价	书号	出版时间
1. 加工贸易实务操作与技巧	熊斌	35.00元	978-7-80165-809-8	2011年4月第1版
2. 加工贸易达人速成——操作案例与技巧	陈秋霞	28.00元	978-7-80165-891-3	2012年7月第1版
3. 加工贸易企业关务作业统筹	熊斌	29.80元	978-7-80165-423-6	2009年3月第1版

📖 **乐税子系列**

书名	作者	定价	书号	出版时间
1. 外贸会计账务处理实务——经验·技巧分享	徐玉树	38.00元	978-7-80165-958-3	2013年8月第1版
2. 生产企业免抵退税实务——经验·技巧分享（第二版）	徐玉树	42.00元	978-7-80165-936-1	2013年2月第2版
3. 外贸企业出口退（免）税常见错误解析100例	周朝勇	49.80元	978-7-80165-933-0	2013年2月第1版
4. 生产企业出口退（免）税常见错误解析115例	周朝勇	49.80元	978-7-80165-901-9	2013年1月第1版
5. 外汇核销指南	陈文培等	22.00元	978-7-80165-824-1	2011年8月第1版
6. 外贸企业出口退税操作手册	中国出口退税咨询网	42.00元	978-7-80165-818-0	2011年5月第1版
7. 生产企业免抵退税从入门到精通	中国出口退税咨询网	98.00元	978-7-80165-695-7	2010年1月第1版
8. 出口涉税会计实务精要（《外贸会计实务精要》第2版）	龙博客工作室	32.00元	978-7-80165-660-5	2009年9月第2版

📖 **专业报告子系列**

书名	作者	定价	书号	出版时间
1. 国际工程风险管理	张燎	1980.00元	978-7-80165-708-4	2010年1月第1版
2. 涉外型企业海关事务风险管理报告	《涉外型企业海关事务风险管理报告》研究小组	1980.00元	978-7-80165-666-7	2009年10月第1版

📖 **外贸企业管理子系列**

书名	作者	定价	书号	出版时间
小企业做大外贸的四项修炼	胡伟锋	26.00元	978-7-80165-673-5	2010年1月第1版

📖 **国际贸易金融子系列**

书名	作者	定价	书号	出版时间
1. 国际贸易金融服务全程通（第二版）	郭党怀 张丽君 张贝	43.00元	978-7-80165-864-7	2012年1月第2版
2. 国际结算与贸易融资实务	李华根	42.00元	978-7-80165-847-0	2011年12月第1版

书名	作者	定价	书号	出版时间

 毅冰谈外贸子系列

| 毅冰私房英语书
——七天秀出外贸口语 | 毅 冰 | 35.00元 | 978-7-80165-965-1 | 2013年9月第1版 |

"实用型"报关与国际货运专业教材

1. 电子口岸实务（第二版）	林 青	35.00元	978-7-5175-0027-8	2014年6月第2版
2. 报检实务（第二版）	孔德民	38.00元	978-7-80165-999-6	2014年3月第2版
3. 进出口商品归类实务 （第二版）	林 青	45.00元	978-7-80165-902-6	2013年1月第2版
4. 现代关税实务（第2版）	李 齐	35.00元	978-7-80165-862-3	2012年1月第2版
5. 国际贸易单证实务 （第2版）	丁行政	45.00元	978-7-80165-855-5	2012年1月第2版
6. 报关实务（第3版）	杨鹏强	45.00元	978-7-80165-825-8	2011年9月第3版
7. 海关概论（第2版）	王意家	36.00元	978-7-80165-805-0	2011年4月第2版
8. 国际集装箱班轮运输实务	林益松 郑海棠	43.00元	978-7-80165-770-1	2010年9月第1版
9. 国际货运代理操作实务	杨鹏强	45.00元	978-7-80165-709-1	2010年1月第1版
10. 航空货运代理实务	杨鹏强	37.00元	978-7-80165-707-7	2010年1月第1版
11. 进出口商品归类实务 ——实训题参考答案	林 青	12.00元	978-7-80165-692-6	2009年12月第1版

待出：

供应链管理实务

"精讲型"国际贸易核心课程教材

1. 进出口商品归类实务精讲	倪淑如 倪 波 田运银	48.00元	978-7-5175-0016-2	2014年7月第1版
2. 外贸单证实训精讲	龚玉和 齐朝阳	42.00元	978-7-80165-937-8	2013年4月第1版
3. 外贸英语函电实务精讲	傅龙海	42.00元	978-7-80165-935-4	2013年2月第1版
4. 国际结算实务精讲	庄乐梅 李 菁	49.80元	978-7-80165-929-3	2013年1月第1版
5. 报关实务精讲	孔德民	48.00元	978-7-80165-886-9	2012年6月第1版
6. 国际电子商务实务精讲	冯晓宁	45.00元	978-7-80165-874-6	2012年5月第1版
7. 国际贸易实务精讲 （第6版）	田运银	48.00元	978-7-5175-0032-2	2014年8月第6版
8. 国际贸易单证精讲 （第3版）	田运银	45.00元	978-7-80165-852-4	2012年1月第3版
9. 国际商务谈判实务精讲	王 慧 唐力忻	26.00元	978-7-80165-826-5	2011年9月第1版
10. 国际贸易操作实训精讲	田运银 胡少甫 史 理 朱东红	49.80元	978-7-80165-823-4	2011年8月第1版

书名	作者	定价	书号	出版时间
11. 国际会展实务精讲	王重和	38.00 元	978-7-80165-807-4	2011 年 5 月第 1 版
12. 国际贸易实务疑难解答	田运银	20.00 元	978-7-80165-718-3	2010 年 9 月第 1 版
13. 集装箱运输系统与操作实务精讲	田聿新 杨永志 汤玮	38.00 元	978-7-80165-642-1	2009 年 7 月第 1 版
14. 国际货运代理实务精讲	杨占林	39.00 元	978-7-80165-636-0	2009 年 6 月第 1 版
15. 海关法教程(第 2 版)	刘达芳	40.00 元	978-7-80165-605-6	2009 年 3 月第 2 版

待出：
1. 国际贸易规则与惯例实务精讲
2. 国际营销实务精讲
3. 国际投资实务精讲
4. 国际技术贸易实务精讲
5. 国际服务贸易实务精讲

"实用型"国际贸易课程教材

1. 外贸跟单实务	罗艳	48.00 元	978-7-80165-954-5	2013 年 8 月第 1 版
2. 国际贸易实务	丁行政 罗艳	48.00 元	978-7-80165-962-0	2013 年 8 月第 1 版

电子商务大讲堂·外贸培训专用

1. 外贸操作实务	本书编委会	30.00 元	978-7-80165-621-6	2009 年 5 月第 1 版
2. 网上外贸——如何高效获取订单	本书编委会	30.00 元	978-7-80165-620-9	2009 年 5 月第 1 版
3. 出口营销指南	本书编委会	30.00 元	978-7-80165-619-3	2009 年 5 月第 1 版
4. 外贸实战与技巧	本书编委会	30.00 元	978-7-80165-622-3	2009 年 5 月第 1 版

中小企业财会实务操作系列丛书

1. 小企业会计疑难解惑 300 例	刘华 刘方周	39.80 元	978-7-80165-845-6	2012 年 1 月第 1 版
2. 做顶尖成本会计应知应会 150 问	张胜	38.00 元	978-7-80165-819-7	2011 年 8 月第 1 版
3. 会计实务操作一本通	吴虹雁	35.00 元	978-7-80165-751-0	2010 年 8 月第 1 版

"关务通"品牌图书

书名	作者	定价	书号	出版时间
关务通·加贸系列				
1.《<中华人民共和国海关审定内销保税货物完税价格办法>实用指南》	"关务通·加贸系列"编委会	80.00元	978-7-5175-0012-4	2014年6月第1版
2.《加工贸易及保税监管政策实务》	"关务通·加贸系列"编委会	70.00元	978-7-5175-0013-1	2014年6月第1版
3.《加工贸易典型案例启示录》	"关务通·加贸系列"编委会	60.00元	978-7-5175-0014-8	2014年6月第1版
4.《加工贸易实务操作与技巧》	"关务通·加贸系列"编委会	60.00元	978-7-80165-927-9	2013年3月第1版
5.《海关特殊监管区域和保税监管场所实务操作与技巧》	"关务通·加贸系列"编委会	60.00元	978-7-80165-926-2	2013年3月第1版
6.《加工贸易疑难解惑280例》	"关务通·加贸系列"编委会	60.00元	978-7-80165-928-6	2013年3月第1版
关务通·原产地系列				
1.《原产地实务操作与技巧》	"关务通·原产地系列"编委会	70.00元	978-7-80165-981-1	2013年10月第1版
2.《原产地疑难解惑470例》	"关务通·原产地系列"编委会	70.00元	978-7-80165-983-5	2013年10月第1版
3.《如何从原产地淘金》	"关务通·原产地系列"编委会	90.00元	978-7-80165-982-8	2013年10月第1版
关务通·监管通关系列				
1.《便捷通关一本通》	"关务通·监管通关系列"编委会	60.00元	978-7-80165-984-2	2013年10月第1版
2.《快速通关自查手册》	"关务通·监管通关系列"编委会	60.00元	978-7-80165-979-8	2013年10月第1版
3.《进出境物品通关攻略》	"关务通·监管通关系列"编委会	60.00元	978-7-80165-978-1	2013年10月第1版
4.《通关典型案例启示录》	"关务通·监管通关系列"编委会	60.00元	978-7-80165-980-4	2013年10月第1版
5.《监管通关政策实用指导手册》	"关务通·监管通关系列"编委会	78.00元	978-7-80165-907-1	2012年10月第1版

6.《通关实务操作与技巧 　　——货物、运输工具篇》	"关务通·监管通关系列" 编委会	48.00 元	978-7-80165-909-5	2012 年 10 月第 1 版
7.《通关实务操作与技巧 　　——进出境物品篇》	"关务通·监管通关系列" 编委会	26.00 元	978-7-80165-905-7	2012 年 10 月第 1 版
8.《通关疑难解惑 720 例》	"关务通·监管通关系列" 编委会	48.00 元	978-7-80165-903-3	2012 年 10 月第 1 版

📖 关务通·稽查系列

《小王在海关稽查的日子 　——企业如何配合海关稽查》	"关务通·稽查系列" 编委会	70.00 元	978-7-80165-925-5	2013 年 3 月第 1 版

📖 关务通·双语系列

《国际海关新视野》	上海海关	60.00 元	978-7-80165-918-7	2012 年 12 月第 1 版

📖 关务通·电子口岸系列

1.《电子口岸实用功能》	"关务通·电子口岸系列" 编委会	32.00 元	978-7-80165-904-0	2012 年 11 月第 1 版
2.《电子口岸实务操作与技巧 　　——通关篇》	"关务通·电子口岸系列" 编委会	55.00 元	978-7-80165-906-4	2012 年 11 月第 1 版
3.《电子口岸实务操作与技巧 　　——加贸篇》	"关务通·电子口岸系列" 编委会	55.00 元	978-7-80165-908-8	2012 年 11 月第 1 版
4.《电子口岸疑难解惑 400 例》	"关务通·电子口岸系列" 编委会	38.00 元	978-7-80165-910-1	2012 年 11 月第 1 版

📖 关务通·教材系列

1.《电子口岸实务精讲》	"关务通·电子口岸系列" 编委会	48.00 元		2014 年 8 月第 1 版

以上图书均可在中国海关出版社网上书店（www.hgcbs.com.cn）、当当网、卓越网、京东网及各地新华书店等处购买。若有其他购书意向，请与本社发行部联系，联系电话：(010)65195616/5127/4221/4238/4246/4247。

若想了解更多书讯，可关注中国海关出版社官方微信平台，微信号：hgbook。